r Kraftstoff- und
ratsmesser
ür Kraftstoff
eraturmesser
r Leuchten
obachter-

it für FuG XVI
Db 12 mit
für Beobachter)
kurbel
schrauben-

erung für

e für MG 81

79. Bediengerät für FuG XXV
80. Leuchtpatronenkasten
81. Fernbediengerät FBG 1 für Peil- und Zielflug-Verkehr
82. Schalter für Einmotorenflug der Kurssteuerung
83. Beleuchtungsregler für Gerätetafeln
84. Bombenwahlschalter
85. Zünderschaltkasten ZSK 244 A
86. Strahldüse für Heizungsanlage
87. Kurssteuerung Notauslösung
88. Kniepolster
89. Sitzverstellung (senkrecht)
90. Bombennotzughebel
91. Blindscharfhebel für LM
92. Eigengeschwindigkeitsgeber
93. Höhenkompensierter Fahrtmesser
94. Bomben-Ziel-Gerät II
95. Richtungsgeber LrG 5
96. Leuchtpistole
97. Halterung für Robotkamera
98. Reihen-Abwurf-Bediengerät RaB 14 d
99. Höhenkorrekturgeber (QFF und ZH)
100. Windgeschwindigkeitsgeber
101. Schalter für Kompaßstützung
102. Fuß aste
103. Seitenruderfußhebel mit Laufradbremse
104. Steuersäule
105. Borduhr
106. EiV-Knopf
107. Kursgeber
108. Bombenknopf
109. Blendschutz
110. Halterung für Kuvi
111. Heizbare Scheibe
112. Stuvi 5
113. Raumleuchte
114. Flugzeugführersitz
115. Sitzverstellung (waagerecht)
116. UV-Leuchten
117. FT-Kabel für Kopfhaube für Beobachter

Ju 88 A-4

Besatzungsraum

Blick nach vorn

Fl Üb 8-179/6

Stand vom Dezember 1941

Inzwischen eingetretene Änderungen beachten und darauf hinweisen!

Kampfflieger zwischen Eismeer und Sahara

P. W. STAHL

IN MEINEM FALL: Ju 88

MOTORBUCH VERLAG STUTTGART

Umschlagbild: Carlo Demand.
Umschlag- und Einbandkonzeption: Siegfried Horn.
Fotos und Zeichnungen: Benno Wundshammer 8, Carlo Demand 2, Werkfoto Messerschmitt 1, übrige aus Privatbesitz (Richard Frodl, Siegfried Geisler, Sepp Guggenmos †, P. W. Stahl).

Die Umschlagzeichnung von Carlo Demand gibt etwas von dem wieder, was überlebenden Besatzungen heute noch vor Augen steht: Zielanflug über England durch Flakfeuer und Scheinwerferbündel. Der Pilot konnte in diesem immer wieder blendenden Licht keine Horizontlinie mehr erkennen. Es war, wie wenn man in einem undefinierbaren Etwas schwimmt — geisterhaften Sinnestäuschungen ausgesetzt. Immer wieder flammten rätselhafte Lichter auf — dazwischen das Bersten der Flakgranaten und der beißende Corditgeruch. Der Pilot war allein auf seine Instrumente angewiesen; sie waren das einzige, woran er sich orientieren konnte.

Autorisierte Bearbeitung dieses Tagebuches:
Manfred Jäger.

ISBN 3-87943-253-8

3. Auflage 1974

Gesamtherstellung: Curt Mohnhaupt, 752 Bruchsal.
Printed in Germany.

INHALTSVERZEICHNIS

Kampfgeschwader 30
Geschwaderwappen

PROLOG

So richtig daran glauben wollte ich nie.
Dabei hätte ich als erfahrener Wetterflieger wissen müssen, was passiert, wenn sich die Wolken am Horizont – in diesem Fall: am politischen – immer mehr zusammenziehen. Denn es war viel die Rede von Kriegsgefahr in jenen Juli- und Augusttagen des Jahres 1939.
Aber ich bin schon immer ein unverbesserlicher Optimist gewesen. Ich hatte auch allen Grund dazu. Unser kleines Häuschen in Deep, dicht am Wasser der Ostsee, schien auf einem anderen Stern zu liegen. Ich war jung verheiratet und hatte als ziviler Erprobungsflieger den Traumberuf der damaligen Zeit.
Das Leben war unbeschreiblich schön ...
Der Morgen des 1. September 1939 begann zuerst wie jeder Tag. Ich sollte nach Berlin fliegen und wollte am frühen Nachmittag wieder zurück sein. Ich malte mir bereits aus, wie ich Zeit schinden könnte, um (frech vor dem Hause hupend) früher als angesagt heimzukommen und in Erwartung des Begrüßungskusses die Arme hinter dem Rücken zu verschränken, ein Päckchen mit irgendeiner Kleinigkeit aus Berlin in der Hand: »Rechts oder links?«
Ich sehe noch alles vor mir: in Gedanken schalte ich das Radio ein, um die Zeit abzuhören. Aus dem Lautsprecher tönt Marschmusik oder wie »sie« immer sagt: Katastrophenmusik.
Und dann kommt es.
»Achtung, Achtung! Der Deutsche Rundfunk überträgt jetzt... die Erklärung, die der Führer heute früh um 6 Uhr gegenüber der Welt abgegeben hat!«
Wir sehen uns beide an. Ich lege den Löffel aus der Hand, mit dem ich eben mein Ei (genau 3 Minuten und 20 Sekunden gekocht) anklopfen wollte.
Nach einer wortreichen Einleitung fällt schließlich der schicksalsschwere Satz: »Seit heute früh 5 Uhr wird zurückgeschossen!«
Meine Frau ist plötzlich bleich geworden bis unter die Haare hinauf. Ihre Frage steht im Raum. »Dann haben wir jetzt Krieg?«

Mir sind die Glieder schwer geworden. Das Frühstück schmeckt nicht mehr. Und ich kann immer noch nicht daran glauben.
Ich flog damals trotzdem nach Berlin, kam pünktlich wieder, freute mich über die Kleinigkeit, die ich mitbringen konnte. Und wir gingen wie immer zum Baden an den Strand.
Das war der Tag, an dem der Krieg begann.
Vor kurzem ist mir mein altes Tagebuch wieder in die Hände gefallen. Da steht mein jüngeres Ich vor mir, manchmal schon ein bißchen fremd – aber es ist das Bild des jungen Mannes, der ohne sein Dazutun auf diese bockige Schindmähre »Krieg« gesetzt wurde und der (natürlich) aufpaßte, daß er nicht herunterfiel.
Daß es ihm immer Spaß gemacht hat, wäre zuviel gesagt.

DIE WIRKLICHKEIT SIEHT ANDERS AUS

... man hat auch uns Zivilisten in Uniform gesteckt – ich bin also Unteroffizier der Reserve.
Nun muß ich als Blindfluglehrer junge Soldaten und Offiziere der Luftwaffe in die Geheimnisse der Schlechtwetter- und Nachtfliegerei einführen.
Navigationsflüge mit Schülern auf der Ju 52 rund um Großdeutschland, immer wieder rund herum, nach Hause komme ich fast gar nicht mehr. Allmählich wird man ganz rammdösig dabei.
Ob man da nicht beim Luftfahrtministerium bohren kann?
Ich habe gebohrt!
Heute haben wir den 9. Dezember 1939.
In meinem Flugbuch steht:

»Auf Ju 52 D-AHAF Abnahme einer Blindflugprüfung,
Start: 10.40 Uhr. Landung 14.00 Uhr.«

Damit ist meine Gastrolle als Blindfluglehrer beendet. Der Versetzungsbefehl liegt bereits vor:
»Meldung am 15. Januar 1940 bei Ergänzungs-Kampf-Gruppe 3, Krakau.«
Der Traum vom Jagdflieger ist also ausgeträumt.
– War ja eigentlich zu erwarten. So alte Hasen mit allen Scheinen und Blindflugqualifikationen läßt man nicht zur Jägerei. Die werden anderswo dringender gebraucht.
Je näher der große Tag rückt, desto mehr rätselt man an der Zukunft herum. Viele befürchten, sie könnten zu spät kommen. Ob das immer ehrlich ist? Ich werde den Verdacht nicht los, daß manchem Kumpel ein ruhiges Leben als großdeutscher Zivilist lieber wäre als dieses Dasein in Uniform. Die Stars bei dieser Sache natürlich ausgenommen. Ist das jetzt nur Neid?

10. Februar 1940

Krakau ist eine arge Enttäuschung. Viel stupider Kommiß. Unter einer solchen Ersatzeinheit hatte ich mir etwas anderes vorgestellt.

Vielleicht ist Krakau aber auch nur eine Ausnahme, und ich hatte das Pech, ausgerechnet hierher zu kommen.
Geflogen wird kaum. Das »Stammpersonal« – Offiziere wie Unteroffiziere, haben keine Ahnung von Fliegerei. Erster Eindruck: viel Einfalt, Arroganz, Faulheit und Drückebergerei.
Wir haben da einen gewissen Feldwebel der Reserve, im Zivilleben Kreisleiter der Partei irgendwo. Der macht politische Schulung und trägt mit seiner persönlichen Auslegung von Fremdwörtern sehr zur Erheiterung bei. Gestern tat er den markanten Ausspruch: »Das Unglück dieses Krieges ist einzig und allein Schuld der Plutokraten! Das sagt ja schon das Wort: Blutokraten kommt von Blut!« – Na bitte, jetzt wissen wir's.
Bei der 1. Staffel habe ich hier einen Bekannten getroffen, der noch vor wenigen Wochen mein Blindflugschüler war: Leo Krantz. Er kam damals auf der Schule in Rerik als »Flieger« an, also im niedrigsten Mannschaftsdienstgrad, den die Luftwaffe zu vergeben hat. Wir wunderten uns natürlich, denn ein »Flieger« hat normalerweise keine Flugzeugführerscheine für große Flugzeuge. Da konnte etwas nicht stimmen. Und dann erfuhren wir: Leo war vor gar nicht langer Zeit noch Oberleutnant und Staffelkapitän.
Ich bin überzeugt, daß er ein guter Offizier gewesen ist, trotzdem hat man ihn degradiert. Es ist ihm eine Geschichte passiert, die bezeichnend ist.
Eines Tages hatten ein paar Soldaten und Unteroffiziere seiner Staffel um Stadturlaub gebeten, zum Besuch einer Veranstaltung der Hitlerjugend.
Leo lehnte ab, weil dienstliche Angelegenheiten vorgingen. Da erschien ein paar Tage später der »zuständige« Bannführer bei ihm, um sich über den Grund des Fernbleibens der Soldaten zu »informieren«. Das Auftreten des jungen Mannes geschah in einer Weise, die sich Leo nicht bieten lassen konnte. Er ließ den Herrn Bannführer durch den diensthabenden Unteroffizier hinauswerfen. Erfolg: Beschwerde auf dem Weg über die Partei, mit anschließender Untersuchung gegen Leo und – Kriegsgericht. Es gab eine aufsehenerregende Verhandlung. Leo hatte prominenteste Zeugen und Fürsprecher u. a. sogar den General Milch. Aber es nützte alles nichts, der Arm der Partei war länger. Das Urteil lautete auf Degradierung und Ausstoßung aus der Wehrmacht.
Inzwischen war der Krieg ausgebrochen. Leo, der eine Auswande-

rung nach Chile betrieben hatte, meldete sich freiwillig zum Kriegsdienst in der Luftwaffe.
Nach langem Hin und Her wurde er angenommen. Mit der Einschränkung »ohne Dienstgrad«.
Daß er sogar wieder fliegen durfte, verdankt er bestimmt dem Einfluß führender Leute in der Luftwaffe, für die alles, was Partei ist, ein rotes Tuch bedeutet ...
Wir hatten gehofft, in Krakau unsere Waffenausbildung als Kampfflieger zu erhalten, um möglichst schnell einem Frontverband zugeteilt zu werden. Typischer Fall von »denkste«.
An Maschinen sind nur einige alte Do 17 E mit BMW VI Motoren vorhanden. Die meisten sind immer wieder unklar, was bei dem Betrieb nicht verwundert.
Meinen ersten Flug machte ich gestern, den 9. Februar 1940, mit einem Feldwebel Seifert, den ich noch nicht kannte. Wir wurden zusammen für eine Maschine eingeteilt, auf der ich umschulen sollte. Wir schnallten uns also in unsere Sitze. Der Bordmechaniker war schon da, und ich harrte der Dinge, die da kommen sollten. Ich saß zum ersten Male in der Do 17 und freute mich auf diese Maschine, die man wegen ihrer eleganten Form den »fliegenden Bleistift« nennt und mit der Polte in Zürich den Geschwindigkeitswettbewerb beim Flugmeeting gewonnen hat. Der Raum in der Kanzel ist für die dreiköpfige Besatzung reichlich eng, aber doch so gut aufgeteilt, daß man sich nicht behindert.
Durch den Bordmechaniker lasse ich mir die Hebel und Instrumente erklären: Fahrwerkshebel, Landeklappen, Anlaßeinrichtung, Umpumpanlage usw.
Da Seifert nichts sagt, fragte ich ihn, ob wir anlassen und wegrollen können. »Ja, meinetwegen schon!« sagt er. Mit dem Bordmechaniker zusammen lasse ich also die Motoren an – den BMW VI kenne ich aus der HE 70 – und lasse warmlaufen, ehe ich abbremsen kann. Die Motoren sind abgebremst, Drehzahlen und Temperaturen sind gut, und ich rolle weg über den tiefverschneiten Platz zum Start.
Das Wetter ist nicht gerade erfreulich. 100 bis 150 Meter Wolkenhöhe, mit gelegentlichen Schneeschauern und einer Sicht von knapp 1000 Metern.
Außer mir ist nur eine Maschine beim Flugbetrieb, und ich kann sofort starten.

Seifert äußert sich in keiner Weise, und so fahre ich die Landeklappen in Startstellung, bringe die Maschine in Startrichtung und erhalte vom Startposten das Zeichen »Start frei!«
Ich schiebe die Gashebel nach vorn, horche auf die Motoren, überfliege mit einem Blick das Instrumentenbrett – Temperaturen, Umdrehungen – und lasse die Maschine anrollen. Erstaunlich schnell heben wir ab, und ich habe die Maschine, obwohl sie mir vollkommen fremd ist, sofort richtig in der Hand. Dem Bordmechaniker gebe ich nach dem Abheben das Zeichen zum Einfahren des Fahrwerks und droßle gewohnheitsmäßig die Motoren auf Steigleistung.
Ich suche eben mit der einen Hand das Handrad zum Einfahren der Landeklappen, das hinter meinem Sitz angebracht ist, als mir der Bordmechaniker aufgeregte Zeichen gibt und auf den linken Motor deutet.
»Der Motor brennt!« brüllt er mir ins Ohr. Ein Blick zeigt mir, daß aus der Motorverkleidung dicker weißlich-gelber Rauch quillt und als dicke Fahne nach hinten wegzieht. Wir sind gerade einige Meter hoch und überfliegen die Platzgrenze. Voraus in westlicher Richtung steigt das Gelände an und ist mit den kleinen Häusern einer Siedlung bebaut. Im nächsten Augenblick ist die ganze Kabine voll dickem Qualm, und ich habe keine Sicht mehr nach außen. Mit Mühe suche ich mir auf dem ungewohnten Instrumentenbrett die Blindfluginstrumente zusammen und versuche, die Maschine gerade zu halten und erst mal etwas Höhe zu gewinnen.
Dem Bordmechaniker gebe ich Befehl, den Brandhahn des qualmenden Motors zu schließen, und nehme gleichzeitig die Zündung heraus. Mit fliegenden Händen suche ich in den Hebeln herum, um den Verstellhebel für die Luftschraube zu finden, damit ich den kranken Motor durch Verstellen der Propellerblätter auf »Segelstellung« überhaupt zum Stehen bringen kann. Wir haben 50 Meter Höhe erreicht und zischen knapp über Dächer und Bäume weg, als der Motor sich langsamer und langsamer dreht, um nach einigen letzten ruckweisen Bewegungen stehen zu bleiben.
Noch immer füllt stinkender Qualm unser enges Gehäuse. Ich muß den starken Druck des Seitenruders, der durch den einseitigen Zug des laufenden rechten Triebwerks entsteht, ausgleichen und brauche dazu ganz erhebliche Kraft. Ich stehe auf dem Seitenruderpedal. Mein Knie fängt an zu zittern.

Ich habe nur einen Gedanken: Höhe gewinnen und Fahrt, Fahrt ist das halbe Leben! Ich weiß: Der kleinste Fehler führt unvermeidlich zum Absturz. Um weiter zu denken oder gar Angst zu haben oder die Nerven zu verlieren, habe ich überhaupt keine Zeit.

Nachdem der linke Motor schon eine ganze Weile steht, gewinnen wir endlich langsam Meter um Meter an Höhe. Während ich laufend darauf gefaßt bin, gegen ein Hindernis zu rennen, verzieht sich der beißende Glykolqualm, und ich kann wieder sehen. Zunächst fällt mir auf, daß das Fahrwerk immer noch nicht ganz eingefahren ist. Das geht bei der Do 17 sowieso recht langsam, und mit einem Triebwerk dauert es natürlich doppelt lange. Durch vorsichtige Steuerausschläge stelle ich fest, daß die Maschine auch einmotorig – obwohl kurz nach dem Abheben und noch im Steigflug mit angestellten Landeklappen recht gut »liegt« und daß sämtliche Steuer ansprechen und ordentliche Drücke haben. Auch fühle ich mich mit dem Vogel jetzt vertraut, aber für einen Augenblick komme ich doch in eine Art Panikstimmung. Das dauert aber wirklich nur einen Augenblick und äußert sich etwa so, daß ich über meine blödsinnige Situation erschrecke und zunächst nicht weiß, was nun geschehen soll und wie ich den Vogel wieder auf den Boden bringen kann. Mittlerweile sind wir auf etwas über 100 Meter geklettert. Die ersten Wolkenfetzen zischen an den Scheiben meines Gehäuses vorbei. Ich drücke leicht nach und stelle mit Freude fest, daß die Maschine, ohne Höhe zu verlieren, ganz nett Fahrt aufholt. Auch das Fahrwerk ist inzwischen eingefahren. Wenigstens kann ich, wenn ich einen schnellen Blick von meinen Instrumenten weg nach draußen werfe, nichts mehr davon sehen, und ich wage einen vorsichtigen Griff, um die Landeklappen einzufahren. Langsam, langsam – der Auftrieb wird dabei geringer – und die Maschine wird noch etwas schneller und liegt soweit ganz gut in der Luft.

Nun droßle ich den Motor noch weiter, um ihn nicht zu überlasten und sehe mich nach meiner Besatzung um.

Welch ein Bild: der Bordmechaniker sitzt zusammengekauert hinter meinem Sitz, ist kreidebleich und offenbar dabei, mit seinem Leben abzuschließen und sich Rechenschaft über Soll und Haben zu geben. Der Feldwebel hantiert aufgeregt an den Funkgeräten herum und ruft mir etwas zu. Ich kann ihn nicht verstehen. Auch er ist kreidebleich und hat weit aufgerissene, angstvolle Augen. Er kommt nach vorne gekrochen und ruft mir ins Ohr, daß er keine Verbindung

mit der Bodenstelle bekommen könne, das Funkgerät sei offenbar unklar – und was er denn machen solle.
»Ja, sind Sie denn Funker?« brülle ich zurück, worauf er heftig mit dem Kopf nickt und mir nochmal beteuert, daß er aber beim besten Willen nichts machen könne, das FT-Gerät sei unklar.
»Und ich war der Meinung, Sie seien Flugzeugführer und sollten mich auf die Maschine umschulen!«
Nein, sagt er, der Lt. Krauß habe ihn für mich eingeteilt als Funker, mehr wüßte er nicht! Na, das ist ja sauber. Also sieh zu, Herr Stahl, wie du das allein schaffst!
Wo ist nun der Platz? Ich muß als erstes zurück zum Platz und zusehen, wie ich einmotorig runter komme! Ein Glück, daß ich aus reiner Blindfluggewohnheit beim Start die Stoppuhr gedrückt habe. So habe ich wenigstens einen Anhalt für die Entfernung, die wir seit dem Start zurückgelegt haben. Ich fliege eine vorsichtige Blindflugkurve, immer an der unteren Wolkengrenze, und bin nach einer endlos erscheinenden »geschobenen Biege« wieder auf Gegenkurs.
Peinlich genau halte ich den Kurs und fliege die Sekunden ab, bis ich den Platz wieder unter mir haben muß. Eine genaue Berechnung ist natürlich nicht möglich, weil ich während des Steigfluges nicht genau Kurs halten konnte. Unter mir erscheint jedoch alles, bloß kein Flugplatz. Die Sicht ist sehr schlecht, praktisch kann ich nur das sehen, was direkt unter mir liegt. Zu allem Übel schneit es immer stärker. Die Fliegerei wird jetzt zu einem reinen Blindflug. Es bleibt nichts anderes übrig, als planvoll die Gegend abzusuchen. Die einzigen Hilfsmittel dazu sind Kompaß, Stoppuhr und die Augen. Wenn ich wenigstens die Gegend kennen würde, oder meine beiden Heinis mir bei der Sucherei eine Hilfe wären! Aber die sitzen da, zittern und machen große Kinderaugen! Ich komme über Eisenbahnen, Straßenkreuzungen, die Stadt, den Fluß, nur über keinen Flugplatz.
Ein Glück, daß der eine Motor so beruhigend gut dreht und die Maschine einmotorig wirklich prächtig zu fliegen ist.
Nach einer halben Stunde vergeblichen Suchens sehe ich plötzlich durch den weißen Schneeschleier unter mir eine Maschine stehen – da ist der Platz!
Druck auf die Stoppuhr und sauberer Abflug nach Uhr und Kompaß. Wendekurve und Anflug zur Landung. Ich lasse das Fahrwerk ausfahren und fahre selbst langsam die Landeklappen aus. Ganz vor-

sichtig gehe ich tiefer und erwarte jeden Augenblick, daß die Platzgrenze in Sicht kommt. Ob ich zu viel oder zu wenig Fahrt habe, weiß ich nicht, ich habe den Bock ja noch nie gelandet. Es klappt aber nicht, ich verfehle den Platz um 50 Meter und muß durchstarten, um neu anzufliegen. Ruhe, nur Ruhe! Durchstarten in die Wolken, der Vogel ist wirklich gutmütig wie eine alte Kuh. Beim zweiten Anflug kommen wir richtig.
Ich schwebe aus, ziehe langsam durch, drücke, weil ich zu hoch abgefangen habe, nochmal etwas nach und nehme dann das Steuer ganz an den Körper heran.
Fast hätte es doch noch eine Bruchlandung gegeben, weil die Maschine in dem Augenblick, als ich das Gas auf einmal ganz zurückgerissen habe, durch das stark ausgetrimmte Seitenruder plötzlich in seitliches Schieben geriet, das ich gerade noch kurz vor dem Aufsetzen durch starkes Gegendrücken mit dem Fuß ausgleichen konnte. Die Räder zischen durch den hohen Schnee, wir werden weich abgebremst und kommen inmitten des Rollfeldes zum Stehen. Ich stelle den Motor ab, lasse das Steuer los und sage nur eines: Scheiße!
Dann steigen wir aus, treten in den Schnee und sehen uns an. Die beiden wollen wieder stark erscheinen, sagen mir, daß ich das prima gemacht hätte und daß sie, jeder für sich, gleich gedacht hätten, jetzt müßte man dies tun und jetzt das machen.
»Na ja – ein Glück, daß gerade ihr dabei gewesen seid, was wäre sonst nicht alles passiert!«

28. Februar 1940

Tiefflugübungen.
Als Abschluß unserer Krakauer »Ausbildung« (das war vielleicht eine!) habe ich den Auftrag, Zementbomben am Übungsplatz zu werfen und anschließend einen Tiefflug auf einem festgelegten Kurs zu fliegen. Wir sind inzwischen zu Besatzungen zusammengestellt worden, wobei man uns die Freiheit ließ, selbst auszuwählen, wer mit wem fliegen und in den Einsatz gehen will. Als Beobachter habe ich mir den Feldwebel Digeser ausgesucht, einen aufgeweckten Schwaben, ebenfalls Reservist wie ich, der aber schon in einem Verband geflogen hat, also auf einige Erfahrung in unserem Geschäft verweisen konnte. Aber Funker und Bordschützen fand ich keine, die mir zugesagt hätten. Diese könne ich auch beim Verband finden, wurde mir

gesagt. Mit Digeser und einem Bordmechaniker ziehe ich also los. Mit einiger Genauigkeit setzen wir unsere Zementeier in mehreren Anflügen ins Ziel. Dann gehe ich aus 2000 Meter in einer steilen Schleife hinunter ins Weichseltal. Digeser hat die Karte auf den Knien und franzt.

Es erfordert die ganze Aufmerksamkeit, in nur wenigen Metern Höhe über das Land zu huschen, mit der Do macht es aber wirklich Spaß. Der Vogel reagiert wunderschön auf den kleinsten Steuerausschlag. Nach kurzer Zeit hat sich Digeser bereits hoffnungslos verfranzt, und ich muß nach Kompaß und Uhr weiterfliegen. Wenn ich ihn frage, wo wir sind, dann fährt er mit dem Finger irgendwo auf der Karte herum, immer in der Hoffnung, daß doch mal ein markanter Punkt kommen muß, an welchem er sich wieder zurechtfindet.

Die Burschen haben einfach zu wenig fliegerische Erfahrung. Ich muß mich immer wieder wundern, mit welcher Unbekümmertheit sie sich in ein Flugzeug setzen.

Indessen macht mir aber diese Fliegerei einen Mordsspaß, und es ist mir absolut wurscht, wo wir uns befinden. Daß ich wieder nach Hause finde, macht mir keinen Kummer. Es ist ein sonniger Wintertag mit endloser Sicht, so richtig dazu angetan, sich über einen schönen sportlichen Flug zu freuen. Ich lebe nur mit der Maschine, höre auf den guten, gedämpften Ton der Motoren und fühle das harmonische Vibrieren des Metalls.

Wir überfliegen elende, verkommene polnische Dörfer. Die Bauern haben offenbar Angst vor uns und legen sich in den Schnee oder flüchten in ihre schmutzigen Häuser, wenn wir knapp über sie wegzischen. Die Leute tun mir leid, aber ich kann nicht ausweichen. Kaum daß sie in mein Blickfeld gekommen sind, bin ich auch schon über ihnen.

Wir kommen in ein Gebiet, wo vor kurzem noch gekämpft wurde. Verbrannte Dörfer und gesprengte Brücken markieren den Weg des Rückzuges der geschlagenen polnischen Armee. Flüchtig angelegte Schützengräben und verlassene Stellungen. Da und dort noch ein verlassenes Geschütz und ausgebrannte Fahrzeuge. Und immer wieder gesprengte Brücken. Wir fliegen einer Bahnlinie entlang. Hier haben die deutschen Stuka gehaust. Haargenau sind die Bahnhöfe getroffen. Ein ganzer Zug liegt an der Böschung auf dem Rükken.

Herbst 1940. Gilze-Rijen, Holland.
Der Flugplatz war hervorragend ausgebaut und getarnt. Bomben des Gegners fielen regelmäßig auf den Scheinflugplatz, wenige Kilometer daneben.

Beschädigt aus England zurück und auf dem Heimathorst bauchgelandet. Das »Stoppelfeld« ist künstlich angelegt.

Ju 88 A-5. Mißglückte Nachtlandung nach Englandeinsatz.

Herbst 1940 — Gilze-Rijen.
Viele Opfer forderten die schwierigen Nachtlandungen nach den langen Flügen gegen England.
(Alle hellen Flecken an den Flugzeugen wurden mit schwarzer Tarnfarbe übermalt.)

borgen. Und ohne Unterbrechung Start auf Start – Landung auf Landung.
Ein Wagen fährt an mir vorbei. Lachende Gesichter einer Besatzung. Leo Krantz! Daß ich den hier wieder treffe! Er hat eben seinen dritten Feindflug hinter sich gebracht und muß gleich wieder los.

11. Mai 1940

Ich bin der 5. Staffel zugeteilt. Leider ging es nicht, daß ich zu Leo in die Erste komme. Die Fünfte hat in den letzten Tagen starke Verluste gehabt –. Zwei Staffelkapitäne und drei Besatzungen sind nicht wiedergekommen.

14. Mai 1940

Wenn ich gedacht hatte, ich käme hier gleich zu Feindflügen, so habe ich mich wieder einmal geirrt.
Oblt. Schneider, der Staffelkapitän, sagt mir, als ich mich als »Neuer« bei ihm melde, daß er froh sei, mich in seiner Staffel zu haben. Ich solle mir aber vorläufig darüber klar sein, daß ich hier erst mal beweisen muß, daß ich auch fliegen kann. Dazu sei jetzt, während des Großeinsatzes keine Zeit. Außerdem würden alle Maschinen für den Einsatz gebraucht. Ich solle mich halt fürs erste einleben und abwarten, bis wieder etwas Ruhe sei, dann könne meine weitere Ausbildung für den Fronteinsatz beginnen. Und erst dann könne entschieden werden, ob ich für das Geschwader »brauchbar« sei. Dabei bin ich selbst überzeugt davon, daß ich besser fliegen kann, als die meisten der hier eingesetzten Besatzungen. Schneider ließ sich nicht herumkriegen. Ein knochentrockener Bursche!

16. Mai 1940

Holland ist für unser Geschwader erledigt!
Es geht zurück in den Heimathorst unserer Gruppe – Perleberg. Ich selbst habe die Ehre, einen ausgeleierten, nur halbwegs flugklaren Bock zu überführen.

17. Mai 1940
Perleberg

Die Gruppe hat in der vergangenen Einsatzperiode schwere Verluste hinnehmen müssen und wird neu aufgebaut. Ich werde von der 5. in die 4. Staffel unter Hpt. Hass versetzt.
Wieder wird »geschult«. Intensiv, hart, konsequent. Die Spalten in meinem Flugbuch füllen sich. Platzflüge, Gefahreneinweisung, Überlandflüge und immer wieder Bombenwerfen im Sturzangriff.

18. Mai 1940

Es ist eine reine Freude, mit der Ju 88 zu stürzen. Während die Ju 87 im Sturz – besonders kurz nach dem Abkippen – pendelt und aus dem Ziel herausschieben will, liegt die 88 sofort ruhig in der gewollten Lage. Um den Sturz zu korrigieren, genügt meist ein leichtes Nachtrimmen mit den Trimmrädern an der linken Bordwand. Man hat ausreichend Zeit, während des Sturzes den Luftraum zu beobachten und sich um den Zustand von Flugzeug und Triebwerken zu kümmern. Das Zeichen zum Auslösen der Bomben wird durch ein Hupsignal gegeben, welches durch einen einstellbaren Kontakt am barometrischen Höhenmesser ausgelöst wird. Die Sicherheit auf dem herrlichen Vogel wächst von Tag zu Tag, wird zur Selbstsicherheit.
Diese Selbstsicherheit birgt aber die Gefahr der Schnodderigkeit in sich. Das ist gefährlich. Bei einem Übungssturz ohne Sturzflugbremsen mit 680 km/h Fahrt konnte ich nur mit knapper Not eine Bodenberührung vermeiden. Mit meiner ganzen Kraft mußte ich die Steuersäule anziehen, um meterknapp über dem Boden wenigstens in den Horizontalflug zu kommen. Der Dämpfer war wohl notwendig. Niemals wird man perfekt. Immer soll man als Pilot erkannte Grenzen – oder festgesetzte Grenzen – kritisch respektieren. Andererseits: Böse Erfahrungen muß man sich selbst an den Schuhsohlen ablaufen. Glücklich derjenige, der dabei mit dem Leben davonkommt und daraus lernt.
Dabei wollte ich weiter nichts, als meine Übungsbomben noch genauer ins Ziel bringen und dem imaginären Gegner noch weniger Gelegenheit bieten, mich erfolgreich zu bekämpfen. Nach der Devise: so gut wie ich kann es eben keiner.

27. Mai 1940

Anklam. Abschluß unserer Ausbildung mit Bomben im Sturz auf Zielschiff »HESSEN« in der Ostsee vor Dievenow. Sehr interessant, aber nicht leicht!

28. Mai 1940

Zurück nach Perleberg. Abends fährt die Staffel hinaus an den Langen See bei Lenzen. Dort sind alle Vorbereitungen für ein Staffelfest getroffen. Auftakt ist eine Übung mit Schlauchbooten, welcher als Ernstfall eine Notlandung auf See zugrunde liegt. Die Besatzungen werden mit voller Ausrüstung ins Wasser geworfen und müssen nun übungsmäßig ihre Notausrüstung handhaben: Schwimmweste aufblasen, Schlauchboot klarmachen und besetzen und anschließend mit dem Schlauchboot an Land rudern. Das Ganze wird als sportlicher Wettkampf ausgetragen, den ich dann mit meiner Besatzung auch gewinnen kann. Der Abend und die Nacht sind lauwarm. Ein großes Holzfeuer sorgt für zusätzliche Wärme und romantische Atmosphäre. Es wird gesungen – getrunken. Keiner fällt dabei aus dem Rahmen. Ich spüre ein nie erlebtes Gefühl der Zusammengehörigkeit mit diesen Männern, die alle verbunden sind durch eine Gemeinsamkeit des Fliegens und des Schicksals einer unbestimmten Zukunft. Heute hat auch Belgien kapituliert. Es geht rasch vorwärts im Westen. Ob wir wohl überhaupt noch mal mit dabei sein werden?

15. Juni 1940

Gestern erhielten wir den Verlegungsbefehl nach Belgien. Wir kommen zum Einsatz, nachdem wir noch einmal zwei Wochen harten Übungsbetrieb hinter uns gebracht haben. Ich fühle mich in bester Form. Ich bin der einzige »Junge«, der dabei ist. Man hat mich erneut der 5. Staffel zugeteilt.
Vor der Halle stehen wir in Gruppen und warten auf den Startbefehl. Unser Ziel ist ein Feldflugplatz in der Nähe von Löwen, bei dem Ort Le Coulot.
Obwohl alle den harten Ausbildungsdienst in der Heimat satt haben

und wieder in den Einsatz wollen, sehe ich auf keinem Gesicht Begeisterung.
Ich selbst bin mir über meine Gefühle überhaupt nicht klar. Habe mir diese Stunde ganz anders vorgestellt. Es ist ein bißchen leer in mir und ich fühle mich unter all den erfahrenen Frontkämpfern verloren.
Wahrscheinlich habe ich einfach Angst.
Die anderen geben mir Ratschläge. Ich bin sehr dankbar dafür, obwohl ich diese Geschichten schon hundertmal gehört habe. Wahrscheinlich wollen auch die Kameraden sich selbst beruhigen, indem sie wiederholen, wie es in diesen und jenen Fällen immer wieder gut gegangen ist.
Es wird mir aber klar, daß ich seit heute wirklich in die Gemeinschaft aufgenommen bin und daß die Ressentiments dem »Reservisten« gegenüber abgebaut sind.
Selbst der Feldwebel Lorbeer ist wie umgewandelt und redet mich sogar mit Du an, nachdem er derjenige war, der sich bisher offenbar einen Spaß daraus gemacht hat, mich immer darauf hinzuweisen, ich sei ein lächerlicher Zivilist und ich solle mir auf meine Fliegerei ja nichts einbilden.
Um 09.30 Uhr kommt der Startbefehl für mich. Ich fliege mit Lorbeer und Fw. Friedrich in einer geschlossenen Kette. Vor uns haben 15 Maschinen bereits den Platz verlassen. Wir fliegen eng aufgeschlossen. Lorbeer führt ausgezeichnet mit ausgesprochenem Gespür dafür, daß links und rechts nach hinten gestaffelt je ein anderes Flugzeug hängt. Bald sind wir in den Wolken, um nach oben durchzuziehen. Wir bleiben in den Wolken geschlossen beieinander, auch wenn es so dick ist, daß ich meistens nur die führende Maschine als verschwommenen Schatten sehen kann und die Maschine von Friedrich auf der anderen Seite nicht sichtbar ist. Als wir in der Sonne über den Wolken sind, erkennen wir weit rechts vor uns weitere Ju 88, welche vor uns gestartet waren. Eine davon hängt sich bei mir an. Der Mann zelebriert einen derart saumäßigen Verbandsflug, daß mir angst und bange wird; er steht in dem Ruf, der größte Uhrmacher der ganzen Gruppe zu sein.
Ein Uhrmacher ist in der Fliegerei das, was die Bayern den größten Deppen aller Zeiten nennen. Wenn jemand in der Fliegerei etwas ganz Dummes tut, dann »uhrmachert« er.
Und dieser hier uhrmachert derart kriminell an meiner rechten

Seite herum, daß ich mich gezwungen sehe, den eng fliegenden Verband zu verlassen, um mich selbständig zu machen.

Ich stoße nach unten durch und bekomme erst in 80 m Höhe Erdsicht. Nach einer langen Sucherei finde ich endlich den Feldflugplatz, der lediglich aus einer großen abgeernteten Ackerfläche besteht. Ich lande aus einer engen Kurve heraus und kann dann feststellen, daß die anderen noch nicht da sind. Sie landen später einzeln in größeren Abständen. Der Uhrmacher kommt mit einer Stunde Verspätung.

Am Rande des Feldes ist der Gefechtsstand aufgebaut. Auch eine Feldküche ist da. Es gibt Kaffee, Suppe und Hühnchen. Der Kommandeur eröffnet, daß wir noch heute einen Einsatz zu fliegen haben. Wer und wie viele Flugzeuge, stünde noch nicht fest, wir sollen uns auf alle Fälle bereit halten. Die Flugzeuge werden mit je zwei 500-kg-Bomben beladen, für eine größere Last reicht der behelfsmäßige Flugplatz nicht aus.

Um 15.00 Uhr kommt der Einsatzbefehl über Funk: Sieben Maschinen haben am Abend den Hafen von Cherbourg anzugreifen. Die Führung hat Hptm. Peters. Von unserer Staffel fliegen die Fw. Kühnast, Lorbeer, Erkens und der Uffz. Stahl.

Es folgt eine Einsatzbesprechung mit Verteilung der Einzelziele an die einzelnen Besatzungen. Meine Aufgabe ist es, im Sturz Lagerhallen im Hafengelände anzugreifen. Um 16.30 starten wir mit halbleeren Tanks nach Amiens, weil wir mit der vollen Maschine nicht aus dem Platz herauskämen. In Amiens soll aufgetankt werden für den langen Flug.

Der Start mit der trotzdem schweren Maschine über die notdürftig eingeebneten Äcker wird fürchterlich, ja beinahe lebensgefährlich. Für Flieger beginnt der Krieg eben nicht erst dort, wo man dem Feind Auge in Auge gegenübersteht. In Amiens finden wir auf dem Flugplatz überall noch die Spuren unserer englischen »Kollegen«, welche ja noch vor kurzer Zeit hier gewesen sind. Jupp Harras, der seine Fühler immer überall hat, macht sogar seine erste Kriegsbeute in Form einer ganzen Kiste englischer Bonbons.

Pünktlich um 19.00 Uhr startet Hptm. Peters aus dem staubigen Platz heraus. Als Zweiter folge ich. Blind muß ich durch die Staubwolke jagen, die mein Vorgänger hinterlassen hat, und bin froh, als ich spüre, daß mein schwerfälliger Vogel vom Boden abgehoben hat. Mechanisch mache ich die üblichen Handgriffe für Fahrwerk, Landeklappen, Benzinpumpen, Luftschraubenverstellung, Kühlerklappen. Mein Bombenschütze hebt die linke Hand zum Zeichen, daß auch auf seiner Seite alles klar ist. Ich überprüfe alle Instrumente, während ich langsam zu Hptm. Peters aufschließe. Auch die anderen kommen heran, und es geht im gelockerten Verband Richtung Westen. In den Tanks haben wir dreitausendsechshundert Liter Benzin. Das ist ein beruhigender Vorrat.

Wir fliegen zunächst nicht hoch. Unter uns ziehen zerschossene Dörfer und Städtchen durch. Wir erkennen die halbvollendete, vielgerühmte Weygandlinie, ein System von Abwehrstellungen, welche den deutschen Vormarsch hätten aufhalten sollen. Man kann aus der Luft die zurückgelassenen Kanonen und Fahrzeuge erkennen. Ein trauriges Bild bieten die mit Flüchtlingen verstopften Straßen. Überall auf den Feldern liegen zu aber Hunderten verendete Kühe, die nur deshalb eingingen, weil niemand sie gemolken hat. Das ganze ist so trostlos und grauenhaft, daß ich ganz vergesse, selbst unterwegs zu sein, um mich an diesem Inferno zu beteiligen.

Westlich von Le Havre überqueren wir die Küste, um das Ziel über See anzufliegen. So hoffen wir, der gegnerischen Abwehr zu entgehen. Niemand konnte uns genau sagen, wie der Frontverlauf ist. Le Havre brennt noch an verschiedenen Stellen, obwohl es schon seit einigen Tagen in unserer Hand ist. Im Hafen liegen die Wracks versenkter Schiffe.

Wir halten uns in der Mitte des Kanals. Links erkennen wir bei guter Sicht jede Einzelheit der französischen Küste und auf der rechten Seite reicht unser Blick weit in das englische Hinterland.

In 4000 Meter Höhe gehen wir in den Horizontalflug. Nach Ablauf der errechneten Zeit biegen wir in südlicher Richtung ab und müssen jeden Augenblick Cherbourg weit vor uns liegen sehen.

Ich setze mich etwas nach hinten oben ab, um mir den Angriff erst mal ansehen zu können, bevor ich selbst zum Sturzflug übergehe. Schnell haben wir das Ziel unter uns. Die Maschinen vor mir setzen fast gleichzeitig zum Sturz an. Mein Punktziel habe ich sofort erkannt. Noch ein Blick in die Runde. Zum erstenmal erlebe ich Flak, die gezielt auf mich schießt. Es scheint mir nicht gefährlich, denn die dunklen Wölkchen, welche die Sprengpunkte anzeigen, sind bestenfalls fünfzig Meter von mir entfernt. Außerdem wird nicht viel geschossen. Ganz ruhig lasse ich das Ziel auf der Glasscheibe unter meinen Beinen bis zu der Marke durchlaufen, welche mir den

Abkipp-Punkt anzeigt. Währenddessen bereite ich meinen Vogel mit längst zur Routine gewordenen Handgriffen auf den Sturz vor: Propeller auf größere Steigung verstellen, Kraftstoffzusatzpumpen einschalten, Kühlerklappen schließen, Höhenmesser einstellen und Kontakt für Abfangsignal auf 800 Meter über Grund einstellen. Jupp schaltet den Zünderstrom für die Bomben ein und hantiert am Reihenabwurfgerät. Jeder überprüft noch einmal seine Anschnallgurte. Dann bringe ich die Trimmräder für alle drei Achsen auf die Sturzflugmarken.

Alles fertig!

Fast hätte ich vergessen, das Reflexvisier einzuschalten, die Helligkeit des Abkommkreises zu regulieren und den Aufsatzwinkel einzustellen.

Ich drossle die Motoren fast bis auf Leerlauf und ziehe nun den Hebel, der die Sturzflugbremsen hydraulisch ausfahren läßt und gleichzeitig die Höhenruderflosse so verstellt, daß meine 88 fast ruckartig nach vorne auf den Kopf geht. Wir schießen dem Boden entgegen. Durch mein Visier sehe ich das Ziel, welches schnell größer wird. Ich korrigiere die Lage der Maschine mit vorsichtigen Ausschlägen. Nochmal ein Blick in die Runde, d. h. nach oben, denn der Horizont liegt ja jetzt nicht mehr vorne, sondern ist durch die Verglasung des Daches zu sehen. Die Abwehr stört mich nicht, zumindest halte ich sie nicht für gefährlich, auch wenn ich einige schwarze Wölkchen direkt durchstürze und sogar den Geruch verbrannten Pulvers wahrnehmen kann.

Mein Sturz liegt geradezu schulmäßig gut, als das Hupsignal ertönt, welches die Auslösehöhe anzeigt. Jetzt muß mein Flugzeug ganz beschleunigungsfrei weiterstürzen. Ich darf jetzt auch keine Korrektur mehr vornehmen, sonst fallen meine Bomben sonstwo hin. Ich komme blendend ab. Druck auf den roten Knopf am Steuerhorn – ein Ruck in der Maschine – die Bomben fallen. Automatisch fängt das Flugzeug ab. Wir werden mit 4- bis 5-facher Beschleunigung in unsere Sitze gepreßt und tun gut daran, den Kopf an die Rückenlehne zu drücken, weil er sonst unweigerlich nach vorne auf die Brust gedrückt wird, ohne daß wir ihn wieder aufrichten könnten. Für einige Augenblicke verliert man bei diesem Abfangvorgang das Bewußtsein. Wir nennen dies den »grauen Vorhang«. Dann sind wir aber sehr schnell wieder voll da. Wir schießen steil nach oben und haben immer noch eine Geschwindigkeit von gut 500 km/h.

Nun kann ich auch wieder Abwehrbewegungen fliegen, denn wir sind jetzt im Bereich der leichten Flak, welche doch recht unangenehm mit roten Leuchtspurketten hinter uns her ist. Moritz kann aus seiner Bodenwanne den Einschlag der Bomben beobachten und meldet jubelnd Volltreffer!
Die Kameraden mit den anderen Maschinen, die vor mir gestürzt sind, brauche ich nicht zu suchen, denn ein wütendes Flakfeuer aller Kaliber kennzeichnet ihren Flugweg. Das ist günstig für mich, weil ich mich dadurch fast unbehelligt, wenn auch mit wilden Abwehrkurven, verdrücken kann. Schlagartig ist Ruhe und ich kann mich um den Heimflug kümmern. Zunächst bringe ich das ganze Flugzeug wieder in den Zustand für Reiseflug. Dann setze ich den Rückflug so an, daß ich ungefähr wieder in unsere alte »Ölspur« des Anfluges komme.
Es wird einer jener wunderschönen Flüge in die Abenddämmerung hinein. Um so schöner, als wir nun unsere Feuertaufe hinter uns haben und außerdem die Genugtuung, erfolgreich gewesen zu sein.
Als letzter lande ich im späten Büchsenlicht in Le Coulot. Von den anderen ist kaum einer ungeschoren davongekommen. Es gab sogar zwei Leichtverwundete durch Flaksplitter. Die erfahrenen Hasen sprachen von mittlerem bis starkem Flakfeuer, was ich natürlich noch nicht beurteilen kann. Meine Taktik aber scheint die richtige gewesen zu sein.

16. Juni 1940

Zweiter Feindflug. Fünf Maschinen haben eine Brücke in Tours anzugreifen. Es fliegen: Olt. Stoffregen, Ltn. Mann und Uffz. Stahl in einer Kette, und Fw. Erkens und Uffz. Schröder in einer Rotte. Diesmal starten wir mit der vollen Mühle von unserem Feldflugplatz weg. Ich glaube, alle haben sich hinterher gewundert, daß das gut ging. Meine schwere Maschine rumpelte und sprang über den Bodenwellen, daß ich dachte, es müßte alles zu Bruch gehen. Mit knapper Not komme ich frei. Die Uhr zeigt 12.45. Langsam schließen wir auf und steigen auf dem errechneten Anflugkurs. Unsere schweren Maschinen scheinen mehr durch die Luft zu schwimmen als zu fliegen. Die Bedeckung ist 4/10. Kumulus, Obergrenze bei 3000 Meter. Von der Front, die wir irgendwo überfliegen, ist nichts zu erkennen. Auf den Straßen, soweit wir sie ausmachen können,

herrscht dasselbe Durcheinander, das wir bereits gestern gesehen haben.
Wir müssen sehr auf Jäger achten, vor denen man uns gewarnt hat.
Nach zwei Stunden Anflug liegt die Stadt weit links unter uns. Deutlich ist die Brücke zu sehen. Sie überspannt, auf mehrere Pfeiler gestützt, die Loire.
Flak empfängt uns. Wie mir scheint, schießen die heute besser und stärker, als ihre Kollegen von gestern in Cherbourg.
Unsere Kette ist als erste am Ziel. Stoffregen holt nach Westen aus, um in östlicher Richtung stürzen zu können. Erkens und Schröder biegen nach Osten und holen dann weit südlich aus. Dadurch wird das Flakfeuer zersplittert, was eine spürbare Entlastung ist.
Ich wiederhole meine Taktik von gestern – setze mich nach rechts hinten ab –, so kann ich mir den ganzen Zauber erst mal ansehen und habe gleichzeitig den Vorteil, daß ich meinen Sturz aus der Sonne heraus ansetzen kann.
Jetzt sehe ich, wie meine beiden Vordermänner fast gleichzeitig auf den Kopf gehen, um anzugreifen. Ihr ganzer Anflugweg ist durch eine Wolke von Flak gekennzeichnet, während ich vorläufig meine Ruhe habe.
Hoffentlich erwischen sie mich nicht nachher, wenn ich als einzelnes Häschen nachgekleckert komme!
Während ich zum Zielanflug eindrehe, sehe ich die Bombeneinschläge von Stoffregen und Mann. Beide haben knapp gefehlt. Bei mir beginnt nun das gleiche Spiel wie gestern: Ruhiger, beschleunigungsfreier Anflug, Maschine zum Sturz vorbereiten, Bombenabwurf vorbereiten und Anflug bis zur Abkippmarke. Das Ziel passiert den roten Strich in dem Glasfenster im Rumpfboden, und ich ziehe den Hebel für die Sturzflugbremsen. Die Nase kippt nach unten. Ein Blick in den Luftraum – man hat uns offenbar noch nicht bemerkt. Noch im Abkippen kann ich sehen, daß sich das ganze Flakfeuer in den Südraum verlagert hat, wo Erkens und Schröder anfliegen. Ich konzentriere mich ganz auf meinen Sturz und ziele sehr sorgfältig. Plötzlich stehen Flakwolken in meiner Sturzbahn – dann ein Schrei von Groß! Wir sind getroffen! Ohne lange zu überlegen drücke ich den Abfangknopf an der linken Bordwand. Dadurch wird zwar der Sturz abgefangen, aber die Bomben fallen nicht. Grauer Vorhang – blauer Himmel ... Ist jemand verwun-

det? Nein! Was ist passiert? Meine Motoren drehen normal, alle Instrumente zeigen normale Werte, aber vorne in der Kanzel ist eine Plexischeibe eingeschlagen. Der Fahrtwind verursacht ein unangenehmes Brummen und Pfeifen. Das scheint alles zu sein. Sofort steht mein Entschluß fest, erneut anzugreifen. Dazu muß ich aber erst mal wieder Höhe gewinnen. So schiebe ich die Gashämmer ganz nach vorne und hole das letzte an Steigleistung heraus. Wie langsam das doch geht. Erkens und Schröder nähern sich nun von Süden dem Abkipp-Punkt. Sie werden fürchterlich beschossen. Ich steige in die Sonne hinein, von der Flak unbehelligt. Freunde, paßt bloß auf Jäger auf!! Als die beiden anderen abkippen, habe ich gerade gute 2000 Meter erreicht. Ich muß sofort angreifen, sonst bleibt mir keine Chance, ungeschoren davonzukommen, denn als einzelner Nachzügler dürfte ich für die da unten ein gefundenes Fressen sein.
Während Erkens und Schröder abkippen, drehe ich zum Zielanflug ein. Ich komme gut – aus der Sonne – und werde nicht beschossen. Das Spiel wiederholt sich: unten die Einschläge meiner Vorgänger, ich selbst im konzentrierten Zielanflug, dann mein Sturz. Es geht alles wie auf dem Übungsplatz. Mein Sturz geht weit unter die zunächst vorgesehene Abfanghöhe. Die Bomben fallen – grauer Vorhang – blauer Himmel – nichts wie weg!
Ich drücke meine 88 auf Höchstfahrt. Moritz meldet: Treffer! Und jetzt hat uns die Flak doch am Wickel, aber wir können ohne Treffer entkommen, weil ich eine wilde Kurbelei veranstalte. Wieder ist Ruhe um uns. Ich bringe mein Flugzeug auf Reisezustand und gehe auf Heimatkurs. Bockiges Wetter, Gewitter, Überflug Paris. Dann historischer Boden unter uns: die Schlachtfelder des Weltkrieges. In Le Coulot sind die anderen bereits gelandet, mit Ausnahme von Ltn. Mann, als ich um 17.10 Uhr zu meinem Abstellplatz rollte. Wir warten besorgt, bis wir wissen, daß er nicht mehr kommen kann, weil sein Treibstoff aufgebraucht sein muß.
Die Auswertung der Gefechtsberichte ergab, daß Erkens und ich so glücklich getroffen haben, daß die Brücke mit hoher Wahrscheinlichkeit unpassierbar geworden ist.
Abends hauen wir im nahen Dorf ernsthaft einen auf die Pauke bei gutem Wein, netten Wirtsleuten und furchtbar vielen Sprüchen.

17. Juni 1940

Man hört, daß Frankreich am Ende ist und daß ein baldiger Waffenstillstand bevorstehen soll. Wir sind schon beim Feiern, als Bereitschaft befohlen wird. Ein Einsatz gegen eine große Ansammlung von Schiffen in der Loiremündung ist beabsichtigt. Kurz danach kommt der Einsatzbefehl: Start in einer Stunde um 15.00 Uhr.
Wir fliegen im lockeren Verband – vierzehn Ju 88 mit dem Adlerwappen unseres Geschwaders am Bug.
Wieder überfliegen wir die Schlachtfelder des Weltkrieges und sehen die Auswirkungen des jetzigen Krieges unter uns. Endlos lang erscheint mir der Anflug. Um meine Motoren zu schonen, setze ich mich etwas ab vom Verband. Das Risiko, als Einzelflieger für den Gegner ein besonders verlockendes Ziel zu sein, scheint mir angesichts der Umstände vergleichsweise klein. Dagegen sind mir zwei gesunde Motoren eine wichtigere Voraussetzung, um wieder nach Hause zu kommen.
Am Ziel erlebe ich meine ersten Jäger – es sind Moranes.
Ich werde aber zunächst nicht angegriffen; die Kurbelei findet am anderen Ende der Flußmündung statt. Eine Ju 88 geht mit qualmendem linken Triebwerk nach unten weg. Dann sehe ich die Schiffe. Eine unübersehbare Flotte von Frachtern liegt in dem breiten Fluß. Wir brauchen gar nicht erst den Hafen von St. Nazaire anzufliegen. Es empfängt uns ein wütendes Flakfeuer. Ich setze mich etwas ab und habe Ruhe zum Zielanflug. Da meldet Moritz: »Jäger im Anflug auf uns.« – »Sind sie noch weit weg?« – »Es ist nur einer, ca. 500 Meter Abstand.« Mit einem harten Steuerausschlag stelle ich meine 88 auf den Kopf und stürze nach unten, ohne die Bremsen auszufahren. Moritz meldet, daß die Morane mitkommt. Ich werde unheimlich schnell. 600–680 km/h. Dann visiere ich genau einen dicken Frachter an, hebe die Nase etwas nach oben und löse die Bomben aus. Mit zügigen Steuerausschlägen ziehe ich die Maschine in eine steile, nach unten gerichtete Kurve, welche mich aus dem Gefahrenbereich der Flak herausbringt. Immer noch habe ich Höchstfahrt und Moritz und Jupp melden abwechselnd, daß die Morane uns weiter verfolgt, aber nicht aufholen kann. Ich kann mir ausrechnen, daß der hartnäckige Bursche mich spätestens dann erwischt, wenn ich am Boden bin und zwangsläufig langsamer werden muß. Also muß ich mich aufs Kurbeln einlassen. Eine steil nach oben ge-

zogene Rechtskurve verschafft mir zunächst Luft. Aber mein Gegner kommt mir nach und versucht mit allen Tricks und seiner überlegenen Wendigkeit, in Schußposition zu kommen. Wieder und wieder gelingt es mir, ihn abzuschütteln. Ebenso plötzlich, wie er gekommen ist, dreht der Jäger wieder ab. Er hat sich an meiner 88 die Zähne ausgebissen und schwenkt wieder zurück in das Getümmel über dem Zielraum.

Erleichtert und schnellstens verdrücken wir uns in Richtung Heimat. Das war ziemlich haarig!

Von einer Trefferbeobachtung konnte angesichts des Luftkampfes natürlich keine Rede sein, so fiel meine Meldung zu Hause leider sehr dünn aus.

Das Gesamtergebnis der Gruppe ist jedoch ausgezeichnet: Keine Verluste und eine große Zahl guter Treffer, welche sich die Besatzungen teilweise gegenseitig bestätigen können. Uffz. Geffgen mußte über 70 Treffer von einem Jäger einstecken. Er konnte aber noch nach Hause fliegen. Am Platz machte er eine tadellose Bauchlandung, wobei er die vier 250-kg-Bomben notgedrungen als Kufen benutzen mußte. Die Dinger konnte er nicht los werden, weil sowohl die elektrische als auch die mechanische Abwurfeinrichtung zerschossen waren.

Ich wäre in seiner Situation allerdings mit dem Fallschirm abgesprungen. Eine Landung auf vier Bomben hätte ich nicht riskiert, auch wenn ich weiß, daß unsere Abwurfmunition »beschußfest« ist. Wer sagt mir, ob die Hitze, welche durch die Reibung entsteht, nicht groß genug ist, um die Dinger in die Luft gehen zu lassen? Kurz nach unserer Landung kommt die ganz große Meldung durch: Frankreich hat kapituliert!

Ein Freudentaumel erfaßt uns, in den auch die belgische Bevölkerung mit einstimmt. Diese allerdings sicher nur deshalb, weil zunächst der Krieg überhaupt zu Ende scheint, und nicht, weil wir die Sieger sind.

Seit 17.00 Uhr schweigen die Waffen! Auch an Italien soll Frankreich ein entsprechendes Angebot gerichtet haben. Morgen sollen wir bereits wieder nach Perleburg zurückfliegen. Unsere Feier am Abend ist aus irgendeinem Grunde gedämpft. Alle denken wohl darüber nach, was nun kommen soll. Was wird England tun? Was unsere eigene Führung?

Wir unterhalten uns über den Sinn oder Unsinn unserer zwei letzten

Einsätze. Von Tours wissen wir inzwischen, daß Erkens und mir die Zerstörung der Brücke gelungen ist und zwar in dem Augenblick, als die letzten Franzosen darüber geflüchtet waren. Unsere eigenen Truppen jedoch konnten an dieser Stelle den Fluß nicht überqueren, weil wir ihnen den Weg zerstört hatten. In der Loire lag eine gewaltige Flotte von Handelsschiffen, welche wir schwer angeschlagen haben zu einem Zeitpunkt, als schon eine Stunde lang Waffenruhe war, ohne daß wir es wußten.
Kein Grund, meine Skepsis gegenüber den Leistungen unserer militärischen Führung abzubauen.

18. Juni 1940

Am späten Nachmittag Rückflug nach Perleberg. Vorher waren wir noch in Löwen und machten einen Bummel durch diese schöne Stadt. Das Rathaus beeindruckte uns. Man sieht auch heute noch Spuren aus dem Weltkrieg. Die Bevölkerung ist uns gegenüber erstaunlich freundschaftlich eingestellt. Man gratuliert sich gegenseitig zu dem Ende des Krieges gegen Frankreich. Ein junger Mann erzählt uns, wie erstaunt er und seine Freunde über die Ausrüstung der deutschen Armee gewesen seien. Die Propaganda in Belgien habe verbreitet, daß die Deutschen nicht genügend Gummi hätten, auch nur ihre Autos mit Reifen zu versehen; und ähnlich sei es auch um die sonstige Ausrüstung bestellt.
Meine Bemühungen, eine bessere Besatzung zu bekommen, haben überraschend schnell Erfolg: Ich habe heute die ehemalige Kommandeursbesatzung übernommen. Bombenschütze Hans Fecht, Funker Hein Hallert, Bordschütze Theo Goertz.
Hans, ein lang aufgeschossener Schwabe aus Ludwigsburg, von Beruf Ingenieur und Fachmann für Rechenmaschinen, 25 Jahre alt. Hein, Berliner, Beruf Schüler, 21 Jahre. Theo, Berliner, Beruf Schüler, 20 Jahre alt, neigt zu Bequemlichkeit und Fettansatz.
Auf dem Flug von Le Coulot nach Perleberg habe ich bereits Gelegenheit, die unvergleichlich bessere Arbeit dieser Kameraden zu erleben. Sie zollen mir ihrerseits ganz offen ihre Anerkennung für meine Fliegerei. Der Kommandeur war wohl kein besonders guter Pilot.
Es geht gegen England.

25. August 1940
Grove in Dänemark

Wir hatten wieder zwei Monate Heimathorst mit dem üblichen Leben: Handballspielen, Unterricht über die üblichen Themen, Langeweile und immer wieder Übungsflüge – Übungsflüge.
Auch fast vier Wochen Urlaub konnte ich in dieser Zeit für mich »organisieren«.
Währenddessen tobt über England eine Luftschlacht von nie gekanntem Ausmaß. Es heißt, daß die Engländer bereits auf dem letzten Loch pfeifen. Wenn man allerdings die Berichte von Flugzeugbesatzungen – insbesondere Kampffliegern – hört, dann ist es offensichtlich noch ein weiter Weg bis zum Sieg. Die Verluste in unseren Kampfgeschwadern müssen fürchterlich sein.
Umsoweniger können wir verstehen, daß unsere Gruppe bis heute noch nicht wieder in den Einsatz gekommen ist.
Grove ist ein ganz neu angelegter Flugplatz mit Dimensionen, die über alles bisher bekannte hinausgehen. Drei betonierte Bahnen von je über 1200 Meter Länge kreuzen sich in den verschiedenen Richtungen. Für jedes Flugzeug ist eine abgedeckte, halb in den Boden eingelassene Splitterboxe vorhanden. Die Unterkünfte und Gefechtsstände sind zwar Baracken, bieten aber jeden Komfort. Das System von Verbindungsstraßen und Rollbahnen ist viele Kilometer lang. Noch wird an allen Enden gebaut. Man erzählt, daß zeitweise über 8000 Menschen gleichzeitig hier beschäftigt waren.
Uns ist klar, daß wir von hier aus in den Kampf über England mit eingreifen sollen.
Angesichts der Widersprüche zwischen den amtlichen Nachrichten und den Erzählungen der Kameraden, welche im täglichen Kampf stehen, ist unsere Stimmung geteilt.

1. September 1940

Heute ist Großeinsatz befohlen. Die II. und III. Gruppe unseres Geschwaders, welche hier auf dem Platz liegen, sollen den Flugplatz Driffield in England angreifen. Die Vorbereitungen laufen planmäßig ab. Pünktlich auf die Minute rollen die Maschinen – es sind mehr als fünfzig – an den Start. Meine Maschine muß im letzten Augenblick zurückgenommen werden, weil der linke Motor

im Ladedruck Unregelmäßigkeiten zeigt. Alle Einsprüche meinerseits nützen nichts. Der technische Offizier verbietet, daß das Flugzeug in die Luft geht.
Am Ziel erlebten die Besatzungen dann das, was von anderen Verbänden, welche diese Tagesangriffe schon länger fliegen, immer wieder zu hören war: Eine gut geführte und zahlenmäßig starke Jagdabwehr. Die begleitenden deutschen Me 110 – Zerstörer waren den Hurricanes und Spitfires ebenso ausgeliefert wie die Ju 88, welche sie eigentlich schützen sollten.
Verluste: Ltn. Kiessner, Uffz. Brandt, Uffz. Bier, Hptm. Brede mit ihren Besatzungen sowie vier weitere Besatzungen der III. Gruppe. Wer das Glück hatte, zurückzukommen, war froh, wenn Flugzeug und Besatzung wenigstens einigermaßen heil geblieben waren. Es gab zahlreiche Verwundete und viele Treffer in den Maschinen. Einer landete auf zwei Plattfüßen, ohne es zu wissen.
Die beiden Gruppen sind für Tage und Wochen nur begrenzt einsatzbereit.

2. September 1940

Unsere Gruppe, die II./KG 30, muß überraschend heute nach Belgien verlegen. Der Platz heißt Chièvre und liegt in der Nähe von Mons.
Einzeln fliegen wir los, gerade wie unsere Vögel eben flugklar werden. Von den stolzen 36 Flugzeugen, über die wir gestern noch verfügten, sind ganze 14 flugklar.
Wir finden den Platz sofort, obwohl es sich ähnlich wie in Le Coulot auch hier um nichts weiter als um eine große Fläche abgeernteter Getreideäcker handelt.
Bei der Landung platzt mir ein Reifen, so daß ich Mühe habe, einen »Kalifornischen« zu vermeiden. Mitten auf dem Gelände muß ich meinen Vogel stehen lassen. Wir müssen bei brütender Hitze zu Fuß auf den Gefechtsstand gehen, um Meldung zu erstatten.
In einem Schloß werden wir einquartiert. Die Bewohner haben es verlassen. Es ist zwar alt und etwas verkommen, aber doch recht gemütlich.
Abends gehen wir ins Dorf, wo wir in einer gemütlichen »Bar« reichlich Bier und Wein trinken.
Die Einheimischen lassen sich gerne in Gespräche ein. Sie sagen,

wir sollen bloß schnell die Engländer schlagen, damit der Krieg ein baldiges Ende nehmen würde. Das Thema Politik vermeiden sie ebenso wie auch wir.

9. September 1940

Feindflug nach London.
In den letzten Tagen sind unsere Flugzeuge fast täglich nach England geflogen. Es gab kaum Verluste. Die Besatzungen berichten von Erfolgen bei Angriffen auf englische Städte, Flugplätze und insbesondere seit einigen Tagen gegen London.
Meine Maschine ist genau vor einer Woche, vor dem Start zu einem Englandflug, unklar geworden. Beim Anlassen des linken Motors flog der Schwungkraftanlasser auseinander. So war ich wieder zur Untätigkeit verurteilt, während die anderen Feindflüge und Erlebnisse sammelten. Heute aber kann ich mit!
Zwar habe ich nicht meine eigene Maschine, sondern ich fliege mit dem ältesten Schlitten, der vorhanden ist. Die Gruppe fliegt im geschlossenen Verband. Wir müssen eine Wolkendecke durchsteigen, wobei der Verband auseinandergerissen wird. Schwere Vereisung. Als die Sonne erscheint, finde ich mich in der Führungskette wieder. Hier bleibe ich. Warum auch nicht? Über Lille ist Treffpunkt mit Teilen anderer Geschwader. Es sammelt sich dann ein Verein von mindestens 200 Bombern, die sich recht und schlecht ordnen und Kurs auf London nehmen. Bald stoßen Me 109 und Me 110 als Begleitschutz zu uns. Die Wolkendecke unter uns reißt nach und nach auf, so daß Hans nach der Karte franzen kann.
Wenn man als Einzelner in einem Verband von drei Kampfgeschwadern, zwei Geschwadern Me 109 und einem Geschwader Me 110 mitfliegt, hat man das Gefühl der Geborgenheit. Wir überschlagen, daß die gesamte Bombenlast, welche in kurzer Zeit über London niedergehen wird, mindestens 200 000 kg ausmacht. Armes London!
Und das geht schon seit einigen Tagen so. Während wir den Kanal überqueren, ordnen sich die Verbände. Die Jäger fliegen im Zickzackkurs neben, über und unter uns. An der englischen Küste empfängt uns Flak – recht gut liegend. Erstmals überfliege ich im Kriege englischen Boden. Die Sicht ist gut. Wir beobachten fahrende Eisenbahnzüge am Boden.

Hydraulik zerschossen — Bauchlandung.

Ein Überschlag, der glimpflich verlief.

Herbst 1940. Besatzung Stahl vor dem Start (v. l. Theo, Hein, Peter, Hans).

Und nach einem schweren Absturz (29. November 1940).

Ju 88 A-5 mit Ballonabweiser gegen Sperrballone. Eine pfeilförmig angebrachte Stahlschiene schützt das Flugzeug. Das Seil des Ballons gleitet nach außen ab und wird durch eine Sprengladung abgesprengt.

Hans gibt mir ein Zeichen und zeigt nach vorne. Das muß schon London sein, denn es sind schwarze Rauchsäulen erkennbar, die bis in unsere Höhe auf 5000 Meter heraufreichen. Schnell erreichen wir den äußeren Flakgürtel um London. Die Briten schießen unangenehm gut. Der ganze Verband gerät in Unruhe. Es ist kaum mehr möglich, Position zu halten. Zunächst muß ich tatsächlich meine ganze Aufmerksamkeit auf die Fliegerei richten, um nicht mit einer anderen Maschine zusammenzustoßen. Das Ganze ist für mich vollkommen neu, so daß ich keine Ahnung habe, wie ich mich in meiner Taktik am besten verhalten sollte. So bleibe ich eben mitten drin in dem großen Haufen. Die Flak hier ist wirklich unangenehm. Rundherum und oben und unten blitzt es fürchterlich. Ich wundere mich, daß offenbar alle Maschinen unbehelligt weiterfliegen. Immerhin erscheint mir das Flakfeuer als Hinweis, daß keine feindlichen Jäger da sind. Die fürchte ich wie die Pest, auch wenn ich außer dem Erlebnis über der Loire-Mündung noch keine weiteren Erfahrungen habe.

Mit unheimlicher Gleichmäßigkeit schiebt sich der große Verband nun über die Stadt. Vorne fallen die ersten Bomben. Auch ich drücke auf den roten Knopf. Die Maschine macht ihren Erleichterungssprung. Wir sehen nach unten. Die Themsebögen, die Docks, die ganze Riesenstadt liegt unter uns wie eine Landkarte.

Dann folgt der Einschlag unserer Bomben, den wir beobachten, während wir in einem weiten Bogen über Osten nach Süden abdrehen. Es muß grausam sein da unten. An vielen Stellen sind Brände, welche von den vorhergegangenen Angriffen stammen. Die Wirkung unseres Angriffes ist eine Rauch- und Staubwolke, die als breiter Streifen aus dem Zielraum hochschießt. Es ist nicht vorstellbar, daß eine Stadt oder ein Volk diese zermürbende Dauerbelastung lange aushalten kann! Unser Verband ist jetzt durch das stärker werdende Flakfeuer auseinandergefallen. Nachdem die Bombenlast weg ist, versucht offenbar jeder, sich so gut und sicher wie möglich aus dem Staube zu machen. Wir sind nur noch ein großes Rudel. Ich versuche, einen Überblick über die Situation zu bekommen und suche mir meinen Platz mehr gefühlsmäßig jeweils dort, wo ich glaube, wenigstens einigermaßen sicher zu sein. Es zeigt sich, daß man mit der Ju 88 in einem aus Do 17, He 111 und Ju 88 gemischten Verband erheblich im Vorteil ist. Ich habe genügend Reserven, um schnell meine Position und Höhe zu ändern.

Plötzlich sind Jagdflugzeuge zwischen uns. Zunächst halte ich sie für unseren Begleitschutz und will mich wundern über deren Taktik, so unvernünftig zwischen den Kampfflugzeugen herumzuturnen, bis ich erkenne, daß es Engländer sind. Verdammt. Hein, mach jetzt bloß die Augen auf, das sind ja Tommies! Aus ist es mit der Ruhe und dem Gefühl der Geborgenheit. Überall sehe ich Leuchtspuren durch die Luft ziehen. Eine wüste Kurbelei zwischen unseren 109 und den Spitfires und Hurricanes ist entbrannt. Alles spielt sich mitten unter uns ab. Ich verdrücke mich in den dicksten Haufen und ermahne meine Besatzung, mich laufend und präzise über alles zu informieren, was um uns herum geschieht. Selbst habe ich mit der Fliegerei vollauf zu tun. Hein schießt mit dem MG. und jagt mir damit zunächst einen Schrecken ein. Er sagt nur: Haben abgedreht!
Links unter uns sehe ich Fallschirme. Eine He 111 vor mir geht in einen steilen Gleitflug und zieht eine Rauchfahne hinter sich her. Eine weitere 111 überhole ich. Sie fliegt mit einem stillgelegten Triebwerk. Arme Burschen!
Mit einem Schlag wird's ruhig. Die Tommies sind weg, wir fliegen auf die französische Küste zu.
Während ich mein »Beruhigungsbrot« esse, das ich immer in der Knietasche mitnehme, tippt mir Theo von hinten auf die Schulter und macht mich auf einen breiten Ölstreifen aufmerksam, der sich hinter dem rechten Motor über den Flügel zieht. Mit einem Griff zum Schalter überprüfe ich den Ölstand und erkenne, das wir bereits 80 Liter Öl verloren haben. 10 Liter haben wir noch im Tank. Das bedeutet, daß ich den Motor sofort stillsetzen muß, wenn ich vermeiden will, daß er kaputtgeht. Noch einige Minuten lasse ich das Triebwerk laufen und erkenne dabei, daß wirklich nichts anderes übrigbleibt, als einmotorig weiterzufliegen.
Unter uns ist wieder die geschlossene Wolkendecke mit bereits gehabter Vereisung. Ich tauche hinein, hänge mit Augen und Sinnen an den Instrumenten und versuche, mir darüber klar zu werden, welche Abweichungen durch die ungewöhnliche Lage im Einmotorenflug zu berücksichtigen sind. »Hans – Außentemperatur?« – »Plus 2 Grad!« – »Vereisung?« – »Nur leicht!« Gott sei Dank! Unter uns wird es dunkel – ein Zeichen, daß wir demnächst Erdsicht haben werden.
Wir tauchen aus den Wolken in etwa 400 Meter Höhe. Wo mögen

wir sein? Hans haut mich in die Rippen und zeigte nach rechts. Ein Flugplatz! Wir erkennen Amiens. In der Hoffnung, daß der Ölvorrat wenigstens für die Landung noch ausreicht, lasse ich den Motor wieder an und gehe in die kürzeste Landekurve, welche ich jemals mit der Ju 88 geflogen habe. Wir sitzen, rollen aus und ich stelle meine Triebwerke ab. Zu Fuß gehen wir zur Flugleitung, um zu melden, daß unser Flugzeug abgeschleppt werden muß, weil wir ein zerschossenes Triebwerk haben, das wir nicht noch völlig zuschanden drehen wollen. Mein nächster Weg führt mich zu der Fernschreibstelle, wo ich ein Telegramm nach Chièvres aufgebe mit der Meldung, daß wir hier wegen Motorschadens infolge Feindeinwirkung gelandet sind und daß der Schaden voraussichtlich hier behoben werden kann.

Wir bekommen ein Quartier zugewiesen bei sehr netten Leuten in dem kleinen Ort Beauves. Es hat sich schnell herumgesprochen, daß wir aus England kommend hier notgelandet sind, und wir werden sowohl für die wenigen deutschen Soldaten als auch für die ansässige Bevölkerung zum bestaunten Mittelpunkt im Dorfgasthaus.

Es ist das gleiche, wie wir es in Le Coulot erlebt haben. Wir sind für sie allenfalls Opfer unserer Führung. Unsere soldatische Leistung bewundern sie überschwenglich. Wir sind Helden in ihren Augen. Es ist rührend, wie wir bewirtet werden.

12. September 1940

Noch verrückter geht es nicht:

Unser Flugzeug ist heute fertig geworden und ich mache einen Probeflug. Dabei löst sich das Schlauchboot aus irgendeinem Grunde aus der Wanne auf der Rumpfoberseite, und es gibt dadurch eine Verzögerung von mehreren Stunden.

Während wir warten, bis die Sache in Ordnung gebracht ist, landet eine Ju 52 auf dem Platz. Es ist die Transport-Ju unserer Gruppe. Wir mutmaßen, daß man uns abholen oder zumindest nach uns sehen will. Es steigt eine ganze Menge Leute aus. Der Inspektor Dannenberg erkennt uns zuerst, kommt auf uns zugerannt und gibt Worte von sich, die wir nicht verstehen. Wir seien doch schon längst als vermißt gemeldet, und man hätte uns zuhause längst abgeschrieben. Unsere Angehörigen seien verständigt, daß wir nicht vom Feindflug zurückgekehrt seien. Unsere Sachen seien bereits

verpackt, zum Versand an unsere Familien. Es stellte sich heraus, daß unser Fernschreiben von neulich offenbar in Chièvres nicht angekommen ist, und daß daraufhin die übliche Routine ablief: Verständigung der Angehörigen, Sicherstellung des persönlichen Eigentums, Meldung auf dem Dienstweg und so weiter.
Sofort gehe ich zur Nachrichtenstelle und lasse mir ein Telefongespräch nach Chièvres vermitteln, das ich erstaunlich schnell bekomme, um bei Stoffregen, meinem neuen Staffelkapitän, die Sache richtigzustellen. Aber es ist zu spät, zu Hause haben sie bereits die Nachricht, daß wir nicht vom Feindflug zurückgekehrt seien.
Der Aberglaube sagt, daß, wer einmal versehentlich totgesagt war, erst recht am Leben bleibt. Toi, toi, toi, ich möchte gerne daran glauben.

20. September 1940

Wir verlegten heute nach Gilze Rijen in Holland. In den vergangenen acht Tagen habe ich auf unserer Ju 52 gesessen und mußte bis zur Erschöpfung fliegen. Deutschland, Dänemark, Belgien, Frankreich ... Flugplätze, Flugplätze. Die Sache mit den Tagesangriffen gegen England scheint irgendwie zur Ruhe gekommen zu sein, entweder, weil die eigenen Verluste zu hoch geworden sind, oder weil die erhofften Erfolge nicht eingetreten sind, oder weil man den Verbänden einfach eine Atempause gönnen mußte. Der neue Platz ist schön. Betonierte Bahnen, eine herrliche Unterkunft in einem Kloster und dort eine Küche, die so gut ist, wie nie gekannt. Wie der Krieg für uns weitergehen soll, ist unbekannt. Die Besatzungen gammeln herum und vertreiben sich die Zeit mit Sport, Jagen und Angeln. Ich selbst fliege mit der Me 108 ohne Pause täglich die unmöglichsten Strecken mit bunt gemischten Aufträgen. Wenn nicht Krieg wäre, könnte ich mir kein schöneres Fliegerleben vorstellen.

25. September 1940

Mein fünfter Feindflug. Einzel-Störangriffe auf London. Wir sind bescheiden geworden. Es kommt nicht darauf an, einen besonderen Erfolg zu erzielen, sondern hauptsächlich, daß drüben gestört wird, daß wenigstens Fliegeralarm in London ausgelöst wird.

Für uns arme Würstchen ist das aber alles andere als schön. Konnte man sich bei den bisherigen Großeinsätzen in den großen Verbänden einigermaßen verkriechen, so ist man als Einzelner auf jeden Fall Zielscheibe für eine ganze gut koordinierte Abwehrorganisation.

Zwei Dinge schließe ich in mein Stoßgebet ein, nachdem ich die Gashämmer zum Start nach vorne geschoben habe: »Lieber Gott, laß meine beiden Motoren gesund bleiben und sorge dafür, daß über London schlechtes Wetter, zumindest aber viele dicke, schöne Wolken sind.«

Bis über den Kanal und auf die englische Küste zu fliegen wir über einer geschlossenen Wolkendecke. Flak beschießt uns dabei. Aber das ist die eigene. Die haben offenbar immer etwas Langeweile und müssen ja schließlich auch mal üben. Wie's der Teufel will, reißen jenseits des Kanals die Wolken unter uns auf. Je näher wir dem Ziel kommen, desto weniger Wolken sind da, so daß wir im Falle eines Jagdangriffes ziemlich schutzlos in der Luft hängen.

Alle vier suchen wir angespannt den Himmel nach Spitfires ab. Genau an dem Punkt, wo wir annehmen können, daß jetzt in London die Sirenen den Alarm verkünden, sehen wir sie dann auch: Vier Jagdflugzeuge, unter uns, im stetigen Steigflug, in unserer Flugrichtung.

Es bedarf keiner langen Überlegung, daß hier für uns nichts mehr zu machen ist. So breche ich meinen weiteren Zielanflug ab und mache die schnellste Kurve meines Lebens. Ringsherum ist nichts als blauer Himmel und Theo meldet aus der Wanne, daß die Jäger mitkurven und näher und näher kommen. Die nächste Wolke scheint unerreichbar weit. Alle sind wir nervös, mit Ausnahme von Hans, der mit Zirkel, Kursrechner und Karte hantiert, als ob wir auf einem Übungsflug wären. Theo meldet, daß sich die vier Jäger in zwei Rotten aufteilen, um uns offenbar in die Zange zu nehmen. Ich schiebe Vollgas hinein und halte auf die nächste Wolke zu. Es gibt ein Wettrennen, welches ich gewinne. Jeder Flieger weiß, daß die Entfernung zu einer Wolke immer viel kleiner ist, als man sie zunächst schätzt. Obwohl ich mir diese Erfahrung in diesem Augenblick ins Gedächtnis rufe, kommen mir die Sekunden doch endlos lange vor, bis ich in der Watte einer kleinen Kumuluswolke untertauchen kann.

Es war die höchste Zeit, denn die Jäger sind nach den Meldungen

von Theo und Hein fast auf Schußposition heran. In der Wolke ist es so hell, daß mir klar wird, wie klein sie wohl ist, und daß wir gleich wieder auf der anderen Seite herausschießen werden. Was dann? Die Engländer – übrigens Hurricanes – haben das natürlich auch erkannt und sich gar nicht erst darauf eingelassen, mir zu folgen. Kaum ist es wieder hell, da sind sie auf der anderen Seite auch schon da. Es folgt ein fliegerisches Spiel, das, wenn es zum Sport gespielt würde, sicher ein Mordsspaß sein könnte. Für uns allerdings geht es um die Wurst. Brave Ju 88! Es gelingt mir, wenn eine oder zwei Hurricanes in Schußposition kommen, wieder in meiner Wolke unterzutauchen und dadurch die Gegner zu zwingen, auf der anderen Seite erneut einen Angriff anzusetzen. Wie oft ich dieses Spiel wiederholt habe, weiß ich nicht, jedenfalls halte ich mich verbissen an meiner Wolke fest. Unter Ausnutzung eines günstigen Augenblicks gelingt mir ein Sprung zu der nächsten, größeren Wolke im Süden und dann weiter zu dichterer Bewölkung, die wir ja bereits beim Anflug erlebt haben. So werde ich die Jäger schließlich los. Uff!
Nun kommt die Stunde von Hans! Als ob nichts geschehen wäre, gibt er mir eine neue Kursangabe und erklärt, das sei Richtung Hastings. Dort könnten wir unsere Bomben loswerden. Wo hat dieser Mensch bloß seine Nerven her?
Wenige Minuten Blindflug, dann durchstoßen nach unten – Erdsicht. Voraus eine Stadt. Hans sagt: Bahnhof!
Alles ist ruhig, keine Flak schießt. Ich mache meinen schulmäßigen Anflug, stürze, ziele, drücke auf den Knopf. Theo meldet, daß die Bomben fallen und dirigiert mich nach dem Abfangen so, daß er die Einschläge beobachten kann. Volltreffer!
Die Wolken nehmen uns wieder auf. Ich ziehe durch und wir gehen auf Heimatkurs.
Wir fliegen in die Abenddämmerung hinein.
Zu Hause erwartet uns eine Landung bei Nacht. Die erste Nachtlandung der Gruppe mit einer Ju 88! Das wird gleichzeitig ein Versuch, ob etwa Nachtfliegen und -landen mit diesem Vogel für die Durchschnittsbesatzungen zumutbar ist. Bisher galt, daß die 88 wegen ihrer fliegerischen Mucken für Nachtflug nicht geeignet sei.
Noch bevor wir den Lichterzauber des Platzes in Sicht haben, erhalten wir die Funkmeldung, daß die normale Landebahn nicht benutzbar ist, weil dort ein Bruch liegt. Wir sollen eine Querbahn

benutzen, welche noch im Bau ist. Beim Überflug orientierte ich mich und setze dann zur Landung an. Alles geht klar. Meine erste Nachtlandung mit der Diva geht gut. Ich rolle aus. Dann erfolgt ein harter Ruck am linken Fahrwerk, der Vogel geht links in die Knie, dreht sich noch etwas und bleibt liegen.
Ich habe einen Bruch hingelegt!
Was ist geschehen?
Beim Ausrollen geriet mein linkes Fahrwerk in einen Haufen Bauschutt und knickte ein. Das Hindernis lag am linken Rande der Bahn und war in der Dunkelheit natürlich nicht zu sehen, zumal es nicht durch Warnlampen gekennzeichnet war.
Das ganze ist ärgerlich, aber nicht zu ändern.
Noch während wir herumstehen und mit hinzugekommenen Technikern diskutieren, erscheint der Hauptmann und neue Staffelkapitän, und macht Wirbel. Er will wissen, wo der Uhrmacher von Flugzeugführer ist und beschimpft mich dann in einer Weise, die an Unflätigkeit nicht zu übertreffen ist, ohne mich auch nur zu Wort kommen zu lassen. Ich hatte wahrhaftig eine harte Sache hinter mir und fühlte mich außerdem für den Bruch in keiner Weise verantwortlich. Na, Schwamm drüber!

5. Oktober 1940

Ich bin mit meiner Besatzung zur 6. Staffel versetzt worden. Hptm. Wieting zwinkert mit dem linken Auge, als ich mich formell bei ihm als meinem neuen Staffelkapitän melde. Weitere Worte sind da angesichts des Vorfalls vom 25. September nicht mehr zu wechseln.

7. Oktober 1940

01.30 bis 04.10 Nachteinsatz nach London.
Die Luftwaffe hat ihre Taktik geändert. Wir fliegen nicht mehr in großen geschlossenen Verbänden am Tage gegen die Insel, weil die Verluste unerträglich hoch geworden sind. Statt dessen soll nun das Ziel der Zermürbung durch Angriffe großer Verbände bei Nacht erreicht werden, ganz so, wie die englischen Flieger es in unserer Heimat versuchsweise praktizieren.
Man spricht bei uns von Vergeltung.

Es ist stockdunkel, als wir in die Nacht hinausfliegen. Die Sache ist neu für uns. Deswegen haben wir den Flug, was die Navigation angeht, besonders gut vorbereitet. Als Navigationshilfen stehen uns Leuchtfeuer zur Verfügung und Funkfeuer, deren Standort und Kennung bekannt sind. Hans macht seine Sache ausgesprochen gut. Bereits nach dem Überflug des zweiten Funk- und Leuchtfeuers auf der Insel Schouwen sind wir in der Lage, den Wind genau nach Richtung und Geschwindigkeit zu bestimmen und unsere weiteren Kursberechnungen zu korrigieren.

Wir erkennen schwach die holländische Küste unter uns, bevor wir auf See hinausfliegen. Noch lange Zeit ist das Blinkfeuer mit der Kennung »YW« zu sehen, während ich im rationellen Steigflug bin.

Wir sind für unsere weitere Navigation auf Eigenpeilung angewiesen. Das heißt, daß wir Radiosender, sogenannte Funkfeuer, welche ihrem Standort nach bekannt sind, mit unserem Bordpeilgerät empfangen und die Richtung relativ zu diesen Sendern messen. Die ermittelten Werte werden in die Karte eingetragen und die Schnittpunkte zweier »Standlinien« zeigen dann unseren Standort an. Genaue Beobachtungen der geflogenen Zeit ermöglicht dann die Errechnung der wahren Geschwindigkeit und die Bestimmung der Zeit, welche bis zum Ziel noch zu fliegen ist.

Ich stelle fest, daß Hans doch einiges von der Schule her vergessen haben muß, und gebe ihm Unterstützung. Es ist zu merken, daß sein früherer Kommandant, der jetzt auf der Kriegsakademie ist, offensichtlich wenig oder gar keine Ahnung von diesen Dingen hatte. Vielleicht hat er es für seine Karriere als unbedeutend angesehen.

Hans und ich, wir freuen uns über das Zahlenspiel. Wir verständigen uns mit Zeichensprache, obwohl wir ja über unsere Kehlkopfmikrophone miteinander sprechen könnten.

An der englischen Küste kommen wir »auf den Meter genau« an. Scheinwerfer empfangen uns. Sie suchen scheinbar planlos den Himmel ab. Wenn sie uns streifen, verhalten sie nicht und spielen ihr Suchspiel weiter. Wir sind 7000 Meter hoch. Unsere Maschine ist rußig schwarz gefärbt. Offenbar sind wir für die Scheinwerfer also nicht erkennbar. Das beruhigt. Ich halte mich an den befohlenen Anflugweg zum Ziel: Im Norden der Themse. Voraus ist Flakfeuer zu sehen. Es blitzt wie ein Feuerwerk in allen Höhen. Aber auch am Boden gehen ohne Unterbrechung Feuerblitze hoch. Das sind Bombeneinschläge unserer Kameraden.

Man kann die Abschüsse der Flak gut unterscheiden von den Bombeneinschlägen. Während jene nur einen kurzen Feuerblitz erzeugen, verursacht ein Bombeneinschlag zunächst einen hellen Feuerschein, um dann langsam auszubrennen. So jedenfalls ist es für das Auge zu erkennen.

Beim Abflug, nachdem wir unsere Bomben in den Zielraum abgeworfen hatten, erwischt uns die Flak dann doch noch und zwar diesmal gezielt. Wir sind einer wütenden Beschießung ausgesetzt, die mich zu Abwehrbewegungen zwingt. Diese nützen aber wenig, weil die unten offenbar nicht mich als Einzelziel bekämpfen, sondern lediglich den Luftraum, in dem ich mich befinde, nach Plan mit Munition belegen, in der Hoffnung, daß ein Schuß schon treffen werde. Die Minuten dehnen sich endlos. Nach Süden und dann nach Westen fliegend entgehen wir dieser Schießerei schließlich. Wir sind heil geblieben.

»Hans – Heimatkurs!« – »Flieg mal 105 Grad, ich muß erst rechnen!« Ich droßle meine Motoren und gebe langsam Höhe auf. Noch sind wir über dem englischen Festland und noch müssen wir aufpassen. Dann überfliegen wir die Küste, welche durch eine Kette von Scheinwerfern markiert ist, die uns offenbar einen Abschiedsgruß sagen möchten.

Hans gibt mir den genauen Kurs. Hein fragt an, ob er Musik machen kann. Er schaltet auf Radio Hilversum. Bei fröhlicher Unterhaltungsmusik überqueren wir die Nordsee. In Gilze – Rijen ist gutes Wetter, so daß die Landung keine Schwierigkeiten macht. Alle sind zurückgekommen. Die Gesichter der Besatzungen, besonders der jüngeren, sind gezeichnet von der Anstrengung dieser Nacht. Recht froh sind wir, als wir endlich in der Morgendämmerung in unsere Betten kriechen können.

10. Oktober 1940

Wieder London. Start um 02.45 und Landung um 06.10 Uhr. Die ganze Nacht ist in Minuten aufgeteilt und jedes Kampfgeschwader erhält einen Brocken davon. Innerhalb der Geschwader wird dann für jede einzelne Minute eine bestimmte Besatzung eingeteilt, wann sie über dem Ziel zu sein hat. So sind also auch unsere Startzeiten festgelegt. Jedes Abweichen würde den ganzen Plan durcheinanderbringen.

Die Flak war heute erheblich unangenehmer als gestern. Mit knapper Not kamen wir durch. Andere Maschinen erhielten zum Teil schwere Treffer. Zwei Besatzungen der 4. Staffel werden vermißt.

14. Oktober 1940

Störangriff am Tage gegen London.
Um 15.10 Uhr starten wir bei strahlendem Wetter. Der Auftrag lautet, in London zumindest Fliegeralarm auszulösen. Natürlich habe ich Befehl, ein Ziel anzugreifen, das wichtig genug ist. Es sind Schleusen in den Docks. Man ist sich aber sogar bei der Führung im klaren, daß man von einer einzeln fliegenden Maschine nicht erwarten kann, daß sie einen solchen Auftrag mit Aussicht auf Erfolg durchführen kann. Der Sinn ist einfach der, daß in London täglich 24 Stunden lang Fliegeralarm ist. Daß das für uns eine Schinderei geben wird, wissen wir.

15. Oktober 1940

Feindflug London.
Startzeit: 19.25 Uhr, Landung: 22.20 Uhr.
Wir kennen alle Kurse, Funkfeuer, Leuchtfeuer, Flakgebiete und ruhigere Abschnitte auf der Strecke nun schon auswendig. Oblt. Wolff bei der Einsatzbesprechung: »Es ist heute wieder die alte Tour. Wir haben Zielraum A, Startzeiten ersehen Sie aus dem Plan, vorher gibt's Kaffee, nachher Suppe. Guten Rutsch!«
Das Wetter auf der Strecke ist gut. Wir steigen, während wir die Nordsee überqueren, langsam und stetig. Drüben kommen wir in 5000 Meter Höhe an und steigen weiter in Richtung auf das Ziel, welches an massiertem Flakfeuer leicht zu erkennen ist. Schon beim Überflug der Küste empfangen uns Scheinwerfer in einer Zahl, wie wir es bisher noch nicht erlebt haben. Es sind Tausende! Und dann ist der ganze Anflugweg derart mit Flak bestückt, daß wir keine Minute unsere Ruhe haben. Ohne Erfolg wende ich alle Tricks an, um die da unten zu täuschen. Nichts hilft. Die Sprengpunkte liegen so nahe, wie ich es nie erlebt habe.
Selbst Hans wird unruhig. Wir sind gleich 7000 Meter hoch. In einer Abwehrkurve erkenne ich dann den Grund, warum die heute so ungewöhnlich gut sind: Wir ziehen eine schöne Kondensfahne

hinter uns her! So hat die Flak ein gutes Merkmal unserer Position und kann tatsächlich ein Scheibenschießen auf jedes einzelne Häschen veranstalten. Ohne lange zu überlegen, nehme ich Gas weg und gehe in einer steilen Spirale hinunter bis auf 3500 Meter. Dann setze ich meinen Zielanflug fort. Und siehe da, es ist wieder das vertraute Spiel der Scheinwerfer und das offenbar planlose Schießen der Flak. Wir überfliegen das Ziel, werfen nach sorgfältigem Zielen unsere Bomben, beobachten im Abflug die Einschläge und gehen auf Heimatkurs.
Als die englische Küste hinter uns liegt und wir auf die schwarze See hinausfliegen, bin ich doch rechtschaffen froh.
Wir landen als die letzten. Drei Besatzungen werden vermißt.
Unser Gefechtsbericht veranlaßt Hauptmann Hass, unseren Kommandeur, uns vor allen anderen besonders zu loben. Hans hat nämlich während der ganzen Kurbelei im Flakfeuer sorgfältig alle Bombeneinschläge nach Uhrzeit und Lage aufgezeichnet.
Die Nacht war so hell, daß am Boden jede Einzelheit aus unserer geringen Höhe von zuletzt nur 3500 Metern zu erkennen war. Man muß allerdings die Nerven eines Hans Fecht haben, um unter den Umständen, wie sie gegeben waren, auch noch derartige Beobachtungen anzustellen.

16. Oktober 1940

Wieder London!
Am Tage hatte ich junge, neu eingetroffene Besatzungen zu schulen. Täglich kommen neue Besatzungen an, welche erst noch eine gründliche Schulung erfahren müssen, ehe sie auf die doch recht schwierigen Nachtflüge geschickt werden können. Ich bin einer der drei »Auserwählten«, welche dieses Geschäft der Schulung durchführen müssen. Das Wetter ist heute nicht gut, so daß wir damit rechnen, eine freie Nacht zu haben. Um 17.00 Uhr kommt dann doch der Einsatzbefehl: London.
Mein Start ist für 18.35 Uhr angesetzt.
Bald nach dem Abheben sind wir in den Wolken. Ich muß blind fliegen. Langsam steige ich. Wir navigieren, indem wir die bekannten Funkfeuer und Rundfunksender anpeilen. Wir beide, Hans und ich, sind vollauf beschäftigt, um unseren jeweiligen Standort und unsere zu fliegende Kompaßzahl zu bestimmen. Wir vereisen leicht.

Ich entschließe mich, die Vereisung zu durchsteigen und nach oben durchzuziehen. In 6000 Meter messen wir minus 30 Grad Außentemperatur. Der Eisansatz hat aufgehört. In der Kabine ist es kalt. Durch die kleinsten Undichtigkeiten in der Verglasung stäubt ein stetiger Nebel von Eisnadeln herein.
Ich gehe in den Horizontalflug, nachdem es aussichtslos erscheint, die Wolkendecke zu übersteigen. Tiefer zu gehen, wage ich nicht, weil ich befürchte, daß in Schichten mit höherer Temperatur schwere Vereisung einsetzen könnte. Beim Anflug auf London wird es in unserem Gehäuse geradezu gespenstisch. Die Scheinwerfer haben die Wolken aufgehellt, so daß wir »blind« fliegend in einer Umgebung hängen, die uns die Empfindung gibt, in einer weißen Kugel aus Watte zu sitzen und nicht zu wissen, was oben und unten los ist. Soviel ich auch blind geflogen bin, dieser Situation war ich noch nie ausgesetzt. Mein ganzes Hirn muß ich zusammennehmen, um keinen Fehler zu machen. Es kostet Nerven! Ich möchte raus hier!
In dieser Nacht haben die Tommies einen Fehler gemacht, indem sie neben dem Einsatz ihrer Scheinwerfer auch noch mit Flak schießen. Die Blitze der Sprengpunkte in den Wolken um uns geben buchstäblich willkommene Fixpunkte für meine Augen und mein Hirn. Das stärker werdende Flakfeuer zeigt uns an, daß wir in der Nähe des Zielraumes sind. Die Bomben können wir nur nach diesem Hinweis und nach unseren navigatorischen Berechnungen abwerfen.
Wir gehen auf Heimatkurs. Der Überflug der englischen Küste ist wieder wie üblich leicht zu bestimmen an dem Abschiedsgruß der Scheinwerfer.
Beim Durchgang durch die Temperaturgrenze um null Grad setzt schwere Vereisung ein, so daß uns der Antennenmast wegfliegt. Von den Blättern der Luftschrauben knallt ein Trommelfeuer von Eisbrocken gegen den Rumpf. Ich gehe so schnell und steil wie möglich tiefer, wo es wärmer wird und der Eisansatz aufhören müßte. In 100 Meter Höhe über See haben wir noch immer keine Sicht, aber die Außentemperatur ist 5 Grad plus. Der Eisansatz taut ab. Ich kann aufatmen. Den Heimathorst muß ich blind anfliegen und kann dann bei nebelartigem Dunst und stockschwarzer Nacht sicher landen.
Die meisten Besatzungen mußten auf Ausweichplätze umgeleitet werden.
Verluste: Neben drei Besatzungen auch Hauptmann Hass. Er war ein Offizier, der für mich in jeder Beziehung ein Vorbild war. Er

konnte was und war ein fabelhafter Mensch. Bescheidenheit, Klugheit, Format hatte er, wie man es selten findet. Wir nehmen an, daß er dieser heimtückischen Vereisung zum Opfer gefallen ist, die in der heutigen Nacht in einer Form auftrat, wie sie ganz selten zu erleben ist.

Am Platz gab es während des Landeanfluges zwei Abstürze, die wie durch ein Wunder ohne erhebliche Verletzungen der Besatzungen abliefen. Der Obltn. Baumbach und Fw. Timm fielen mit ihren Maschinen außerhalb des Platzes während des Blindanfluges buchstäblich aus den Wolken in die schwarze Landschaft. Beide Flugzeuge wurden total zerstört.

Während wir im Bus nach Hause gefahren werden, unterhalten wir uns über die Frage, wie es möglich ist, angesichts der bekannten ungünstigen Umstände Hunderte von Flugzeugbesatzungen in die Nacht zu schicken, ohne die Aussicht auf ein vernünftiges Ergebnis und mit dem Risiko, hohe Verluste einfach infolge des schlechten Wetters zu erleiden. Einer sagt das wahrscheinlich Richtige: »Was glaubt ihr, wie viele neue Generäle die Luftwaffe nach jedem solchen Scheißeinsatz dazubekommt?«

Ein anderer sagt: »Du meinst wohl nicht Scheißeinsatz, sondern Scheißgeneräle.«

Und morgen wird es im Wehrmachtbericht heißen, daß unsere tapferen Besatzungen in einem erneuten Großeinsatz trotz schlechten Wetters lebenswichtige Ziele in London vernichtend angegriffen haben. Die eigenen Verluste waren nur geringfügig!

18. Oktober 1940

Das Wetter ist zu dick, um fliegen zu können.
Wir spielen Tischtennis oder gammeln.

19. Oktober 1940

Ich überführe eine Maschine nach Perleberg zur Grundüberholung. Wir werden von den alten Bekannten groß gefeiert und erfahren in jeder Beziehung eine Sonderbehandlung.

23. Oktober 1940

Das Wetter in den ganzen Tagen war so schlecht, daß erst heute der Rückflug von Perleberg nach Gilze-Rijen möglich war.
Und schon geht es wieder in der Nacht auf Feindflug nach London.
Um 18.45 Uhr muß ich starten. Landung um 21.00 Uhr.
Es muß grausam sein, jetzt in dieser Stadt zu leben. Nacht für Nacht fallen Bomben. Das erste Flugzeug erscheint in der Abenddämmerung und das letzte am Morgen.
Ich versuche heute, entgegen dem befohlenen Anflugweg, weiter nördlich einzufliegen, etwa über Norwich. Aber auch hier ist die Abwehr durch Flak und Scheinwerfer unangenehm stark und gefährlich. Über London wie üblich. Wir müssen wieder blind abwerfen und richten uns dabei nach dem Feuerschein, der die Wolken von unten her erhellt. Die Landung in Gilze ist wieder schwierig.

24. Oktober 1940

Mit Ju 52 nach Uetersen, wo ich unsere Me 108 abholen muß.

14. November 1940

Vom 26. Oktober 1940 bis gestern waren wir mit unserer braven alten 4D + HP in Deutschland. Es sollte nur eine ganz kurze Sache von einem Tag werden. Die Maschine wurde in Gilze-Rijen mit einer Zusatzpanzerung versehen und mußte danach zum Kompensieren der Kompaßfehler nach Deutschland überführt werden. Diese »Kompensierungsflüge« werden immer zu Flugplätzen in der Heimat durchgeführt, um den Besatzungen einen oder mehrere Tage Ruhe außer der Reihe zu verschaffen. Die Staffelkapitäne und Kommandeure sind immer froh, wenn sie eine Möglichkeit haben, die Einsatzbereitschaft ihrer Einheiten um einige Besatzungen geringer »nach oben« melden zu können, denn dort ist man so weit weg vom Krieg, daß man nicht mit Menschen, sondern nur mit Zahlen rechnet. Daß die Besatzungen mehr und mehr die Grenze ihrer Nervenleistung erreicht haben, wird dort ignoriert.
Wir wählten Perleberg als Ziel für unseren Flug in die Heimat. Nach der Landung stellte der technische Dienst einen Motorschaden

fest. Der Motor mußte gewechselt werden. So konnten wir sogar für zunächst zwei Tage zu unseren Familien fahren. Es stellten sich dann weitere Schäden an der Maschine heraus, so daß wir schließlich zu einem außerplanmäßigen Urlaub kamen, der fast drei Wochen dauerte. Gestern kamen wir wieder zu unserer Staffel zurück. Und heute geht es bereits wieder los!

Unternehmen »Mondschein«!

Wir verlegen in der Abenddämmerung nach Eindhoven, einem Nachbarplatz. Dort werden unsere Maschinen mit Minen beladen. Es sind Seeminen, welche wir aber gegen Landziele einsetzen sollen. Die LM-A (Luftmine – A) wiegt 500 kg und die LM-B wiegt 1000 kg. Sie haben die Form eines großen Fasses und schweben an einem Fallschirm in das Ziel hinein. Niemand weiß etwas genaues über diese Dinger. Erst bei der Einsatzbesprechung erfahren die Besatzungen das Ziel. Es geht heute Nacht nach Coventry. Meine Startminute ist für 20.15 Uhr festgesetzt. Schönster Mondschein und fabelhafte Wolken machen den Nachtflug zu einem besonderen Genuß. Meine Beladung besteht aus einer LM-A und einer LM-B. Es soll heute der größte Nachtangriff gegen ein Ziel in England sein, der jemals geflogen wurde.

Schon weit vor der englischen Küste erkennen wir wütendes Flakfeuer. Ob die etwas geahnt haben? Nie zuvor erlebten wir an dieser Stelle eine derartige Abwehr. Aber wir waren ja auch drei Wochen lang nicht mehr hier, und in dieser Zeit kann viel geschehen. Weiter hinten am Horizont zeichnet sich roter Feuerschein ab, den wir erkennen, noch bevor wir die Küste überfliegen. Das muß das Ziel sein! Wir brauchen uns also nicht mehr mit der Navigation zu beschäftigen und ich nehme meinen Flugweg so, daß ich Gebiete mit besonders massierter Flak umfliegen kann.

Je näher wir dem Ziel kommen, desto mehr erkennen wir, daß dort der Teufel los ist. Am Boden gehen in regelmäßigen Abständen die Minen unserer Vorgänger hoch. Man kann fast nach der Uhr bestimmen, in welchen Abständen die Maschinen über das Ziel fliegen. In Zielnähe verdichtet sich das gezielte Flakfeuer und der Einsatz der Tausende von Scheinwerfern in einer Weise, wie ich es nicht mal von London her kenne. Endlos lange erscheint mir der Anflug durch diese Hölle. Immer häufiger muß ich Abwehrbewegungen fliegen. Was wir aber am Ziel erleben, übersteigt alles, was man sich in der Phantasie ausmalen kann. Die ganze Stadt scheint zu brennen. Und wir sind erst der Anfang, hinter uns folgen ja noch viele Flugzeuge, die angesichts des Feuerscheins keine Orientierungssorgen haben. Zusätzlich wird das Ziel noch durch Leuchtbomben erhellt. Ich gehe im Gleitflug mit gedrosselten Motoren in die Richtung auf meinen Zielraum am Rande der Stadt. Unten erkennen wir bereits Einzelheiten brennender Straßenzüge und großer Flächenbrände. Da erfaßt mich die Flak und zwingt mich erneut zum Abdrehen. Ich warte nun ab, bis sich das Feuer auf eine andere Maschine konzentriert und benütze diesen Augenblick, um steil nach unten und mit hoher Fahrt meinen Auslösepunkt anzufliegen. Mein Flugweg führt mich dabei noch einmal mitten über die brennende Stadt. Als ich meine Minen genau am festgelegten Punkt auslöse, bin ich gerade noch 2000 Meter hoch. Hans war das offenbar etwas zu niedrig, denn er stieß mich mehrmals in die Seite und zeigte auf den Höhenmesser. Wir befinden uns in einem nie erlebten Inferno. Unter uns ist rote Feuersglut, aus der eine Rauchwolke hochsteigt, welche den Luftraum zu einem Feuerball macht, weil sie durch den Feuerschein gleichsam zum Glühen gebracht wird. Es blitzt unten und oben und rund herum von Bombeneinschlägen, Flakabschüssen und Flakdetonationen. Wir fliegen mitten durch die Hölle!

Wir verlieren jedes Gefühl für Zeit und Raum. Noch eine große Runde fliege ich um das grausige Schauspiel, ehe ich abdrehe und mir von Hans die Angaben für den Heimatkurs geben lasse. Der Vorsicht halber steige ich wieder auf große Höhe. Nach Überflug der Küste langgestreckter Gleitflug über die Nordsee. Zu Hause auf dem Gefechtsstand ist unter den zurückgekehrten Besatzungen eine tolle Stimmung. Einmal natürlich deswegen, weil ein jeder froh ist, heil davon gekommen zu sein, zum anderen aber auch, weil wir Anteil hatten an einem unvorstellbaren Ereignis. Zwei Besatzungen werden vermißt. Es waren Jungs aus anderen Staffeln, die ich nicht gekannt habe.

15. November 1940

Mit der guten alten »Heinrich« nach London.

Fast den ganzen Flug muß ich blind in den Wolken durchführen. Für den Zielanflug steht uns ein neues Verfahren zur Verfügung, das auch einen gezielten Abwurf aus den Wolken ermöglicht. Es hat

die Bezeichnung »Knickebein«. Dabei wird je ein gebündelter und gerichteter Funkstrahl von Osten und von Süden auf das Ziel gerichtet. Der Schnittpunkt liegt dann über dem jeweils festgelegten Ziel. Ich fliege auf dem Leitstrahl von Osten her an. Wenn ich genau fliege, höre ich in meinem Kopfhörer einen Dauerton. Bin ich nach links abgewichen, ertönen Punkte und rechts sind es Striche. Der Schnittpunkt mit dem von Süden gerichteten Leitstrahl wird durch einen Ton von anderer Höhe angezeigt. Die Sache klappt sehr gut. Mir scheint aber, daß die Flak heute noch besser schießt als je zuvor. Ob die unsere neue Technik bereits spitz gekriegt haben und die ganze Abwehr auf diese Leitstrahlen gesetzt haben? Heilfroh bin ich, als ich endlich meinen Knopf drücken kann und die Bomben fallen.
So schnell und leise wie möglich mache ich mich in allgemein südwestlicher Richtung aus dem Staube.
Eine anstregende Blindfliegerei bei gemeiner Abwehr!
Startzeit: 22.50 Uhr. Landung 01.35 Uhr.

16. November 1940

Die alte Ochsentour – London!
Gleichzeitig soll ich ein neues Navigationsverfahren erproben, das auf Langwelle arbeitet und »Elektra« heißt. Das Verfahren scheint ausgezeichnet. Es erleichtert uns die Navigationsarbeit sehr. Am Ziel ist wieder geschlossene Bewölkung, so daß wir den Abwurfpunkt wieder nach Navigation bestimmen müssen und nach dem Feuerschein und den Blitzen von unten.
Heute habe ich zur Probe einen anderen Anflugweg gewählt. Ich flog den gefürchteten Weg der Themse entlang, und es erwies sich, daß wir relativ wenig durch Flak belästigt wurden. Geradezu eine Erholung gegenüber den Erlebnissen der vergangenen Nächte. Ich ermahne die Besatzung, diese unsere Erfahrung geheim zu halten, sonst ist es sehr schnell wieder aus mit dieser Gemütlichkeit.

19. November 1940

Wir haben heute nacht frei.
Ein Bombenfest entwickelt sich in unseren Aufenthaltsräumen. Die ganze Spannung der letzten Wochen entlädt sich spontan und in

maßloser Weise. Auch unsere Offiziere machen mit. Nur der Staffelkapitän der Fünften fehlt natürlich. Kein Mensch denkt daran, daß wir ja morgen nacht wieder nach England müssen und froh sein sollten, uns wenigstens in dieser Nacht auszuruhen.
Hauptthema ist die Fliegerei in allen Variationen. Natürlich auch der Krieg und unser Einsatz. Es geht dabei weniger um die Frage, ob Sinn oder Unsinn. Dazu haben wir viel zu sehr unsere eigenen Probleme, und die lauten bei den meisten erstens Überleben und erst zweitens Erfolg haben. Beim kleineren Teil liegen die Gewichte umgekehrt. Von denen sagt man dann, daß sie »halskrank« sind, was heißen soll, daß sie nach dem Ritterkreuz um den Hals schielen. Na, Streber gibt es wohl überall ...
Wir singen und schreien, bis wir heiser sind.
Mitten hinein in unseren Trubel platzt der Gefreite Völling mit der Meldung, daß der Feldwebel Willy Schulz vermißt wird. Er mußte heute nacht zusammen mit Heinz Bruck einen Störeinsatz nach Southampton fliegen. Bruck berichtete nach seiner Rückkehr von wütender Abwehr. Willy muß wohl abgeschossen worden sein, denn er gab nach dem Angriff keine Antwort mehr auf Anrufe über Funk. Jetzt ist die Zeit um – er ist mit seiner Besatzung überfällig.

20. November 1940

Wir suchen Willy!
Noch in der Nacht erhielt ich den Befehl zum Start.
Ich komme in der ersten Dämmerung in das Gebiet, wo die Suche beginnen soll. Es herrscht ganz schlechtes Wetter. Tief hängende Wolken und Sturm. Ich fliege nahe unter der englischen Küste. Manchmal werde ich beschossen. Die See knapp unter uns kocht. Von den Köpfen der Wellen wird der Gischt vom Wind weggeblasen. Hier kann sich unmöglich ein Schlauchboot halten. Trotzdem fliege ich, bis ich gerade noch soviel Sprit in den Tanks habe, um nach Hause zu kommen.
Auf dem Gefechtsstand erwarten mich die Kameraden. Hptm. Wieting ist grau im Gesicht. Alle haben nicht geschlafen. Willy war für alle ein außergewöhnlicher Kamerad und Vorbild. Seine Besatzung: Heinz Schmidt, Sepp Dachauer, Achim Schätz. Ich bin total fertig!

23. November 1940

Ganz neue Sache: Minenlegen in der Themse!
Die Maschine ist mit zwei LM-B beladen. Wir kennen diese Dinger ja schon von Coventry her. Diesmal aber sollen sie in ihr eigentliches Element, das Wasser.
Bevor wir in der Morgendämmerung an den Start rollen, kommt ein Ingenieur an jede Maschine, öffnet an den Minen eine Klappe und macht sich daran zu schaffen. Er nimmt irgendwelche geheimen Einstellungen vor, von denen auch wir nichts wissen dürfen.
Es ist heller Tag, als wir im Zielraum ankommen. Wir sind bis zum äußersten angespannt.
In ganz niedriger Höhe fliege ich Margate als Ablaufpunkt an. Dann geht es nach Kompaß und Stoppuhr in nördlicher Richtung auf den Zielraum zu. Die Themsemündung ist hier so breit, daß man nicht von einem Ufer zum anderen sehen kann. Das Wasser ist allgemein sehr flach. Nur einzelne Rinnen sind tief genug, daß auch größere Schiffe fahren können. Diese sollen vermint werden. Außer unserem Kompaß und der Uhr gibt es keine Anhaltspunkte für das Auffinden des Zieles. Ich drücke meine 88 ganz tief auf das Wasser herab, um möglichst nicht gesehen zu werden. Kurz vor dem Ziel erst ziehe ich hoch auf die nötige Abwurfhöhe. Hans entdeckt dann doch eine Kette von Bojen, welche offensichtlich das Fahrwasser bezeichnen. Sie stimmt genau mit unseren Berechnungen überein. Ich löse aus. Mein Flugzeug macht einen Sprung zum Zeichen, daß wir 2000 kg leichter geworden sind. In einer Spirale gehe ich schnellstens wieder auf die Wasseroberfläche hinunter. Wir können sehen, daß unsere Minen am Fallschirm ihrem vorbestimmten Platz zuschweben. Schnellstens fliege ich auf die offene See hinaus. Wir werden erst wieder ruhig, als wir einigermaßen sicher sein können, außerhalb der Reichweite der Spitfire zu sein.

24. November 1940

Heute ist alles verdreht gegangen. Bei vollkommen dickem Wetter wollte man die gesamte Gruppe gegen London einsetzen. Der Kommandeur konnte dann im letzten Augenblick, als bereits alle Besatzungen startfertig in den Maschinen saßen, erreichen, daß nur einige alte Besatzungen zu fliegen brauchten. Man jagte dann

Baumbach, Timm, Bohg und mich aus dem Platz. Stockdunkle Nacht, Schneeregen, Wolken am Boden.
In London sehen wir zum ersten Male einen neuen Trick: Große Scheinbrände an verschiedenen Stellen außerhalb der Stadt. Keiner von uns ist darauf hereingefallen. Schließlich kennen wir uns hier doch inzwischen recht gut aus, und außerdem haben wir einen recht guten Blick dafür, wie ein richtiges Feuer in einer Stadt aussieht. Aber die Landung zu Hause wird ein fliegerisches Kunststück, obwohl wir am Platz die Einrichtung für ein Landeverfahren nach Funkleitstrahl haben. Timm und Baumbach fallen außerhalb des Platzes herunter, ohne daß ernstliche Verletzungen bei den Besatzungen festzustellen sind. Timms Maschine brennt in einem Strohhaufen vollkommen aus. Hoffentlich lernt man daraus. Es ist heller Wahnsinn, bei solchem Wetter einen Nachteinsatz mit Durchschnittsbesatzungen erzwingen zu wollen. Irgendwo sitzt wohl mal wieder einer, der Oberst werden muß!
Selten war ich so froh, wieder am Boden zu sein, wie heute.

28. November 1940

Mit der »Emil« nach Liverpool.
Mein eigener Vogel ist in der Überholung.
Wieder geht's in die Nacht hinaus. Die roten Lampen des Platzes liegen hinter uns. Ich habe die Motoren in ihrer Drehzahl aufeinander abgestimmt. Die Instrumente zeigen ihre normalen Sollwerte. Dieses Starten mit der überladenen Maschine bei Nacht ist jedesmal wieder eine Sache, die Nerven kostet. Die Muskeln in meinen Hinterbacken entspannen sich erst, wenn das Fahrwerk eingefahren ist und die Maschine Fahrt aufgeholt hat, so daß ich die Landeklappen einfahren und in den langsamen Steigflug übergehen kann. Manchmal sage ich, daß dann bereits der halbe Feindflug vorbei ist. Ich fliege blind. In 3000 Meter Höhe sind die Sterne da. Beim Durchziehen durch die Wolken hatten wir Vereisung. Dabei flog uns der Antennenmast weg. Es ist trotz der Sterne stockfinster. Hans hantiert am Peilgerät und errechnet für mich Kurskorrekturen. Wir haben eine lange Strecke vor uns. Ich fliege so sparsam und wirtschaftlich wie möglich. In 5000 Meter Höhe kommen wir drüben an der Küste an. Links von uns schießt heftig die Flak. Da fliegen andere Maschinen, möglicherweise von einem anderen Geschwader. Wir haben

also wieder mal Schwein gehabt und den »ruhigen Streifen« erwischt. Es folgt der stundenlange Flug über das Festland bis zur Westküste. Unzählbare Scheinwerfer fingern nach uns in der Luft herum. In Abständen tastet die Flak den Luftraum nach uns ab. Wenn es ungemütlich wird, drehe ich ab. Gut, daß noch andere Maschinen fliegen, die beschossen werden. So kann ich mir immer ein gutes Bild über die Situation verschaffen und meinen Flugweg entsprechend einrichten. Drüben an der Westküste wird die Abwehr stärker. Wir erkennen an der Kontur der Küste, daß wir zu weit südlich sind und müssen lange nach Norden fliegen, bis wir ganz schwach den Mersey River erkennen können. Am Ziel ist dann außer Scheinbränden und wütender Flak nichts los. Wir geben uns alle Mühe, unser Ziel, den Hafen, zu finden. Schließlich sind wir drüber und ich drücke auf den Knopf. Die Emil kann endlich ihren Erleichterungssprung machen.
Heimflug sehr ermüdend und lang durch starken Gegenwind. Die immer besser werdende englische Abwehr tut das ihre dazu, daß wir völlig ausgepumpt in Gilze ankommen. Auf dem Gefechtsstand grüne und gelbe Gesichter der zurückgekehrten Besatzungen. Alle haben nur den Wunsch, so schnell als möglich ins Bett zu kommen. Man orientiert sich eben noch, ob die besten Kameraden heil geblieben sind. Ob andere noch fehlen, wird man morgen noch früh genug erfahren.
Startzeit war um 23.05 Uhr, Landung um 04.10 Uhr am 29.

29. November 1940

Ich erwache kurz nach Mittag aus einem gesunden langen Schlaf. Wir haben uns längst daran gewöhnt, daß wir am frühen Nachmittag frühstücken. Auch die Küche hat sich darauf eingestellt und nimmt es nicht übel, wenn Stunden zwischen den »Frühaufstehern« und den Langschläfern liegen. Ein beliebter Gesprächsstoff zwischen den Piloten betrifft die Besatzungen. Jeder hat offenbar den besten Bombenschützen, den fixesten Funker und den originellsten Bordschützen. Dies ist nicht verwunderlich, wenn man bedenkt, daß die vier Männer einer Flugzeugbesatzung in Situationen zusammengespannt sind, die nichts Vergleichbares haben, und unter Umständen, die ebenfalls mit nichts anderem zu vergleichen sind. Herbert Bohg ist auf Urlaub.

Wir erwarten den Einsatzbefehl für die heutige Nacht. Meine Maschine ist in der 150-Stunden-Kontrolle, so soll ich heute Herberts »Bruno« fliegen.
Wir sitzen herum. Jeder beschäftigt sich irgendwie. Es ist wieder die Unruhe zu spüren, was die Nacht wohl bringen mag. Immer wenn die Tür sich öffnet, fahren wir hoch und sind froh, wenn es nicht der Gefreite Völling von der Schreibstube ist, der gewöhnlich den Befehl zur Einsatzbesprechung bekannt gibt.
Die Belastung der Nerven in diesen »freien« Stunden ist für uns mindestens so stark, wie während der Feindflüge. Wenigstens empfinden wir es so.
Am späten Nachmittag ist es dann so weit.
Einsatz gegen London. Dies ist immer noch das kleinere Übel, weil der Flug nicht so lange dauern wird. Es ist Neumond, sternklar, aber rabenschwarze Nacht. Auf der Strecke ausgezeichnetes Wetter ohne Probleme. Ich fliege wieder meine erprobte »Südschneise«. Tatsächlich werde ich im Anflug auch kaum beschossen. Nur wenig Scheinwerfer. Über London wird es dafür um so schlimmer. Rund herum blitzt es hundertfach. Heute stimmt nicht nur die Höhe, sondern die Seite und vorn und hinten! Ausweichen ist zwecklos. Ich ertappe mich mehrmals dabei, wie ich aufgeben will, um die Bomben einfach blind in die Nacht zu werfen. Endlos lange dauert der Anflug zum Auslösepunkt über dem Ziel. Nach dem Abwurf der Bomben, die – wie ich meinen sturen Hans kenne – gut liegen müssen, bin ich nur noch bestrebt, so schnell wie möglich hier wegzukommen. Mit voller Motorenleistung gehe ich steil nach unten und auf Heimatkurs. Dann ist es passiert: Ein greller Blitz zuckt auf! Wir müssen getroffen sein! Ich ziehe hoch. Ein Blick auf das Instrumentenbrett. Alles zeigt normal! Gott sei Dank! Haben wir irgendwo Treffer? Nichts zu sehen! Glück gehabt! Wir überfliegen die Küste in Richtung Nordsee. Ich droßle und gehe langsam tiefer. Alle atmen wir auf, als Ruhe um uns ist und über uns nur die Sterne.
Mit der Aufgabe der Höhe nehme ich zügig die Gashebel zurück und stelle dabei fest, daß der linke Motor nicht reagiert, sondern mit Vollast weiterläuft. Offenbar ist das Gasgestänge zerschossen. Das bedeutet, daß der Motor mit Vollgas weiterläuft. Das hält kein Flugzeugtriebwerk aus. Also Abstellen und Einmotorenflug! Wir hängen mit unserem einen laufenden Motor schief in der Nacht. Ich habe Funkverbindung mit Gilze und bitte darum, die eigene

Flak entlang der belgisch-holländischen Küste zu verständigen, daß ein Flugzeug in Luftnot in geringer Höhe an der Küste entlang fliegen wird. Natürlich fliege ich jetzt mit meinem kranken Vogel nicht quer über die Nordsee, sondern gehe auf dem kürzesten Wege in die Nähe des Festlandes. Voraus Scheinwerfer – eigene. Wir sind heilfroh. Beim Näherkommen schieße ich das heute gültige Erkennungssignal. Sie leuchten uns weiter in die Augen. Noch einmal Erkennungszeichen. Keine Reaktion. Im Gegenteil, jetzt schießen sie mit leichter Flak auf uns. Ich muß eine gefährliche Abwehrkurve über den stehenden Motor fliegen. Im Weiterflug an der Küste entlang hört das Spiel der Scheinwerfer und die Schießerei dann nicht mehr auf. Meine Besatzung schießt dann schließlich nicht mehr Erkennungsleuchtkugeln, sondern scharfe Munition. Unsere Wut ist so groß, daß wir wirklich hoffen, einige dieser Heinis getroffen zu haben.
Ich weiß nicht, warum solche unmöglichen Verwechslungen bei unserer eigenen Flak immer wieder vorkommen. Es gibt Hunderte ähnlicher Geschichten, wo die eigene Flak eigene Flugzeuge beschossen hat unter Umständen, wo jeder 14jährige Bub gemerkt hätte, daß es sich um einen Freund handelt.
Ich bereite mich und die Besatzung eingehend auf die Einmotorenlandung vor. Der Boden ist verständigt und hält Feuerwehr, Bergungskommando und Arzt bereit. Am Platz will ich den überflüssigen Kraftstoff ablassen. Funktioniert nicht. Die Wetterbedingungen sind ideal, es kann gar nichts passieren. Entgegen der Regel sehe ich von einer Bauchlandung ab und fahre das Fahrwerk aus, was ziemlich lange dauert, weil ich nur halben Hydraulikdruck habe. Dann drehe ich über den laufenden Motor zur Landung ein. Niemand ist nervös an Bord.
Ich schätze meine Höhe während des Anschwebens auf den Leuchtpfad und glaube, gut zu liegen, bis ich erkenne, daß ich doch etwas niedrig bin. So schiebe ich den Gashebel noch einmal etwas nach vorne, um im gleichen Augenblick zu erkennen, daß ich viel zu niedrig ankommen werde. Ein Schlag gegen den linken Flügel und dann erfolgt der Aufschlag auf den Boden in der vollkommenen Dunkelheit. Wir schlittern endlos, ehe unser Vogel mit einem letzten Ruck liegenbleibt. Das rechte Triebwerk heult auf und läßt sich nicht abstellen. Nichts wie raus! Die Besatzung versucht, das Kabinendach abzuwerfen. Es klemmt. Von außen wird uns geholfen. Solda-

ten schlagen mit Gewalt das Dach weg, und wir taumeln ins Freie. Keiner ist ernstlich verletzt mit Ausnahme von Theo, der nicht stehen kann. Hans stieß mit dem Ellbogen gegen das Instrumentenbrett und kann den Arm nicht mehr bewegen. Hein flogen seine ganzen Funkgeräte ins Gesicht und verursachten Fleischwunden. Ich selbst bin an der rechten Hand verletzt. Sehr schnell kommen Arzt und Feuerwehr. Dieses Stück von Doktor kümmert sich erst gar nicht um uns, nachdem ihm die Soldaten gesagt haben, daß keiner von uns offenbar ernstlich verletzt sei. Er kriecht in die Kabine und schraubt in aller Seelenruhe die Borduhr aus. Das wird meinem Hans aber zu viel, zumal Theo am Boden nun anfängt, über Schmerzen in der Leiste zu klagen. Als der schöne Doktor wieder aus der Maschine erscheint, nimmt ihm Hans in aller Ruhe die Uhr weg und schlägt ihm mit seiner gesunden Hand so ins Gesicht, daß er über die Tragfläche rutscht und ins Gras fliegt. Das war das letzte, was wir von ihm gesehen haben. Er wurde schnellstens abgeschoben.
Ich mache mir schwere Vorwürfe, denn diesmal trage ich die Schuld an dem Unfall! Warum habe ich nicht eine einfache Bauchlandung auf dem Platz gemacht?

30. November 1940

Wir sind zu unserer Unfallstelle herausgefahren. Hans, Hein und ich. Theo mußte ins Lazarett gebracht werden. Unsere Maschine liegt auf einem kleinen freien Feld, dem einzigen, das es in kilometerweitem Umkreis überhaupt gibt! Ich habe beim Anschweben einen Baum gestreift. Dies war der verspürte erste Ruck. Dann schlugen wir ziemlich hart auf dem Acker auf, der glücklicherweise genau in unserer Richtung seine längste Ausdehnung hatte. Die halb zertrümmerte Maschine blieb keine 20 Meter vor einem Bauernhaus liegen. Der linke Motor wurde bereits beim Aufschlag herausgerissen. Nachträglich graust es uns. Wir machen noch einige Erinnerungsfotos und fahren nach Hause.

5. Dezember 1940

Wir sitzen im Zuge nach Reims. Zu Hause liegen vier unterschriebene Urlaubscheine für uns. Man hat mich gebeten, der Staffel

nur schnell noch den Gefallen zu tun und eine Ju 88 aus Reims abzuholen.
Das ist nicht schön, bedeutet aber auch nicht mehr als einen Tag Verzögerung.

6. Dezember 1940

Heute könnten wir schon im Urlaub sein, aber es ist anders gekommen. Als wir gestern aus Reims zurückkamen, erfuhren wir, daß inzwischen totale Urlaubsperre verhängt wurde. Nun sitzen wir mit den anderen herum und warten darauf, daß die befohlene Einsatzbereitschaft für die Nacht abgesagt wird. Das Wetter ist so schlecht, daß gar nicht an einen Nachteinsatz zu denken ist. Draußen wird es allmählich dunkel. Nervös schauen wir in kurzen Abständen nach dem Wetter. Es ist weit über Mitternacht, als Völling den Raum betritt und verkündet, daß der Einsatz für diese Nacht abgeblasen ist.

7. Dezember 1940

Ich fliege am Tage den Uffz. Scheller – einen Neuen – und seine Besatzung mit einer Ju 52 nach Reims. Er soll dort seine Einsatzmaschine abholen. Das Wetter ist wieder ganz schlecht. Bei Löwen muß ich so tief fliegen, daß ich fast die Bäume berühre. Ich gehe in den Blindflug und muß dann in Reims eine Blindlandung nach Funknavigation machen. Heute abend habe ich Einsatzbereitschaft und muß deshalb trotz des schlechten Wetters gleich wieder zurückfliegen. In Gilze wiederholt sich die zermürbende Warterei von gestern nacht. Eine Einlage gibt es allerdings zur Abwechslung. Entgegen aller Vernunft wird Startbefehl für London gegeben. Startzeit soll für die Gruppe die Stunde zwischen 02.00 und 03.00 sein. Das bei diesem Wetter, wo sich sogar unser Kraftfahrer, der uns zur Maschine bringt, auf dem Platz im Nebel verirrt! Erst als wir bereits in der Maschine sitzen, kommt einer an und meldet, daß der Einsatz abgeblasen ist. Heute nacht hat sich die Luftwaffe bestimmt viele Besatzungen am Leben erhalten. Aber wahrscheinlich muß ein Parteifritze oder ein Stabsoffizier einen Tag länger auf seine Beförderung warten. Wir sind so böse und mit den Nerven fertig!

Theo wurde heute nach Wismar ins Lazarett geflogen. Seine Verletzungen sind doch ernster, als ursprünglich angenommen.

11. Dezember 1940

Einsatz nach London. Diese London-Einsätze laufen neuerdings unter dem Deckwort »Fledermaus«.
Als Bordschützen habe ich mir als Ersatz für Theo den Uffz. Heinz Knaetsch von den Neuen ausgesucht. Er macht einen sauberen und intelligenten Eindruck.
Die Routine bis zum Start lief wie üblich ab. Wir sind im Anflug auf die englische Küste.
Ich schätze die Situation der Abwehr schon lange vor dem Ziel ab. Scheinwerfer, Flak, bevorzugte Anflugwege eigener Maschinen. Danach richte ich meinen eigenen Zielanflug und komme fast unbehelligt in 6400 Metern Höhe über das Ziel. Ich gehöre offenbar zu den ersten Maschinen. Unten sind keine größeren Brände und nur wenige Bombeneinschläge zu sehen. Mit leerlaufenden Motoren, um so wenig Geräusch wie möglich zu erzeugen, schwebe ich auf meinen Zielraum zu und löse die Minen aus.
Dann gehe ich – weiterhin im Leerlauf – in einer Rechtskurve auf Heimatkurs. Flak und Scheinwerfer stören uns nur unwesentlich. Offenbar wird planlos geleuchtet und geschossen. Über der Küste bei Margate liegt eine geschlossene Wolkendecke. Die Scheinwerfer zeichnen helle Flecke in die Watte unter uns. Die Spannung löst sich. Hein schaltet Musik ein. Dann spüren wir erst, wie kalt es in der Maschine ist. Außentemperatur ist minus 45 Grad. Das Thermometer steht am unteren Anschlag.
Schnell gehe ich tiefer. Am Horizont vor uns wird ein feurig roter Fleck sichtbar, der sich zusehends vergrößert. Im ersten Augenblick erschrecke ich. Ich sehe Hans an. Auch er sieht angestrengt nach vorne. Zu gleicher Zeit aber wird es uns klar, daß der Mond aufgeht. Wir sehen uns an und lachen. Kein Wunder, daß wir bei unseren überreizten Nerven durch eine normale Erscheinung wie den Mondaufgang so aus dem Gleichgewicht gebracht werden. Nacht für Nacht erleben wir über England Erscheinungen ähnlicher Art, die wir nicht deuten können: Scheinwerfer winken oder blinken ungewöhnlich und geben damit den Nachtjägern oder der sonstigen Abwehr Zeichen. Verschiedenfarbige Blinklichter stehen am

Boden. Leuchtbomben werden neben, über oder unter uns in die Luft gehängt. Diese Dinge sind unheimlich für uns, weil wir nicht wissen, was sie zu bedeuten haben, und weil wir infolgedessen auch nichts dagegen unternehmen können.

12. Dezember 1940

Es ist zwar Einsatz gegen London befohlen. Aber am späten Nachmittag glaubt kein Mensch mehr, daß dieser Flug durchgeführt wird.
Völling erscheint im Aufenthaltsraum und verkündet, daß der Einsatz abgeblasen ist. Alle atmen auf. Es ist inzwischen 21.30 Uhr geworden.
Im gleichen Augenblick geht das Telefon. Herbert Bohg und ich sollen mit unseren Besatzungen sofort zum Gefechtsstand kommen. Wir beide sollen trotz des Wetters fliegen. Das kann doch nicht wahr sein! Die anderen drücken sich still an uns vorbei. Sie haben fast ein schlechtes Gewissen uns gegenüber, die wir jetzt nicht feiern können.
Draußen brauchen wir gar nicht erst aus dem Omnibus zu steigen. Oblt. Stoffregen steigt zu uns und erläutert uns auf der Weiterfahrt zu den Maschinen den Einsatzbefehl. Man habe alles versucht, den Korpsstab zu überzeugen. Aber dort habe man darauf bestanden, daß wenigstens einige versierte Besatzungen fliegen.
Als erster rolle ich aus meiner Boxe. Es schneit so dick, daß ich nur eine weiße Wand sehe, wenn ich den Landescheinwerfer einschalte. Die Scheiben sind sofort blind. Ich muß das Seitenfenster aufschieben, um überhaupt sehen zu können. Langsam taste ich mich Meter um Meter über die Rollbahn. Der Matsch liegt mindestens 20 Zentimeter hoch auf den Bahnen. Am Start stehe ich mit heißen Motoren und warte auf das Zeichen. Minute um Minute vergeht. Inzwischen ist auch Herbert herangekommen, wie ich aus dem Aufleuchten und Verlöschen seines Scheinwerfers erkennen kann. Ich kann gerade zwei Begrenzungslampen der Startbahn sehen. Das bedeutet, daß knapp 100 Meter Feuersicht ist. Die Besatzung schimpft. Ich schreie Ruhe! Da gehen zwei Leuchtkugeln hoch! Rote! Das bedeutet: abgeblasen!
Solche verdammten Arschlöcher! Aber die Besatzungen haben ja keine Nerven. Herbert verursacht dann beim Zurückrollen einen

zünftigen Rollschaden. Er hatte sich vollkommen verirrt. Das ist der Erfolg! Und er muß jetzt sogar noch mit einer Bestrafung rechnen. Soll er sein Flugzeug vielleicht irgendwo stehen lassen und sehen, wie er bei dieser Sauerei kilometerweit zu Fuß nach Hause kommt?

13. Dezember 1940

Das Wetter soll in der Nacht gut werden. Wir müssen auf jeden Fall mit Einsatz rechnen und das am Freitag, dem 13.!
Das Wetter am Platz ist wolkenlos. Rückkehr wegen Gefahr von Bodennebel fraglich. Ausweichplatz ist Oldenburg. Um 19.45 Uhr schießt mein Vogel in die schwarze Nacht hinaus. Minen in die Themse! Um möglichst bald – also noch vor dem Nebeleinbruch wieder zu Hause zu sein, steige ich auf dem Anflug ganz flach mit möglichst hoher Geschwindigkeit. Den Ablaufpunkt bei Margate erreiche ich in 2000 Meter Höhe. Schon vorher habe ich meine Motoren auf Leerlauf gedrosselt in der Hoffnung, von unten nicht bemerkt zu werden. Die Sicht ist gut. Kein Mensch belästigt uns. Nach Stoppuhr und Kompaß schweben wir auf den Zielraum zu. Bloß jetzt kein Schiff oder Sperrballon! Es kostet Nerven. Als die Minuten und Sekunden abgelaufen sind, werfe ich meine beiden 1000-kg-Minen ab und fliege mit aufheulenden Motoren auf die See hinaus.
In Rekordzeit sind wir zu Hause. Tatsächlich herrscht nebelartiger Dunst. Trotzdem geht mein Landeanflug gut. Im Anschweben kann ich den Scheinwerfer nicht einschalten, weil ich sonst geblendet werde. Schon sehe ich die roten Lichter der Platzbegrenzung – gleich müssen die Räder den Boden berühren. Und in diesem Augenblick wird die Platzbefeuerung ausgeschaltet. Gleichzeitig gehen rote Leuchtkugeln hoch, was Landeverbot bedeutet. Es ist nicht ungefährlich aus diesem Flugzustand heraus in einer solchen Nacht durchzustarten. Aber ich schaffe es. Hein fordert per Funk erneut Landeerlaubnis an, was verweigert wird. Also ab nach Oldenburg unter dem Gefluche von Hans und der übrigen Besatzung. Hans nimmt die neuen Kurse aus der Karte und sagt mir Zahlen an. Nach einer guten Stunde stehen wir dann in Oldenburg auf der Flugleitung. Nach und nach treffen die anderen ein, welche nicht erst den Umweg über Gilze zu fliegen brauchten. Wir hatten keine Verluste.

Alles ist für uns bestens vorbereitet. Um Mitternacht gibt es im Speisesaal an weißgedeckten Tischen noch ein ausgiebiges Essen, an dem der Horstkommandant persönlich teilnimmt. Wir werden dadurch in einer netten Art bewundert und ausgezeichnet.

14. Dezember 1940

Wir verlegen nach Marx an der Nordseeküste, von wo aus wir nachts nach London und dann zurück nach Gilze fliegen sollen. Ich selbst muß aber von Marx direkt nach Gilze fliegen, weil ein Schaden an meiner Kompaßanlage ist, der einen Nacht- und Schlechtwetterflug nicht zuläßt. Um 15.45 landen wir in Gilze und können seit langen Wochen erstmals in Ruhe die Nacht abwarten und schlafen.
Sogar der Anblick des Gefr. Völling kann mich heute nicht aus der Ruhe bringen.
Ltn. Hasselbeck ist in der gestrigen Nacht beim Start abgestürzt. Die Trümmer konnte ich heute beim Landeanflug sehen. Alle sind schwer verletzt, leben aber.

15. Dezember 1940

Mühle noch unklar. Kein Einsatz. Wir gehen ein bißchen ins Städtchen Tilburg.

16. Dezember 1940

»Stahl-Bohg-Wetter«
Genau wie neulich: Wir rollen zum Start, warten auf den Bremsen stehend bei heißlaufenden Triebwerken und werden im letzten Augenblick wieder zurückgepfiffen. Man geht mit uns um wie mit störrischen Schafen, und da wundern sich die Leute, daß es zu Spannungen zwischen den fliegenden Besatzungen und den Leuten am Boden kommt!

20. Dezember 1940

Heute ist der letzte Tag der Mondscheinperiode, das heißt, jener vier Wochen von Halbmond über Vollmond weg bis wieder Halb-

mond. In dieser Periode verdichten sich jedesmal die Einsätze wegen der besseren Sichtverhältnisse am Ziel. Wenn man viel Erfahrung hat, wie wir wenigen »Alten«, dann empfindet man die Orientierung auch über Feindgebiet nicht schwieriger als am hellen Tage. Wir bereiten uns am Abend auf den vorgesehenen Flug nach Liverpool vor. Während Hein Hallert und Heinz Knaetsch sich um die Ausrüstung kümmern, sitzen Hans und ich über den Karten und berechnen die Kurse und Flugzeiten. Hoffentlich stimmen die Werte der Windvoraussagen, sonst müssen wir wie so oft unterwegs erneut messen und rechnen. Das ist bei Nacht nicht leicht, weil wir es nicht gerne haben, wenn wir in der Kanzel Licht machen müssen. Erstens wegen der Nachtjäger, welche spürbar gefährlicher werden, und zweitens wegen der Blendung der Augen. Es genügt bereits ein kurzes Aufleuchten einer Taschenlampe und die Nachtsichtigkeit des Piloten ist für Minuten stark beeinträchtigt. Besonders wenn Nachtjäger in der Gegend sind, verzichte ich deshalb oft für längere Zeit auf eine punktgenaue Navigation zugunsten der Möglichkeit, den Luftraum und den Boden so gut als möglich zu überwachen. Da kommt es dann manchmal zu unausgesprochenen Meinungsverschiedenheiten zwischen Hans und mir, der erst zufrieden ist, wenn er in jeder Minute des Fluges auf Anhieb alle Fragen zu Standort, Kurs und Flugzeit beantworten kann. Zugegeben, dieser peinlichen Genauigkeit verdanken wir möglicherweise heute unser Leben.
Um 20.40 Uhr starten wir. Ich gehe gleich auf Höhe. An der holländischen Küste sind wir schon 3000 Meter hoch und steigen weiter. Wir haben Kurs auf die englische Ostküste, wo wir den Flamborough Head als markanten Orientierungspunkt ansteuern. Wenn wir genau ankommen, wissen wir, daß die Windangaben, die unseren Berechnungen zugrunde lagen, gestimmt haben. Andernfalls können wir durch Rückrechnen korrigieren und haben so für den weiteren Flug genaue Rechendaten. Es ist schwarze Nacht. Der Mond geht erst viel später auf. Einzelne kleine Wolken sind am Himmel. Man kann sie nicht sehen, sondern spürt sie nur an einem leichten Schütteln, wenn man durchfliegt. Wir vereisen leicht darin. Bei 4000 Meter haben wir nur noch Sterne über uns, sonst ist alles schwarz. Drüben ist es wolkenlos. Die Küste erkennen wir an der Aufstellung der Scheinwerfer. Was nun kommt, ist ein zweistündiger Flug durch ununterbrochenes Flakfeuer. Und gut schießen

die Burschen heute! Die tanzenden Blitze erleuchten die Luft, daß sogar trotz der Dunkelheit die Wölkchen der Sprengpunkte zu sehen sind. Über dem Industriegebiet von Sheffield – Manchester ist es am schlimmsten. Das Ziel können wir schon aus 80 Kilometer Entfernung als roten Feuerschein erkennen. Dadurch kann ich meine ganze Aufmerksamkeit der Abwehrtaktik zuwenden. Beim Näherkommen das übliche Bild: Unten Feuer und Blitze und oben in unserer Höhe tanzendes Feuerwerk.

Die Situation veranlaßt mich zu einem Anflug weit über Norden auf das Ziel zu. Wir haben etwa zwei Stunden Treibstoffreserven, so daß ich zugunsten der Sicherheit auf jede Übereilung verzichten kann. Meine Besatzung hat für solche »Trödelei« kein Verständnis und offenbar auch nicht genügend Nerven. Nachher sind sie mir dann dankbar, wenn alles gut gegangen ist, jetzt aber maulen sie rum.

In 6000 Meter Höhe nehme ich Gas weg und schleiche mich über die Stadt. Die Flak schießt am anderen Ende – im Süden. Das paßt gut und entspricht genau meinen Erwartungen.

Und wie das brennt! Knaetsch, der sowas noch nie gesehen hat, jubelt in seiner Wanne und verstopft uns damit immer im dümmsten Augenblick die Eigenverständigung.

Hans hat leichtes Zielen für unsere Minen. Nach seinen Anweisungen überfliege ich den brennenden Hafen. Jede Einzelheit, die wir bei der Vorbereitung auf einem Luftbild der Stadt sahen, erkennen wir in der Nacht wieder. Wir beobachten Einschläge von Bomben und Minen im Hafen und in der Stadt. Meine Stoppuhr läuft. Genau zu der richtigen Sekunde gehen in unserem Zeitraum zwei Feuer hoch – unsere Minen. Immer noch mit gedrosselten Motoren drehe ich über Süden nach Osten auf Heimatkurs. Schlagartig ist Ruhe um uns. Der Feuerzauber liegt hinter uns. Die Spannung löst sich – jener Zustand, wo alles, was vorgeht, sich überdeutlich in die Sinne hämmert. Wir erleben wieder die Minuten nach dem Angriff, wenn man aus dem Abwehrbereich heraus ist, das Flugzeug leicht wie ein Vogel. Man genießt diese Minuten, als ob man die Welt zum ersten Male erleben würde. Ich atme tief auf und entspanne mich. Aus der Knietasche hole ich mein Brot und esse mit Genuß. Mein Magen reagiert offenbar nach hoher nervlicher Belastung besonders gesund: Ich kriege Hunger!

Links vor uns fliegen zwei Maschinen. Sie werden stark beschossen.

Diese Beobachtung erleichtert es mir, das Gefahrengebiet Manchester-Sheffield zu vermeiden. Auch Birmingham erkennen und umfliegen wir auf diese Weise. Voraus sind endlich die Scheinwerferketten und -bündel der Küste zu erkennen. Ich gebe Höhe auf. Beim Überfliegen der Küste nehme ich die Leistung ganz zurück und gehe auf »Schleichflug«. Wir schaffen's ohne einen einzigen Schuß Flak.
Unter uns die Nordsee. 3000, 2000, 1000 Meter. Endlich wird es angenehm warm in der Kanzel. Die lästigen Sauerstoffmasken haben wir schon bei 4000 Meter heruntergerissen. Bei Rundfunkmusik, die nur unterbrochen wird, wenn wir den Empfänger für Peilungen gebrauchen, fliegen wir nach Hause. Als um 01.00 Uhr die Räder über die Piste rumpeln, spielt die Musik immer noch.
In meiner Boxe, wo mich mein erster Wart, Uffz. Römhild, besorgt erwartet hat, stelle ich die Motoren ab. Raus! Nichts wie 'raus! Dann wie aus einem Munde rufen wir alle fünfe: Urlaub. Diesmal scheint wirklich nichts mehr dazwischen zu kommen. Morgen fahren wir!

9. Januar 1941

Drei Wochen Urlaub liegen hinter uns. Weihnachten zu Hause! Ich war froh, mal für kurze Zeit keine Uniform tragen zu müssen. Um sich allerdings in so was wie Friedensbetrieb einzuleben, reichen drei Wochen nicht aus. Bei aller Freude am Urlaub und am Leben in der eigenen Familie, kommt richtiges Heimweh nach der Staffel und den Kameraden auf. Ich beobachtete das Wetter und verfolgte die Wehrmachtberichte, um mir ein Bild darüber machen zu können, wie es in Gilze wohl zugehen wird.
Gestern kamen wir zurück und heute bereits wieder Einsatz: Luftminen in die Themse!
Nun, das geht für den Anfang. Ist nicht weit und geht nach bisheriger Erfahrung meist ohne nennenswerte Abwehr ab. Als ich zum Start rolle, ist es 21.50 Uhr. Meine Startzeit ist für 22.02 Uhr festgesetzt. Ich bin dran! Alles fertig? Los! Langsam schiebe ich die Gashebel nach vorn, die Maschine rollt an. Mit einem Blick überfliege ich routinemäßig die Instrumente, deren Skalen rund um mich herum matt schimmern. Haut hin! Hans hebt die Hand zum Zeichen, daß auch auf seiner Seite alles klar ist.

September 1940.
Ju 88 A-5 mit ausgebranntem Motor aus England zurück. Bei der Landung in Holland brach das Triebwerk heraus.

Zwei 1000-kg-Luftminen (LM 1000) werden für die Beladung vorbereitet. Die runden Kappen enthalten die Fallschirme.

Juni 1941.
Die 6. Staffel KG 30 verlegt nach Banak am Nordkap. Zwischenlandung in Drontheim.

Betrieb am Tankplatz in Banak.

Schneller und schneller flitzen die Lampen des Leuchtpfades unter der Fläche hindurch. Kurz vor den roten Lampen, welche die letzten 200 Meter der Startbahn kennzeichnen, hebe ich ab. Schon sind wir über die roten Begrenzungsfeuer des Platzrandes hinweg. Die Ju 88 hängt fürchterlich faul in der Luft und macht in den Propellerböen der vorhergestarteten Maschine unangenehme Rollbewegungen. Fahrwerkhebel auf »Ein«. »Fährt ein«, meldet Theo. 50, 80, 100 Meter Höhe am elektrischen Höhenmesser. Nur widerwillig läßt sich die Emil jeden Meter Höhe abringen. Nun kann ich die Landeklappen einfahren. Der Hebel liegt ganz vorne am Bedientisch, so daß ich ihn eben noch mit den Fingerspitzen erreichen kann. Alle die hunderte Male ausgeführten Hantierungen führe ich blind aus, ohne hinsehen zu müssen.

Die Fahrt nimmt augenblicklich zu, nachdem die Klappen eingefahren sind. Ich muß die Steuersäule etwas anziehen, um ein Durchsacken zu verhindern. 230, 250, 270 km/h! Der Mond beleuchtet fahl die Landschaft. Man kann ganz gut sehen.

Ich lockere die Gurte und setzte mich etwas bequemer. Gleichmäßig mahlen die Motoren. Die Drehzahlen habe ich harmonisch abgestimmt. Wir fliegen mit gedrosselter Reiseleistung. Blinkfeuer kommen in Sicht und bleiben hinter uns. »YD« vorn, »YS« links, »YW« rechts von uns. Wir können unseren Kurs nach diesen optischen Signalen gut korrigieren und brauchen keine Funkpeilungen zu machen. Die letzten Leuchtzeichen der Küste liegen hinter uns. Wir fliegen über See, der Themsemündung entgegen. Langsam gewinnen wir Höhe. Aus 3000 Meter Höhe schwebe ich mit Leerlauf in den Zielraum hinein. Die Sicht ist ausgezeichnet. Die Abwehr hat uns nicht bemerkt. Die Minen fallen. Theo meldet, daß sich beide Fallschirme geöffnet haben. Hans notiert die Zeit und zeichnet in die Karte den genauen Auftreffpunkt ein.

Noch mit leerlaufenden Motoren nehme ich Heimatkurs auf und erst in 200 Meter Höhe über dem Wasser drehe ich wieder auf. Wir sind bereits außerhalb der Reichweite der Flak.

14. Januar 1941

Einsatzbereitschaft, Bereitschaft, Bereitschaft!

Heute schneite es den ganzen Tag. Erst kurz vor Mitternacht wird der Start abgesagt. Verfluchter Blödsinn!

15. Januar 1941

Vollmondnacht – Einsatz nach Derby!
Keine Wolke ist am Himmel. Die englische Küste kann man erkennen wie am Tage, als ich über den Wash einfliege. Höhe 6000 Meter.
Nach Stoppuhr und Karte fliegen wir auf das Ziel zu. Die Uhr zeigt 23.00 Uhr. Am Ziel ist es noch ruhig, als wir ankommen. Wir sind offenbar die erste Maschine. Motoren drosseln – Leerlauf. Flüsse und Kanäle, die im Mondlicht leuchten, ermöglichen Navigation nach Erdsicht. Kein Schuß Flak, aber viele Scheinwerfer. Also Nachtjäger! Aufpassen! Ganz gut ist die Stadt zu erkennen und die Fabrik an ihrem Südostrand. Das ist unser Ziel.
Minen 'raus – ab nach Hause!
Hat hingehauen heute, wir sind zufrieden.
Start: 22.05 Uhr, Landung: 01.20 Uhr.

19. Januar 1941

Heute 25. Feindflug!
Wir legen wieder Minen in die Themsemündung. Alles verläuft geradezu schulmäßig. Anflug in 3200 Meter Höhe. Drosseln, Gleitflug, Minen 'raus, Gleitflug auf See hinaus und mit Ostkurs knapp über dem Wasser nach Hause.
Die Nachtlandungen mache ich inzwischen so sicher wie Taglandungen. Startzeit: 23.55 Uhr, Landung: 01.40 Uhr.

20. Januar 1941

Heute erhielten wir vier das Eiserne Kreuz erster Klasse und die Frontflugspange in Bronze.
Der Kommandeur machte die Verleihung betont feierlich vor der ganzen angetretenen Gruppe.

27. Januar 1941

Feindflug – Luftminen in die Themse.
Es ist »Stahl-Bohg-Wetter«. Wir sollen am Tage fliegen. Start ist für 11.20 Uhr angesetzt. Wir sollen erstmals versuchen, ob es mög-

lich ist, auch am Tage unbemerkt Minen in die Themse zu legen. Mit recht gemischten Gefühlen starte ich. Wolkenhöhe 100 Meter. Die Sicht ist gleich null. Auf See ist es nicht besser. Wir behalten Bodensicht und fliegen Richtung Margate. Außer der Uhr und unserer Geschwindigkeitsanzeige haben wir keine Hilfsmittel, unseren Standort zu bestimmen. Die Zeit ist um, gleich muß die Küste kommen. Vorn ein dunkler Schatten. Wir sind da – und aber auch schon über die Küste weg.

Wenige Meter hoch huschen wir über die Dächer von Margate. Ich wage keine Kurve bei diesem Wetter und fliege einfach geradeaus. Die Flak hat sich inzwischen von ihrer Überraschung erholt und spinnt uns in ein dichtes Netz aus roter Leuchtspur ein. Ich verlasse mich darauf, daß die Stadt ja klein ist und wir schnell aus dem Bereich der leichten Flak heraus sein werden. In die Wolken zu ziehen unterlasse ich, weil dann das Auffinden eines neuen Ablaufpunktes fast unmöglich werden würde. Westlich der Stadt erreichen wir freies Feld. Vorsichtig biege ich in einer flachen Kurve – immer in Bodennähe – nach Süden ab, wo ich die Küste wieder erreiche. Hans franzt von Biegung zu Biegung und korrigiert mich mit Handbewegungen. Margate huscht links schemenhaft vorbei. Die leichte Flak schießt wieder gemein gut.

Nun nach Stoppuhr 9 Minuten und 20 Sekunden in Richtung 300 Grad fliegen, dann müssen wir im Zielraum sein. Unter uns graue glatte See. Fast aufliegende Wolken. Jetzt bloß kein Schiff überfliegen. Die sind längst gewarnt und haben ihre Sperrballone hochgelassen und die Flak alarmiert.

Unter uns eine Boje. Noch eine! Der Zielraum. Ruck – Ruck! Die Minen fallen.

Noch haben wir zwei 250-kg-Bomben an Bord für freie Jagd auf Schiffe. Ein aussichtsloses Unternehmen bei diesem Wetter. In geringer Höhe fliege ich ostwärts auf das Gebiet zu, wo die Themsemündung in die offene See übergeht. Ich hoffe eher, kein Schiff zu sehen, als andersherum. Ein Zielanflug ist bei diesem Wetter unmöglich, dagegen liegen alle Vorteile beim Gegner, der uns frühzeitig hören und bekämpfen kann, bevor wir auch nur eine Abwehrbewegung gemacht haben.

Ich muß mich bis auf 40 Meter auf das Wasser herablassen, so schlecht wird die Sicht.

Und dann blitzt es vorne auf. Ein grauer Schatten. Ein Kriegsschiff! Nur wenige Meter unter mir huschen die Aufbauten durch. Wir hören die Abschüsse der vielen Waffen aller Kaliber, welche auf uns schießen. Ich werfe meine Bomben weg und ziehe gleichzeitig in einer Kurve in die Wolken. Leuchtspur verfolgt uns auch hier.

Dann ist Ruhe. Haben wir Treffer? Ein Loch ist in der rechten Fläche. Es ist aber offenbar kein ernsthafter Schaden, denn die Instrumente zeigen alle ihre richtigen Werte, und die Motoren laufen gesund.

Das war mehr als Glück!

Rückflug mit Vereisung und Landung bei schlechtem Wetter sind geradezu erholsam gegenüber dem, was in der Themse war!

4. Februar 1941

Die vergangenen sieben Tage waren für mich wieder vollgestopft mit fliegen, fliegen, fliegen. Während sich die übrigen Besatzungen bei schlechtem Wetter, und wenn nicht ausdrücklich Flugdienst angesetzt ist, in den Unterkünften aufhalten und sich mit Spiel, Sport, Lesen oder Nichtstun die Zeit vertreiben, halte ich mich die meiste Zeit draußen auf dem 20 Kilometer entfernten Flugplatz auf. Das ist zwar nicht ganz im Sinne von Hans Fecht, der ein leidenschaftlicher Skatspieler ist und durchaus zwölf Stunden und mehr ohne Unterbrechung die Karten auf den Tisch hauen kann.

Ich fliege aus Freude an der Ju 88, aus Freude am schlechten Wetter und natürlich auch aus Freude am guten Wetter. Die Seiten meines Flugbuches füllen sich neben den Feindflügen mit Werkstattflügen, Überlandflügen, Übungsflügen. Jede Möglichkeit nütze ich aus, um Übungsbomben zu werfen. Auf der 88 bin ich inzwischen so sicher, daß ich ihre Grenzen bis zum Letzten kenne. Ich hebe sie vom Boden ab, indem ich bei Erreichen der kritischen Geschwindigkeit einfach das Fahrwerk einziehe. Anschließend fliege ich auf der rechten Flügelspitze eine Runde innerhalb der Platzgrenzen und hole dabei soviel Fahrt auf, daß ich in einen steilen Steigflug übergehen kann. In größerer Höhe übe ich senkrechte Abschwünge und beobachte dabei das Verhalten der Maschine bis in den Bereich der zugelassenen Höchstgeschwindigkeit und darüber hinaus. Zum Spaß fliege ich gesteuerte Rollen. Diese schaffe ich so, daß die Besatzung auf

den Sitzen bleibt, ohne angeschnallt zu sein. Lose Gegenstände fliegen nicht in der Kanzel herum, sondern bleiben an ihrem Platz. Manchmal bin ich auch nur mit Hein allein in der Maschine, wenn es Hans und Theo zu viel wird.
Stoffregen, mein Staffelkapitän, der es ähnlich treibt, läßt mir glücklicherweise freie Hand, solange ich nicht gegen die »fliegerische Zucht und Ordnung« verstoße.
Wenn neue Besatzungen kommen, habe ich ihre Ausbildung durchzuführen. Alle haben sie noch von der Schule her Angst vor unserer Diva. Und natürlich viel zu wenig Flugstunden, um sicher zu sein. So sehe ich meine erste Aufgabe darin, ihnen diese Angst zu nehmen. Mit Ausnahme der hoffnungslosen Fälle gelingt es auch in der Regel. Es ist für mich ganz sicher, daß es z. Zt. auf der ganzen Welt kein Flugzeug dieser Klasse gibt, das so modern ist und derart hervorragende Flugeigenschaften und -leistungen hat, wie die Ju 88.
Auch die Technik des Flugzeuges ist mir vollkommen vertraut. Wenn ich nicht fliege, treibe ich mich in den Boxen und Hallen herum. Für das Wechseln einer ganz bestimmten Zündkerze bin ich sogar ein allseits begehrter Spezialist geworden. Diese sitzt nämlich so schwer zugänglich, daß die Techniker oft stundenlang »fummeln« müssen, ehe sie sie gewechselt haben. Mir sagen sie nach, ich hätte »Hebammenfinger« und besonderes Fingerspitzengefühl. So vergeht kaum ein Tag, wenn ich draußen bin, wo nicht ein Werkmeister zu mir kommt und meine Hilfe in Anspruch nimmt.
Mit Hilfe von Ofw. Heiner Mank, unserem Oberwerkmeister, gelang mir schließlich noch die Erfindung eines besonders konstruierten Schlüssels, der den Zündkerzenwechsel erheblich erleichterte. Es gab sogar eine Geldprämie dafür.

5. Februar 1941

Gestern nacht flogen wir wieder einen Mineneinsatz. Diesmal ging es in die Mündung des Humber, unterhalb Hull. Wir starteten um 20.30 Uhr und waren nach 3 Stunden und 20 Minuten wieder zurück.
Der Hafen von Hull ist einer der wichtigsten Häfen in England überhaupt geworden, nachdem London und die Themse doch erheblich unter unserer Störung zu leiden haben.

Wir erfahren, daß sich unser Mineneinsatz als sehr erfolgreich herausstellt.
Die Sicht am Ziel ist sehr gut. Über Spurn Point stehen 8 Sperrballone in etwa 1000 Meter Höhe. Sie glänzen im Mondlicht. Wir überfliegen sie knapp, während wir im Leerlauf auf die Fahrrinne, unser Ziel, zuschweben.
Die Lage der Minen können wir genau beobachten und in die Seekarte einzeichnen.
Mehr aus Übermut lasse ich meine Motoren kurz aufheulen, als wir die schmale Einfahrt zwischen Spurn Point und dem Südufer des Flusses passieren. Obwohl wir nur knappe 600 Meter hoch sind, liegt der Feuerzauber der Flak, welchen ich ausgelöst habe, schlecht. Es war immerhin interessant, daß wir offenbar im Leerlauf leise genug sind, um die Flak nicht aus dem Schlaf zu wecken.
Die helle Mondnacht macht den Heimflug über die Nordsee zum reinen Vergnügen.

5. Februar 1941

Ich habe wieder eine Nebenaufgabe bekommen:
In meine »Cäsar« wurde ein neues automatisches Sturzvisier eingebaut, das ich erproben soll. Die gesamte Einrichtung nennt sich »Bombenziel-Automatik« (BZA).
Bei dem bisherigen Zielverfahren im Sturz war ein Punktziel nur zu treffen, wenn der Pilot einige feste Werte, wie Sturzwinkel, Sturzgeschwindigkeit, Höhe über dem Ziel u. a. genau kannte. Darüberhinaus mußte er viel Erfahrung auf dem Übungsplatz haben und er mußte im entscheidenden Augenblick auch Hirn und Nerven so beherrschen können, daß er trotz feindlicher Abwehr seinen Angriff ruhig und kaltblütig durchstürzte. Ein Durchschnittspilot war dabei aber einfach überfordert. Das ist auch daran zu erkennen, daß nur einige besonders befähigte Piloten in ihren Erfolgen beständig waren. Ganz ähnlich ist es ja offensichtlich auch bei den Jägern, wo es einige wenige Experten gibt, deren Anteil an den Abschußzahlen einen frappierend hohen Prozentsatz ausmacht.
Die BZA besteht aus einem elektrisch-mechanischen Rechner, der die gegebenen Flug- und Zielwerte erfaßt und daraus denjenigen Wert errechnet bzw. den Punkt bestimmt, an welchem die Bomben ausgelöst werden müssen.

Nachdem ich die umfangreiche technische Dokumentation durchgeackert hatte, fing ich an zu üben. Ich bin von dem Ding begeistert. Fast aus jeder Lage und in beliebigen Winkeln kann ich stürzen und erziele befriedigende Ergebnisse.

10. Februar 1941

Luftminen in den Humber. Start: 20.20 Uhr, Landung: 23.10 Uhr. Ich muß die »Dora« fliegen, weil meine »Cäsar« unklar ist. Es geht alles klar. Die Nacht ist für das Unternehmen ausgezeichnet geeignet. Gute Sicht, heller Mond, schlafende Flak. Auf den Meter genau landen meine 2000 kg in der schmalen Einfahrt. Ich bin recht froh, daß man mich mit den anderen »Experten« aus verschiedenen Geschwadern für diese Spezialarbeit ausgesucht hat, die außerdem noch hoch bewertet wird. Wenn man punktgenau navigieren kann und es versteht, sich am Ziel taktisch richtig zu verhalten, ist das Minenlegen vergleichsweise ungefährlich.
Die Erfolge, welche bei sauberer Arbeit erzielt werden können, sind im Vergleich zum geringen Aufwand besonders hoch. Wir wissen inzwischen, daß unsere Arbeit verheerend wirkt. Dies ist auch darauf zurückzuführen, daß es nur begrenzt möglich ist, die gefährlichen Dinger zu räumen oder sonstwie unschädlich zu machen. Der Mechanismus des magnetischen Zünders vereitelt das Räumen mit herkömmlichen Methoden.
Mehr und mehr kriege ich Respekt vor unserem englischen Gegner. Das Land muß nun schon seit über 6 Monaten einen Luftkrieg eines überlegenen Gegners über sich ergehen lassen und immer noch ist keine Schwäche zu spüren. Im Gegenteil, die Abwehr verstärkt sich von Woche zu Woche. Am Tage kann man sich drüben wirklich nur noch sehen lassen, wenn ganz schlechtes Wetter ist, sonst ist unsereiner unweigerlich das sichere Opfer der Spitfire. Der Krieg zur See – oder wie in unserem Falle, die Blockade der Häfen – muß sich im Lande schwer auswirken.

14. Februar 1941

Seit gestern gehöre ich nun in aller Form zu den »Experten«. Wir führen Sonderaufträge durch und tragen die Bezeichnung »Zerstörbesatzung«. Das erlaubt uns, ausgewählte Sonderziele auf der Insel

auszusuchen, bringt aber auch die Verpflichtung, »sein Ziel« zu vernichten. Das ganze entbindet aber nicht von der Teilnahme an dem normalen Krieg des Geschwaders.
Ich wählte als erstes Ziel den Flugplatz Linton upon Ouse. Mein erster Versuch heute nacht scheiterte allerdings wegen schlechtem Wetter am Ziel. Ich warf dann meine Bomben mit offensichtlichem Erfolg in den Hafen von Hull. Die Abwehr war aber so mörderisch und genau, daß ich meinen Sturz bereits in 3000 Meter Höhe beenden mußte. Das hinterbliebene Feuer im Hafen bestätigt aber, daß ich gut getroffen habe. Startzeit: 22.40, Landung: 01.50 Uhr.

16. Februar 1941

Feindflug Linton upon Ouse.
Startzeit: 02.15, Landung: 05.40.
Mondschein, sehr gute Sicht und keine Wolke am Himmel. Heute müssen wir ja 'rankommen. Wir setzen Kurs ab auf Flamborough Head. In 5200 Metern Höhe kommen wir dort sehr genau an. Nun heißt es über Land ganz genau franzen, wenn wir unser Ziel im Schleichflug ohne langes Suchen finden wollen. Die Strecke haben wir buchstäblich auswendig gelernt, so daß wir, wenn alles gut geht, ohne Karte auskommen müßten, obwohl die Strecke bis zum Ziel noch weit ist.
Wir erkennen jedes Bächlein, jedes Dorf und jede Straße wieder. Beim Überflug der Küste ein wohl mehr symbolisch gemeinter Gruß der Flak, dann ist Ruhe. Die Motoren habe ich gedrosselt und gleite, wie vorausberechnet, mit genau 290 km/h und 2 Meter Sinken pro Sekunde mit Westkurs langsam tiefer. Auf die Sekunde genau erreichen wir den Ablaufpunkt zum Ziel in 3000 Meter Höhe. Hier muß ich auf 190 Grad eindrehen und meinen Gleitflug viel steiler machen. Mein Variometer zeigt jetzt 10 Meter Fallen pro Sekunde. Alle beobachten gespannt. Die Stoppuhr nähert sich dem kritischen Punkt, wo ich die Ouse erkennen muß. Noch 5 Sekunden! Dann sehe ich die große Schleife des Flusses im Mondschein schimmern, welche den Flugplatz umschließt. Ich drücke noch steiler an. Hans gibt zu erkennen, daß er das Ziel sieht, sagt nur: »Etwas nach rechts!« Da habe auch ich die Gebäude schräg unter mir im Visier. Wir haben hohe Fahrt. Meine Bomben fallen quer über Hallen und Gebäude. Ich gebe Vollgas und schieße in den Mondhimmel

hinein. Ist auch höchste Zeit, denn jetzt ist natürlich die Hölle los hinter uns. Bei dieser Helligkeit kann ich mir aber jede Kurbelei erlauben und entkomme ohne Treffer der leichten, mittleren und schweren Flak. Theo berichtet, daß die ganze Reihe unserer vierzehn Bomben gut gewirkt haben muß. Wir konnten zwar unmittelbar nach dem Angriff keinen Brand bemerken, aber es war auch keine Zeit, das abzuwarten. Die 80 Kilometer bis zur Küste haben wir dann tatsächlich wieder geschafft, ohne daß uns die Abwehr erwischt hätte. Man sieht, daß man durchaus sein Leben verlängern kann, wenn man schon vorher – sprich Flugvorbereitung – etwas dazu tut.
Hein schaltet Radio Hilversum ein, während wir in der »alten Ölspur« die Nordsee überqueren.
Zu Hause gratuliert mir Stoffregen besonders herzlich. Vom Fliegerkorps kommt noch in der Nacht eine fernschriftliche Anerkennung. Hans meint dazu, daß ihm lieber wäre, wenn diese Kerle zur Infanterie an die Front gingen.

16. Februar 1941

Heute haben sie es mit uns besonders gut gemeint.
Gleich zweimal nach England an einem Tag.
Gerade die paar Stunden Schlaf nach unserer Landung um 05.40 Uhr heute morgen konnten wir genießen, da wurden wir auch schon wieder zum Gefechtsstand geholt. Bewaffnete Aufklärung in die Themse.
Um 18.40 Uhr heben wir ab und gehen auf Kurs.
Am Ziel beschießt uns aus den unmöglichsten Ecken die Flak. Das Wetter ist schlecht. Wir können nichts, aber auch gar nichts sehen. Ich entschließe mich schnell, hier nichts mehr zu riskieren und werfe meine Bomben in eine Flakstellung am Südufer der Themse. Wirkungsbeobachtung unmöglich.

18. Februar 1941

Mit 4D + CP Feindflug Linton upon Ouse.
Wir starten erst morgens um 04.10 Uhr, weil bis dahin das Wetter keinen Start zuläßt.
Ob ich heute meinen Erfolg von vorgestern wiederholen kann?

Wetter von drüben habe ich nicht. Ich soll gleichzeitig Wetteraufklärung fliegen.

Die »Cäsar« geht gut aus dem Platz. Wir fliegen die Richtung auf unser bekanntes Funkfeuer 42 bei Amsterdam.

Ich bin froh, daß ich heute nicht hochzugehen brauche bei der Hundekälte, die in diesen Wochen in größeren Höhen herrscht.

Das Blinkfeuer »YD« zieht langsam unter uns durch. Wir müssen leicht korrigieren: zwei Grad nach links. Schon blinkt voraus das Leuchtfeuer an der Küste, das wir beim Ausflug überfliegen müssen. Sein Zeichen »YW« ist das letzte, was wir noch lange in unserem Rücken blinken sehen, während wir auf Flamborough Head zusteuern. Nach eineinhalb Stunden müssen wir dort sein. Es ist nicht schön zu fliegen heute. Wolkenhöhe über See: knappe 500 Meter, darunter sehr böig. Die See unter uns ist aufgewühlt. Die Schaumköpfe der hochgehenden Wellen leuchten phosphoreszierend. Es ist gespenstisch. Als ob man über eine schlecht verdunkelte Stadt fliegen würde.

Ich bin, wie immer vor einem Angriff, hellwach.

Meine Augen durchbohren die Dunkelheit, obwohl es bestimmt nichts zu sehen geben wird. Manchmal sehe ich zu Hans hinüber. Er hält den Kopf aufrecht, als ob er die Instrumente beobachten würde. Seine Augen hat er aber geschlossen.

Ich bin sicher, daß er nicht schläft. Dies ist einfach seine Art, sich zu entspannen. Es genügt der kleinste Anstoß, was es auch sei, und er ist hellwach. Ich mache die Probe, indem ich die Luftschraube des einen Motors ganz wenig verstelle, so daß sich das Motorengeräusch geringfügig ändert. Sofort sieht Hans auf und überfliegt das Instrumentenbrett. Er hat einfach »unheimlich die Ruhe weg«. Abwechselnd beneide ich ihn um diese Veranlagung oder ich ärgere mich darüber.

Immer im genau richtigen Augenblick kommt Leben in ihn. »Hein, peilen«, sagt er jetzt. Der schaltet um, und ächzend macht sich Hans an seinem Peilgerät zu schaffen, wobei er vernehmlich vor sich hinschimpft. Er zeichnet in seiner Karte herum unter sparsamster Verwendung seiner Taschenlampe, gibt mir dann eine kleine Kurskorrektur an und sagt, daß wir in 15 Minuten »da« sein müssen. Er meint den Flamborough Head.

Das Wetter wird schlechter und zwingt mich nach und nach auf 200 Meter hinunter. Ich muß immer wieder den Scheinwerfer ein-

schalten, um zu sehen, ob wir nicht in den Wolken fliegen. Dann sind es nur noch 100 Meter und ich muß mich entschließen abzubrechen.
Was nun? Ich habe noch für über vier Stunden Treibstoff. Hein schlägt vor, umzukehren. Auch Hans sagt etwas wie »Blödsinn«. Ich bin heute aber zu gut aufgelegt und drehe auf 160 Grad ein, in der Hoffnung, weiter südlich besseres Wetter anzutreffen. Der Kurs muß uns in spitzem Winkel auf die englische Küste führen. Dann werden wir ja weiter sehen.
Ich hänge konzentriert an meinen Instrumenten und genieße das Fliegen. 100 Meter unter mir weiß ich die kochende See, und wenige Meter über mir ist die Wolkendecke. Ich muß »Millimeterarbeit« leisten. Genau das ist es, was mich immer wieder reizt. Jetzt sind wir dicht unter der Küste, was am Aufleuchten einzelner Scheinwerfer zu erkennen ist. Sie fingern an den Wolken herum, blenden dann enttäuscht wieder ab und geben uns weiter an den Nachbarn. Jedesmal ist es dann, als ob der Leichenfinger noch eine Weile in der Luft stehen bleiben würde. Ich spüre die Ablehnung der Besatzung, fliege aber trotzdem weiter, von Scheinwerfer zu Scheinwerfer.
Es ist ein prickelndes Gefühl, zu wissen, daß die da drüben, nur wenige 1000 Meter weg, jetzt Alarm haben und eine ganze umfangreiche Organisation im Gange ist, nur um uns zu verfolgen – ohne jede Aussicht, uns zu stören.
Auf der Höhe des Wash hebt sich dann überraschend die Wolkendecke und erlaubt mir, bis auf 2000 Meter zu steigen. Wir erkennen die oft erlebten Leuchtfeuer am Boden. Hans kann danach unseren genauen Standort bestimmen. Regen zischt gegen die Scheiben. Ich habe Sorge, daß Eis ansetzen könnte.
Und die Nacht ist schwarz wie in einem Kuhmagen! Die Kerle zu Hause schlafen jetzt, mit Ausnahme von einigen wenigen, von denen ich weiß, daß sie unseretwegen wach sind. Römhild, Stoffregen, Schneider ... Ob Hermann Göring auch an uns denkt? Und wer von den tausend Generälen?
Um 08.30 Uhr in der Morgendämmerung landen wir wieder in Gilze, nachdem das schlechte Wetter gerade noch einen Angriff auf den Hafen von Great Yarmouth zugelassen hat.

19. Februar 1941

Wir sind wieder unterwegs zu »meinem« Flugplatz Linton upon Ouse.

Er wirkt wie ein rotes Tuch auf mich. Meine Besatzung macht mir schon Vorwürfe, weil ich keine Ruhe gebe. Sie drohen, einfach nicht mehr mitzumachen. Am Ende aber sind alle drei doch immer wieder voll bei der Sache. Heute wollte ich am Tage angreifen, weil drüben tiefe Wolken hängen sollen, mit der Möglichkeit, sofort darin zu verschwinden, wenn es notwendig werden sollte. In niedrigster Höhe zischen wir durch herabhängende Wolkenfetzen. Es ist eine schweinemäßige Fliegerei. Der Wind peitscht, daß die See unter uns zu kochen scheint. Brave »Cäsar«! Später, gegen England zu, heben die Wolken an. Am Flamborough Head reißen sie sogar auf.

600 bis 800 Meter Wolkenhöhe, 5–6/10 Bedeckung. Trotzdem fliege ich ein, in der Hoffnung, daß die Bedeckung nicht noch geringer wird. Die Besatzung ist dagegen. Theo und Hein schimpfen einfach, und Hans möchte mich überzeugen, indem er mir vorrechnet, daß wir zwar vielleicht ungeschoren an das Ziel herankommen, dann aber wegen der nicht ausreichenden Sicherheit bestimmt keinen gezielten Angriff durchführen können. Damit hat er recht. Ich gebe nach und drehe wieder zurück auf See.

Ohne ein weiteres Wort gibt mir Hans den Kurs auf das selbstverständliche Ausweichziel: Schiffe vor der Humbermündung. Nach 5 Minuten Südkurs haben wir sie dann auch schon vor uns. Eine ziemlich große Zahl. Noch habe ich keine Erfahrung gegen Schiffe und fliege einen Kurs, der mich in respektvollem Abstand seitlich hält. Ich möchte die Herrschaften erst mal »kommen lassen«. Aber nichts geschieht. Kein Schuß kommt von unten. Zwischen den Dicken preschen kleine Fahrzeuge eilig hin und her. Von uns wird keine Notiz genommen.

So entschließe ich mich klopfenden Herzens zum Angriff. Aus einer Rechtskurve nehme ich mir den nächstliegenden Frachter als Ziel. Die Ruhe unten ist unheimlich. Mein Herz schlägt bis zum Halse herauf. Wenn ich könnte, würde ich anhalten und rückwärts fliegen. Aber die »Cäsar« rast vorwärts. Ich drücke an bis auf das Wasser herunter. Der dicke Leib des Schiffes kommt unheimlich schnell näher. Nichts rührt sich, was nach Abwehr aussieht. Ich drücke auf den Knopf – halte die Nervenprobe einfach nicht länger aus. Im gleichen Augenblick erkenne ich, daß ich nicht treffen kann, weil ich viel zu früh ausgelöst habe. Schon huschen die Aufbauten des Schiffes unter mir durch, während ich mir darüber klar werde, daß ich aus Angst versagt habe. Ich schäme mich jetzt schon. Instinktiv tue ich alles, um der jetzt einsetzenden fürchterlichen Beschießung durch leichte Flak zu entgehen. Die Wolken nehmen uns auf. Immer noch umgibt uns auch in den Wolken die Leuchtspur der Pom-Poms, bis endlich Ruhe ist. Ich gehe auf Höhe und auf Heimatkurs. An Bord herrscht Schweigen. Peinlich.

Bis dann Theo sagt: »Wenigstens sind wir heil geblieben.« Damit ist der Bann gebrochen. Und das Thema fürs erste erledigt.

Zum Glück bringen wir es fertig, am Abend dann offen über das verzwickte Thema Angst, Nerven, Können und so weiter zu sprechen. Alles ist dadurch wieder in die Reihe gekommen, denn beide Seiten – die Besatzung, wie auch ich, haben einander da nichts vorzuwerfen.

Noch im Einschlafen denke ich: Wenn die Kerle doch wenigstens geschossen hätten!

20. Februar 1941

Mein 35. Feindflug. Start: 10.40 Uhr, Landung: 14.00 Uhr.

Gleiches Ziel wie gestern, gleiches Wetter.

Wieder kurz vor dem Ziel umkehren wegen zu wenig Bedeckung. Und wieder als Ausweichziel die Schiffe vor der Humbermündung. Die Wolken hängen heute vor der Küste fast bis auf das Wasser herunter. Schneeregen nimmt fast völlig die Sicht nach vorne. Nur die Uhr und der Kompaß können bei der Navigation helfen. Die wenigen Minuten während des Anfluges auf den Zielraum sind für mich nicht leicht. Die Versuchung, aufzugeben, ist groß. Ich brauche nur in die Wolken zu ziehen mit der Erklärung, daß hier nichts mehr zu machen ist. Die Bomben kann ich dann ins Wasser werfen oder auf ein Verlegenheitsziel an Land abladen. Jeder Mensch wird Verständnis dafür haben. Auch die drei meiner eigenen Besatzung. Wenn ich aber jetzt weich werde, wird ein Knacks bleiben, sowohl in meinem eigenen Selbstvertrauen, als auch in dem Vertrauen der Besatzung mir gegenüber. Also bleibe ich unten!

Ich habe weit auf See hinaus ausgebogen, um von Osten her auf gut Glück den Raum anzufliegen, wo gestern die Schiffe lagen. Hans hat Karte und Rechenschieber weggelegt und beobachtet aufmerksam nach vorne. Ich selbst kann mir kaum einen Blick nach draußen erlauben. Zu sehr beansprucht mich die Fliegerei. Nach der Rechnung von Hans haben wir gute zwei Minuten Zeit, dann müssen wir über den Schiffen sein, und gleich danach muß die Küste unter uns liegen. Den Überflug der Küste müssen wir aber unter allen Umständen vermeiden, weil hier an der Mündung des Humber natürlich massierte Flak und ein dichtes Netz von Sperrballonen stehen.

Auf die Sekunde genau sind wir dann mitten drin. Hans meldet rechts Schiffe. Wir überfliegen Schiffe. Auch links sind welche. Ein Angriff ist unmöglich bei dieser geringen Sicht. Ich kann nur geradeaus fliegen, in der Hoffnung, daß die Sicht wenigstens etwas besser wird. Links kommt dunkel Land in Sicht. Ich drehe sofort nach rechts weg. Gleich darauf habe ich wieder Land in Sicht. Diesmal voraus. Sofort bin ich mir klar, was passiert ist. Wir sind nach dem Überflug der Schiffe durch Zufall oder aber, weil wir zu genau gerechnet und geflogen haben, durch die schmale Einfahrt am Spurn Head in den Humber-Unterlauf hineingeflogen, ohne es zu merken. Jetzt sind wir gefangen wie die Maus in der Falle. Rundherum weiß ich Sperrballone. Ich muß auf jeden Fall über dem Wasser des Flusses bleiben. Mit Vollgas ziehe ich eine Rechtskurve, so eng es meine schwer beladene Maschine und die geringe Flughöhe zulassen. Und ich schaffe es gerade noch! Im letzten Teil der Kehrtkurve kann ich das Nordufer als dunklen Schatten erkennen. Wenn ich diesen dunklen Uferstreifen immer links in Sicht halte, muß ich am Spurn Point und damit am Ausschlupf aus der Falle ankommen. Alles geht minutenschnell. Hans hilft mit und dirigiert mich nach Sicht. Links zieht der Leuchtturm vorbei, und wir sind raus! Gott sei Dank!

Inzwischen sind die unten aufgewacht. Wir sind wieder im Gebiet der Schiffsansammlung. Leuchtspur kommt aus allen Richtungen, ohne daß wir etwas dagegen tun können, weil einfach nichts zu sehen ist.

Ich fliege in nördlicher Richtung, dorthin, wo uns vor kurzer Zeit das Wetter ja noch zu gut war. Das war richtig, denn schnell heben sich hier die Wolken auf 100 Meter Höhe. Ich kann aufatmen und selbst wieder nach draußen sehen. Hein sagt, nun soll ich aber

die Dinger endlich wegwerfen, denn es sei ja doch nichts zu machen. Und ich will nicht! Der Versager von gestern steckt mir einfach in den Knochen.
Hans! Wir versuchen's noch einmal! Er nickt nur und gibt mir neue Kursangaben. Wieder fliege ich in die Schneewand hinein. Und wieder werde ich bis auf die Oberfläche des Wassers herabgedrückt. Für eine Weile heben sich die Wolken. Ich gehe mit. Hans stößt mich im gleichen Augenblick in die Seite und zeigt nach rechts. Da liegt einer! Und der schießt auch schon aus allen Kanten.
Ohne zu überlegen greife ich an. Direkt hinein in die rote Wand aus Leuchtspur. Die »Cäsar« geht steil nach unten und nimmt Fahrt auf. Der dicke Leib des Frachters wird größer. Ich muß anheben, um darüber hinweg zu springen. Gleichzeitig drücke ich auf den Knopf. Ich erkenne Aufbauten, Masten. Die Mannschaften arbeiten an den Waffen. Dann ist es wieder grau, mit Leuchtspur durchsetzt. Ein Schrei von Theo erschreckt mich: Getroffen! Mensch, Peter, genau in die Bordwand! Meine Cäsar schießt steil in die Wolken, wobei ich eine Kurve ziehe, um wenigstens etwas gegen die Abwehr zu tun. Mit aller Konzentration muß ich Lage, Richtung und Steigwinkel halten. Ruhe! brülle ich in die Eigenverständigung. Scheiße – wir schmieren ja gleich ab! Haltet die Schnauze! Endlich hört die Schießerei von unten auf. Ich werde flacher und suche die Anzeigen der Instrumente zusammen, um in eine vernünftige Lage und Richtung zu kommen. Auch Eis setzt schon wieder an. Dann wird es oben hell und die Sonne scheint durch die oberen Fetzen der Wolken. Jetzt können wir reden. »Gratuliere, Peter!« kommt es von den anderen. Er muß mindestens 8000 Tonnen groß gewesen sein! Theo berichtet genau, was er beobachten konnte. Zwei Bomben fielen zu kurz. Eine 500-kg-Bombe schlug mittschiffs in die Bordwand, und die vierte Bombe fiel knapp hinter dem Dampfer ins Wasser. Glücklich und stolz flogen wir nach Hause.
Mir scheint es, daß ich dreimal gesiegt habe: Einmal durch meinen Treffer auf das Schiff. Dann über mich selbst und meine Angst von gestern und drittens über meine Besatzung. Am wichtigsten für uns alle war wohl das letztere. Denn wenn die Besatzung sich nicht mehr gegenseitig voll vertraut, ist jegliche Sicherheit verloren. In Gilze fliege ich wackelnd über den Platz und drehe anschließend eine Steigrolle in den Himmel hinein, bevor ich lande.
Auf dem Gefechtsstand berichten wir. Oblt. Schneider vergleicht

unsere Angaben mit einem Papier, das vor ihm liegt, und gratuliert uns dann als erster zu der bereits bestätigten Versenkung eines Schiffes.
Er hat von irgendwo her eine Meldung vorliegen, daß vor der Humber-Mündung das Handelsschiff »Merchant Prince« durch einen Luftangriff versenkt worden sei. Das Schiff war genau 5229 BRT groß.
Uhrzeit und Standort stimmen genau mit unseren Angaben überein. Es gab einen Rummel, der nicht zu beschreiben ist.
Und nochmal: So schön der Erfolg auch ist – meine drei habe ich wieder ganz auf meiner Seite und ich selbst bin wieder in der Reihe! Das ist wichtiger!
Und Hans hat wieder seine große Stunde: Er brachte es fertig, zu dem Zeitpunkt, als eigentlich überhaupt keine Hoffnung mehr war, in der Mausefalle des Humber Beobachtungen anzustellen! Auf der Seekarte legte er die Punkte fest, wo Schiffswracks lagen, welche offenbar Opfer unserer Minen waren. Diese Wracks sind wohl auch die Erklärung dafür, warum die Einfahrt nicht mehr benutzt wurde und die vielen Schiffe draußen auf Reede liegen mußten.
Unsere »Cäsar« hatte im linken Flügel einen Treffer. Eine Sprenggranate hatte ein kleines Loch gerissen. Es war aber keine lebenswichtige Stelle. Angesichts der wilden Schießerei von Dutzenden von Schiffen, darunter auch Kriegsschiffen, war das ein wirklich magerer Erfolg der gegnerischen Abwehr. Oder sollte man besser sagen: »Wir hatten mehr Glück als Verstand!«?

21. Februar 1941

Von allen Seiten kommen Glückwünsche. Sogar der »Alte« von der 5. Staffel gibt mir die Hand und quält sich einen säuerlichen Glückwunsch ab.
Der Kommodore, Oberstltn. Blödorn, kommt vom Nachbarplatz herüber, um sich berichten zu lassen. Auch Erkens und besonders Baumbach hatten in den letzten Tagen Erfolge.
Unsere Gruppe steht dadurch mit ihren Leistungen weit vorne im Geschwader.
Es hat sich zwischen den einzelnen Verbänden eine Art sportlicher Wettbewerb entwickelt. Der Einzelne bucht seine Leistungen und Erfolge in gleicher Weise für sich selbst wie auch für seine Staffel,

Der »Nachschubhafen« am Rande des Flugplatzes Banak in Nordnorwegen.

Klar zum Start gegen Murmansk.

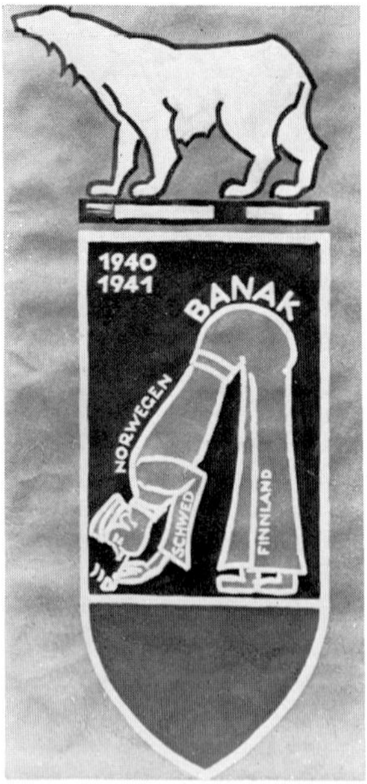

Banak war der nördlichste
Flugplatz der Luftwaffe.

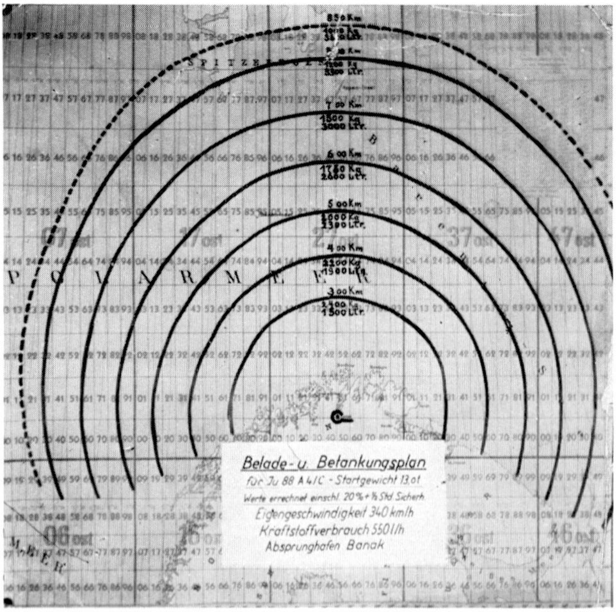

Die Eindringtiefe der Ju 88 von Banak aus.

Auf Feindflug unter der Mitternachtssonne.

seine Gruppe und sein Geschwader. Man ist stolz auf das Wappen seines Geschwaders und dasjenige seiner Gruppe.

Unser Wappen stellt einen Adler dar, der sich mit angewinkelten Schwingen und vorgestreckten Krallen auf eine Beute stürzt. Die Grundfarbe des Wappens ist weiß, rot oder gelb und läßt dadurch die I., II. oder III. Gruppe erkennen.

Wir tragen bei unseren Flügen ein großes seidenes Halstuch, das auch die Farbe der jeweiligen Gruppe hat. Wir von der II. sind also rot.

Diese Halstücher haben bei Angehörigen des Heeres und auch bei unserem Bodenpersonal schon viel Anstoß erregt, weil es keine Uniformvorschrift gibt, welche solche »Extravaganzen« zuläßt. In Wirklichkeit sind sie für uns besonders wichtig. Sie verhindern, daß wir uns den Hals wundscheuern, wenn wir oft viele Stunden lang in unsere Sitze geschnallt sind und nur den Kopf drehen können, wenn wir nach rechts und links schauen wollen. Außerdem sind sie als Winkflaggen gedacht für den Fall einer Notlandung auf See oder auf Land.

Nachts waren wir dann mal wieder in London.

Mein 36. Feindflug. Start: 23.00 Uhr, Landung: 01.35 Uhr. Eigentlich war Swansea im Bristol-Kanal als Ziel vorgesehen. Während des Anfluges erhielten wir jedoch durch Funk den Befehl, das Ausweichziel London anzugreifen.

Darüber waren wir nicht böse bei dem schlechten Wetter – geschlossene Wolkendecke vom Boden bis über 6000 Meter Höhe, Vereisung und unbekannte Windrichtung und -stärke. Ein gezielter Angriff auf das kleine Ziel war unmöglich. London dagegen ist uns »geläufig«. Dort haben wir unsere bekannten und guten Navigationshilfen, welche einen erfolgversprechenden Abwurf unserer Minen zulassen. Flak macht uns wie üblich das Leben sauer und zwingt zu mehrmaligem Abdrehen, ehe wir unseren Zielraum anfliegen können.

Die »Cäsar« ist erleichtert, als die Minen weg sind. Wir aber auch! Froh und befriedigt schleichen wir uns weg auf unseren erprobten Schlängelpfaden, die wir auch finden, obwohl wir blind in den schwarzen Wolken hängen. Beim Durchgang durch die kritische Vereisungszone erleben wir das maschinengewehrartige Knallen der von den Luftschrauben abspringenden Eisbrocken, die gegen die Blechhaut des Rumpfes geschleudert werden. Hans leuchtet alle Augenblicke mit der Taschenlampe über den Flügel, um eine gefährliche Zunahme des Eisansatzes sofort melden zu können. In diesem Falle müßte ich trotz feindlicher Abwehr ganz schnell tiefere Schichten aufsuchen. Noch aber reicht die Wirkung unserer Enteisungsanlage aus. Erst zu Hause am Platz tauche ich in 100 Meter Höhe aus den Wolken. Unter uns der Lichterzauber der Hindernisbefeuerung und der Lampenreihen der Startbahnen. Die Nachtlandungen sind längst Routine und wären ungefährlich, wenn nicht die vielen Anfänger da wären, die gleichzeitig landen wollen und in ihrer Angst und Unerfahrenheit jedesmal ein lebensgefährliches Durcheinander verursachen. Mit allen Tricks muß ich mich zwischen die herumschwirrenden Positionslichter dieser »Jungen« hineinmogeln. Der Anflug zur Landung besteht dann im Regelfall aus einem schnellen kurzen Haken und widerspricht allen Regeln der Flugsicherheit. Zumindest aber vermeide ich dadurch das Risiko eines Zusammenstoßes und erspare mir die ewige Kurbelei um den Platz.

27. Februar 1941

Das Wetter ist so schlecht, daß an Fliegen nicht zu denken ist. Gerade, daß ich mir von Stoffregen einen Übungsflug – Bomben im Tiefangriff – erhandeln konnte.
Man sitzt herum und vertreibt sich die Zeit oder langweilt sich.
Täglich ist für 24 Stunden Einsatzbereitschaft befohlen. Das zwingt uns, die Aufenthaltsräume nicht zu verlassen. Die Belastung der Nerven ist kaum mehr auszuhalten. Der Gefreite Völling wagt es nicht mehr, sich bei uns zu zeigen. Ich glaube, auch die Nerven dieses Armen sind bald am Ende.
Die Herren bei der Luftflotte haben es da leichter. Sie wissen, daß wir zu jeder Minute bereit sind. Das beruhigt ungemein und macht das Abwarten vergnüglich. Es genügt, wenn die Telefone durch einen Soldaten besetzt sind. »Wenn etwas los ist, können Sie mich da und da erreichen.«
Baumbach und Stoffregen kommen in unser Kloster »Mariahof«. Sie setzen sich mit Willi Erkens und mir in eine Ecke, tun wichtig und geheimnisvoll. Baumbach ist ja wohl der erfolgreichste Kampfflieger überhaupt, Stoffregen der von uns allen verehrte Staffelkapitän. Dann rücken sie heraus: Wir drei sollten uns eigentlich zusammentun, Baumbach, Willi und ich. Wir sollten versuchen, für

uns eine Sonderaufgabe als Spezialisten gegen Seeziele zu erhalten. Lange sitzen wir und planen, wägen ab. Jeder von uns denkt und rechnet in der gleichen Richtung: Was kannst du dabei gewinnen? Wie hoch ist das Risiko?
Einer aber denkt in anderer Richtung: Stoffregen. Er fragt mich, ob ich nicht Lust hätte, Offizier zu werden. Für Willi ist er ja nicht zuständig, der gehört zur 5. Staffel. Natürlich möchte ich.
»Aber Herr Oberleutnant, ich bin ja nur ein ganz schäbiger Reservist. In diesem vornehmen Verein hier hat man mir das immer und immer wieder deutlich genug gesagt.« Er sagt: »Das lassen Sie mal meine Sorge sein. Ich wollte nur von Ihnen hören, wie Sie dazu stehen.« Und für Willi wollte er mit Hptm. Schulz, dessen Staffelkapitän, sprechen.
Stoffregen wird ganz deutlich. Er erklärt uns die Tatsachen, welche wir längst selbst sehen: »Wir haben doch die drei verschiedenen Gruppen von Offizieren. Das sind die wenigen aktiven, welche in den fliegenden Verbänden als Staffelkapitäne und Gruppenkommandeure die ganze Arbeit leisten.
Dann sind da die ganz jungen Leutnante. Diese kommen von den Schulen in der Heimat mit einer Ausbildung, welche hinten und vorne nicht ausreicht, um hier bei uns zu überleben. Wir sehen es ja Nacht für Nacht.
Und die dritte Gruppe, das sind jene, welche – sagen wir es offen – nur an sich und ihre Karriere denken. Die aber sitzen in den Stäben. Was not tut, sind Offiziere, die fliegen können, die in den Staffeln sind und dafür sorgen können, daß der Ausbildungsstand gehoben wird, wie auch dafür, daß die Besatzungen geschont werden und nicht blindlings ohne Berücksichtigung ihres jeweiligen Könnens zu schwierigen Aufgaben eingesetzt werden.
Das Gespräch bewegt sich in ernsten Bahnen. Wir haben nie aufgehört, über Sinn und Unsinn des Krieges überhaupt nachzudenken. Wir sprechen es offen aus, daß dieser Krieg nicht gekommen wäre, wenn nicht Hitler da wäre. Wir sind uns aber andererseits einig, daß es nur eine Frage der Zeit gewesen wäre, bis unsere Gegner uns unter anderen politischen Voraussetzungen wohl auch in einen Krieg getrieben hätten. Wir fühlen uns stark. Den Luftkrieg gegen England betrachten wir als eine Zwischenphase. Wir sehen jede Nacht die Wirkung unserer Bomben auf britische Städte und Häfen. Kein Mensch kann uns davon abbringen, daß dies, zusammen mit den

Erfolgen der U-Boote und der psychologischen Belastung des Inselvolkes nicht bald zum Erfolg führen muß. Es tauchen darüber hinaus immer wieder Gerüchte auf, wonach Kontakte zwischen England und uns auf der politischen Ebene bestünden, wobei Verhandlungen über eine Beendigung des Krieges geführt würden.

Ernsthaft diskutieren wir die Frage, ob es gerechtfertigt und überhaupt sinnvoll ist, den Luftkrieg so zu führen, wie wir es tun müssen.

Ich erinnere mich noch genau an die Einsatzbesprechung vor dem ersten Großangriff auf London. In unserem großen Aufenthaltsraum war ein 4 mal 6 Meter großer Stadtplan von London aufgehängt und mit einem Vorhang verdeckt. Stoffregen gab die Einweisung. Er, den ich und wir alle verehrten, als ein Vorbild an Anständigkeit, Fairneß und soldatischer Tugend im besten Sinne, erläuterte mit vibrierender Stimme die Aufgabe. »Die ganze Stadt ist in ein System von Zielräumen eingeteilt. Sie sehen die rot markierten Grenzen und die Bezeichnungen von ›A‹ beginnend.« Er fühlte unser Erschrecken und unsere unausgesprochenen Fragen. Mit zitternden Lippen erklärte er, daß natürlich nur jene Räume von uns bekämpft würden, welche als militärische Ziele anzusehen seien. Also die Hafenanlagen, die Docks, Bahnhöfe, Themsebrücken und so weiter. Daß damit unser Schrecken und unsere Zweifel noch nicht ausgeräumt waren, wußte er. Deshalb tat er etwas, was der Vorgesetzte eines Einsatzverbandes zumindest in der deutschen Wehrmacht nie tut. Er rechtfertigte mit einer langen Erklärung diese neue Taktik. Es gab drei Argumente dafür: »Die Nachrichten besagen, daß die Kriegsmoral auf der Insel bei Null angekommen ist, so daß es nur noch einiger harter K.o.-Schläge bedarf, um den Krieg zu beenden. Die Engländer führen ihrerseits laufend und geplant Terrorangriffe gegen die Zivilbevölkerung deutscher Städte durch. In einem modernen Krieg ist die Grenze zwischen militärischem Ziel und nichtmilitärischem Ziel kaum mehr zu bestimmen. Auch die Belegschaft eines Industriewerkes führt durch ihre Arbeit quasi Krieg gegen uns.« Solche Erklärungen leuchten ein, wenn man davon absieht, daß bloße Vergeltung in den seltensten Fällen dazu führt, daß ein Gegner sich geschlagen gibt. Meistens dürfte das Gegenteil eintreten, nämlich, daß auf beiden Seiten die Maßstäbe verloren gehen und der Terror nicht ab-, sondern zunimmt. Gar nicht zu reden von dem bestimmt fragwürdigen militärischen Sinn.

Wir haben inzwischen eine große Zahl solcher Angriffe gegen englische Städte geflogen. Wir haben Coventry erlebt und erleben Nacht für Nacht Vergleichbares in London und anderen Städten auf der Insel.
Umgekehrt wächst die Zahl und Wirkung der gegnerischen Angriffe auf deutsche Städte.
Aber wir sind nicht abgestumpft und werfen unsere Bomben nicht wahllos in die Städte. Das beweisen immer wieder die Luftbilder, welche unsere Aufklärer bringen. Ebenso bescheinigen wir unseren Gegnern, daß sie sich bemühen, blanken Terror zu vermeiden und militärisch sinnvoll (wenn es so etwas überhaupt gibt) zu kämpfen. Wir sprechen sogar oft mit Hochachtung von ihren Leistungen und – wenn man so will – ihren Erfolgen. »Die Kerle können was!« Woran liegt es, daß wir nicht den oft einfacheren und weniger gefährlichen Weg gehen und kneifen? Kein Mensch kann uns ja kontrollieren in der stockschwarzen Nacht! Die soldatische Erziehung und Haltung allein kann das nicht sein, da nimmt uns unsere Führung Illusion um Illusion!
Es ist, von wenigen Ausnahmen abgesehen, unser Gewissen und unser Bestreben, sowohl persönlich erfolgreich zu sein, wie auch, zu einem Gesamterfolg beizutragen. Es liegt aber auch in ganz besonders hohem Maße am Vorbild der meisten unserer Offiziere. Die Staffelkapitäne in den Geschwadern halte ich für jene Soldaten der Luftwaffe, welchen die ganze Ehre zuteil werden sollte, die die Heimat der Luftwaffe zollt. Ich kenne keinen General in der Luftwaffe, der nicht den Staffelkapitänen und den fliegenden Besatzungen gegenüber ein schlechtes Gewissen haben müßte, wenn er sich morgens sein Ritterkreuz umlegt. Keinen! Mitten in unsere Unterhaltung hinein – es ist Mitternacht vorbei – frohlockt Völling: »Einsatz abgeblasen – Bereitschaft aufgehoben!« Ein Aufatmen geht durch den Raum. Völling strahlt, immer noch an der Tür stehend, weil er weiß, welche Erleichterung und Erlösung diese seine Meldung für uns alle bedeutet.
Trotzdem muß er von irgendwoher sich gefallen lassen: »Arschloch! Hau ab und laß dich nicht mehr sehen!« Er ist intelligent genug, um zu wissen, daß dies nicht ihm, sondern einer Institution gegolten hat.
Die Stimmung schlägt nun mit einem Male um. Auf allen Tischen stehen Bier- und Weinflaschen. Jeder holt nach, was ihm in den

letzten 24 Stunden verwehrt war. Gleichgültig, ob es sich um Alkoholkonsum, plötzlich aufkommenden Hunger (dies ist jedesmal meine Reaktion), Radauschlagen, Witze erzählen oder einfach maßloses Schimpfen handelt.
Ich finde mich mit Baumbach allein in unserer Ecke.
Erkens hat sich verdrückt; er ist sicher im Bett, er lebt genau »nach Plan«. Stoffregen sitzt an dem Tisch, wo es am lautesten zugeht.
Stoffregen kann keinen Alkohol vertragen. Schon beim zweiten Glas lispelt er und stößt mit der Zunge an.
Die Stimmung überschlägt sich. Man schreit vor Lachen über Scherze, die normalerweise allenfalls albern, wahrscheinlich eher lästig empfunden worden wären.
Willi Hachenberg:

»Saufen und fliegen
tun's Herz erquicken!«

Einer von den Neuen, den noch niemand kennt, kommt herein. Er ist nur mit einer Unterhose bekleidet und hat sich ein Bettlaken umgehängt.
Alle sind gespannt, was nun kommt.
»Orientalischer Schwertertanz«, sagt er und fängt an. Ganz ohne Schwert und ohne Musikbegleitung. Irgendwo beginnt einer zu kichern. Dann bricht Gelächter los, bis uns allen das Zwerchfell schmerzt und die Tränen aus den Augen kommen.
Dann tritt der unvermeidliche Sänger mit dem unvermeidlichen Wolgalied auf. Das ernüchtert alle wieder etwas. Baumbach erkennt den richtigen Augenblick. Er steht auf, indem er mir sagt, daß wir das Gespräch morgen fortsetzen müssen. Alle sind wir mit einem Schlage zum Umfallen müde. Das Fest verläuft sich so schnell, wie es aufgekommen ist. Nur die Dauerskatrunde bleibt noch sitzen, während wir unsere Zimmer und Betten aufsuchen. Ich kann keinen Schlaf finden. Das Gespräch mit Stoffregen und Baumbach geht mir durch den Kopf.

28. Februar 1941

Im heutigen Wehrmachtbericht werden Baumbach, Erkens und ich namentlich genannt. Natürlich sind wir stolz auf diese hohe Auszeichnung. Alle Welt gratuliert uns. Was mich angeht, so glaube

ich, daß jetzt wohl alle Vorbehalte ausgeräumt sind, die mit meiner »unmilitärischen« Herkunft und mit meinem niedrigen Dienstgrad zusammenhängen.
So modern unsere Luftwaffe in ihrer Technik ist, in ihrem inneren Geist ist sie altmodisch geblieben. Die »Aktiven« halten an einem Korpsgeist fest, der an wilhelminische Zeiten erinnert. Es ist grotesk, zu erleben, daß in der Luft alle Unterschiede zwischen Offizier, Nichtoffizier oder gar Reservist völlig aufgehoben sind, daß jedoch nach der Abgabe des Gefechtsberichtes am Boden, wo noch alle gleichmäßig grün im Gesicht sind, die »gesellschaftliche Rangordnung« sich automatisch wieder einstellt. Und alle sind damit zufrieden und finden es in Ordnung!

1. März 1941

Der Rummel nimmt kein Ende!
Heute kam der Rundfunkwagen und wollte eine Aufnahme machen für die Frontberichte. Wir wurden ins Lazarett gefahren, wo Willi Erkens wegen eines Schusses in die Hand liegt.
Alle drei, Willi, Baumbach und ich, mußten dann die übliche, etwas dümmliche Befragung über uns ergehen lassen und bestätigen, daß wir ganz besonders schneidige Hunde sind.
Am Abend, der ausnahmsweise frühzeitig freigegeben wurde, erlebten wir dann die Sendung im Hotel Rich in Tilburg. Stoffregen und Baumbach hatten mich zur Fortsetzung unserer Gespräche von gestern eingeladen. Wir aßen Fasan – mit Apfelmus, was meinem schwäbischen Magen ausgesprochen widersteht –, als unsere Berichte im Radio angekündigt wurden. Der Speisesaal war voll besetzt, vorwiegend mit Holländern natürlich. Über die Reaktion dieser Holländer, nachdem es sich herumgesprochen hatte, daß wir es waren, von denen im Radio die Rede ist, haben wir uns besonders gefreut. Wir wurden von allen Seiten beglückwünscht und eingeladen, doch ein Glas mitzutrinken. Und das von Leuten, die doch wirklich allen Grund haben, uns nicht grün zu sein. Es war wie damals in Le Coulot, als die belgische Bevölkerung in gleicher Weise zeigte, daß sie einen Unterschied macht in ihrer Haltung gegenüber der feindlichen Macht und dem einzelnen Soldaten, welcher im Namen dieser Macht kämpfen muß.

6. März 1941

»Micki« Steinacker ist heute vom Feindflug nicht zurückgekehrt. Beim Angriff auf unsere Schiffe vor dem Humber! Feiner alter Micki! Wir haben ihn gesucht, bis die Tanks leergeflogen waren. Nichts!
Hoffentlich ist er wenigstens am Leben geblieben.
Seine Besatzung: Grahn, Jähnig, Herbig. Ich war immer besonders stolz, sie zu Freunden zu haben.
Nun bin ich bald der einzig übriggebliebene »Alte«.

7. März 1941

Mein Geburtstag!
Ich war eingeteilt zu einem Flug mit Minen in die Themse. Mein Vogel wurde jedoch im letzten Augenblick von Römhild, unserem ersten Wart, unklar gemeldet, so daß wir kurz vor dem Start wieder nach Hause fahren konnten. So haben wir dann in Tilburg gefeiert. Unter uns. Ein paar Flaschen leerten wir im Kaffee Phönix. Thema des Abends: »Wie lange soll das bloß noch dauern?« Hauptmann Schneider, der neue Staffelkapitän der »Vierten«, ist gefallen. Sein letzter Funkspruch: »Motor brennt!« Wir haben ihn aufgegeben. Seine Besatzung war mir unbekannt.

13. März 1941

Vorgestern haben wir dann doch unsere fälligen Minen »ohne besondere Vorkommnisse« in die Themse geschafft. Und heute, am 13., sollte es gleich zwei Feindflüge geben: In der Nacht starten wir um 00.20 Uhr zu einem Angriff auf Liverpool/Birkenhead. Mir graust vor dem langen An- und Rückflug quer über die ganze Insel.
Wir erleben eine unheimliche Nacht! Im langsamen Steigflug erreiche ich beim Wash die Küste. Scheinwerfer greifen nach uns. Kein Schuß Flak. Nicht zu zählende Scheinwerfer! Trotz unserer Höhe von 6000 Metern, später 7000 Metern erfassen sie uns genau. Wir fliegen durch einen nicht endenden Tunnel aus Licht. Links und rechts herrscht wütendes Flakfeuer von Nottingham/Derby bzw. Sheffield/Manchester. Bei uns ist außer dem nie erlebten Auf-

wand an Scheinwerfern eine Ruhe, die unheimlich ist. Alle mir bekannten Tricks, die da unten irrezuleiten, versagen. Wenn ich meine Richtung ändere, gehen sie mit. Auch das bisher stets wirksame Mittel, den Klang der Motoren durch Änderung der Drehzahlen zu verändern, versagt. Wir sind gefangen und ausgeliefert! Es ist klar, daß wir in einen Streifen geraten sind, der für die Nachtjäger reserviert ist, jene Burschen, die uns unheimlich sind, weil ihre Taktik – im Gegensatz zur Flak – quasi »lautlos« ist. Man kommt sich vollkommen ausgeliefert vor, ohne jede Möglichkeit, sich zu verteidigen, etwa durch fliegerische Überlegenheit oder durch Einsatz der eigenen Bewaffnung. Wer den anderen zuerst sieht, hat gewonnen. Wir gucken uns die Augen aus dem Kopf! Daß wir unbehelligt unser Ziel erreicht haben, mag weniger für unsere Taktik, als vielmehr gegen die Wirksamkeit der gegnerischen Organisation und vielleicht deren fliegerischer Leistung sprechen.
Unsere Vorgänger haben am Ziel so gute Arbeit geleistet, daß Hans wieder, wie schon so oft die letzte halbe Stunde, seine Karten und Rechenschieber weglegen kann. Der helle Feuerschein am Horizont weist uns den Weg.
Die kilometerlangen Hafenanlagen sind durch zahllose Einzelbrände bestens markiert und zu erkennen. Sogar Schiffe brennen. Ein haargenau gezielter Abwurf unserer Bomben wird fast Routinesache, zumal die Flak offenbar an anderen Stellen zu sehr beschäftigt ist, um sich um uns zu kümmern.
Den Rückflug setzen wir dann so ab, daß er uns durch altbewährte Gebiete mit wütend schießender Flak führt. Da wußten wir wenigstens, wo wir dran sind und können in die Rechnung die Faktoren unserer eigenen Erfahrung auf der einen und die des Zufalls, bzw. der Wahrscheinlichkeit auf der anderen Seite einsetzen. Um 04.40 Uhr, nach genau vier Stunden und 20 Minuten fürchterlicher Fliegerei, rumpeln die Räder über den Boden von Gilze. Durch das Lichterlabyrinth des Platzes findet die »Cäsar« von alleine ihren Weg zur Boxe. Der gute Römhild erwartet uns. Er ist wohl ebenso »fertig« wie wir und ebenso erleichtert, daß alles wieder mal gut gegangen ist.
Eine tadellose Leistung hat der Lt. Hick in dieser Nacht vollbracht. Er wurde, genau auf unserem Kurs fliegend, schon beim Überflug des Wash von einem Nachtjäger erwischt und angegriffen. Dabei schoß ihm der Bursche einen Motor kaputt und verletzte ihn selbst

schwer am linken Bein. Hick konnte nach Notabwurf der Bomben und Wegtauchen in die schwarze Nacht entkommen. Er flog dann in einem drei Stunden dauernden Einmotorenflug in 400 Metern Höhe über die Nordsee nach Hause und legte trotz seiner schweren Verwundung eine glatte Bauchlandung neben die Startbahn. Die ganze Besatzung bestand aus blutjungen Anfängern. Die müssen was durchgemacht haben!

So schnell es geht, erledigen wir unsere Meldung auf dem Gefechtsstand. Mir scheint, daß auch Oblt. Schneider, der unsere Berichte entgegennimmt, das gleiche abgespannte, grüne Gesicht hat, wie die zurückgekehrten Besatzungen. Er, der nicht mehr mitfliegen kann, weil er im Mai 1940 in Holland mit seiner Ju 88 abgeschossen wurde und dabei seinen linken Arm verlor, hat wahrscheinlich die gleiche Nervenbelastung auszuhalten wie wir. Er erhält als erster den Einsatzbefehl, noch bevor wir wissen, was uns bevorsteht. Er formuliert letzten Endes den Befehl mit der Einteilung der Besatzungen. Und er ist derjenige, welcher auf die Rückkehr der letzten Besatzungen wartet, so lange, bis klar ist, daß diese überfällig sind. Und das Nacht für Nacht. Und Nacht für Nacht mit dem Gedanken, selbst bei der Einteilung dieser Jungens mitgewirkt zu haben!

Wir schlafen mit dem gutem Gefühl, erfolgreich gewesen und mit dem Leben davongekommen zu sein. Die Ruhe in unserem Kloster ist heilig! Irgendwann am Nachmittag stehen wir auf, duschen, essen. Es ist schon wieder Einsatzbereitschaft befohlen. Heute Hafen und Stadt Hull.

Das Wetter sieht gut aus, so daß wir damit rechnen können, daß keine endlose Warterei bis in den frühen Morgen hinein bevorsteht.

Um 21.00 Uhr schiebe ich dann auch pünktlich als erster der Gruppe die Gashebel nach vorne. Meine »Cäsar« nimmt Fahrt auf, flitzt an den Lampen der Startbahn vorbei und erhebt sich widerwillig und schwerfällig in die Nacht. Der Mond ist schon recht hell. Sein Licht bildet Reflexe auf dem Metall unserer Flügel und den Verkleidungen der Motoren. Voraus die Konturen der Küste. Am Ziel ist noch nichts los. Aber wir können am Boden jede Einzelheit erkennen, als ob es heller Tag wäre. Die Humbermündung – Spurn Point – und weiter im Westen den Raum, wo die Stadt – unser Ziel – liegt.

Von der Küste greifen Scheinwerfer nach uns. Die Flak schläft.

Also Nachtjäger! Und diesmal haben sie uns erwischt! Hein hat es erkannt. Als ob nichts weiter wäre als eine Sternschnuppe, deren wir Hunderte in jeder Nacht erleben, sagt er durch die »Eivau« (Eigenverständigung): »Nachtjäger von links hinten!« Ohne überhaupt zu überlegen, lege ich die »Cäsar« in einem Abschwung links auf den Rücken und lasse sie fallen – in die Nacht hinein.
Das macht keiner mit! Hein wiederholt, kaum daß ich abgefangen habe, seinen Alarm. Wieder schießen wir wie ein Stein ins Schwarze unter uns. Und noch ein drittes Mal. Jetzt sind wir glücklich noch 800 Meter hoch, haben 2000 kg Bomben zu schleppen und einen langen Steigflug vor uns, um eine ausreichende Angriffshöhe für unser Ziel zu erklettern.
Während ich mühsam steige, immer seewärts, außerhalb der Reichweite der Scheinwerfer und Flak, kann ich die Arbeit der nachfolgenden Kameraden am Ziel beobachten. Bomben gehen hoch am Boden, und in der Luft spielt sich das Schauspiel des Feuerwerks der Flak ab.
Bis zum Erreichen einer einigermaßen sicheren Angriffshöhe auf die Stadt rechne ich mir eine Zeit von mindestens einer Stunde aus. Wer weiß, was bis dahin geschehen wird? Direkt vor mir aber liegt die Einfahrt des Humber. So entschließe ich mich, nicht wie befohlen, die Stadt anzugreifen, sondern meine Minen in das Fahrwasser der Einfahrt zu legen. Hans schaltet die Zünder um. Ich liege bereits in einer flachen Linkskurve und bin im lautlosen Gleitflug auf das Fahrwasser. Aus 400 Meter Höhe fallen meine beiden »Tausender« genau dahin, wo morgen oder vielleicht noch heute nacht dicke Frachter ihren Weg ziehen.
Um 23.25 Uhr landen wir.
Zweimal waren wir innerhalb von 24 Stunden drüben und das am 13.!

14. März 1941

Die Gruppe nimmt, »mit allem, was sich dreht«, an einem Großangriff auf Glasgow teil.
Ich selbst kann nicht mitfliegen. Meine »Cäsar« hat eine zu geringe Reichweite. Sie wurde in den letzten Tagen umgerüstet als »Beleuchter« und hat deswegen einen Tank weniger im Rumpf.
So erhielt ich den Auftrag, mit einem Neuen von der 5. Staffel,

namens Oblt. Flechner, einen Einzelangriff auf Sheffield zu fliegen. Wir starteten um 20.10 und waren um 24.00 Uhr wieder zu Hause. Was dazwischen lag, gibt mir sehr zu denken hinsichtlich der weiteren Durchführbarkeit unserer Nachtangriffe gegen die Insel.

An sich waren wir ganz froh, von den langen sechs Stunden nach Glasgow verschont geblieben zu sein, auch wenn wir wissen, daß das Industriegebiet um Sheffield sehr gut durch Flak geschützt ist.

Wieder setzen sich schon kurz, nachdem wir die Küste überflogen haben, Nachtjäger auf unsere Spur. Einmal kann ich einen Zweimotorigen sehen, wie er 100 Meter vor meiner Nase unseren Kurs kreuzt. Er ist glücklicherweise auf der Mondseite und hat uns deswegen nicht gesehen.

Die Zahl der Scheinwerfer scheint noch größer als gestern nacht. Um ihre Wirksamkeit zu erhöhen, hat man sie teilweise fünffach gebündelt. Unser Flugweg ist durch eine Lichterpyramide, die mitwandert, genau markiert. Oft erfaßt uns ein Strahl voll, so daß ich geblendet werde. Er wandert dann einige endlos lange Augenblicke mit, dreht jedoch jedesmal wieder ab. Das zeigt, daß unser berußter Vogel in dieser großen Höhe offenbar optisch vom Boden aus nicht mehr erfaßbar ist. Für einen Nachtjäger scheint es mir jedoch leicht zu sein, uns in aller Ruhe über eine weite Strecke zu verfolgen. Er kann unsere Geschwindigkeit und Richtung schnell erkennen und auch die Bestimmung der Höhe ist leicht möglich, wenn man uns lange genug »begleitet«. Zum Glück steht der Mond schräg hinter uns. Wenn wir genau in den Mond hineinfliegen, wäre es für einen Verfolger leicht, uns gegen den hellen Himmel zu erkennen, nachdem er vom Boden und durch die wandernde Scheinwerferpyramide in unsere Nähe geführt wurde.

Verzweifelt versuche ich, etwas zu erfinden, was diese neue Abwehrtaktik durcheinanderbringen kann. Wenn ich bloß nicht so fürchterlich allein wäre. Unten konzentriert sich alles auf mich armes Würstchen, der ich mutterseelenallein durch die Nacht schwimme. Wären gleichzeitig andere eigene Maschinen in der Gegend, dann erhielte man einen ungefähren Überblick über die Situation und könnte sich entsprechend verhalten. Jede Minute fragt einer, wie lange wir noch fliegen müssen, bis wir da sind. Hans gibt dann geduldig Antwort.

Endlich schießt Flak! Erleichtert atme ich auf, auch wenn es zugeht, als wäre ein Gewitter über uns hereingebrochen. Die Kanzel riecht nach verbranntem Pulver. Das ist uns alles vertraut. Man kann wenigstens ein bißchen was dagegen tun. Auch wenn wir es nicht gewußt hätten, wenn unsere Berechnungen nicht gestimmt hätten, dieser Flaküberfall ist das beste Zeichen, daß das Ziel unmittelbar vor uns liegt. Hans kriecht nach vorne in die Kanzel, um besser sehen zu können. Es ist stark dunstig unter uns. Trotzdem können wir das ausgedehnte Industrieobjekt ausmachen und unsere Minen gezielt abladen. Ich überfliege das Ziel in nördlicher Richtung, bevor ich nach Osten auf Heimatkurs gehe. So führt mich der Rückflug nicht wieder über jene unheimliche Gegend wie beim Anflug.

Es muß mir dort gelungen sein, die Flak durch meine Abwehrkurbelei so irritiert zu haben, daß sie von ihrer gezielten Hasenjagd abläßt und uns mit einem getrommelten Planfeuer nie erlebten Ausmaßes und in allen »gangbaren« Höhen verabschiedet. Noch, als wir schon eine ganze Weile außerhalb der Reichweite sind, tanzt der Feuerzauber hinter uns in der Luft und blitzen die Abschüsse tausendfach am Boden. Diesmal bin ich sicher, daß es nur einem Wunder zu verdanken ist, daß wir nicht getroffen wurden.

Ich werde zu Hause aber melden, daß solche Einzelangriffe, die weit ins Land hineinführen und in gut geschützte Gebiete, einfach undurchführbar sind. Jede junge Besatzung ohne große Feindflugerfahrung ist verloren. Zumindest aber ist ihr Angriff wirkungslos.

Eine kleine Weile ist nun Ruhe um uns. Ich freue mich über meine leichte Maschine. Der Kompaß zeigt Heimatkurs. Ich trimme leicht kopflastig, um Fahrt aufzuholen. Die einzigen Möglichkeiten, gegen einen Angriff von Nachtjägern einigermaßen geschützt zu sein, sind doch, daß man möglichst schnell ist, daß man den anderen zuerst sieht und daß man entweder durch Glück oder durch geschicktes Verhalten ihm gegenüber auf der »dunklen« Seite fliegt. Absichtlich wähle ich einen Kurs, der so liegt, daß der Mond schräg rechts von uns steht. Das bedeutet zwar einen unangenehmen Umweg und eine etwas längere Strecke über Feindgebiet. Würde ich aber den direkten Heimatkurs fliegen, hätte ich den Mond im spitzen Winkel von vorne. Genau das aber ist es ja, was ein verfolgender Nachtjäger braucht.

Hein sagt gerade, daß er heute nacht wirklich gelernt hat, was Fracksausen ist. Zuerst dieser unheimliche Anflug. Dann die Flak, welche so nahe lag, daß die Maschine geschüttelt wurde und man die Detonationen der Granaten trotz des Motorenlärmes hören konnte . . .

Ich unterbreche ihn und ermahne nochmal, scharf auf Nachtjäger zu achten. Dies offenbar war wohl das Signal, daß wieder Leben in die Nacht kam. Erst einzeln, dann in derselben großen Zahl wie beim Anflug fingern die Scheinwerfer nach uns. Diesmal bin ich gute 100 km/h schneller. Trotzdem geht die »Pyramide« mit. Ich mache die »Cäsar« noch schneller, auch wenn dabei meine kostbare Höhe langsam aber sicher draufgeht.

Ab und zu sehen wir jetzt im Luftraum um uns grüne Leuchtkugeln. Auch dieses Signalisieren verfolgt uns. Es ist nicht zu deuten, hat aber sicher etwas mit unserer Verfolgung zu tun.

Am Boden ist zusätzliches Leben. Einzelne Scheinwerfer schwenken ihren Strahl gleichmäßig in alle möglichen Richtungen. Ich habe den Eindruck, daß sie Flugwege anzeigen. Sicher ist, daß auch meine Flugrichtung signalisiert wird. Überall blitzen und blinken geheimnisvolle Lichter in verschiedenen Farben und in verschiedenem Rhythmus auf.

Und noch etwas Neues ist dabei: Plötzlich brennt knapp links von uns eine Kette von Fallschirmleuchtbomben, genau auf unserer Höhe und neben unserem Flugzeug. Ich reagiere natürlich sofort und drehe weg. Immerhin kann auch diese Flugwegmarkierung gefährlich werden, wenn sie genau liegt.

Ich ändere dauernd und in unregelmäßigen Abständen Richtung, Höhe und Motorengeräusch.

Endlos dehnen sich die Minuten, ehe die Küste weit voraus in Sicht kommt.

Nun sind meine Nerven am Ende. Ohne weiter zu überlegen, droßle ich die Motoren auf »geräuschlos« und drücke auf hohe Fahrt, auch wenn ich weiß, daß ich dadurch in den Bereich der leichten Flak an der Küste komme. Ich verlasse mich auf mein Glück, daß ich nicht gerade einen Punkt mit massierter leichter Flak überfliege. Jetzt bin ich wirklich so schnell, daß offenbar die organisierte Verfolgung durcheinandergerät. Es kommt zwar etwas häufiger vor, daß uns ein Scheinwerfer direkt erfaßt und verfolgt. Meine hohe Geschwindigkeit verhindert aber, daß es gefährlich werden kann.

Die Küste überfliegen wir in 2000 Meter Höhe. Einige Ketten roter Tomaten verlieren sich hinter uns im dunklen Himmel. Dann

ist wirklich Ruhe. Ich halte meinen Kurs »ins Dunkle hinein« noch eine kleine Weile bei, ehe ich mir von Hans die neue Kompaßzahl geben lasse, nach der wir über die Nordsee heimwärts schippern.
Hein schaltet auf Radio Hilversum.
Dort spielen sie ironischerweise gerade das U-Bootlied »Denn wir fahren gegen Engeland«.
Flechner ist schon da, als wir uns bei Oblt. Schneider melden. Er hat seinen Flug abbrechen müssen, weil ihm ein Nachtjäger die Mühle vollgerotzt hat. Glücklicherweise ist weiter nichts passiert. Es war sein erster Feindflug und er fand zunächst das Fliegen in der hellen Mondnacht ganz vergnüglich. Auch die Scheinwerfer haben ihn nicht besonders gestört, wie er sagt. Welche Teufelei in Wirklichkeit dahintersteckte, mußte er dann aber sehr schnell und eindringlich erfahren.
Wir sind mindestens ebenso fertig wie die Glasgow-Flieger, die zwei Stunden nach uns landen. Sie sind aber begeistert, weil es dort mal wieder »wüst hingehauen« hat.
Einziger Verlust der Nacht: Ofw. Koch. Er stürzte beim Landeanflug ab. Es war sein erster Feindflug. Alle vier waren sofort tot: Koch, Fw. Schwind, Gefr. Nikolaus, Ltn. Köppke.

16. März 1941

Inzwischen bin ich zum Feldwebel befördert worden. Es hat lange gedauert, bis man mich nun offenbar auch als Soldaten estimiert. In der Luftwaffe, besonders aber in unserem Geschwader gilt immer noch der alte Grundsatz, daß ein Flieger in erster Linie Soldat ist und erst in zweiter Flieger. Richtig ausgelegt, hat diese Einstellung zweifellos ihre Berechtigung. Leider aber habe ich erfahren müssen, daß die maßgebende Hierarchie unserer Luftwaffenführung immer noch im Geiste des »Infanterieregimentes Nr. 9, Potsdam« denkt und führt. Daß wir eine hochtechnisierte Waffengattung sind, daß wir im Einsatz auf uns selbst gestellt sind, das erkennt man nicht gerne an. Wenn aber das nicht »soldatisch« ist, was wir täglich tun, dann weiß ich nicht!
Man sagt, daß einer unserer bekanntesten Jagdflieger geäußert haben soll, die Jäger sollten eigentlich keine Uniform tragen, sondern so eine Art Jägeranzug. Soweit möchte ich nicht gehen. Ich muß sagen, daß ich mich in der Uniform zwar nicht sonderlich wohl

fühle, aber inzwischen mich sehr wohl und von innen heraus für das halte, was man unter einem Soldaten alter deutscher Tradition versteht.
Dies und die Leistung als soldatischer »Handwerker« allein reichen aber beim besten Willen nicht aus, um vorwärtszukommen. Man muß zum Kreis der Privilegierten gehören, auch in dieser harten Zeit des Krieges. Man muß zumindest Berufssoldat sein, gleichgültig, ob Unteroffizier oder Offizier. Seit dem 1. März 1941 muß ich die Abendmahlzeit im Offizierskasino einnehmen, soweit es die Fliegerei zuläßt. Ich soll zum Offiziersanwärter ernannt werden. Das habe ich Stoffregen und Wieting zu verdanken, die, wie ich weiß, sich dabei gegen erheblichen Widerstand anderer Offiziere durchsetzen mußten. Ich weiß natürlich auch, wer das ist. Es sind die Traditionalisten. Und es sind die Neider, die es überall gibt.
Vom ersten Abend an hatte ich viel Freude an den Stunden in unserem schönen gemütlichen Kasino in einer kleinen Villa in Tilburg. Ich gebe gerne zu, daß mir das hier herrschende »gehobene Milieu« gefällt. Damit tue ich meinen Freunden in der Staffel nicht unrecht. Auch dort herrscht ein Umgangston, der sich deutlich unterscheidet von bloßem »Landserstil«. Wie sollte es auch anders sein? Die Anforderungen an Offiziere und Nichtoffiziere sind die gleichen. Also sind auch die Sorgen, Probleme und Freuden die gleichen. Wenn das so ist, so sind Qualitäten und Format auf der einen wie auf der anderen Seite in gleicher Weise erforderlich. Hier im Kasino ist alles etwas geschliffener – etwas spritziger oder auch etwas ernster als in den Aufenthaltsräumen der Staffeln. Und es ist weniger laut! Unter den 30 bis 35 Offizieren der Gruppe haben sich natürlich Gruppen gebildet, die sich nach persönlichen Interessen, gegenseitiger Sympathie oder auch Antipathie unterscheiden. Unterschiede im Dienstgrad spielen nur in Ausnahmefällen eine Rolle. Ich selbst freue mich sehr darüber, daß man mich von der ersten Stunde an »mit dazu« rechnet. Das hängt natürlich zunächst damit zusammen, daß ich auf Grund meiner Erfahrung als »Experte« gelte. Es liegt aber auch daran, daß die übrigen Offiziere sich mir gegenüber rein persönlich so verhalten, daß es mir leicht wird, mich in der neuen Umgebung zu Hause zu fühlen. Ein Zivilist wird es wohl kaum verstehen können, was es bedeutet, in unserer Militärhierarchie als ein quasi namenloser Unteroffizier, zudem noch als »Seiteneinsteiger«, in die »geheiligte« Ebene des Offizierstandes auf-

genommen zu werden. So gesehen bin ich also auch stolz. – Und Stoffregen und Wieting bin ich dankbar!
Wenn ich befürchtet hatte, in der Staffel oder gar bei meiner Besatzung nun auf Reserviertheit zu stoßen, so habe ich mich da Gott sei Dank getäuscht. Im Gegenteil! Die alten Freunde sind Freunde geblieben und die Besatzung scheint sogar stolz darauf zu sein, ihrem Flugzeugführer zu einem Schritt nach »oben« geholfen zu haben.
Die Opposition gegen die Partei, die bei uns allgemein ist, kommt hier etwas feiner zum Ausdruck als in der Staffel. Wenn man dort offen von einem »Scheißkreisleiter« sprechen kann, so geht das hier nicht, weil hier allen Dingen ein anderes Gewicht beigemessen wird. Wie man es trotzdem machen kann, zeigte Stoffregen anläßlich eines kleinen Festes, das wir eines Abends feiern konnten. Er eröffnete den Abend formgerecht, indem er aufstand und sagte: »Meine Herren, wir trinken den ersten Schluck auf unseren – mit Recht so beliebten – Führer und Reichskanzler Adolf Hitler!« Alle standen wir auf und kamen der Aufforderung mit tiefstem Ernst nach.

19. März 1941

Übermorgen sind wir dran, in Urlaub zu fahren.
Für drei Wochen in die Heimat!
Für heute nacht ist ein Einsatz nach Hull vorgesehen. Das Wetter sieht gut aus.
Einsatzbesprechung wird für 19.00 Uhr angesetzt. Für mich und meine Besatzung sieht der Befehl etwas Neues vor: Wir sollen 30 Minuten vor den Staffeln starten und als erstes Flugzeug über dem Ziel sein. Die »Cäsar« ist mit zwei Minen zu 1000 kg und 500 kg beladen. Außerdem hängen im Rumpf noch zehn Leuchtbomben, mit denen wir das Ziel für die nachfolgenden Flugzeuge beleuchten sollen, so lange, bis es unten brennt. Dann ist der Weg ja für alle anderen nicht mehr zu verfehlen.
Das kann heiter werden – und ausgerechnet in Hull, diesem Wespennest! Erst am Flugzeug, kurz vor dem Start, erläutert mir unser Waffeninspektor Sievers, wie diese Leuchtbomben zu bedienen sind, denn wir haben solche Dinger noch nie gesehen, geschweige denn abgeworfen.
Es ist das erste Experiment in unserer Gruppe.
Pünktlich um 21.00 Uhr schiebe ich die Gashebel nach vorne. Ich bin

mir darüber klar, daß ich am Ziel, auch wenn ich derjenige bin, auf den »aller Augen starren«, keine schiefen Sachen machen werde. Der Anflug zeigt das übliche Bild: Überflug der Küste mit Scheinwerferbegrüßung. Dann wieder Ruhe und einsame Nacht. Ich fliege den Raum, wo nach unseren Berechnungen die Stadt liegen muß, von Norden her an – in der Hoffnung, gegen den helleren Süden den Humber zu erkennen. Das Schießkonzert der Flak setzt ein und zeigt uns, daß wir ungefähr richtig liegen. Am Boden ist außer dem Aufblitzen der Flak natürlich noch nichts zu erkennen, schließlich sind wir die erste Maschine am Ziel. Unsere erste Leuchtbombe lösen wir deshalb mehr auf gut Glück als nach exakten Beobachtungen aus. Sie brennt dann auch unter uns, beleuchtet aber nicht den Boden, sondern eine offenbar dicke Dunstschicht, so daß wir außer milchigem Weiß unter uns überhaupt nichts erkennen können. Der einzige Erfolg ist, daß sich die Flak nun wirklich exakt auf uns eingeschossen hat. Ich muß ziemlich kurbeln. Beim nächsten Anflug setzen wir die Leuchtbombe wesentlich tiefer. Diesmal sind wenigstens Straßen und Häuserblocks zu erkennen. Hans gibt sich alle Mühe, mehr zu sehen, zum Beispiel, wo der Hafen liegt. Es gelingt ihm nicht!

Also erneuter Anflug und Abwurf dort, wo wir den Hafen vermuten. Unsere vorherige Fallschirmleuchtbombe dient uns dabei als Anhalt. Wahrscheinlich liegt unser Zielraum südöstlich von der noch brennenden letzten Leuchtbombe. Hier lassen wir unseren ganzen restlichen Vorrat mit nur kurzen Abständen fallen. Gespannt beobachten wir. Wenn ich sage »wir«, so meine ich Hein und Theo. Hans und ich haben voll und ganz mit der Flak zu tun, die ein Scheibenschießen auf uns veranstaltet.

Hein und Theo verständigen sich über ihre Beobachtungen. Sie machen das für meine Begriffe und für meine Nerven zu genau. Endlich sind sie sich einig! Das Ziel ist »ausgeleuchtet«, wir sind richtig! Noch einmal fliege ich durch die wüste Schießerei weg vom Ziel, um in einem letzten Anflug meine Minen abzuwerfen. Die Flak schießt jetzt am anderen Ende der Stadt. Ein Zeichen, daß die ersten Maschinen der Staffeln angekommen sind.

Das hat auf die Minute hingehauen! Wir kommen zu einem gezielten Abwurf. Im Abflug beobachten wir das Aufflackern von Bränden, welche unsere Minen und die der Kameraden verursacht haben.

Unsere Aufgabe ist erfüllt.

20. März 1941

Der heutige Wehrmachtbericht spricht von ausgedehnten Bränden im Hafen von Hull. Wir sind ein bißchen stolz, weil immerhin wir diejenigen waren, welche die notwendige harte Vorarbeit geleistet haben.

21. März 1941

Heute letzter Feindflug vor dem Urlaub!
Nur noch schnell nach London!
Die Koffer sind schon gepackt zu Hause. Wir sind bei der Einsatzbesprechung und Flugvorbereitung nur halb bei der Sache. Viel sorgfältiger studieren wir die Fahrpläne, um auf der Reise in die Heimat so wenig wie möglich von der kostbaren Urlaubszeit zu verlieren.
In London schießt die Flak wie immer. Es brennt mörderisch. Die Docks an der Themse sind es heute wieder. Wir meinen, London noch nie so erlebt zu haben wie heute. Das will sagen, daß wir in London noch nie so viel Feuer am Boden, aber auch am Himmel, in Form von Flak, erlebt haben.
Schon im Abflug und noch mitten im Bereich der blitzenden Detonationen rund um unser Flugzeug und angesichts der Großbrände am Boden denken wir an den Urlaub, der morgen beginnt. Und schon sprechen wir auch davon. Ob wir wohl noch den ersten möglichen Urlauberzug schaffen werden?!
Die friedliche Nacht heimwärts auf dem Rückflug über See schien uns der beste Auftakt auf die wohlverdienten zwei Wochen, welche vor uns liegen.

7. April 1941

Gestern kamen wir aus dem Urlaub zurück.
Wenn ich von dem rein Persönlichen absehe, was nur meine Frau und mich, was nur die eigene Familie angeht, so habe ich das Gefühl, in einer fremden Welt gewesen zu sein. Sicher, es war schmeichelhaft, als »Held« gefeiert zu werden. Als einer »unserer Englandflieger«, die es »denen drüben« heimzahlen. Als einer, der sogar »im Radio gekommen« ist.

Die zwei Wochen waren wunderbar. Aber jetzt bin ich irgendwie froh, wieder bei der Staffel zu sein.
Stoffregen meint, als ich mich bei ihm zurückmelde, daß ich »nicht viel versäumt habe«. Die Gruppe hat die Dunkelperiode benutzt, um sich auf die Wochen der neuen Mondscheinperiode vorzubereiten, welche heute beginnt.
Mein nächster Besuch gilt meiner »Cäsar« und ihrem Betreuer Römhild. Dieser versichert mir, daß er den guten Vogel gegen jeden Mißbrauch verteidigt habe. Wer immer auch damit in die Luft gehen wollte, mußte darauf verzichten, weil Römhild stets einen Grund hatte, den Vogel für flugunklar zu erklären.
Zum Eingewöhnen machen wir dann noch vor dem Mittagessen einen ausgedehnten Übungsflug.
Sonne, Wärme, friedliche Landschaft unter uns. Mit der ganzen Besatzung genieße ich das wiedergewonnene Erlebnis des Fliegens. Alles, aber auch wirklich alles fordere ich der »Cäsar« ab. Ich lasse sie senkrecht in den Himmel steigen und warte dann ab, nach welcher Seite sie herabfallen möchte, um senkrecht auf den Boden zuzuschießen. Ich glaube, jeder von uns vieren freut sich in gleicher Weise an diesem Spiel.
Heute nacht erwartet uns sowieso wieder die harte Kriegswirklichkeit.
Kurz nach dem Mittagessen beginnt die Nervenmühle in bekannter Weise zu laufen. Es ist für die Nacht Einsatzbereitschaft befohlen. Ziel und Startzeit sind wie üblich noch nicht bekannt. Die Stunden vergehen in der hundertfach erlebten quälenden Ungewißheit. Nur gut, daß ich heute vormittag noch ausgiebig »trainiert« habe!
Das Wetter sieht wenigstens gut aus!
Um 17.15 Uhr endlich erscheint Völling und gibt bekannt, daß um 18.00 Uhr Einsatzbesprechung ist.
»Hoffentlich jagen sie uns heute in die Themse«, meint Theo, »das wäre für die Eingewöhnung gerade so richtig.« Ich selbst habe eine blödsinnige Angst vor dieser Nacht. Immer wieder rechne ich mir zu meiner Beruhigung vor, daß keiner da ist, der meine Erfahrung hat. Daß auch drüben der Tommy bisher immer ein ganz klein wenig dümmer war als ich. Warum sollte das heute nacht anders sein? Wenn bloß die Motoren ganz bleiben, dann kann uns nichts passieren!
Zur Einsatzbesprechung erscheint Stoffregen persönlich. Ziel für die

heutige Nacht und zur Eröffnung der neuen Mondscheinperiode ist Greenock, der wichtige Marinehafen am Westausgang des Clyde in Schottland.
Es folgt die Bekanntgabe der eingeteilten Besatzungen. »Fw. Stahl fliegt die ›Dora‹, weil seine ›Cäsar‹ mit ihrem besonderen Ausrüstungszustand für die große Strecke nicht geeignet ist.«
Man muß immerhin mit etwa sechs Stunden Flugzeit rechnen. Mit gewohnter Sorgfalt erledigen wir die Flugvorbereitungen. Mit Hans zusammen mache ich die Navigationsberechnungen, während Hein sich um seinen Funkerkram kümmert. Theo sorgt für Verpflegung, überprüft, ob die Not- und Sicherheitsausrüstung für alle in Ordnung ist. Vorsorglich hat er auch noch Luftkissen besorgt für den langen Flug. In mittelmäßiger Stimmung schnalle ich mich in meinen Fallschirm und auf meinen Sitz. Hans braucht wieder eine kleine Ewigkeit, bis er sein langes Gestell über die schmale Leiter durch die Einstiegluke zwängt. Er trödelt jedesmal so lange, offenbar um immer erneut einen Vorwand zu haben, über »jene Blödmänner« zu schimpfen, die ein »solches Flugzeug« bauen konnten.
Hein singt das übliche »man muß mal ab und zu verreisen ...« und bringt mich damit zum X-tenmal um meine Nerven.
Jedesmal wenn wir einsteigen, singt er diesen blödsinnigen Schlager und dann wieder, bevor wir starten, und noch einmal, nachdem wir in der Luft sind. Nur Theo ist stoisch. Ich selbst bin einfach »kribbelig«. Es geht mir alles viel zu langsam. In Wirklichkeit sind wir nur alle gleichmäßig übernervös, wobei jeder entsprechend seinem Temperament reagiert.
»Theo, so drück' doch schon endlich die Sicherungsknöpfe rein!« »Ist das immer eine verdammte Trödelei, bis ihr Heinis in der Mühle seid!« Es ist jedesmal dasselbe. Bei jedem Start muß ich erst Theater machen, ehe ich die Motoren anlassen kann.
Na endlich! Die Kontrollampen leuchten auf – die Instrumente zeigen an. »Links frei!« Der Anlasser beginnt zu summen, nachdem ich den Hebel gedrückt habe. Einkuppeln – die Luftschraube dreht ruckweise durch. Rote Flammen schlagen aus dem Auspuff, dann fangen die 1200 PS an, sich widerwillig in Bewegung zu setzen. »Rechts frei!« Auch der rechte Motor spuckt – läuft. Ich gebe links und rechts nacheinander Vollgas, um die Zündung und die Generatoren zu überprüfen.
Dann überprüfe ich nacheinander den Öldruck, die Öl- und Kühl-

stofftemperatur, den Ladedruck, Benzindruck, Hydraulikdruck, sowie den Betriebsstoff- und Ölvorrat. Alles klar – Bremsklötze weg!
Wir rollen in die Nacht hinaus zum Start. Im Scheinwerferlicht sehe ich, wie der erste Wart mit seiner Mütze winkt. Der Mond steht als schmale Sichel schon über dem Horizont im Osten. Sein Licht reicht aber nicht aus.
Es ist 20.35 Uhr. Ich rolle quer über den Platz auf die grünen Lampen zu, welche den Anfang der Startbahn kennzeichnen. Eben flitzen die Positionslampen meines Vorgängers den Leuchtpfad entlang. Ich kann gleich anschließen. Jeden Meter der Startbahn nutze ich aus – stelle die »Dora« ganz hinten bei der ersten grünen Lampe auf. Noch einmal prüfe ich alles durch: Sporn verriegeln, Landeklappen auf 25 Grad ausfahren, Trimmung »normal« stellen! Klar!
Die Motoren laufen hohe Touren – ich stehe auf den Bremsen. Da leuchtet die grüne Lampe des Startleiters auf! Start frei!
»Abfahren!« rufe ich und wie gewohnt kommt es von der Besatzung zurück: »Abfahren!« Für mich ist dies das Signal, daß an Bord wirklich alles in Ordnung ist. Jetzt erst schiebe ich langsam die Gashebel ganz nach vorne – lasse die Bremsen los. Funken stieben aus den Auspuffstutzen. Die Motoren heulen auf. Meine Füße geben die Bremsen frei, die »Dora« rollt mit kräftigem Ruck an. Hans hält die linke Hand hoch, zum Zeichen, daß alles »richtig anzeigt« und daß die Motoren richtig drehen. Und schon huschen die weißen Lampen des Leuchtpfades unter der linken Tragfläche durch. Die Skalen der Instrumente vor mir und rings um mich leuchten phosphoreszierend, aber ich überlasse es Hans, sie zu beobachten. Ich selbst muß mich vollkommen darauf konzentrieren, die »Dora« gerade zu halten und am Druck der Steuer zu erfühlen, wann der richtige Augenblick gekommen ist, um den Schwanz hochzudrücken, noch mehr Fahrt aufzuholen und vom Boden abzuheben. Unsere Startbahn ist 1400 Meter lang. Das ist gar nicht so viel, wenn man mit 200 bis 220 Sachen darauf entlangrollt. Die roten Lampen der letzten 200 Meter kommen näher. Langsam drehe ich die Trimmung mit der linken Hand auf »schwanzlastig«, ziehe gleichzeitig und nicht ohne Kraft die Steuersäule an. Mein Vogel will weg – macht noch einen kleinen Sprung und ist in der Luft! Meterknapp flitzen die roten Lampen der Randbefeuerung unter uns durch. Von Fliegen kann noch keine Rede sein. Die Ju 88 »schwimmt« mühsam durch die Propellerböen der zuvor gestarteten Maschine.

Nun fahre ich das Fahrwerk ein. Ich muß mit der linken Hand, soweit ich reichen kann, nach vorne fassen, um an den Hebel zu gelangen. »Fährt ein!« kommt es von Theo. Erst als der Höhenmesser 100 Meter anzeigt, löst sich die Spannung. Auf Raten fahre ich die Landeklappen ein, wobei die Maschine jedesmal durchsacken will, dafür aber ständig an Fahrt aufholt. Mit Trimmung und Ziehen am Steuer helfe ich nach.

Jetzt erst kann ich die Leistung der Motoren drosseln und mit Hilfe der Luftschraubenverstellung auf Reisedrehzahl gehen.

Wir fliegen in die Nacht. Kein Licht weit und breit, nur die Sterne über uns und die matt leuchtenden Skalen der Instrumente in unserem Gehäuse sind Punkte, an denen sich die Augen festhalten können.

Mit 1500 kg Bomben und 3600 Liter Treibstoff ist unser Vogel bis an die Grenze dessen ausgelastet, was er vertragen kann. In flachem Steigflug gehen wir auf Kurs. Die bekannten Blinkfeuer kommen in Sicht – bleiben hinter uns. Die Küste können wir beim Überflug mehr ahnen als sehen. Dann zeigt der Kompaß Kurs Greenock.

Hans beugt sich ächzend zum Peilgerät vor: »Hein: peilen!« Der schaltet den Mittelwellenempfänger auf das Peilgerät, so daß Hans den richtigen Sender wählen kann, um unsere Standlinie zu bestimmen. Im Kopfhörer quietschen die Signale der Funkfeuer durcheinander, bis Hans die richtige Frequenz gefunden hat. Nun kann er das hinter uns liegende Funkfeuer peilen. Die gemessene Gradzahl ergibt die Standlinie. Er trägt diese Linie in seine Karte ein und stellt eine Abweichung fest. Also stimmt der vorausgesagte Wind nicht. Unabhängig voneinander rechnen wir wie gewohnt die Korrektur: 120 Sekunden um 30 Grad nach rechts, dann 6 Grad mehr steuern als bisher.

Inzwischen sind wir auf 3200 Meter geklettert. Ich entschließe mich, in dieser Höhe zu bleiben, weil die Motoren hier »wirtschaftlich« arbeiten, was das Verhältnis: Leistung/Verbrauch betrifft.

Ab und zu ein Blick nach der Uhr: in 1 Stunde und 50 Minuten müssen wir am Ziel sein.

Unter uns ist eine geschlossene Wolkendecke. Nach der Vorhersage des Meteorologen soll sich diese aber über dem Festland drüben wieder auflösen.

Links schießt die Flak. Das muß Hull sein. Etwas weiter nördlich malen Scheinwerfer weiße Flecken in die Wolken. Das ist Newcastle! Manchmal ist es gut, daß es die Flak gibt, sie erleichtert uns über Feindgebiet – aber auch über eigenem Gebiet – immer wieder die Navigation.

Die englische Ostküste überfliegen wir über der immer noch geschlossenen Wolkendecke. Nur die zahllosen Scheinwerfer lassen uns erkennen, daß wir das Festland erreicht haben. Warum leuchten diese Heinis bloß? Sicher schwirren hier wieder Nachtjäger herum!

Weit voraus ist ein Feuertanz von Flak zu sehen. Das muß am Ziel sein, denn sonst ist ja hier im nördlichen Raum der Insel nichts los. Ich gehe in einen langsamen Steigflug und halte darauf zu. Wir haben gerade 4200 Meter Höhe erreicht, als wir in den Feuerzauber hineinfliegen. Die Flak schießt gezielt, wie wir aus den Detonationen sehen, die bedrohlich nahe an unserer »Dora« liegen. Die Wolken unter uns sind nach wie vor geschlossen. Die Scheinwerfer leuchten von unten dagegen. Wir fliegen buchstäblich wie über einer Scheibe aus Milchglas. Hans rechnet noch einmal mit dem Rechenschieber zurück und bestätigt, daß wir einwandfrei über Greenock sind.

Mir bleibt keine Wahl – ich muß meine Bomben »blind« werfen. Noch einmal verlasse ich den Feuerzauber der Flak, um aus einigem Abstand wenigstens bestimmen zu können, wo die Mitte des Hexenkessels liegt. Dort fliege ich dann hin und lasse die Dinger fallen.

Ein zweifacher Ruck der Maschine bestätigt, daß wir unsere Last los sind. Gute Reise.

Eine Steilkurve um 180 Grad mitten in der Schießerei bringt uns auf Heimatkurs.

Dann folgt wieder friedliche Ruhe über dem schottischen Hochland. Bald erhalten wir unsere Navigationshilfen wieder durch die Scheinwerfer von Newcastle und Hull. Dann wird es schwarz unter uns – die Nordsee.

Die Wolken unten reißen auf – gleich muß die holländische Küste in Sicht kommen. Weit voraus ein Blinkfeuer. Es ist »YW«, wie wir erleichtert feststellen. Nach weiteren 20 Minuten kommt der Lichterzauber von Gilze in Sicht. Glücklich überstehen wir noch das Durcheinander, das die lieben Anfänger beim Landeanflug verursachen. Dann rollt unsere »Dora« zu ihrer Boxe.

Und jetzt nichts wie raus! So ein Krampf – fast 2000 Kilometer haben wir uns durch die Nacht gequält, haben uns beschießen lassen, um dann am Ende unsere Munition blind in die Wolken zu werfen!

Während wir unsere Knochen gerade biegen, schimpft die Besatzung fürchterlich auf »die da oben« und besonders auf die Wetterfrösche. Ich kann dazu nur sagen, daß eben der liebe Gott das Wetter macht und nicht die »Wetterfrösche«.

10. April 1941

Feindflug 4D + CP-Newcastle.
Heute muß ich auf Theo verzichten. An seiner Stelle hat man mir den Uffz. Weidemeier, einen Mechaniker vom technischen Personal, zugeteilt. Durch solche Maßnahmen will man erreichen, daß keine Überfremdung zwischen den fliegenden Besatzungen und dem Bodenpersonal entsteht und daß die »Techniker« wenigstens einen oberflächlichen Eindruck von unserem Einsatz erhalten, für den sie schließlich arbeiten, ohne sichtbare Anerkennung dafür zu erhalten. Ich halte das für gut, zumal diese Burschen im allgemeinen gute Kameraden sind und viel für uns leisten. Allerdings bedeutet so ein »Fremdkörper« eine erhebliche Behinderung innerhalb einer gut eingespielten Besatzung. Aus diesem Grund sucht man nur »einfache« Einsätze dafür aus. Es werden auch nicht die ganz »Jungen«, sondern ältere Besatzungen dazu herangezogen.
Das Problem der »Entfremdung« zwischen dem Stamm des technischen und dem fliegenden Personal der Staffeln ist einfach deswegen entstanden, weil die laufenden Verluste so hoch sind, daß junge Besatzungen gar nicht lange genug im Verband sind, um dort »warm« zu werden. Hinzu kommt, daß der Ausbildungsstand immer schlechter wird. Dies wiederum wirkt sich auch auf die Arbeit des Bodenpersonals erschwerend aus, weil mehr und mehr unsinnige Beanstandungen gemeldet oder aber auch verursacht werden. Der junge, unerfahrene und unbekannte Flugzeugführer wird von den alten Technikern, die mit allen Wassern gewaschen sind, einfach nicht für voll genommen!
Ich wünsche also im Interesse des sympathischen Weidemeier, daß es »ordentlich hinhauen« möge heute nacht.
Der Anflug über See macht keine Schwierigkeiten. Es ist bedeutend heller als gestern nacht. Es liegen nur einzelne Wolkenfelder unter uns. Schon von weitem sind die Brände am Ziel zu sehen. Wir sind heute erst um 00.25 Uhr gestartet, da haben unsere Vorgänger längst für eine gute Zielmarkierung gesorgt.

Unsere Beladung ist dieses Mal gemischt und besteht aus einem Schüttbehälter mit 1000 Brandbomben und zwei Sprengbomben zu je 500 kg.
Am Ziel haben wir sehr gute Bodensicht im Schein des Mondes und der an verschiedenen Stellen lodernden Großbrände. Aus 4000 Meter Höhe kommend fliege ich mit gedrosselten Motoren eine weite Spirale, um mich gut orientieren zu können und meinen Anflug von Westen her gleich in Richtung »Heimat« anzusetzen. Natürlich habe ich mich dabei nach der Flak gerichtet, die gerade am anderen Ende des Zielraumes besonders »geschäftig« war.
Weidemeier, dem ich striktes Schweigegebot erteilt hatte, es sei denn in einigen ganz bestimmten Ausnahmefällen, bricht angesichts des Feuerzaubers unter uns in Begeisterungsjubel aus. Das ging uns auch mal so, ist aber längst überwunden. Ich lasse ihm seine Freude und kümmere mich lieber um unsere Sicherheit, indem ich die Situation am Himmel und am Boden abschätze. Dabei ist das, was sich heute abspielt, vergleichsweise recht harmlos gegenüber dem, was wir anderswo schon erlebten. Wir können noch den Einschlag unserer Bomben beobachten, werden dann aber – schon im Abflug – bedenklich gut von der Flak erfaßt. Eine Steilkurve schräg nach unten rettet uns.
Während des Heimflugs über die ruhige schwarze See freuen wir uns alle für unseren Weidemeier, daß er mal gesehen hat, wie das bei uns so zugeht. Etwas Wolken, etwas keine Wolken, etwas Mond, etwas Flak und Scheinwerfer und etwas Brand am Boden.
Ein Angriff, der »recht ordentlich« war.
Im Gegensatz dazu besteht unter uns »Alten« eine ausgesprochene Abneigung gegen die Mitnahme von Reportern (»Kriegsgerüchterstattern«) oder, was noch schlimmer ist, Generalstabsoffizieren aus den übergeordneten Stäben. Die sind für uns weiter nichts als »Sandsäcke«, d. h. wir haben lediglich ihr Gewicht mitzuschleppen.
Darüber hinaus sind sie eine Gefahr. Dies einfach deswegen, weil sie keinerlei Funktion an Bord ausüben können und außerdem in fast allen Fällen die »Hose gestrichen voll« haben.
Wir vermögen auch nicht einzusehen, daß ausgerechnet wir – die alten Besatzungen – dazu mißbraucht werden sollen, daß jene ihren »EK II-Lehrgang« bei größtmöglicher Sicherheit absolvieren können und – was offenbar gleich wichtig ist – ihre Fliegerzulage für das nächste Jahr gesichert erhalten.

11. April 1941

Gutes Flugwetter läßt wieder auf Nachteinsatz schließen. Die übliche Stimmung in den Unterkünften stellt sich deshalb schon frühzeitig ein. »Gequält naßforsch«, charakterisiert Theo das.
Meine Hauptsorge gilt in dieser Stimmung immer der Maschine. Wenn bei diesen Langstreckenflügen in der Nacht, die unter unbekannten Wetterbedingungen und mit unzulänglichen Navigationshilfen zum großen Teil über Feindgebiet gehen, auch nur eine Kleinigkeit in der Technik versagt, kann das zur Katastrophe führen.
Deswegen bin ich mit meinem ersten Wart ein Herz und eine Seele. Wir behandeln unseren Vogel, wie wohl kaum je ein toter technischer Gegenstand behandelt worden ist. Wir kennen jede Schraube und jede Hydraulikleitung. Kein »unreiner« Ton in den Triebwerken würde uns entgehen. Und oft streiche ich über das kalte Blech und empfinde dabei etwas wie Zärtlichkeit der herrlichen Maschine gegenüber.
Am Nachmittag muß ich mit Hans in der Me 108 nach Soesterberg fliegen, um Ersatzteile abzuholen. Es ist eine jener kleinen Freuden, die mir meine Sonderstellung als »Allerweltspilot« einbringt. Die 140 Kilometer Hin- und Rückflug sind ein reiner Spaß mit dem kleinen Vögelchen.
Abends die übliche Einsatzbereitschaft.
Ungewißheit bis weit nach Mitternacht. Dann endlich die Nachricht, daß kein Einsatz stattfindet. Der Grund wird nicht genannt. Erleichtert steigen wir in die Betten.

15. April 1941

Vormittags um 10.55 starte ich mit der ewig kranken »Dora« zu einem Werkstattflug. Das linke Triebwerk muß untersucht werden. Hein und ein Ingenieur von Junkers sind mit dabei. Es ist ein Apriltag, schön wie selten. Etwa 5/10 herrlich aufgetürmte Cumuluswolken am Himmel. Und da sticht mich einfach der Hafer. Noch im Steigflug überprüfen wir den Motor und erledigen eigentlich unser gesamtes Programm. Das Wetter und die friedliche Fliegerei am hellen Tag halten mich oben. Ich habe mich dann in einer Weise ausgetobt, daß selbst Hein mich schließlich bat, wieder zu landen. Zwischen den steil aufragenden weißen Wänden der Wolken habe ich mit der

Ju 88 nicht nur so geflogen, daß es kein »Unten« und »Oben« mehr gab, sondern auch noch gesteuerte Rollen im Horizontalflug und im Steigflug. Der Vogel benahm sich dabei trotz seiner zwölf Tonnen großartig. Vor der Landung stach ich dann aus der Überhöhung den Platz an, um aus dem Tiefflug heraus eine Steigrolle in den Himmel hineinzumalen. Stoffregen, der zugesehen hatte, markierte zunächst den strengen Vorgesetzten, nahm mich dann aber auf die Seite, um mich genau auszufragen, wie man so etwas denn macht...
Für die Nacht war Einsatz nach Newcastle befohlen. Während wir wie immer unter Schweigen an Bord zum Start rollen, stellt Hein eine Störung an den Funkgeräten fest. Ich muß deswegen umkehren. Der Schaden ist nicht zu beheben, so daß wir zu Hause bleiben müssen. Das ist ärgerlich, denn wenn man erst mal am Start steht, ist eigentlich das Schlimmste eines Feindfluges bereits vorbei: Die Überwindung des »inneren Schweinehundes«.

17./18. April 1941

Feindflug nach Portsmouth.
Start: 21.55, Landung: 01.45 Uhr.
Das Problem der heutigen Nacht stellen wir uns eher als fliegerisches, denn als »kriegerisches« vor. Der An- und Rückflug erfolgt ja zum größten Teil über eigenem, besetzten Gebiet. Wir fliegen in der nun schon recht hellen Mondnacht in südwestlicher Richtung fast bis auf die Höhe von Cherbourg. Dann folgt der verhältnismäßig kurze Sprung von einer guten halben Stunde über den Kanal und wir sind, ohne lange über Feindgebiet fliegen zu müssen, am Ziel.
Der Anflug klappt reibungslos, zumal wir ja über eigenem Gebiet über zahlreiche und gute Funknavigationsmittel am Boden verfügen. Schon aus weiter Entfernung zeigen uns Feuerschein und Flakzauber den Weg. Über Stadt und Hafen von Portsmouth liegt eine Wolkendecke von etwa 3 – 4/10. Außerdem hängt eine mächtige Rauchwolke über dem Ziel, so daß die Sicht nach unten sehr erschwert ist. Ich habe alle Mühe, mich zurechtzufinden zwischen großen Scheinbränden und den »echten« Feuern unter uns. Zu allem Übel erfaßt uns die Flak in bedenklicher Weise. Meine »Cäsar« macht nicht nur gelegentlich einen kleinen Hopser, wie das bei gut liegenden Schüssen vorkommt, sondern sie rumpelt regelrecht durch die Detonationswellen der Sprengpunkte. Wir können sehen, wie glü-

hende Splitter davonfliegen, wenn die Granaten in unserer Nähe platzen. Und die hören und hören nicht auf! Wie ich auch kurve und herumturne – die Flak geht mit! Trotzdem gelingt es dann, nachdem ich mich etwas seitlich absetzen konnte, die Bomben »in einem unbewachten Augenblick« ins Ziel zu pflastern.
Und sogar die »Cäsar« ist unverletzt geblieben. Lediglich ein Splitter hat die Wanne von Theo durchschlagen und ist dann in dessen Pelzstiefel stecken geblieben. Er selbst hat einen unbedeutenden Kratzer an der Wade.
Schwein gehabt!
Auf dem Rückflug über Frankreich, während wir dösenderweise und erleichtert auf unserem vorgeschriebenen Weg heimwärtsschippern, kommt auf einmal Beschuß eigener schwerer und leichter Flak.
Wir sind genau wie vorgeschrieben 1000 Meter über Grund. Der Flak ist natürlich genau bekannt, daß um diese Uhrzeit, in dieser Höhe und auf diesem Flugweg eigene Maschinen auf dem Rückflug von England sein werden. Warum also schießen sie? Hans läßt eine Leuchtpatrone mit dem heutigen Erkennungssignal los. Keine Wirkung. Hans schießt weiter ES – ich bin zu Abwehrbewegungen gezwungen. Die Schießerei hört nicht auf, sondern steigert sich noch. Endlich haben wir wieder Ruhe, nachdem ich mit Vollgas und Sturzflug den Bereich verlassen habe. Wie können solche »Irrtümer« bloß immer wieder vorkommen? Ich weiß von einer ganzen Reihe von Fällen, wo Kameraden durch die eigene Flak beschossen, verwundet und sogar abgeschossen wurden. Einen ganz krassen Fall habe ich mit ansehen müssen, als eine Ju 88 einmotorig und schwer zerschossen – am Tage – vom Feindflug zurückkam. Beim Anschweben zu einer Bauchlandung auf dem Platz, als wir alle schon aufgeatmet haben, weil das Schlimmste eigentlich für die Besatzung schon vorbei war, schoß unsere leichte Flak die Kameraden ab.

19. April 1941

Mit der Ju 52 starte ich zu einem Flug nach Deutschland. Abends soll ich wieder zurück sein. Nach einer Zwischenlandung in Perleberg – dort »große Begrüßung« – fliege ich weiter nach Parow bei Stralsund. Landung bei denkbar schlechtem Wetter. Die Flugleitung verbietet deshalb den Rückflug. Wir alle sind nicht böse, mal eine Nacht in Ruhe gelassen zu werden. Ein Fernschreiben von Stoffregen

trifft ein, wonach wir dringend zurückbefohlen werden. Wegen Einsatz. Das ändert natürlich die Meinung des verantwortlichen Flugleitungshauptmannes und ich bekomme so eine Art »Ehrenfreigabe« für den Rückflug trotz schlechten Wetters.
Verdammt nochmal – wir sind böse, als wir in unsere Ju klettern. Bei 50 Meter Wolkenhöhe und böigem Wind quäle ich den Vogel aus dem Platz, bleibe noch einige Zeit in Bodennähe und ziehe dann doch in die Wolken.
Todmüde lande ich in Gilze um 19.00 Uhr.
Kaum haben wir Zeit zum Essen, da müssen wir uns schon wieder fertig machen für den Nachteinsatz.
Es ist ein Großeinsatz der gesamten Kampfverbände auf London angesetzt. Der Plan sieht vor, daß alle Verbände mit stärksten Kräften zweimal und, wo es möglich ist, auch ein drittes Mal nach London fliegen.
Der weitaus größte Teil der Besatzungen besteht aus blutigen Anfängern. Hoffentlich klappt alles bei der Landung nach dem ersten Flug und dem nachfolgenden Start zum zweiten Einsatz. Dabei entsteht für meinen Geschmack jedesmal eine Gefährdung, die ich derjenigen, welche uns die englische Abwehr bereitet, beinahe gleichsetze. Die regelmäßigen Abstürze bei den Nachtlandungen sind ein sprechender Beweis dafür. Die Vorbereitungen am Platz sind perfekt. Der Start der ersten Maschine ist für 21.00 Uhr befohlen. Abstand von Maschine zu Maschine zwei Minuten. Ich selbst bin ziemlich der letzte und schiebe Punkt 21.45 Uhr die Pulle rein.
Der Start ist nicht leicht, weil Seitenwind herrscht. Außerdem habe ich 2000 kg Bomben zu schleppen. Beim Überfliegen der Küste schiebt sich eine aufgerissene Wolkendecke zwischen uns und die See, welche durch die Löcher schwarz und unheimlich zu sehen ist.
Trotzdem ist die Sicht ausgezeichnet. Schon 200 Kilometer vor dem Ziel sehen wir das Aufblitzen der Bombeneinschläge unserer Vorgänger. Wir verzichten auf alle Navigationsberechnungen. Es reicht aus, wenn wir Richtung auf diesen Feuerzauber halten.
Wir sind in gelöster Stimmung, denn das Wetter ist in Ordnung, und London bereitet uns unter diesen Umständen normalerweise keine Schwierigkeiten mehr. Hein rechnet uns vor, daß heute nacht doch sicherlich 500 Flugzeuge eingesetzt sein müßten. Das würde bedeuten, daß am Ende zwischen 800 und 1000 Bomber in dieser Nacht über den Zielräumen von London waren!

Flak empfängt uns bereits an der Küste – vermutlich bei Harwich. Bald haben wir aber wieder unsere Ruhe. Links, rechts, vor und hinter uns fliegen ja unsere eigenen Kameraden. Wo soll sich denn da die Abwehr wirkungsvoll konzentrieren können?
Es gelingt uns, ohne gefährliche Belästigungen – wenn man von der hundertfachen Fummelei der Scheinwerfer absieht – das Ziel zu erreichen. Unten das gewohnte Bild: Flächenbrände, Aufblitzen der Flak und das unverkennbare »Abbrennen« der Bombeneinschläge. Im Feuerschein können wir die Bögen der Themse erkennen, während ich meiner »Cäsar« den Auslösepunkt für die zwei »Eintonner« suche. Sperrballone zeichnen sich gegen den glühenden Untergrund deutlich und in großer Zahl ab. Wir halten uns darüber.
Nach dem Wurf gehen wir sofort auf Heimatkurs. Lange müssen wir fliegen, bis wieder Ruhe unter uns ist und friedliche Nacht. Wenn das jetzt schon in London so fürchterlich ist, wie mag es erst nach dem zweiten Angriff aussehen? Mit Musik in unseren Kopfhörern fliegen wir nach Hause. Am Platz ist natürlich heute besondere Vorsicht geboten unter den aufgeregten und durchgedrehten Anfängern. Aber alles scheint glatt zu verlaufen, während ich in größerer Höhe einige Kreise fliege. Eine Maschine nach der anderen sehe ich landen und ausrollen. Ich klemme mich in eine »Lücke« und befinde mich im Anschweben – setze auf und rolle aus. Ein grünes Blinklicht bezeichnet meinen Abstellplatz, wo neu betankt und beladen wird.
Kaum habe ich die Motoren abgestellt, rollt auch schon der Tankwagen vor die Maschine. Wir steigen aus und werden zum Gefechtstand gefahren. Dort ist natürlich ein wüstes Durcheinander, denn jeder hat es eilig, und alle haben fürchterlich viel zu berichten. Eine Stunde haben wir Zeit, um uns auf den zweiten Start vorzubereiten. Als wir dann an unserer »Cäsar« ankommen, um zum zweiten Start einzusteigen, kommt uns Römhild mit hängenden Ohren entgegen und meldet, daß das Flugzeug nicht startklar ist. Ein Flaksplitter hat ein Loch in den rechten Flügel gerissen. Es ist zu befürchten, daß ein ernster Schaden entstanden ist. Ich sage ehrlich, daß ich nichts dagegen habe. Denn jetzt, wo die Spannung nachläßt, merke ich, wie hundemüde wir sind. Immerhin haben wir innerhalb der letzten zwölf Stunden ungefähr neun Stunden in der Luft gehangen und dies unter Bedingungen, die sowohl, was das Wetter als auch was die Einsatzbedingungen angeht, hart waren.

Wir lassen uns nach Hause fahren, wo wir – hundemüde, wie wir sind – doch nicht ins Bett gehen, sondern die Rückkehr der Besatzungen abwarten. Diese berichten begeistert von einem guten Ergebnis auch des zweiten Einsatzes. Lediglich zwei Besatzungen werden vermißt. Wir kannten sie nicht.

22. April 1941

Heute haben wir uns am Vormittag ausgiebig mit Übungsflügen in der Luft getummelt. Wenn auch meine Besatzung meint, ich würde »spinnen«, so wissen sie doch andererseits, daß sich diese Spinnerei bis jetzt immer noch ausgezahlt hat.
In der Nacht flogen wir wieder nach England. Es war ein Mineneinsatz in den Bristol-Kanal befohlen. Wir fanden jedoch über dem Zielraum eine vollkommen geschlossene Wolkendecke in niedriger Höhe vor, welche einen gezielten Minenabwurf in das Fahrwasser unmöglich machte. Weiter im Süden – in Plymouth – konnten wir aber ein starkes Feuer brennen sehen. Darauf hielt ich zu und glaube, meine Minen dort sinnvoller abgeladen zu haben.

24. April 1941

Schon wieder hängen wir mit 2000 kg Minen in der Luft. Heute ist wieder der Humber dran. Es ist keine Besonderheit, die Humbermündung ist ja bald unsere zweite Heimat. Kurz vor dem Ziel, als im Schein des halben Mondes schon die bekannte Zunge des Spurn Point und die zahlreichen darüberhängenden Sperrballone zu sehen sind, erkennen wir knapp neben uns fliegend einen feindlichen Nachtjäger, der nahezu den gleichen Kurs wie wir fliegt. Er kann uns offenbar nicht sehen, weil wir auf der dunklen Seite sind. Trotzdem liegt meine Ju 88 im nächsten Augenblick auch schon halb auf dem Rücken und verschwindet in der schwarzen Dunkelheit unter uns. Bald danach klatschen meine Minen trotzdem an der genau festgelegten Stelle in die Fahrtrinne.
Wir waren drei Stunden und zehn Minuten unterwegs, als die Laufräder um 01.15 Uhr über den Platz von Gilze rumpeln.

Verlegungsflüge über Gebirge und Fjorde Nordnorwegens.

Volltreffer auf Anlage der Murmanbahn.

Unter Detonationswolken eine angegriffene Militärkolonne.
Sommer 1941.

26. April 1941

Gestern nacht blieben wir zwar von einem Einsatz verschont, mußten aber bis weit nach Mitternacht darauf warten, bis der Flug, dessen Ziel nicht bekannt war, endlich abgesagt wurde.
Dafür aber sind wir heute unterwegs nach Liverpool. Diese Stadt ist für meinen Geschmack das Schlimmste, was die Insel zu bieten hat. Vielleicht deswegen, weil mir bisher auf den Flügen dorthin am übelsten mitgespielt wurde.
Für mich ist wieder ein besonderer »Leckerbissen« ausgesucht worden. Ich habe neben einer LM-A (500 kg) und einer LM-B (1000 kg) noch zehn Leuchtbomben im Rumpf und soll Beleuchter und »Anstecker« spielen. Stoffregen ernennt uns bei der Einsatzbesprechung im Spaß zur »UFA-Besatzung«.
Auf diesen Spaß verzichte ich gerne!
Fünfzehn Minuten, bevor wir das Ziel erreicht haben – unter uns ist eine geschlossene Wolkendecke –, erhalten wir dann über Funk Befehl, umzukehren und das Ausweichziel, Hull, anzugreifen. »Sieh' mal an«, sagt Hans, »die können sogar denken!« Selten genug! Erleichtert kehre ich um. Es ist nicht schwer, Hull zu finden, weil die Flak und die Scheinwerfer den Raum reichlich gut markieren. Ich setze meine erste Leuchtbombe. Sie beleuchtet eine halb geschlossene Wolkendecke unter uns und veranlaßt die Flak zu erhöhten Anstrengungen. Zu sehen ist aber nichts. In mehreren erneuten Anflügen hänge ich meine Fallschirmlaternen in die Wolkenlöcher unter mir, um etwas zu erkennen, was einen gezielten Abwurf rechtfertigen würde. Es ist vergebens. Ich gebe auf und fliege in nördlicher Richtung weiter, weil ich hoffe, dort bessere Sichtverhältnisse vorzufinden.
Über Middlesborough endlich können wir uns dann einwandfrei wieder orientieren. Mit altbewährter Taktik fliege ich die Stadt an. Die Abwehr ist mäßig, so daß wir die Bomben gut anbringen können. Im Abflug erkennen Hein und Theo das Aufflackern eines Brandes. Vielleicht hat es sich also doch gelohnt, daß wir stundenlang durch die gefährliche Nacht über England geschwommen sind. Auf dem Rückflug über die Nordsee mache ich mir über den Sinn solcher Angriffe Gedanken. Obwohl ich mich auf Hans sicher verlassen kann, daß er sich alle Mühe gibt, für unsere Bomben militärisch wichtige Ziele zu finden, weiß ich andererseits, wie fraglich es ist, ob wir

unsere fürchterliche Munition vielleicht doch dort abgeladen haben, wo sie gar keine Wirkung hat. Wie aber, wenn wir ein Wohnviertel oder ein Krankenhaus getroffen haben? Dieser Krieg ist eine grausige Sache! Aber bei den anderen ist es wohl das gleiche Problem. Welcher Brite denkt wohl jetzt das Gleiche wie ich?
Um 03.10 Uhr setze ich die »Cäsar« weich neben dem Leuchtpfad in Gilze auf. Die Besatzung macht mir das übliche Kompliment, woraus ich sehen kann, daß die Burschen, genau wie ich, jedesmal heilfroh sind, wenn sie wieder gesund am Boden sind.
Fünf Stunden und 20 Minuten waren wir unterwegs. Die Knochen sind kaum mehr gerade zu kriegen!

28. April 1941

50. Feindflug!
Um 22.10 Uhr starten wir mit zwei Minen zu je 1000 kg nach Portsmouth.
Obwohl wir keine guten Erfahrungen von dort haben, sind wir froh, den größten Teil des Hin- und Rückfluges über eigenem Gebiet zu haben.
Der Start erfolgt entsprechend der Windrichtung nach Osten. In einer weiten Kehrtkurve gewinne ich langsam Höhe und gehe auf Gegenkurs in Richtung Südwest. Ich sehe im Vorbeiflug links unter mir noch einmal den ganzen rot-grün-weißen Lichterzauber von Gilze-Rijen. Meine »Cäsar« ist gut ausgetrimmt. Die Motoren habe ich auf Reisedrehzahl gedrosselt und die Kurssteuerung ist eingekuppelt. An Bord ist alles in bester Ordnung.
Hans hat seine Karten und Rechenschieber weggesteckt und sitzt in seiner üblichen Haltung – aufrecht, mit geschlossenen Augen neben mir. Ich bin verflucht müde und stecke mir eine Zigarette an. Während ich rauche, betrachte ich die vertrauten Sternbilder am Himmel.
Die Nacht ist so ruhig, daß die »Cäsar« mit Hilfe der Kurssteuerung alleine fliegt und gleichmäßig steigt, ohne daß ich das Steuer anzufassen brauche. Ich will Hans fragen, wie lange wir bis Cherbourg zu fliegen haben, unterlasse es aber, weil er sich sowieso rechtzeitig melden wird und weil es mich außerdem stören würde, wenn jetzt das Gefummele mit Licht, Peilgerät, Rechnerei und Schimpferei losginge. Und darüber bin ich dann eingeschlafen!

Eingeschlafen genau über dem Gebiet, wo uns neulich die eigene Flak so einsatzfreudig »bekämpft« hat.
Das Aufheulen des linken Triebwerkes, in dem Augenblick, als der Höhenlader durch die Automatik eingeschaltet wird, schreckt mich hoch. Sofort bin ich hellwach. Ein Blick auf die Instrumente: Wir sind 4200 Meter hoch! Die Temperaturen der Triebwerke sind viel zu niedrig, weil die Kühlerklappen noch offen stehen. Die Kraftstoffentnahmetanks sind fast leer – wir haben ja nicht nachgepumpt. Hans hängt neben mir, den Kopf an die Kabinenscheibe gelehnt und schläft. Alle schlafen! Buchstäblich jeden muß ich einzeln wecken. Hans! Hein! Theo! Menschenskinder, wir haben stundenlang geschlafen! Es war die höchste Zeit. Wenn wir schlafend weitergestiegen wären, dann wären wir ohne Sauerstoffmasken sauber eingegangen. Wo sind wir? Wie spät ist es? Erst legen wir die Masken an. Ich nehme, um frisch zu werden, zunächst nur reinen Sauerstoff, bevor ich den Höhenatmer auf sparsameren Verbrauch umschalte. Aus meiner Knietasche fische ich mir zwei Dextro-Energen, das macht mich immer schnell wach. Und Hans! Dieser Unmensch! Obwohl er weiß, in welcher dußligen Lage wir sind, schimpft er vor sich hin, fummelt mit sorgfältig abgeblendeter Lampe am Peilgerät herum und braucht endlos lange, bis er seine paar Striche in die Karte auf seinen Knien einzeichnen kann. Dann sagt er erst noch einmal »Blödmänner, gottverfluchte« und verkündet seelenruhig: »Noch fünf Minuten diesen Kurs halten, dann auf 355 Grad gehen!«
Mit zwanzig Minuten Verspätung kommen wir ans Ziel, wo der übliche Zauber über uns hereinbricht. Bomben weg – mitten hinein – und ab nach Hause! Nach knapp vier Stunden Flugzeit landen wir um 01.50 Uhr. Während des langen Rückfluges dreht sich das Gespräch natürlich um unsere Schlaferei. Es gab Streit. Schuld war ich, denn ich habe den dreien Vorwürfe gemacht, obwohl ich selbst ja auch mindestens eine Stunde selig geschlummert habe. Ich sagte, daß sie wahrscheinlich regelmäßig schliefen während der langen Anflüge über See. Deshalb herrsche wohl immer so vollkommene Stille an Bord. Sie fielen über mich her. Erstens hätte ich selbst genauso geschlafen. Und zweitens sei es sowieso höchste Zeit, mir ernsthaft zu sagen, daß es so nicht mehr weitergehen könne. Nacht für Nacht die schweren Einsätze und dann tagsüber entweder »Lustflüge« oder Sonderflüge.

»Immer, wenn Stoffregen sagt ›Na, Stahl, wird es heute nacht nochmal gehen?‹ sagst du ja. An uns wird dabei nicht gedacht!« Dagegen kann ich schwer etwas sagen. Alle anderen Besatzungen fliegen weitaus weniger als ich, das weiß ich gut. »Ich erinnere euch daran, wie wir jedesmal Angst haben, wie wir jedesmal unsicher sind, wenn wir eine längere Pause hatten. Zum Beispiel nach dem Urlaub.«
»Was glaubt ihr, warum die andern alle reihenweise auf die Fresse fallen? Drüben wie hüben? Entweder, weil sie nichts können oder, weil sie weich geworden sind!«
Sie mucken einfach auf.
»Wir sind aber keine solchen Rösser wie du. Und wir sind jetzt einfach am Ende und machen nicht mehr mit!« Ich versuche es noch einmal. »Ich selbst bin ja auch ziemlich am Ende, und gerade deswegen darf jetzt nicht aufgesteckt werden, wenn wir am Leben bleiben wollen.«
Als die Vorwürfe unsachlich – sogar gehässig – werden, gebe ich einfach keine Antwort mehr und beende für meine Person den Streit damit, daß ich ihnen freistelle, sich einen anderen Kommandanten zu suchen. Schon auf der Fahrt im Omnibus zu unserem Kloster haben sich dann die Wogen wieder geglättet: Wir fliegen weiter!

29. April 1941

Gerade 24 Stunden sind vergangen, seit unserem letzten Feindflug und schon sind wir wieder unterwegs gegen die Insel. Am Tage fuhr ich, kaum daß ich aus dem Bett war, zum Platz hinaus, um »auf gut Glück« irgend etwas zum Fliegen für mich zu organisieren. Von meiner Besatzung nahm ich keinen mit, nach dem was gestern nacht vorgefallen war. Der TO war ganz froh, daß er einen Piloten hatte, der ihm drei notwendig gewordene Werkstattflüge abnehmen konnte.
Zugegeben, es war ein bißchen Trotz von mir, der Besatzung gegenüber.
Wir sind wieder in unserer alten »Ölspur« von gestern nacht: Richtung Funkfeuer Cherbourg. Dann geht es über den Kanal, diesmal nicht nach Portsmouth, sondern nach Plymouth.
Am Ziel gehen die Minen in derart kurzen Abständen hoch, daß es unmöglich ist, die Lage der eigenen festzustellen. Das Feuer

muß verheerend sein. Hier in Plymouth haben es die Engländer verstanden, Scheinbrände anzulegen, die so groß und täuschend sind, daß die Unterscheidung wirklich schwer ist.
Im Abflug erwischt uns die Flak überfallartig und gut liegend. Eine Steilkurve rettet uns.
Auf dem Rückflug spurt die ganze Besatzung geradezu wie im Film. Es ist eine reine Freude. Peter hinten und Peter vorn ...!

2. Mai 1941

Vor der Mündung des Humber ist eine Ansammlung von Schiffen gemeldet, die offenbar unsere Minen scheuen oder aus irgendeinem anderen Grunde warten müssen, bis die Einfahrt für sie frei ist.
Mit dem Kommandeur zusammen fliege ich los, um in der letzten Dämmerung angreifen zu können.
Bei ganz schlechten Wetter- und Sichtverhältnissen jagen wir in engem Verbandsflug über die See. Kurz vor dem Zielraum verlieren wir uns jedoch, so daß ich allein weiterfliegen muß. Die Schiffe liegen nicht an der angegebenen Stelle. Ich muß kostbare Minuten lang suchen, bis ich sie habe. Es ist schon fast dunkel, als sie sich durch sinnlose Schießerei selbst verraten. Ein gezielter Angriff ist nicht mehr möglich. Ich muß auf gut Glück im Tiefflug durch die konfuse Schießerei hindurch. Das geht natürlich schief. Zwar habe ich meine Bomben in so ein feuerspeiendes Ding hineingeworfen, von der Beobachtung einer Wirkung konnte wegen der schlechten Lichtverhältnisse keine Rede mehr sein.
Später erzählte der Kommandeur, daß es ihm nicht besser ergangen ist. Auch er sah, wie auf mich geschossen wurde und konnte dann geradeso wie ich nur noch einen Angriff »über den Daumen« ansetzen – bei Schiffszielen eine ziemlich aussichtslose Sache.

7. Mai 1941

Fliegen, Schlafen, Essen, Warten – so ging es diese ganzen letzten Tage.
Liverpool, Glasgow, Glasgow, Hull ... Nacht für Nacht! Und immer war es ein Erfolg. Aber drüben wird die Nachtjagd ständig unangenehmer, und auch das Feuerleitsystem der Flak wurde so verbessert, daß ein Entkommen – haben sie einen erst erwischt –

sehr schwer geworden ist. Ich habe jetzt rund 60 Feindflüge gegen die Insel hinter mir und fast alle bei Nacht. Manchmal graut mir, wenn ich daran denke, daß der Durchschnitt der Besatzungen gerade zwischen drei und vier dieser Nachteinsätze überleben.
Heute ist Hull wieder dran. Ich habe frei. Wir wollen abends in die Stadt gehen und uns ein gutes Glas gönnen.
Gerade, als wir das Haus verlassen wollen, ruft mich Völling zum Telefon. Es ist Stoffregen. »Tut mir leid, aber Sie müssen heute nacht noch einmal fliegen. Das Fliegerkorps hat spioniert und herausgekriegt, daß die Verbände eigenmächtig Besatzungen vom Einsatz zurückhalten. Es hat einen Mordsskandal gegeben.« – »Und wenn ich einfach krank bin, Herr Oberleutnant?«
»Sie sind aber nicht krank!« – »Ich nicht, aber meine Besatzung! Die Jungs sind am Ende, sie sind vollkommen fertig. Neulich haben wir allesamt einen halben Feindflug lang fest geschlafen!«
»Das weiß ich alles, aber es hilft nichts. Sie müssen fliegen!«
Bei der Einsatzbesprechung geht dann Stoffregen nochmals vor der ganzen Staffel auf das Thema ein. Er erklärt, daß Hermann Göring persönlich befohlen habe, die Nachteinsätze gegen die Insel nicht nur mit der bisherigen Intensität fortzusetzen, sondern noch mit allen Mitteln zu verstärken. Die Führung habe sichere Informationen, wonach es nur noch eine Frage von Wochen sei, bis das Inselvolk zur Aufgabe bereit sei.
Hans sagt so laut, daß es die Umstehenden hören können, daß vielleicht der »Dicke« und seine rotbehosten Schreiber an so was glauben. »Die sollen erst mal selber rüberfliegen, dann werden sie selbst sehen, wer demnächst zusammenbrechen wird!« Ich gebe ihm einen Stoß in die Rippen. »Ist ja auch wahr!« brüllt er mich an. Im Raum wird es totenstill, bis Stoffregen sagt: »Also, dann guten Rutsch!«
Trotz unserer anfangs gedrückten Stimmung wurde der Nachtflug nach Hull einer der interessantesten und erfolgreichsten, die wir je erlebt haben.
Mondhell – wolkenlos – gute Sicht.
Den Nachtjägern haben wir ein Schnippchen geschlagen, die Flak war zahm wie in alten Tagen. Sauber ließen sie sich von oben dirigieren und schossen freundlich immer da hin, wo ich es haben wollte.
Der helle Mond machte die Nacht zum Tage. Die Stadt lag unter

uns wie eine Ansichtskarte. Hans macht mich auf einen großen Gebäudeblock unweit des Hafens aufmerksam. Die Ölmühlen!
Die nehmen wir im Sturz! Noch bevor Protest von der Besatzung kommen kann, steht die »Cäsar« auf dem Kopf. Aus gut 5000 Meter Höhe geht es abwärts. Erst während des Sturzes kann ich die Maschine »vorbereiten«: Kühlerklappen zu, Förderpumpen einschalten, Sturzflugbremsen ausfahren, Trimmen.
»Hans – du sagst mir laufend die Höhe an!« Ich darf nicht zu tief stürzen, wegen der Ballone.
In 2000 Meter Höhe liegt der Komplex gut und beschleunigungsfrei in meinem Reflexvisier. Noch warte ich ab. Hans zählt jetzt von 50 zu 50 Metern, nicht mehr in Abständen von 100 Metern. Begreiflicherweise wird er nervös. Dann – bei 1550 Meter – hebe ich die Schnauze an und löse meine zwei BM 1000 aus. Die Automatik springt um, wir werden in die Sitze gepreßt. Grauer Vorhang – Sterne – Flak! Jetzt aber weg!
Leichte Flak greift nach uns. Im Zickzack entwische ich in Richtung Süden. Zwei aufblitzende Bombeneinschläge mit unmittelbar danach aufflackerndem Brand schreiben wir unserem Angriff zu.
Die »Cäsar« ist jetzt leicht und steigt so wunderbar, daß ich mich entschließe, nochmal in die Nähe des Zieles zu fliegen, um vielleicht eine genaue Beobachtung unserer Treffwirkung machen zu können. Andere Maschinen, die inzwischen anfliegen, lenken die Flak ab. Wir überfliegen die Stadt ein zweites Mal. Es ist eindeutig: Die Mühlen sind getroffen. Die brennen jetzt schon lichterloh an zwei Stellen. Bald wird ein einziger Großbrand entstanden sein.
Die nachfolgenden Besatzungen haben nun leichtes Zielen! Um 02.45 landen wir nach vierstündigem Flug wieder in Gilze. »Na, ihr Heinis, war das was?« sage ich nur, während ich die »Cäsar« mit vorsichtigen Drücken auf die Bremspedale ausrollen lasse und zum Stehen bringe.
Froh und ein wenig stolz fahren wir so schnell als möglich nach Hause – warten nicht mehr ab, bis die letzte Mühle gelandet ist, geschweige denn, bis klar ist, wer als vermißt anzusehen ist.
Als erste Besatzung sind wir in Mariahof zurück. Unsere guten holländischen Küchenfrauen empfangen uns mit der obligaten Milchsuppe. Ich werde nie vergessen, wie rührend besorgt diese Frauen um uns sind. Sie haben oft vor Freude geweint, wenn wir wieder gesund zurückkamen, und sie waren traurig, wenn

eine Besatzung vermißt war, als ob es ihre eigenen Söhne gewesen wären.

Es macht ihnen nichts aus, 24 Stunden lang in der Küche zu stehen und uns jeden Wunsch von den Augen abzulesen.

Gegen Mittag weckt mich Völling. Ich hatte geschlafen wie ein Stein. »Sie sollen so schnell wie möglich auf den Gefechtsstand kommen. Kleines Übernachtungsgepäck. Sie müssen mit der Me 108 nach Deutschland fliegen.«

Nun, waschen und rasieren werde ich mich ja noch dürfen. Draußen erfahre ich, daß irgendein Heimatoberst nach Halberstadt gebracht werden muß. Das Flugzeug steht schon bereit, und mein Oberst sieht mich strafend an, weil er offenbar hat warten müssen. Was kümmert's mich! Erst rufe ich Stoffregen an und hole mir die Erlaubnis, über Nacht wegbleiben zu dürfen. Dann mache ich in betonter Ruhe meine Flugvorbereitung und dann nehme ich meinen kleinen Lederkoffer und gehe hinaus zu der Me 108. Mein »Sandsack« schleppt mit bösem Gesicht sein Hamstergepäck heraus. Er muß zweimal gehen. Ich habe mich inzwischen festgeschnallt. Ich bin giftig und warte buchstäblich auf ein Wort oder eine Geste des anderen, die mir als Vorwand ausgereicht hätte, zu sagen, was ich denke. Da setzt sich nämlich einer zu mir ins Flugzeug, der genau jener Typ von Stabshengst ist, die wir inzwischen hassen wie die Pest. Seine Brust ziert das Bändchen des Kriegsverdienstkreuzes 2. Klasse und das Bordschützenabzeichen. Während des Rollens zum Start erkenne ich bei einem zufälligen Blick, daß ich nicht meinen eigenen Koffer an Bord habe, sondern den eines Oberleutnants, wie ich auf dem Anhänger sehen kann. Der Koffer sieht meinem zum Verwechseln ähnlich. Zum Glück habe ich auf der Flugleitung mitgekriegt, daß dieser Oblt. mit einer Me 110 nach Düsseldorf fliegen wollte. Aus Versehen muß er meinen Koffer gegriffen haben. Eben startet er. Ich habe keine Möglichkeit, ihn zurückzurufen. Bleibt nichts übrig, als so schnell als möglich hinterher in der Hoffnung, ihn in Düsseldorf noch zu erwischen. Ich gebe auf der Stelle Gas und starte einfach quer aus dem Platz, denn jetzt sind die Minuten kostbar. Die 110 ist mindestens doppelt so schnell als ihre kleine Schwester, meine 108. In Düsseldorf lande ich, wie ich gerade ankomme, direkt auf die Flugleitung zu. Raus. Im Laufschritt zur Flugleitung. Und da kommt mir geradeswegs der Oblt. aus Gilze entgegen. In der Hand hält er meinen Koffer.

Noch hatte er den Irrtum nicht bemerkt. Wir lachen beide und wünschen uns gegenseitig einen angenehmen Aufenthalt in der Heimat.
Auf der Flugleitung nimmt man mir meine »kriminelle« Landung nicht übel. Ich kann sofort mit meinem mißmutigen Hamsterer weiterfliegen nach Halberstadt.
Dort habe ich noch zwei Stunden Zeit, bis mein Zug geht. Im Kasino versuche ich, etwas zu essen zu bekommen. Dabei platze ich in eine Gesellschaft von älteren Offizieren hinein, die irgend etwas feiern und schon in gehobener Stimmung sind. Man zwingt mich, Platz zu nehmen. Natürlich werde ich ausgefragt, was dann dazu führt, daß ich – und überhaupt unsere Englandgeschwader – fürchterlich gefeiert werden. Sie besorgen mir dann einen Wagen, der mich zur Bahn bringt.

11. Mai 1941

Der Nachtkrieg gegen England ist vorbei! Zumindest für uns. In den nächsten Tagen sollen wir nach Aalborg/Jütland verlegen.
Inzwischen werden unsere Maschinen gründlich überholt. Meine »Cäsar« erhält neue Triebwerke. Die Sondereinbauten für Leuchtbomben kommen heraus. Statt dessen wird der zweite Rumpftank wieder eingebaut. Auch der rußige Tarnanstrich kommt runter.
Die 5. und 4. Staffel fliegen bereits heute ab. Wir von der 6. werden erst in einigen Tagen soweit sein.
Neun harte Monate hier in Gilze-Rijen liegen hinter uns. Die angestaute Spannung entlädt sich. Pausenlos feiern wir irgend etwas. Leutnant Harmel gibt abends im Kasino eine Sondervorstellung, indem er gewissermaßen als »Einmannschau« den inzwischen denkwürdigen Besuch des Kommandierenden Generals zusammen mit Generalfeldmarschall Milch vorspielt. Er spielt perfekt: Aufstellung der Staffeln und der technischen Einheiten auf dem Rollfeld. Stundenlanges Warten. Der aufgeregte »Spieß« der Flughafenbetriebskompanie. Meldung an die Staffelkapitäne. Meldung an den Kommandeur.
Landung der Generals-Ju.
Meldung des Kommandeurs an den Generalfeldmarschall. Abschreiten der Front. Gelegentlich väterlich-wohlwollende Frage an einen Soldaten. Stotternde Antwort. Wir biegen uns vor Lachen. Das

Zwerchfell tut mir weh. Tränen laufen mir über die Backen. Aufhören! Aufhören! Das halten wir nicht mehr aus! Harmel ist in Fahrt: Generalsansprache!
Ihr seid der Stolz der Nation ... Das Vaterland sieht auf euch ...! Unter unerhörten Opfern ...!
Der Gegner wird in wenigen Wochen ...! Deswegen ... und nicht nachlassen gerade jetzt in diesem Augenblick.
Ich habe Berichte vorliegen, wonach in dieser und jener Gruppe Anzeichen von Weichwerden ...! Das ist Feigheit vor dem Feind! Ich werde entsprechende Maßnahmen ...! Immer wieder streut Harmel Zwischenbemerkungen »aus dem Glied« hinein als gesprochenes Gemurmel oder als laut gesagte Gedanken: »Arschloch!« – »Selber Feigling!« – »Heil! Heil! Heil!« – »Sehr wahr!«
Erst nachher wird uns voll bewußt, wie makaber diese Vorstellung im Grunde war.
Auf dem halbstündigen nächtlichen Weg zurück nach Mariahof muß ich noch an die Harmelsche Vorstellung denken. Seit dem damaligen Generalsbesuch sind erst ein paar Wochen vergangen. Damals also wurden wir angefeuert, nur noch eine kurze Zeit durchzuhalten, unsere Anstrengungen zu verstärken. Der Gegner sei ja so gut wie erledigt. Heute geben wir auf und gestehen damit ein, daß wir unterlegen sind. Hat uns der Feldmarschall also angelogen?

22. Mai 1941

Heute verlegten wir nach Aalborg. Der Start war für 16.00 Uhr angesetzt. So hatten wir den Vormittag noch Zeit, Abschied zu nehmen. Keiner geht gerne in die ungewisse Zukunft. In neun Monaten haben wir uns hier, zumindest, was die Lebensbedingungen angeht, so wohl gefühlt und eingelebt, daß uns der Abschied schwer fällt.
Auch die einheimische Bevölkerung hat uns stets korrekt und in sehr vielen Fällen freundschaftlich gegenübergestanden.
Unsere Küchenfrauen heulen. Als der Omnibus vorfährt, bimmelt das Glöckchen auf dem Dach des Klosters. Und wenig später brausen wir im Tiefflug darüber weg. Wir sehen die Frauen noch winken.
Die Tage vorher saß ich fast pausenlos in unserer Transport-Ju 52. Ich flog nach Deutschland, Dänemark, Südfrankreich. Es war herrlich, wie im Frieden, ohne den Gedanken an feindliche Abwehr oder unbekanntes Wetter am Steuer des gutmütigen Vogels zu sitzen.

Bei den Flügen über Dänemark fällt übrigens auf, daß fast alle Häuser ständig die Landesflagge gehißt haben. Die mögen uns gar nicht und nehmen jede Gelegenheit wahr, uns das zu zeigen!

23. Mai 1941

Nur für eine Nacht konnten wir in Aalborg bleiben. Heute verlegen wir nach Stavanger in Norwegen.
Es heißt, wir sollen von dort aus vorwiegend gegen Schiffe an der englischen Ostküste eingesetzt werden. Der Überführungsflug bietet uns alles, was es an Schlechtwetter geben kann. Es herrscht Weststurm mit Schauern bei einer Wolkenhöhe, die meistens weniger als 50 Meter beträgt. Von der ganzen Staffel kommen auch glücklich gerade drei Maschinen durch: Stoffregen, Uffz. Scheller und ich. Scheller legt in Stavanger wegen des herrschenden Sturmes und der schlechten Sicht einen astreinen Bruch auf die Bahn. Die anderen kehren um. Erfolg des Tages: Drei Brüche (auch in Aalborg gingen bei der Landung zwei Maschinen zu Bruch), eine schwerverletzte Besatzung, eine auseinandergerissene Staffel! Die Schuld trifft weder die betroffenen Besatzungen noch Stoffregen. Wir haben bis zuletzt versucht, den befehlenden Stab von der Sinnlosigkeit einer Verlegung bei diesem Wetter zu überzeugen. Ohne Erfolg. Der Befehl kam vom Führungsstab der Luftwaffe, war also unter allen Umständen auszuführen! So einfach ist das, Generalstäbler zu sein!
Hier in Stavanger hat sich seit einem Jahr, als ich kurz hier war, viel geändert. Der Platz ist ausgebaut worden. Wir wohnen in einfachen neuen Holzbaracken. Es gibt noch keinen Strom und kein Wasser. Die Wände sind mit einer Farbe gestrichen, welche grauenhaft nach Tran stinkt. Alles ist etwas trist und ungemütlich. Zigaretten sind knapp und schlecht. Zu trinken gibt es so gut wie gar nichts.
Wir lösen hier das KG 26 ab. Die sind angeblich mit ihrer lahmen He 111 den hier gestellten Anforderungen nicht mehr gewachsen. Außerdem soll die Gruppe innerhalb weniger Wochen 13 Besatzungen verloren haben und vollkommen »abgeflogen« sein.

1. Juni 1941

Vom 24. Mai 1941 bis heute hatten wir, obwohl die Staffel nur aus Fragmenten besteht, fast pausenlos Einsatzbereitschaft gegen Schiffe rund um England. Das Wetter blieb jedoch gleichbleibend schlecht. Wir bewundern die Wetteraufklärer, welche täglich viele Stunden über See fliegen und ganz ausgezeichnet arbeiten.
Heute nun, an Pfingsten, starte ich als Einzelmaschine zu meinem ersten Einsatz gegen Schiffe an der Schottischen Nordküste. Die Schiffe sind vermutlich von der Marine gemeldet, und ich soll auf Biegen und Brechen versuchen, trotz des Hundewetters ranzukommen. Es erweist sich als unmöglich. Ich muß kurz vor Erreichen der Schottischen Inselgruppen in die Wolken ziehen, wenn ich nicht gegen die dortigen hochaufragenden Felswände brausen will. In den Wolken steige ich weiter in westlicher Richtung, bis ich oben herauskomme. Wir versuchen den Raum zu finden, wo Scapa Flow sein müßte. Offensichtlich liegen wir richtig, denn wir erhalten starken Beschuß von schwerer Flak. Hier drücke ich aufs Geratewohl auf den Knopf und lasse meine Bomben in die Wolken fallen. Nach vierstündigem, anstrengendem Flug mogle ich mich durch herabhängende Wolkenfetzen knapp über der aufgewühlten See an die Norwegische Küste heran und habe zu tun, die regennasse Piste von Stavanger nicht zu verfehlen.

3. Juni 1941

Wieder hängen wir im Tiefflug über dem »Bach«. Schräg hinter uns fliegen die Feldwebel Guggenmos und Hachenberg. Um 23.10 Uhr sind wir gestartet gegen einen Geleitzug, der im Planquadrat 5933-15 West liegen soll. Es ist um diese Zeit hier im Norden noch heller Tag. Auch zweieinhalb Stunden später, als wir in die Nähe der Shetland-Inseln kommen, ist es noch bedenklich hell. Bloß keine Jäger jetzt!
Unsere Navigation hat »auf den Meter genau« gestimmt. Wir stoßen im Tiefflug fast auf die winzige Insel, welche genau zwischen den Orkneys im Süden und den Shetlands im Norden liegt. Wir können die Berge dieser Inselgruppen sehen. Weiter im Tiefflug jagen wir nach Westen. Dann biegen wir ab nach Süden. Dort ist Cape Wrath der Fixpunkt, welchen wir ansteuern wollen. Von

hier aus fliegen wir ostwärts, immer die Felswände der Schottischen Steilküste rechts über uns. Wir verfolgen den gemeldeten Weg des Geleitzuges. Und genau an der errechneten Stelle tauchen Rauchwolken am Horizont auf. Überraschend schnell werden Schiffe daraus – etwa dreißig – vielleicht mehr. Ich gehe so nah wie möglich im Tiefflug heran, um nicht frühzeitig erkannt zu werden. Guggenmos und Hachenberg halten eisern Disziplin. Dann, im letzten Augenblick, gebe ich Vollgas und ziehe hoch. Man hat uns unten offenbar immer noch nicht bemerkt. Für lange Überlegungen ist keine Zeit. Die ganzen Umstände, helles Dämmerlicht, niedrige Wolken, verlangen einen schnellen Angriff. Jeder von uns nimmt sich den nächsten Kahn. Als erster greife ich aus einer flachen Linkskurve an. Ohne zu überlegen, nehme ich den Kahn, der als letzter in der linken Reihe fährt. Aus 500 Meter Höhe kann ich einen flachen Gleitflug ansetzen. Mein Reflexvisier leuchtet matt. Das Schiff wird schnell größer. Ich richte die Abkommarke auf mittschiffs. Gleichzeitig mit dem Auslösen meiner Bomben bricht unten der Feuerzauber los. Sie haben uns zu spät bemerkt. Natürlich kommt es jetzt von allen Seiten. Wir sind schnell weg aus dem unmittelbaren Gefahrenbereich. Auch Sepp und Willi konnten ungestört anfliegen. Sie hängen schon wieder links und rechts hinter mir. Gegenseitig zeigen wir uns von Kanzel zu Kanzel den hochgestreckten Daumen zum Zeichen, daß alles in Ordnung ist.

Theo meldet aus seiner Wanne, daß die letzte unserer vier Bomben in die Bordwand des Schiffes eingeschlagen sein müßte. Die drei ersten gingen zu kurz, was an hochschießenden Wassersäulen erkennbar war. Die letzte dagegen erzeugte eine schwarze Explosionswolke. Daraus ist zu schließen, daß es das Schiff war. »Größe?« frage ich die Besatzung. Nach längerer Debatte schätzen wir einen Mittelwert von ca. 5000 BRT. Im Vorbeiflug melden sich dann die Orkneys noch mit schwerer Flak. Eine Erinnerung an die Nachtflüge über der Insel!

Die Bestätigung meines Treffers erhalte ich zu Hause auf dem Gefechtsstand durch die Besatzung von Willi Hachenberg, welche meinen Angriff genau verfolgen konnte. Leider haben Willi und Sepp daneben geworfen.

5. Juni 1941

Mit der Me 108 nach Oslo-Fornebu.
Ich soll geheime Kuriersachen abholen, welche unseren nächsten Einsatzraum betreffen. Es begleitet mich ein Mechaniker.
Der Flug über das Gebirge wird zu einem Erlebnis. Während in Deutschland um diese Jahreszeit schon fast sommerliche Temperaturen herrschen, liegt hier bis auf 1000 Meter Höhe herab noch Schnee. Die zahllosen Gebirgsseen sind noch zugefroren. Einsames, fast unbewohntes Land. Selten stehen in den tief eingeschnittenen Tälern vereinzelte Häuser. Ich frage mich, wovon diese Menschen leben. Wo gehen ihre Kinder zur Schule? Wissen sie überhaupt, was in der Welt »draußen« vorgeht?
In Oslo bringt mich ein Wagen zum Holmenkollen, wo der Stab der Luftflotte untergebracht ist. Posten, Ordonnanzen, Generalstabsoffiziere. Hier also wird der Krieg gemacht!
Ich werde zu »meiner« Abteilung geführt, wo vier schwere Pakete für mich bereit liegen. Vorher muß ich mich noch einmal genau ausweisen. Ein Major mit »roten Hosen« mokiert sich, weil kein Offizier für diesen Kurierflug eingesetzt worden ist.
Wir haben zu Hause doch nur eine Anzahl von blutjungen Leutnanten und einen Staffelkapitän, der überlastet und außerdem reichlich »abgeflogen« ist von England her!
»Wenn Sie die Sachen nicht ordnungsgemäß zu Hause abliefern, kostet es Ihren Kopf!«
Blöder Schönling, muß ich denken.
Es gelingt mir, einen Blick in die Liste des Schreiboffiziers zu werfen, welche wohl das »Inhaltsverzeichnis« meiner Pakete darstellt. Rußland – nichts als Rußland!
Um 20.00 Uhr setzt sich mein kleiner Vogel wieder auf die Startbahn von Stavanger.
Der Rückflug wurde mir durch mein neues Wissen gründlich versalzen. Warum soll es nun auch noch gegen Rußland gehen? Es gibt doch einen Nichtangriffspakt!
Rußland liefert uns Öl und Getreide – unterstützt uns also gegen England.
Wie soll man diese Welt noch verstehen!
In dieser Nacht finde ich keinen Schlaf. Gerne hätte ich mit Stoffregen gesprochen, der sicherlich genauso wie ich durcheinander ist.

Nachts waren noch vier Maschinen unterwegs an die Schottische Küste. Sepp Guggenmos konnte ein 5000-Tonnen-Schiff beschädigen. Für ihn freue ich mich.

6. Juni 1941

Zusammen mit Stoffregen habe ich heute eine Übung der hier stationierten Infanterie durch simulierte Tiefangriffe »bereichert«. Es war ein Mordsspaß! Für die »Nacht«, die hier im Norden ja keine ist, ist Einsatzbereitschaft befohlen.
Gegen 19.00 Uhr holt mich Stoffregen auf den Gefechtsstand: Ich soll einen Verband von fünf Maschinen führen, um eine Ansammlung von Schiffen anzugreifen, die in einem Fjord an der Schottischen Westküste entdeckt worden sind. Der Platz heißt Loch Ewe. Auf dem Tisch liegen neueste Luftbilder, aus denen zu ersehen ist, daß sich in diesem tief eingeschnittenen und von hohen Felswänden umgebenen Fjord eine Vielzahl von Schiffen verkrochen hat. Offenbar sollen sie dort gelöscht werden, weil die Häfen an der Ostküste und die Anfahrtswege zu diesen zu viele Verluste gekostet haben. Sicherlich auch ein Erfolg unseres Minenkrieges. Ich muß an Hull und an die Themse denken.
Wir sprechen bis in jede Einzelheit durch, wie der Anflug, der Angriff und der Abflug am besten durchzuführen sind.
Die Vorbereitung der Einzelheiten überläßt Stoffregen mir. Ich bin in gleicher Weise erregt und stolz, als ich die mir zugeteilten Besatzungen zusammenrufe.
Es sind die Besatzungen Fw. Schenk, Ltn. Harmel, Uffz. Scheller und Uffz. Hachenberg.
Ich kenne sie gut – alle, mit Ausnahme von Scheller, haben immerhin schon einige Erfahrung.
Ich mache meine erste Einsatzbesprechung als verantwortlicher Führer eines Verbandes.
Genau wie vorbereitet und besprochen verläuft dann der Einsatz: Start um 22.20 Uhr, Tiefflug über See, dann der kritische Punkt des »Durchschleichens« zwischen den Orkneys und den Shetlands, noch eine Weile weiter nach Westen und Eindrehen nach Süden auf die Schottische Nordküste bei Cape Wrath. Ab dort langsamer Steigflug über Land in Richtung auf das Ziel. Es ist weit nach Mitternacht, als wir diesen letzten Teil des Zielanfluges zurücklegen. Trotzdem

ist es so hell, daß wir aus knapp 2000 Metern Höhe schon in einer Entfernung von 30 Kilometern Loch Ewe erkennen können. Ich wundere mich – und es ist mir unheimlich –, daß wir keinerlei Abwehr spüren. Das widerspricht einfach meinen Erfahrungen aus den südlichen Teilen der Insel.

Meine vier Begleiter benehmen sich ausgezeichnet. Sie steigen brav mit und bleiben in gelockertem Verbandsflug hinter mir. Ich halte mich über Land, um in westlicher Richtung gegen die etwas hellere Seite angreifen zu können. Die Spannung an Bord steigt, als wir im Näherkommen Einzelheiten in der Bucht erkennen können. Und Schiffe, Schiffe, Schiffe! Gerade 3000 Meter Höhe haben wir geschafft, als wir ran sind.

Der Absprache gemäß soll nun im »Schleichflug« geflogen werden und jeder Pilot sich sein Ziel selbst aussuchen.

Alle tun's, nur Scheller nicht. Er prescht mit vollen Motoren weiter und donnert auf die Bucht zu. Dadurch zertrampelt er uns restlos den Salat. Der Erfolg ist, daß der Moment der Überraschung vertan ist und wir mit einem Flakhagel ohnegleichen empfangen werden. Da mache ich nicht mit! Bereits am Abkippunkt angekommen, ziehe ich meinen Vogel herum, weil ich sehe, daß absolut keine Chance ist, mit Aussicht auf Erfolg in diese rote Wand von Leuchtspur hineinzustürzen. In einer Rechtskurve will ich einen erneuten Anflug ansetzen. Und da habe ich Glück! Während die anderen stürzen und sich die gesamte Abwehr auf sie konzentriert, entdecken Hans und ich gleichzeitig mitten in der Bucht ein besonders großes Schiff, das abseits der ganzen Herde liegt und sich vollkommen ruhig verhält, also auch nicht an der allgemeinen Schießerei teilnimmt. Der gehört uns! Ohne Sturzflugbremsen gehe ich auf ihn! Hans sagt die Höhe an. Ich habe Schwierigkeiten mit dem Zielen, weil ich mein Reflexvisier zu hell eingestellt habe, drehe noch im Sturz den Regler zurück. Endlich habe ich den Dicken gut drin – riesengroß – und drücke auf den Knopf. Ich muß ohne Automatik abfangen, weil ich ja die Bremsen nicht ausgefahren habe. Ziehe mit aller Kraft an der Steuersäule. Die dunklen Felswände links und rechts wachsen in die Höhe. Mein Gott, jetzt bloß nicht auf dem Wasser aufschlagen! Mit knapper Not und unter Aufbietung der letzten Kraft schaffe ich es, wenige Meter über dem Wasser abzufangen und durch das schmale Felstor der Bucht auf die offene See hinauszuschießen.

Bomben auf die Murmanbahn.

Murmanbahn: Die alte Brücke ist zerstört — nun wird die neue angegriffen.

Zwischenlandung zum Tanken in Drontheim.

Sommer 1941.
. . . bauchgelandet im Geröllfeld des Flugplatzes Kirkenes am Eismeer.

Sabotage:
Die Besatzung fand den Tod. Saboteure bauten in die Ju 88 Sprengkörper ein, welche beim Einfahren des Fahrwerks detonierten.

Theo brüllt einen unverständlichen Schrei in die Ei-V. Die »Cäsar« schießt in den fahlen Himmel hinein. Was ist los!
»Mensch, Peter – wir haben getroffen! Ein Riesenkahn!« Zunächst habe ich zu tun, mein Flugzeug und mich selbst »in Ordnung« zu bringen. Dann höre ich von Theo und Ltn. Merbeller, der den erkrankten Hein heute nacht vertritt, deren Beobachtungen über die Lage unserer Bomben. Wir fliegen noch einmal zurück und in respektvollem Abstand vorbei. Nun kann ich sehen, daß unser Schiff offenbar schwer getroffen ist. Es scheint Schlagseite zu haben. Kleine Fahrzeuge preschen durch das Wasser und umkreisen es.
Das genügt! Ab nach Hause.
Theo und Merbeller haben beobachtet, daß alle vier Bomben unmittelbar an der Bordwand eingeschlagen haben. Das hält eigentlich keine von diesen »Blechbüchsen« aus. Als letzte landen wir in Stavanger und melden eine »schwere Beschädigung eines sehr großen Schiffes«. Den Rückflug über das Schottische Hochland haben wir dadurch vereinfacht, daß wir im Tiefflug durch das berühmte Loch Ness gebraust sind.
Ltn. Merbeller, der zum ersten Male einen Feindflug erlebt hat – er ist normalerweise unser Nachrichtenoffizier am Boden –, verdarb uns den Genuß des Rückfluges über die Nordsee durch seine pausenlose Quatscherei. Alles, was er sah und empfand, meinte er, uns mitteilen zu müssen. Das ist zwar verständlich, aber eben doch lästig und manchmal sogar gefährlich, denn wir befinden uns auf diesen Flügen praktisch in jedem Augenblick über feindlichem Gebiet. Jede Ablenkung von der Konzentration auf die Aufgabe eines jeden Besatzungsmitgliedes bedeutet eine Einschränkung der Sicherheit. Es läßt sich eben leider nicht vollkommen vermeiden, ab und zu einen »Fremdkörper« an Bord haben zu müssen.

7. Juni 1941

Gegen 07.00 heute früh kamen wir ins Bett. Und bereits um 10.00 Uhr weckt mich Völling mit der Aufforderung, auf den Gefechtsstand zu Oblt. Schneider zu kommen. Dieser ist gerade dabei, auf Befehl der Luftflotte einen besonders ausführlichen Bericht über unsere Einzelmeldungen von gestern nacht zu machen. Er hat einige zusätzliche Fragen an mich. Unsere Beobachtungen haben offenbar einen ziemlichen Wirbel ausgelöst.

Lfd Nr. des Feind-fluges	Wertung als Frontflug	Baumuster	Tag	von / bis	Zeit über Feind bzw. feindgefährdetem Gebiet	FLUGWEG	Eindringtiefe km.	Feindberührung (Jagd - und Flak)	ERGEBNIS DES FLUGES (z. B. Abschüsse, Artillerieeinschiessen, Aufklärung, Bombenwurf unter Angabe von Angriffshöhe, Wurfart, Zahl der Anflüge, ob Luftbildbestätigung des Erfolges usw.)	Bestätigung durch Dienststelle und Augenzeugen
52	2	Ju 88	3.5.41	2215 / 0225	4h	Gilze-Rijen	700	flak	Liverpool	
53	2	"	5.5.	2215 / 0350	5h30	"	900	" Sperrballon	Glasgow	
54	2	"	6.5.	2235 / 0415	5h30	"	900	" "	"	
55	1	"	7.5.	2255 / 0245	3h	"	450	"	Hull, 2 [illegible] vernichtet	
56	1	"	8.5.	2250 / 0220	3h	"	450	"	"	
57	2	"	1.6.	2315 / 0315	4h	Stavanger-Sola	700	l. flak	Geleitzug bei Orkney-Inseln	
58	2	"	3.6.	2310 / 0520	6h	"	1000	"	Geleit Pentlandfjord Treffer 5000 BRT Frachter	
59	2	"	6.6.	2220 / 0340	5h20	"	900	flak Kriegsschiff	[illegible], Frachter 15000 BRT versenkt	
60	1	"	8.6.	0230 / 0600	3h30	"	600		[illegible], Fair-Insel	
61	1	"	23.6.	0400 / 0535	1h30	Kirkenes	250	flak Jäger	Kolabucht vermint, Poljarnoje	
62	1	"	24.6.	1730 / 1900	1h30	"	250	"	Raum Murmansk vermint	
63	1	"	25.6.	1340 / 1700	3h	"	500	"	Eisenbahn Kandalakscha	
64	1	"	25.6.	2220 / 0110	2h30	"	450	" Jäger	Flugplatz [illegible]	
65	1	"	26.6.	1745 / 1910	1h20	"	230		Eisenbahn Murmansk	
66	1	"	27.6.	1620 / 1905	2h30	Banak	400	" "	Flugplatz Murmaschi	
67	1	"	27.6.	2240 / 0220	3h30	"	550	"	[illegible] Kirowsk	
68	1	"	28.6.	1125 / 1450	3h	"	450	" "	Flugplatz [illegible]	

KAMPFGESCHWADER 30

DIE BESATZUNG DES KAMPFFLUGZEUGES

JU 88 4 D + CP

FLUGZ.-FÜHRER: Feldwebel S t a h l

BEOBACHTER: Unteroffizier F e c h t

BORDFUNKER: Leutnant M e r b e l l e r

BORDSCHÜTZE: Gefreiter G o e r t z

HAT AM 7.6.1941 an der Nordwestküste

Schottlands ein feindliches Handelsschiff

15 000 BRT

V E R S E N K T .

DER KOMMODORE

Lfd. Nr. 83/1

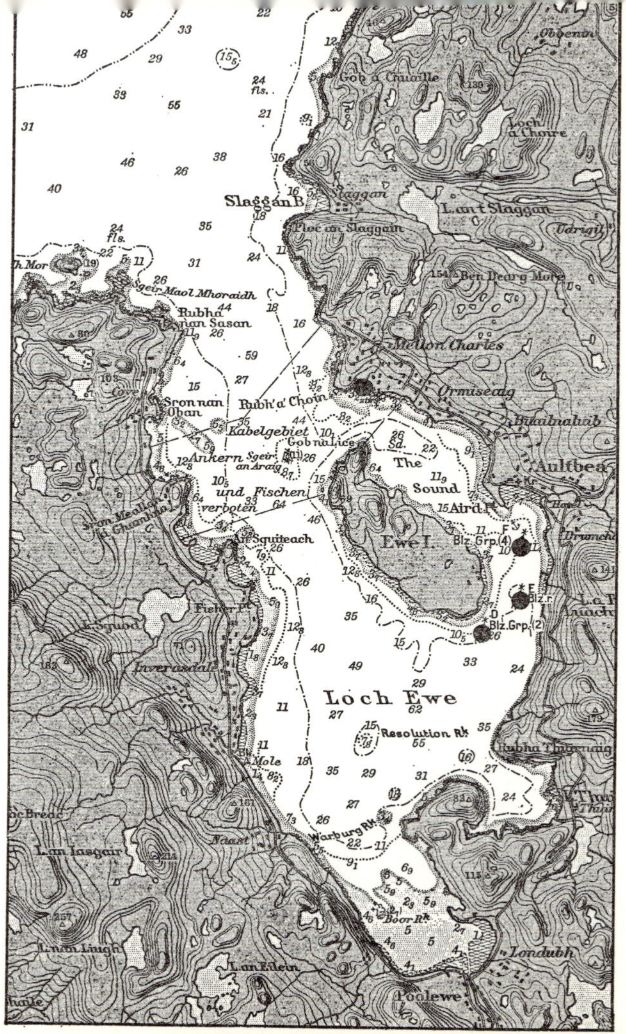

Es ist auch bereits ein Aufklärer unterwegs, der bald zurückerwartet wird.
Hoffentlich bringt er gute Bilder mit.
Am späten Nachmittag ist es dann soweit: Schneider hat die fertigen Luftbilder aus Loch Ewe von heute vormittag vorliegen.
Unsere Meldungen von heute nacht werden dadurch nicht nur bestätigt, sondern die Bilder zeigen »meinen« einwandfrei unter Wasser. Fachleute haben seine Größe auf 15 000 BRT errechnet.
Der übliche Film läuft ab, mit Glückwünschen, Fernschreiben von allen möglichen »Größen« und naßforsche Aufmunterungen von oben unter dem Motto »Weiter so!«
Am meisten Freude aber macht mir immer die ehrliche Begeisterung unserer Techniker – an ihrer Spitze der Oberwerkmeister, Ofw. Preuss.
Als »amtliche Bestätigung« erhalte ich eine prächtige Urkunde vom Geschwader für den Erfolg. Das ist jetzt schon die Nummer drei!

8. Juni 1941

Heute ist wieder ein schwarzer Tag. Oblt. Wolff und Ltn. Hick sind weggeblieben. Sie hatten den gleichen Auftrag, wie ich in der Nacht vorher. Ich muß um 02.40 losfliegen, um sie zu suchen. Ltn. Hick gab noch eine SOS-Meldung mit Standortangabe, in der Gegend der Shetlands.
In knapp 20 Kilomter Entfernung fliege ich bei Tageslicht an den Inseln vorbei. Ich weiß, daß dort der Flugplatz liegt, mit den Jägern, welche wahrscheinlich Hick abgeschossen haben. Dann suchen wir planmäßig die See ab, bis die Tanks so weit leer sind, daß wir den Rückflug antreten müssen. Aber außer wenigen Fischerbooten, von denen uns einige beschießen und die uns sicher längst an ihre Zentrale weitergemeldet haben, können wir nichts finden. Kein gelbes Schlauchboot, kein Leuchtsignal, keinen Farbklecks auf dem Wasser! Als wir auf dem Heimflug sind und den unmittelbaren Gefahrenbereich hinter uns haben, spüre ich erst, daß ich am ganzen Körper schwitze. Die gefährliche Sucherei in einem kleinen Seegebiet, unter den Augen des Feindes, hat mich fertiggemacht.
Von Arno Wolff hat man überhaupt nichts mehr gehört. Er und seine Besatzung, Fw. Erler, Uffz. Weber und ein Feldwebel, der neu hinzugekommen war, den ich aber nicht kannte, zählten schon

zu den »Alten« in unserer Staffel. Wir hoffen, daß alle wenigstens mit dem Leben davongekommen sind. Es ist bekannt, daß der englische Seenotdienst gut ist und alles daran setzt, notgewasserte Flugzeugbesatzungen aus dem Bach zu ziehen. Dies geschieht natürlich nicht nur aus purer Menschlichkeit, sondern in erster Linie deswegen, um zu verhindern, daß unser eigener Seenotdienst solche Besatzungen rettet und wieder zurückbringt.
Es kommt häufig vor, daß die beiden gegenseitigen Seenotdienste einen regelrechten Wettlauf führen um notgelandete Besatzungen.

Anmerkung zu den Seiten 158 und 159:
Neben dem Flugbuch, in dem jeder Flugzeugführer jeden Flug eintrug, wurde von den Staffeln ein Leistungsbuch geführt, das die Feindflüge mit Einzelangaben dienstlich beglaubigte. Seite 158 zeigt die Wiedergabe der Einträge zu den Feindflügen Nr. 52—68, unter denen sich auch die Hinweise zu den Ölmühlen von Hull und den beiden Frachtern befinden.
Seite 159 zeigt links die Urkunde für die Versenkung des 15 000 BRT-Frachters, rechts einen Seekarten-Ausschnitt von Loch Ewe, aus dem hervorgeht, um was für ein »unfreundliches« Gelände es sich dort handelte.

AM EISMEER

12. Juni 1941

Nun ist es so weit! Wir, die 6. Staffel, verlegen mit zwölf Besatzungen nach Banak, einem Flugplatz, der 2000 km nördlich liegt, nur wenige Kilometer vom Nordkap.
Die 4. und 5. Staffel bleiben hier in Stavanger. Die »offizielle« Version unseres Auftrages lautet: Bewaffnete Aufklärung und Bekämpfung von Schiffen in der nördlichen Nordsee.
Nur Stoffregen und ich wissen, worum es wirklich geht. Auf den Flug freue ich mich natürlich, denn wem wird schon ein Flug geboten, der unter der Mitternachtssonne über die Urlandschaft der nördlichsten Regionen Europas führt.
In Drondheim landen wir zwischen, um aufzutanken für die restlichen 1200 Kilometer und um uns das neueste Wetter für die Strecke geben zu lassen.
Ltn. Richter, der später gelandet ist, bringt einen ganzen Sack Post mit. Wir verbringen eine schöne Stunde im Kasino, ehe wir die Vorbereitung für den Weiterflug ausarbeiten. Wir fliegen über das wilde Hochgebirge Norwegens. Überall liegt Schnee in den Bergen. Leider muß ich schon bald blind fliegen, die Wolken hängen zu tief an den Bergen. Bei Narvik reißt es wieder auf. Hans, der damals bei dem Narvikunternehmen dabei war, erklärt mir die Gegend. »Hier haben damals die Unseren angegriffen. Und hier durch diesen Fjord haben sich die englischen Schiffe verdrückt, um sich vor unseren Flugzeugen zu verstecken . . .!«
Tromsö! Auch hier war Krieg.
Die winzige Stadt liegt auf einer Insel in einem Fjord. Sie besteht aus drei Reihen meist rotbemalter Häuschen, welche sich säuberlich ausgerichtet an das Ufer schmiegen.
Im Hafen herrscht Hochbetrieb.
Ich entschließe mich jetzt für den direkten Weg über das Gebirge nach Banak. Das steht zwar gegen die Wetterberatung, scheint mir aber möglich.

Die Spitzen der Berge stecken in den Wolken. Die Täler und Schluchten unter uns werden wilder. Überall Schnee und Gletscher auf den Bergen. Hans hat die Karte auf den Knien und verfolgt mit der Spitze seines Zirkels unseren Flugweg von Kilometer zu Kilometer.
Unten ist alles tot. Auch von Vegetation ist kaum etwas zu sehen. Obwohl es 02.00 nachts ist, steht die Sonne am nördlichen Himmel. Es sieht aus, als ob ein bleicher farbloser Ball über dem Horizont hängen würde.
Wir huschen über einen letzten verschneiten Bergsattel. Dann liegt Banak unter uns. Man hat eine moorige Zunge, welche in den Fjord hineinragt, durch eine Art Knüppeldamm behelfsmäßig befestigt. Das ist die Startbahn. Dann sind aus der Luft noch einige Holzbaracken zu erkennen, sonst unterscheidet sich der Fleck in nichts von der toten Wildnis des hohen Nordens.
Kein Flugzeug steht am Boden.
In einer Platzrunde orientiere ich mich über die Windrichtung und schwebe dann mit ganz gemischten Gefühlen zur Landung an.
Es rumpelt fürchterlich, als die 88 über die Holzknüppel rollt.
Ich bin der erste, der angekommen ist. Die anderen haben wohl den Umweg an der Küste entlang gewählt. Auf gut Glück rolle ich an den Rand des Platzes, der, wie sich herausstellt, aus einer Moosfläche besteht. Ich habe Sorge, daß die Räder in den weichen Untergrund einsacken. Deshalb stelle ich meine Motoren ab.
Kein Mensch ist zu sehen. »Hoffentlich sind wir nicht in Rußland«, meint Hein.
Erst als wir schon eine Weile ausgestiegen sind, kommt eine Gruppe Männer durch das Krüppelgebüsch, das den Platz umschließt, auf uns zu.
Sie sehen ein bißchen unheimlich aus: Wilde Bärte, undefinierbare Kleidung.
Einer stellt sich vor: Major Matthias, Chef der Baueinheit, die den Platz gebaut hat.
Es seien zwar schon Flugzeuge hier gelandet, aber halt Ju 52. Sie seien deshalb gespannt gewesen, wie es mit der Ju 88 hinhauen würde. Ob ich besondere Schwierigkeiten mit der Bahn gehabt hätte. Er zeigt mir auch, in welcher Ecke er die Abstellplätze vorbereitet hat. Nun, die Landung ging glatt. Die Frage ist, wie es mit dem Start klappt, wenn wir um gute vier Tonnen schwerer sind.

Während ich mich mit dem Major unterhalte – inzwischen hat sich eine große Schar seiner Urmenschen um uns versammelt –, suche ich in meinem Gedächtnis. Den muß ich doch kennen! Richtig!
»Waren Sie nicht in Stuttgart als Flugleiter bei der Lufthansa?« fragte ich. Gleichzeitig erkennt er auch mich wieder! Also hier oben auf dem nördlichsten »Flugplatz« Europas treffe ich den sympathischen und von Allen geschätzten Herrn Matthias wieder!
Von den anderen Maschinen ist noch immer nichts zu hören. Der Major erklärt uns die Umgebung. Er selbst lebt mit seinen Männern schon viele Monate hier. Was sie unter diesen Bedingungen geleistet haben, ist kaum vorstellbar.
Knapp westlich steigt eine Felswand steil bis auf 900 Meter hinauf. Aus einer Rinne schießt ein Wasserfall 100 Meter frei in eine Schlucht hinab. Matthias meint, hier sei man im wahrsten Sinne des Wortes am Arsch der Welt. Und da oben, wo das Wasser herauskommt – »da ist das Loch«!
Angesichts dieser Männer, die äußerlich so gar nichts mehr von einem Soldaten an sich haben, die aussehen, als kämen sie aus einer anderen Welt, kommen wir uns fast wie degenerierte »feine Pinkels« vor.
»Aber wir sollten vielleicht einiges vorbereiten für die Landung der Kameraden!«
Der Major und seine Männer helfen bereitwillig. Wir gehen in die Ecke zu den vorbereiteten Abstellplätzen und stellen an jedem Platz einen Mann auf, der einwinken soll.
Hans schraubt die Leuchtpistole aus unserer Ju 88, stopft alle Leuchtmunition, die wir an Bord haben, in seine Taschen und stellt sich draußen an der Startbahn auf. So klappt dann alles ausgezeichnet, als einer nach dem anderen in kurzen Abständen um die Ecke des Fjordes biegt.
Alle kommen pünktlich an, nur Uffz. Scheller läßt auf sich warten. Für unsere Aufnahme ist alles vorbereitet. Geradezu liebevoll haben die Männer die Baracken hergerichtet. Jede Besatzung hat ein eigenes Zimmer. Mit Farben und Leisten und Birkenstämmen haben sie lauter Schmuckkästchen für uns gezaubert. Wir sind ehrlich gerührt. Strom gibt es nur stundenweise, dafür haben wir aber eine funktionierende Wasserleitung und ganz hübsche Waschräume. Auch Brennholz und Kohlen sind vorhanden. Am Abend haben wir Major Matthias in der Kasinobaracke zu Gast.

Die Geschichte über den Aufbau von Banak, die er zum besten gibt, wäre es wert, als Buch veröffentlicht zu werden. Erstaunlicherweise weiß er längst, zu welchem Zweck hier oben im äußersten Norden Luftwaffenbasen aufgebaut wurden.
Auch Kirkenes hat einen Flugplatz erhalten, ebenso Petsamo in Nordfinnland.
Auf der »Straße«, welche im Süden des Platzes in östlicher Richtung führt, marschieren schon seit vielen Tagen Gebirgstruppen. Sie kommen aus den Häfen von Hammerfest und Tromsö und müssen den Weg bis zur finnisch-russischen Grenze zu Fuß zurücklegen.
An diesem Abend wird uns noch eine ganz originelle Ehrung zuteil. Matthias macht es feierlich: Er hält eine launige Ansprache, in welcher er uns als die ersten Gäste auf »seinem« Platz begrüßt, uns angenehmen Aufenthalt und viel Erfolg bei unseren Flügen wünscht. Er erwähnt auch den Uffz. Scheller und dessen Besatzung und spricht die Hoffnung aus, daß sie wenigstens noch am Leben sind und daß es nie notwendig werden möge, eine Statistik über Gefallene in Banak zu führen.
Dann ruft er uns einzeln bei unseren Namen und bittet feierlich, aufzustehen. Jeder von uns erhält eine schöne Urkunde, in welcher ihm bestätigt wird, daß er am heutigen Tage zum »BANAKEN« ernannt worden sei.
Ein wirklich begabter Zeichner unter seinen bärtigen Baumännern hat die Urkunde sehr schön entworfen.
Unsere improvisierte Feier wird unterbrochen durch eine Meldung, wonach die Besatzung von Uffz. Scheller in der Nähe von Hammerfest mit dem Fallschirm abgesprungen und wohlbehalten gerettet worden sei. Nun haben wir natürlich doppelten Grund zum Feiern. Aus unseren reichlich mitgebrachten Vorräten holen wir das allerbeste zum Trinken und Essen.
Die Uhrzeit vergessen wir, weil es ja sowieso über 24 Stunden Tag ist.
In der Staffel wird noch gefeiert, als ich vom Kasino zu meiner Besatzung zurückkomme. Sepp Guggenmos, Hachenberg und Niedergesäss sitzen mit Hans, Hein und Theo in unserem Zimmer und stoßen auf einen prominenten Russen nach dem anderen an. Alle sollen sie hoch leben!

13. Juni 1941

Auch hier oben bin ich natürlich derjenige, der die meiste Zeit am Himmel verbringt.
Um 23.00 Uhr starte ich mit der »Anton«, es ist Stoffregens Maschine, nach Kirkenes. Hein begleitet mich. Wir sollen dort einen Oblt. aufnehmen, welcher als Kurier nach Oslo muß.
Wir sind unausgeschlafen und haben einen leichten Ölkopf vom Alkohol.
Der Platz in Kirkenes entpuppt sich als eine rohe Schotterbahn, die mit viel Mühe auf einem Plateau oberhalb des Hafens angelegt wurde.
Knapp zwei Stunden später, um 01.45 Uhr, starten wir in Richtung Süden. Fast 2000 Kilometer liegen vor uns. Oblt. Bodenmaier, unser Fluggast, gehört einem kleinen Stab an, der in Kirkenes stationiert worden ist und den Einsatz einer kleinen gemischten Gruppe aus einer Staffel Me 109-Jäger, drei Staffeln Ju 87 Stuka und unserer Ju 88 Staffel leiten soll.
Er hat irgendwann einmal eine Ausbildung als Beobachter erhalten. Ein Ersatz für Hans ist er aber natürlich in keiner Weise. Gut, daß Hein dabei ist. Mit ihm gemeinsam führe ich die recht schwierige Navigation durch. In Anbetracht der ungünstigen Wetterlage habe ich eine Zwischenlandung in Drondheim vorgesehen, um dort nochmal aufzutanken und das neueste Wetter einzuholen. Wir fliegen bald über den Wolken, bald drinnen, bald darunter. Das wilde Gebirge unter uns nimmt uns erneut gefangen. Blaugrün schimmernde Gletscherfelder lösen sich mit verschneiten Flächen und tief eingeschnittenen Tälern ab. Weit und breit kein Haus – keine Straße – keine Spur menschlichen Lebens.
Narvik ist durch Löcher in den Wolken unter uns zu erkennen. Die Erzbahn, welche von Schweden her kommt, können wir sehen. Sie ist über weite Strecken durch einen Tunnel aus Holz geführt, um sie trotz Eis und Schnee betriebsbereit zu halten.
Im Raum Drondheim bessert sich das Wetter etwas, so daß ich mich entschließe, auf die Zwischenlandung zu verzichten. Die Landung in Oslo verlangt mir dann aber mein ganzes fliegerisches Können ab, weil dort das Wetter schlecht ist, bis auf den Boden herab. Ein Glück, daß ich den Platz von neulich her kenne, sonst wäre es schlecht gewesen. Am Boden hatte ich allen Grund, mich bei

der vorzüglichen Flugsicherung für die gute Unterstützung durch Peilungen zu bedanken.
Nach fünfstündigem, anstrengendem Flug tauchen wir um 06.45 nur 50 Meter über dem Boden aus den Wolken. Im nächsten Augenblick rumpeln die Räder über den Platz. Auf dem Holmenkollen werden wir sehr gut bewirtet und untergebracht.
Wir sind nach dem anstrengenden Flug von gestern, der schlaflosen Nacht und dem ebenso anstrengenden Flug von heute zum Umfallen müde und verschlafen fast den ganzen Tag. Schon im Einschlafen erlebe ich noch einmal alles: Das vereiste Gebirge. Das schlechte Wetter, Vereisung, Blindflug, die Rechnerei für die Navigation, die Sorge wegen des Wetters, die unzulängliche Funkverbindung mit dem Boden, schließlich die Schlechtwetterlandung in Oslo mit einer Spritreserve, welche kaum ausgereicht hätte, einen Ausweichplatz anzufliegen.

19. Juni 1941

Wir sind wieder in Banak. Der Rückflug von Oslo war schwieriger und risikoreicher als alles bisher dagewesene. Ich mußte fast die ganze Strecke blind fliegen. Dabei vereiste das Flugzeug so stark, daß die Enteisungsanlage oft nicht mehr ausreichte. Die gefährliche Zone reichte über einen ungewöhnlich großen Höhenbereich. Es war unmöglich, so hoch zu gehen, daß man über die »kritische Zone« kam. Und tiefer zu fliegen war wegen des Gebirges nicht möglich. Ich hatte blanke Angst. Als wir dann glücklich Funkverbindung mit Kirkenes hatten, mußten wir von dort erfahren, daß eine Landung wegen Schlechtwetter unmöglich sei. Dieselbe Auskunft erhielten wir von Banak.
Blieb noch Bardufoss, 400 Kilometer südlich von Banak. Hier sind wir dann auch gelandet. Aber frag' nicht, wie! Der Platz besteht aus einer Betonbahn, welche in ein schmales Tal hineingelegt wurde, das umgeben ist von 1100 Meter hohen steil aufragenden Bergen.
Auch Bardufoss meldete durch Funk, daß eine Landung unmöglich sei. Es herrsche Schneefall, und die Berge ringsum seien in Wolken. Meine Treibstoffreserve ließ mir aber keine Wahl. Wir mußten entweder in Bardufoss runter oder mit dem Fallschirm abspringen. Was soll dann aus Bodenmaiers Geheimpaket werden?

Als Navigationshilfe stand uns lediglich der Bodenpeiler von Bardufoss zur Verfügung. Mit seiner Hilfe gelang es, das schwer vereiste Flugzeug nach mehrmaligen Anflügen aus verschiedenen Richtungen über den Platz zu bringen, wobei wegen der ungünstigen Ausbreitungsverhältnisse der Funkwellen immer noch ein erheblicher Unsicherheitsfaktor blieb.
Die »Anton« schüttelte arg wegen des dicken Eisansatzes. Jede Peilung, welche wir von unten erhielten, war mit dem Zusatz »DO« versehen, was soviel heißt, wie »Peilung ungenau«. Trotzdem riskierte ich es, tiefer zu gehen als die umliegenden Berge. Ein blödsinniges Gefühl!
Dann kam mir das Glück zu Hilfe. Für einen Augenblick öffnete sich ein schwarzes Loch nach unten. Bodenmaier hatte es erkannt und mich darauf aufmerksam gemacht. Und in diesem goldenen Augenblick konnte ich mit einem Blick tief unten eine Betonbahn erkennen – Bardufoss! Die Rettung! Aber nur, weil ich eine Ju 88 habe! Kein anderes Flugzeug hätte es erlaubt, das zu tun, was ich in meiner Not machen mußte: einen senkrechten Korkenzieher nach unten – teils blind in den Wolken, teils durch den ganz schmalen schwarzen Schacht, den uns der liebe Gott in diesem Augenblick aufgetan hat. Es dauerte endlos, und die Fahrt nahm bedenklich zu, bis wir unten 'raus waren. Dicker Schneeregen und schwarze Felswände! Aber unter uns, wenige hundert Meter nur, die Betonbahn.
Nach der Landung sitzt an der Flügelnase immer noch ein Eisansatz von mehreren Zentimetern, den unsere Enteisungsanlage nicht bewältigen konnte.
Wir klopfen uns auf die Schulter und jeder gratuliert dem anderen. Dann rufe ich noch den Mann vom Bodenpeiler an, um mich bei ihm für seine großartige Unterstützung zu bedanken. Er ist selbst überfroh, daß dieses Ding gut gegangen ist.
Hein, Mensch, wenn ich dich nicht gehabt hätte und das Wolkenloch – weiß Gott, wo wir jetzt wären!
Um uns zu erholen, machen Hein und ich vor dem Abendessen einen ausgedehnten Gang in die Umgebung.
Schönes, wildes, einsames Land! Hier müßte man im Frieden einmal Urlaub machen können.
Auf dem Rückweg kommen wir an den Behausungen der hier beschäftigten Bauarbeiter vorbei. Feindselige Blicke! Es ist ein bißchen

unheimlich. Wir sind froh, unsere Pistolen zu haben. Die Holzhütten kleben terrassenförmig am Steilhang. Es sieht aus wie eine Goldgräbersiedlung im wilden Westen.
Abends sitzen wir alle drei im Kasino und trinken von dem einzigen Getränk, was es hier gibt – klaren scharfen Schnaps. Die Unterhaltung mit Bodenmaier über Krieg, Politik, Gott und die Welt zeigt, daß dieser für unseren Geschmack längst »degeneriert« ist.
Er weiß eine Rechtfertigung für den bevorstehenden Krieg gegen Rußland, ebenso wie für einen Göbbels-Artikel in der Zeitung »Das Reich«, worin allen Ernstes zu lesen ist, daß zur Auffrischung unserer Rasse so eine Art »Zuchtanstalt« einzurichten sei, wo Frauen und Mädchen, gleichgültig, ob verheiratet oder nicht, mit anonymen SS-Bullen zusammengeführt werden, um rassisch wertvollen Nachwuchs zu »züchten«. Bei uns löste dieser Artikel in der gesamten Gruppe einen Wutausbruch aus. In den Stäben aber, die hinten und »oben« liegen, finden offenbar solche Gemeinheiten durchaus Verständnis.
Was Wunder, wenn Bodenmaier die Art der Einsatzführung, wie wir sie im letzten Jahr gegen England über uns ergehen lassen mußten, nicht nur gutheißt, sondern als großartig bezeichnet.
Über das, was uns im hohen Norden bevorsteht, weiß er genausowenig wie wir. Er erklärt nur immer wieder, daß dies der kürzeste Krieg werden würde, den es bislang gegeben habe.
Hoffentlich hat er recht!
Nachdenklich und in leichtem Alkoholnebel gehen wir in die Betten.
Am nächsten Tag, dem 17. Juni 1941, haben wir uns dann recht und schlecht nach Kirkenes durchgequält und von dort weiter, nach Banak.
Hier war seit vorgestern nichts Aufregendes geschehen. Stoffregen fragt, ob es schön gewesen sei.
Und wie! »Es war alles eitel Sonnenschein, Herr Hauptmann!«

22. Juni 1941

Kirkenes.
Wir verlegten gestern von Banak nach hier. Unsere kleine »Luftflotte« ist im offenen Viereck angetreten.
Oberstleutnant Nissen, der Führer dieser gemischten Einsatzgruppe,

hält seine Begrüßungsrede. Er spricht begeistert aber ernst – und vernünftig. Seit heute ist Krieg gegen Rußland!

Unsere Aufgabe: Murmansk und die gesamte Eismeerfront südwärts bis zu der Bucht von Kandalakscha ist in Besitz zu nehmen. Am Boden sind unsere Gebirgstruppen aufmarschiert und in zügigem Vormarsch auf Murmansk.

Wir haben die Aufgabe, durch laufende Einsätze der Stuka, diesen Vormarsch zu unterstützen.

Im Hafen von Murmansk und den vorgelagerten Marinestützpunkten haben die Ju 88 planmäßig Minen zu legen, um den dort liegenden zahlreichen Schiffen den Fluchtweg zu versperren. Ausdrücklich ist befohlen, keine Schiffe zu beschädigen, weil diese ja in wenigen Tagen unsere Kriegsbeute sein sollen! Im gleichen Zuge ist es unser Auftrag, die feindlichen Flugplätze im Einsatzraum anzugreifen und »zu vernichten«, wie die militärische Formulierung in solchen Fällen lautet. Danach sollen wir, soweit überhaupt noch erforderlich, in den Erdkampf mit eingreifen, um die Stuka zu unterstützen.

Alles in allem ein Bilderbuchkonzept für einen Bilderbuchkrieg.

Nissen strahlt jedoch so viel ernsthafte Zuversicht aus, daß wir nicht zweifeln, eine lösbare Aufgabe vor uns zu haben.

Unsere Aufklärer waren in den letzten Tagen ohne Pause tätig. Was sie von »drüben« berichten, kann eigentlich Nissens Zuversicht nur unterstreichen.

Die Flugplätze sind zwar voll mit Flugzeugen, aber alles nur alte Typen, welche wir mit der Ju 88 nicht zu fürchten brauchen. Flakstellungen sind nur in Murmansk massiert, und vor denen haben wir keinen Respekt, weil sie schließlich nur von Russen bedient werden.

Das beste an der ganzen Sache für uns ist die Aussicht auf kurze Flüge mit sehr geringer Eindringtiefe in feindliches Gebiet.

19. August 1941

Stavanger. Der Film lief ab!

Fast genau wie vorgesehen lief er ab. Nur – die Rechnung ging nicht auf!

Im Gegenteil, keines der gesteckten Ziele konnte erreicht werden. General Dietl, der anfangs mit seinen Gebirgsjägern zügig und planmäßig vorwärts kam, wie wir täglich aus der Luft feststellen konn-

ten, lief sich schließlich an der Lyza fest, einem Flüßchen, das in der gleichnamigen Bucht in das Eismeer mündet, ganze 60 Kilometer westlich von Murmansk, dem angestrebten Ziel.
Den Berichten nach, und nach dem, was wir selbst aus der Luft gesehen haben, haben die Gebirgsjäger Übermenschliches geleistet.
Auch bei unserem Einsatz zeigte sich, daß der Feind ernster zu nehmen ist, als es anfänglich schien. Nach und nach erhielten wir Verstärkung durch unsere 4. und 5. Staffel.
Es gab Verluste, empfindliche sogar, wenn auch natürlich nicht vergleichbar mit England.
Nun holt man Atem oben an der Eismeerfront.
Unsere Staffel ist zurückverlegt worden, hierher nach Stavanger. Wir sind wieder auf Schiffe angesetzt rund um die Schottischen Küsten.
Mein Flugbuch hat sich in dieser Zeit um mehrere Seiten gefüllt:

23. Juni 1941 – Verminung Kolabucht – Murmansk
24. Juni 1941 – Verminung Kolabucht – Murmansk
25. Juni 1941 – Angriff auf Eisenbahn südlich Kandalakscha
25. Juni 1941 – Angriff Flugplatz Niwa, südwestlich Kandalakscha
26. Juni 1941 – Angriff Murmanbahn, südlich Murmansk
27. Juni 1941 – Angriff Flugplatz Murmaschi bei Murmansk
28. Juni 1941 – Angriff Flugplatz Niwa
1. Juli 1941 – Verminung Westfahrwasser Weißmeerbucht
2. Juli 1941 – Angriff Flugplatz Niwa
3. Juli 1941 – Angriff Murmanbahn bei Kirowsk
7. Juli 1941 – Angriff Murmanbahn südlich Kandalakscha
8. Juli 1941 – Einsatz gegen Truppen westlich Murmansk
11. Juli 1941 – Angriff Flugplatz Warlamovo bei Murmansk
12. Juli 1941 – Angriff Flugplatz Niwa
12. Juli 1941 – Einsatz gegen Niwa, abgebrochen wegen Wetter
16. Juli 1941 – Angriff Murmanbahn bei Rutsky
17. Juli 1941 – Angriff Flugplatz Schongui bei Murmansk
17. Juli 1941 – Angriff Flugplatz Warlamovo II
18. Juli 1941 – Bewaffnete Aufklärung Kolabucht
24. Juli 1941 – Angriff Murmanbahn nördlich Kovda
27. Juli 1941 – Angriff Flugplatz Warlamovo
28. Juli 1941 – Angriff Flugplatz Warlamovo
29. Juli 1941 – Angriff Flugplatz Niwa

31. Juli 1941 – Seeaufklärung Kolahalbinsel-Weißmeerbucht (5 Stunden, 35 Minuten)
31. Juli 1941 – Seeaufklärung (5 Stunden, 05 Minuten)
5. Aug. 1941 – Bewaffnete Aufklärung Seegebiet Jan Mayen
5. Aug. 1941 – Angriff Flugplatz Warlamovo
6. Aug. 1941 – Angriff Flugplatz Warlamovo
8. Aug. 1941 – Angriff Flugplatz Warlamovo
13. Aug. 1941 – Angriff Hafen Murmansk
15. Aug. 1941 – Aufklärung Seegebiet bis 75 Grad nördlicher Breite

Die Lücken zwischen den Feindflügen waren ausgefüllt mit Kurierflügen, Werkstattflügen, Einweisungsflügen für junge Besatzungen und Flügen für Übungen im Bombenwerfen. Letztere leiste ich mir, wo und wie ich auch immer nur kann. Oben in Banak gab es natürlich keine Übungsbomben aus Zement und auch keinen festgelegten Übungsplatz.
So ließ ich mir mit Genehmigung des großartigen Stoffregen einfach scharfe Bomben beladen, welche ich dann aus »allen Lagen« auf eine Felseninsel draußen im Porsangerfjord warf. Im Lauf der Wochen hat sich das Gesicht dieses Felsbrockens dann wohl ein wenig verändert!
Mein »Leistungsbuch« weist nun 93 Feindflüge auf. Oben in Banak wurden mir neben den »normalen« Ergebnissen folgende »besonderen« Erfolge bestätigt: Wörtlich steht in meinem Leistungsbuch:
»Am 25. Juni, 26. Juni, 7. Juli, 16. Juli, 23. Juli 1941 fünf Angriffe auf Anlagen der Murmanbahn. Dabei Bahnkörper sechsmal zerstört und eine Lokomotive, sowie zwei Tankwagen vernichtet.
Am 27. Juli 1941 Elektrizitätswerk in Kirovsk nach Sturzangriff durch zwei Volltreffer zerstört.
Am 25. Juni, 28. Juni, 2. Juli, 11. Juli, 12. Juli, 16. Juli, 17. Juli, 27. Juli und 29. Juli 1941 neun Angriffe im Gleit- und Sturzflug auf die Flugplätze Warlamovo, Warlamovo-Süd, Niwa, Murmaschi und Schongui. Dabei mindestens zwei Flakstellungen vernichtet und 65 Flugzeuge am Boden zerstört.
Am 8. Juli 1941 Gleitangriff auf Marschkolonnen an der Liza-Front. Durch vier Volltreffer mit SC 250 in bespannte Artillerie zwei Batterien vernichtet. Anschließend Tiefangriffe mit Bordwaffen. Besondere Anerkennung durch Gen. d. Geb. Trp. Dietl.
Bestätigung der Angaben durch Luftbilder und Augenzeugen!«

Unterstützung der Erdtruppen an der Murmanfront. Auch im Sommer halten sich Schneefelder in der menschenfeindlichen Landschaft des Nordens.

Ju 88 kurz vor dem Sturzangriff auf einen Geleitzug im Eismeer.

Brände im Hafen von Murmansk.

Banak: Ju 88 des KG 30 wird startklar gemacht.

Ich muß daran denken, daß Bodenmaier mir damals in Bardufoss, nachdem wir ihn provoziert hatten, verriet, daß bereits jetzt schon feststünde, wer aus dem Stabe Ortskommandant von Murmansk und von Kandalakscha würde. Ob diese Herren nun trotzdem befördert werden, auch wenn es »die Truppe« nicht geschafft hat, die Voraussetzungen dafür zu schaffen?

Dieser Frühsommer am Eismeer war für mich in jeder Hinsicht ein Erlebnis, das unvergeßlich ist. Wir flogen rund um die Uhr. Das war möglich und auch erforderlich, weil es eben dort oben nie dunkel wird. Die Sonne geht über 24 Stunden rund um den Horizont. Um »Mitternacht« steht sie genau im Norden noch einige gute Handbreiten über dem Horizont. Die klare, dunstfreie Luft bewirkt, daß sie farblos hell und kalt erscheint, im Gegensatz zu der roten Abendsonne in der Heimat.

Unser Lebensrhythmus paßte sich ohne Schwierigkeiten dem 24-Stunden-Tag an. In den Unterkünften herrschte ständig peinlich Ruhe, weil immer irgendwo Besatzungen in ihren Zimmern schliefen, während andere sich für einen neuen Einsatz vorbereiteten und wieder andere in der Luft waren.

In der Nähe unseres Platzes gab es eine kleine Siedlung. Sie bestand aus drei oder vier primitiven Holzhäusern und wurde von Lappenfamilien bewohnt. Wir konnten beobachten, daß diese Menschen offenbar ohne Zeitbegriff lebten, ohne Beziehung auf den Sonnenstand.

Bei einem Flug konnte ich sehen, wie »nachts« um 02.00 Uhr eine Frau neben einem einsamen Fischerhäuschen in einem der wilden Fjorde Wäsche aufhängte.

Selbstverständlich, daß die oft beobachteten Rentierherden, welche wir überflogen, zu jeder Stunde des Tages über die Schnee- und Moosfelder ziehen und durch die Besitzer begleitet werden.

Die Feindflüge an der Eismeerfront waren im Vergleich zu unseren Einsätzen in England leicht.

Lediglich die russische Flak hatten wir unterschätzt. Das konnten wir gleich am 23. Juni bei unserem ersten Feindflug über Murmansk feststellen. Sie empfingen uns mit einem Feuerhagel, der durchaus »englische« Ausmaße hatte und beängstigend gut lag. Es gab einige ganz erhebliche Treffer in verschiedenen Maschinen. Dem Leutnant Richter hat's die ganze Rumpfunterseite seiner Ju 88 aufgerissen.

Schon nach dem zweiten Feindflug am 24. Juni war nur noch eine

Maschine ohne Treffer, und das war die meine. Meiner Ansicht nach war unsere Taktik in diesen ersten Tagen falsch. Wir flogen nämlich in geschlossenem Staffelverband unsere Ziele an und lösten uns erst beim Angriff auf, damit jedes Flugzeug das ihm zugewiesene Ziel einzeln angreifen konnte.

Ich selbst neige nicht dazu, Sicherheit und Schutz »im großen Haufen« zu suchen, sondern habe mich meistens lieber auf mich und die Überlegenheit einer »frei beweglichen« Ju 88 verlassen.

Dies hat sich auch im hohen Norden wieder bewährt, denn es gelang mir auf diese Weise gleich, den Hummelschwärmen der gegnerischen Jäger ein Schnippchen zu schlagen, wie auch die Gefahr eines Treffers durch die Flak zu verringern und – was ja der Auftrag ist – meine Bomben mit größtmöglicher Genauigkeit ins Ziel zu bringen. Nun, die Ereignisse sorgten sehr schnell ohne irgendwessen Dazutun, daß unsere Einsätze nur noch in kleinen Gruppen aus wenigen Maschinen durchgeführt wurden, weil die häufigen Beschädigungen durch Feindbeschuß die Zahl der einsatzbereiten Maschinen verminderten.

Der Feind war uns an der Eismeerfront in der Luft zahlenmäßig um ein Vielfaches überlegen. Die Flugzeuge auf der Gegenseite waren zwar veraltet, was allerdings durch die große Überzahl zum Teil wieder wettgemacht wurde. »Viele Hunde sind des Hasen Tod!« Wir flogen ja meistens ohne Jagdschutz. Unvergeßlich bleiben mir die Angriffe auf die Flugplätze, die gespickt waren mit »Ratas« und Doppeldeckern älterer Bauart. Diese Jäger waren etwas langsamer als wir, konnten aber besser steigen und waren natürlich beweglicher. Bei den Angriffen auf Warlamovo und auch auf Niwa bot sich meistens das gleiche Bild: Wir kamen in etwa 4000 Meter Höhe an, mußten den letzten Teil unseres Zielanfluges in sorgfältigem Geradeausflug machen, um zu einem sauberen Sturz auf das Ziel zu kommen. In diesem Teil des Anfluges packte uns die Flak immer gefährlich. Es gab dabei regelmäßig Treffer, welche zu Notwürfen zwangen, ja gar zu Totalverlusten führten. In dieser Phase waren die russischen Jäger meistens noch nicht auf unserer Höhe, sondern befanden sich in Rudeln unter uns im Steigflug. Ihre Zahl betrug in der Regel zwischen 30 und 50, manchmal mehr. Wenn wir dann mitten durch diese Rudel nach unten stürzten auf unsere Punktziele auf dem Flugplatz, starteten weitere Schwärme dieser Hummeln. Hans schoß dann, was seine Kanone hergab. Wenn unsere

Bomben gefallen waren, ergab sich regelmäßig eine Verfolgungsjagd. Wir fuhren unsere Sturzflugbremsen ein und drückten mit höchster Fahrt auf den Boden zu. Die Ratas hingen hinter uns wie ein Bienenschwarm. Auf hoffnungslose Entfernung schossen sie hinter uns her. Wehe jedoch demjenigen, der »abhing«. Der kam nicht ungerupft davon.

Ich selbst geriet über Schongui in eine Kurbelei mit Ratas, die um Haaresbreite schlecht ausgegangen wäre. Mindestens zehn fielen über mich her. Ich hatte den Fehler gemacht, nach dem Sturz noch im Tiefflug einen zweiten Angriff mit Bordwaffen zu fliegen und zu fotografieren, statt so schnell wie möglich das Weite zu suchen. Ich war der Meinung, die Russen seien wie üblich in Hundemanier hinter meinen Kameraden her. Dies war mein Fehler. Hein bemerkte gerade noch rechtzeitig, als wir im Tiefflug über den Platz fegten, daß aus der Überhöhung heraus mindestens zehn Jäger auf uns eindrehten. Es war vermutlich mein Glück, daß ich sofort hochzog, den Angreifern entgegen. So gewann ich zumindest für einen Augenblick Luft, denn der feindliche Haufen war auf diese Reaktion offenbar nicht gefaßt. Sie schossen zwar auf uns, aber natürlich in dieser Situation ohne Erfolg. Ich selbst hatte nun den Vorteil, ein paar Meter Höhe gewonnen zu haben und zumindest fliegerisch mit dem Gegner auf gleich und gleich zu stehen. Es folgte dann im weiteren Verlauf eine Hasenjagd ohnegleichen. Sie kamen von allen Seiten und schossen, was das Zeug hielt. Gut, daß Hein so ruhige und präzise Angaben über die Situation hinter uns machte. Ich versuchte, um jeden Preis Höhe zu gewinnen, denn nur so bestanden Aussichten, aus diesem Dilemma noch einmal herauszukommen. Längst liefen meine Motoren mit »Kampfleistung«, mit jenen »110 Prozent«, die man ihnen laut Betriebsanleitung höchstens drei Minuten zumuten durfte. So kurbelten wir uns angesichts der schwirrenden Leuchtspur der Ratas und der roten Tomaten der leichten Flak immer an derselben Stelle schließlich bis auf 1000 Meter Höhe hinauf. Und dann kam ein glücklicher Augenblick, der das »Ausbrechen« erlaubte. Ich stellte meine »Cäsar« unvermittelt auf den Kopf und holte mit heulenden Motoren schnell Fahrt auf – in Richtung Heimat. Das übliche Spielchen lief ab: Wir vorneweg mit »Brassfahrt« Richtung Boden und Heimat, hinter uns ein Hummelschwarm, der kleiner und kleiner wurde. Brave Ju 88, großartiger Hein!

Bei einem Angriff auf den Flugplatz Warlamovo hatten wir dann ein wahrhaft grauenhaftes Erlebnis.
Wir hatten Splitterbomben von 250 und 500 kg geladen und flogen in einem geschlossenen Verband von neun Flugzeugen. Jede einzelne Maschine hatte ein ganz bestimmtes Punktziel auf dem Flugplatz anzugreifen.
Stoffregen führte. Ich hing links neben ihm, als wir den Abkipppunkt über dem Ziel erreichten.
Während des Anfluges das übliche Bild: Schwarze Flakwolken rund herum. Auf »halber Höhe« der Mückenschwarm von Abwehrjägern im Steigflug. Am Boden Staubwolken, hervorgerufen von startenden Jagdflugzeugen.
Ich bin nur noch konzentriert auf »meine« Ecke am Boden und stelle meine »Cäsar« bei Erreichen des Abkippunktes auf den Kopf. Hans beginnt, seine Höhenangaben herunterzubeten, während ich das Ziel in Ruhe im Reflexvisier halte. Dann tut Hans einen Schrei und stößt mich in die Seite und zeigt gleichzeitig aufgeregt nach »oben« in Richtung auf das Dach unseres Gehäuses. Und da hängt eine Ju 88 keine zwanzig Meter über – sprich vor – uns und stürzt in genau derselben Richtung wie wir steil nach unten.
Nach der Seite auszuweichen ist nicht möglich, weil eine Kollission die unvermeidliche Folge wäre. Also bleibt nur, steiler zu stürzen, um dadurch den Abstand zu vergrößern.
Längst habe ich von meinem Ziel am Boden abgelassen und beobachte nur die Maschine knapp über unseren Köpfen. Meine Bomben darf ich nicht auslösen. Die »Cäsar« würde sonst in die andere Maschine hinein springen. Und nun kommt das Fürchterliche: Die Ju 88 über uns löst die Bomben aus und verschwindet nach oben. Vier scharfe Splitterbomben, jede etwas größer als ein Benzinfaß, hängen knapp über unseren Köpfen und gehen mit der gleichen Geschwindigkeit wie wir auf einer sauberen ballistischen Bahn nach unten. Wir können sie fast mit den Händen greifen. Wir kennen die Wirkungsweise und die Empfindlichkeit ihrer elektrischen Zünder genau. Die kleinste Berührung genügt, um sie zur Detonation zu bringen. Meine Augen sind nur noch auf diese vier Bomben gerichtet. Deutlich sehe ich die roten Striche hinten dran, das Kennzeichen für Splitterbomben. Ich drücke mit aller Kraft. Die »Cäsar« wird steiler und steiler. Ich kann mich nicht darum kümmern, wie nahe wir dem Boden sind. Langsam – unendlich langsam überholen

uns die vier Bomben, bis sie knapp vor der Nase der »Cäsar« verschwinden. Ich drücke in demselben Augenblick meinen Bombenknopf. Wir sind schon sehr tief, in einem Sturzwinkel, der viel zu steil ist. Ich hänge mich verzweifelt mit meiner ganzen Kraft an die Steuersäule und ziehe – ziehe – ziehe. Und es langt! Meterknapp!
Die unten müssen uns für wahnsinnig gehalten haben. Wir sausen durch die Detonation der Bomben unserer eigenen Kameraden, müssen Häusern und Bäumen ausweichen. Dann ist plötzlich alles wieder normal: hinter uns der Jägerschwarm, jagende Fahrt über Hügel und durch Mulden, die Meldung von Hein, daß wir sie »abgehängt« haben und dann die Gewißheit, daß unter uns eigenes Gebiet ist und daß an der »Cäsar« alles in Ordnung ist.
Daheim stellen wir dann fest, daß es Stoffregen war, dessen Bomben uns fast in der Luft getroffen hätten. Er selbst hatte keine Ahnung, daß wir unter ihm waren.
Wieder sage ich: »Brave Ju 88, großartiger Hans!«
Dann bringt uns Römhild einen Stein, doppelt faustgroß. Den hat er aus der Flügelnase der »Cäsar« herausgeholt. Er stammt aus Warlamovo und ist von den Bomben eines unserer Kameraden in die Luft gejagt und uns ins Gesicht geschleudert worden. Theo schleppt ihn von nun an als Talisman in seinem Gepäck mit sich herum.
Dann die Angriffe auf die Murmanbahn!
Diese sind wirklich ein Vergnügen. Einmal fliege ich mit Stoffregen und Sepp Guggenmos auf der Höhe von Kandalakscha in Richtung Süden mit dem Auftrag, die Bahn anzugreifen. Es geht uns dabei immer darum, nicht nur ein Loch in die Geleise zu machen, sondern gleichzeitig auch noch einen Zug zu erwischen.
An Bord wächst die Spannung, denn wir sind immerhin schon gleich 700 Kilometer von zu Hause entfernt und immer noch will sich unten nichts zeigen, was sich bewegt. Wir sind nicht hoch, höchstens 1500 Meter über Grund. Da – endlich ein Zug! Rauchwolke der Lokomotive.
Stoffregen und Sepp gehen nach unten. Ich bleibe oben und beobachte. Beide haben Pech. Die Bomben gehen in den Wald. Jetzt hänge ich im Sturz. Die Biegen der Geleise laufen durch den Längsfaden meines Visiers. Der Boden kommt näher – jetzt!
Im letzten Augenblick wird aus dem flachen Gleitflug ein steiler Sturz. Ich ziele knapp vor die Lokomotive und schicke die Bomben

im »Steckrübenverfahren« nach unten. Beim Abfangen kommen wir so tief, daß die Bäume links und rechts höher erscheinen als die Tragflächen der »Cäsar«. Im steilen Hochziehen kann ich dann über die Schulter sehen, daß Rauch- und Drecksäulen aus dem Bahnkörper hochschießen. Und dann sehen wir, wie die Lokomotive in den Trichter einer unserer Bomben kippt. Der ganze Zug bricht auseinander. Wagen verkeilen sich ineinander, stürzen um oder über die Böschung. Wir machen uns mit Bordwaffen über die Reste her. Es sind Tankwagen dabei. Diese beschießen wir in laufenden Tiefangriffen. Es dauert lange, bis Flammen kommen. Dann aber steht bald eine dicke schwarze Rauchsäule in der Luft. Auch ein zweiter Tankwagen fängt Feuer und brennt.
Schleunigst suchen wir das Weite, denn der Flugplatz Niwa liegt in der Nähe. Dort liegen Jäger.
Und wieder der Heimflug unter der Mitternachtssonne. Es ist nicht zu beschreiben. Unter uns die tote Landschaft des Nordens. Kahle Felsplateaus, mit Schneefeldern bedeckt, wechseln ab mit Moorlandschaften und mit unübersehbaren Urwäldern aus Krüppelbirken und verkümmerten Fichtenbeständen. Wehe der Besatzung, die hier notlanden muß!
Immer wieder überraschen wir weidende Rentierherden. Die Tiere tun mir leid, denn sie jagen in panischer Flucht und Angst in allen Windrichtungen davon.
Auf dem Flugplatz Niwa haben die Russen im Laufe der Zeit eine große Zahl von zweimotorigen Martinbombern stationiert, die besonders unseren finnischen Verbündeten lästig werden. Wir haben den Auftrag, diese gefährlichen Bomber auszuschalten. Und ich meine, das haben wir auch wirklich geschafft. Der Angriff vom 18. 6. ist mir noch gut in Erinnerung.
Von Banak aus starten wir mit zwölf Ju 88 in Richtung Kirkenes, wo wir Me 110 als Begleitschutz erhalten sollen. Über Kirkenes liegt jedoch eine geschlossene Wolkendecke. Das macht es den Me 110 offenbar unmöglich, zu starten, so daß wir ohne Begleitschutz fliegen müssen, in der Hoffnung, daß auch die russischen Jäger dem schlechten Wetter auf den vor uns liegenden 700 Kilometern nicht gewachsen sind. Wir drehen, im aufgelockerten »Sauhaufen« fliegend, in südliche Richtung.
In Zielnähe reißen die Wolken unter uns zwar etwas auf, erlauben aber trotzdem nicht, Bodenorientierung aufzunehmen. Hans hat

wie immer peinlich genau mitgerechnet und erklärt, daß das Ziel unmittelbar vor uns liegen muß. Wir sind 4000 Meter hoch. Unter uns eine fast geschlossene Wolkendecke. Oblt. Flechner, der den Verband führt, fliegt weiter geradeaus.
Da verlasse ich mich lieber auf Hans, nach dessen Rechnung wir über dem Ziel sein müssen, und verlasse den Verband. Wir tauchen in die Wolken – kommen bei 2000 Meter Höhe unten raus. Voraus ein gelbbrauner Fleck – der Platz! Hinter den Wolken Deckung suchend fliege ich im Zickzack näher an das Ziel heran. Wir wollen uns erst Klarheit verschaffen, wie es dort aussieht, und wie es möglicherweise mit der Abwehr bestellt ist. Dann sehen wir, daß Bombeneinschläge hochgehen, sehen, wie schwarze Rauchsäulen in den Himmel steigen. Ein Zeichen, daß Flechner und die anderen das Ziel auch gefunden haben und bereits angreifen. Ich mache mir nun Vorwürfe, den Verband über den Wolken verlassen zu haben und nun als Nachzügler womöglich Zielscheibe zu werden. Hans zeigt auf die Südwestseite des Flugplatzes, wo sauber ausgerichtet wie zur Parade eine Reihe zweimotoriger Bomber steht. Also drauf! Die Cäsar geht fast von alleine in Angriffsposition und stürzt sich auf das Ziel. Unsere Bombenreihe legt sich über die Zweimotorigen, die wir in wenigen Metern Höhe überfliegen. Hans schießt dabei mit der Kanone. Er hat sich die Kopfhaube halb nach hinten geschoben. Daß er dadurch keine Verbindung mit mir und der Besatzung mehr hat, kümmert ihn nicht.
Ein Schwarm silberglänzender Doppeldecker startet buchstäblich neben uns aus dem Platz, während wir mit hoher Fahrt über die Bomber hinwegfegen. Wir schießen aus allen Bordwaffen dabei.
Ich bin nie ganz schlau geworden aus der Taktik der russischen Jagdflieger an den Flugplätzen der Eismeerfront. Offenbar werden sie viel zu spät alarmiert, denn jedesmal, wenn wir einen Flugplatz anfliegen, können wir neben einem Schwarm, der unter uns im Steigflug ist, auf dem Rollfeld eine Staubwolke sehen, aus welcher weitere Flugzeuge herausstarten. Wir haben den Eindruck, daß sie nicht in erster Linie den Luftkampf mit uns suchen, sondern sich vielmehr in Sicherheit bringen wollen, denn am Boden sind sie ja unsere sichere Beute. Erstaunt sind wir nur über die große Zahl. Wir mögen sie dutzendweise vernichten: das nächste Mal sind genau wieder so viele da.
Natürlich ist die Murmanfront für Rußland äußerst wichtig. Mur-

mansk ist neben Archangelsk und Kandalakscha der wichtigste Hafen für die Einfuhr der lebenswichtigen Waffen- und Versorgungslieferungen aus dem Westen. Und die Murmanbahn ist die Versorgungsader, die für die Russen lebenswichtig werden kann.
Entlang der finnischen Grenze von Petsamo bis herab zum Ladogasee spielt sich inzwischen ein Urwaldkrieg von unvorstellbarer Erbitterung und Grausamkeit ab. Es gibt hier keine Frontlinie. Der Kampf stellt sich als eine Vielzahl von Einzelaktionen dar – vornehmlich in Form von Spähtruppunternehmungen. Träger der Hauptlast sind unsere finnischen Verbündeten, unterstützt durch ein verhältnismäßig kleines Kontingent deutscher Truppen.
Man sagt, daß die urwaldähnlichen Bedingungen, sowie der Fanatismus auf beiden Seiten zu einer Taktik des »lautlosen Abschlachtens« geführt habe. Das Finnenmesser, der Puuko, spielt dabei eine besonders grausame Rolle.
Post kommt mehr als spärlich, das macht uns zu schaffen.
Unser Speisezettel ist eintönig, entsprechend den vorhandenen Vorräten und dem oft ausbleibenden Nachschub. So hatten wir jetzt eine Zeit lang kein Brot. Nur widerlich schmeckende getrocknete Kartoffeln und Schweinefleisch aus Büchsen. Angeblich sind zwei Versorgungsschiffe hintereinander versenkt worden.
Wir müssen einfach selbst für eine Bereicherung des Speisezettels sorgen. Unser Flugplatz hat als westliche Grenze den Lakselven, also den Lachsfluß. Hier wird emsig mit improvisierten Geräten, aber mit gutem Erfolg, gefischt. Es bilden sich Gemeinschaften um selbstgebaute Räucheröfen. So haben wir im Überfluß die einmalige Delikatesse frisch geräucherten Lachses. Und was wir aus Pilzen, Beeren und ranziger Butter machen, kann auch verwöhnte Gaumen zufriedenstellen.
Wild bekommen wir seltener, es gibt hier einfach zu wenig. Ab und zu bringt einer einen Schneehasen mit, an dem nichts dran ist, oder einen Vogel, irgendeine Hühnerart. Aber so langsam bekommt man einen Koller in der Einöde hier.

29. August 1941

Wir fliegen »bewaffnete Aufklärung im Gebiet der Färöer-Inseln«. Erkens und Baumbach sind mit unterwegs.
Das Wetter ist beim Start, auf der Strecke über See und im Zielgebiet

schlecht. So schlecht, daß ich mir überlegen muß, abzubrechen und wieder nach Hause zu fliegen. Aber wir fliegen weiter, in der Hoffnung, im Zielraum vielleicht doch bessere Bedingungen anzutreffen. Der Spielraum zwischen den Wolkenfetzen und der aufgewühlten See ist gerade groß genug, daß die Ju 88 noch hineinpaßt.

Wenn unsere Navigation gestimmt hat, dann müssen wir nach knapp drei Stunden am Ziel sein. Und es hat gestimmt! Zum ersten Male sehen wir die Färöer: Schwarzglänzende, regennasse, steilaufragende Felswände steigen links neben uns aus dem Wasser und verschwinden nach oben zu in den Wolken. Ein Fischerboot huscht unter uns durch. Schießt hinter uns her.

Hans ist sogar in der Lage, durch Vergleich mit der Karte unseren Standort zu bestimmen.

Das Wetter ist so hoffnungslos schlecht, daß es sinnlos wäre zu suchen. Es gibt hier auf den Inseln nur einen einzigen kleinen Hafen, wo es sich lohnen könnte, unsere Bomben loszuwerden. Den steuern wir an, indem wir uns buchstäblich von Felskante zu Felskante durch die herabhängenden Wolkenfetzen mogeln. Wir finden ihn. Das für den Norden typische Bild: Kahle Felsen, bemalte Holzhütten, Einsamkeit. Ein zweiter Anflug ist notwendig, um bei dem hoffnungslos schlechten Wetter die Bomben wenigstens in dem kleinen Hafen unterzubringen. Es gelingt, die Dinger zwischen die dort liegenden kleinen Schiffe zu werfen. Und – sieh mal an, wir werden dabei in einer Weise von Flak beschossen, »wie in den besten Zeiten«. Wirkungsbeobachtung, Erfolgsmeldung oder so ist natürlich nicht drin. So fliegen wir zurück, sind froh, daß wir den schmalen Durchschlupf zwischen den Orkneys und Shetlands unbehelligt passieren können. Nach sechseinhalb Stunden landen wir um 19.20 Uhr in Stavanger.

Erkens ist schon da. Er hat seine Bomben ins Wasser geworfen.

Wir müssen lange warten, bis auch Baumbach kommt.

Er meldet, daß er ein großes Frachtschiff in einem Fjord auf den Färöern versenkt hat!

Ich kann das einfach kaum glauben, nachdem ich um dieselbe Zeit dort gewesen bin, mir alle erdenkliche Mühe gegeben habe, bis ich angesichts des Wetters aufgegeben habe.

30. August 1941
Stavanger

Heute war ein Aufklärer drüben an den Färöern. Er fand den von Baumbach versenkten Frachter an genau der von ihm angegebenen Stelle!
Hat dieser Mensch einen einmaligen »Riecher«! Und er kann was!

22. Dezember 1941
Orscha!

Mehr als ein Vierteljahr ist inzwischen vergangen.
Wir sind an den Mittelabschnitt der Ostfront, hier nach Orscha, verschlagen worden.
»Oben« scheint es recht durcheinanderzugehen, denn die Verlegung hierher entspricht gar nicht dem, was für uns vorgesehen war.
Der Reihe nach:
Bis Ende September blieben wir in Stavanger. Die Gruppe stand bis dahin im Einsatz gegen England. Ich selbst flog noch zwei jener langen und gefährlichen Flüge »rund um die schottische Nordküste«. Dazwischen verlegten wir für eine knappe Woche nach Drondheim, weil irgendwo im Nordmeer ein englischer Flottenverband herumgeisterte, gegen den wir eingesetzt werden sollten. Es kam aber nicht dazu.
Dann hatte ich endlich das Glück und bekam meinen längst fälligen Urlaub.
Drei Wochen in der Heimat!
Mit einer reparaturbedürftigen Ju 88 flogen wir bis Dessau. Es ist alles fremd geworden für uns in Deutschland. Ich habe Tage gebraucht, bis ich mich wenigstens einigermaßen zurechtfinden konnte. Auf der einen Seite der Militärbetrieb – Bahnhofswache, Ortskommandantur, Ausweiskontrolle, Schlangestehen, »können Sie nicht grüßen!« – »Bei uns hier herrscht Ordnung – merken Sie sich das, Mätzchen können Sie sich vielleicht draußen leisten, aber nicht hier bei uns!« Und auf der anderen Seite eine allgemeine Stammtisch-Atmosphäre, die unsereinem zwar schmeicheln will, aber wegen des illusionären Hintergrundes, der durch bewußte Fehlinformation oder einfach durch Blindheit entstanden ist, deprimiert.
Ein Glück, daß es gelingt, sich einfach »herauszuhalten«. Meine

Frau, meine Eltern, die Landschaft daheim! Per Telegramm wurde ich benachrichtigt, daß ich nach dem Urlaub direkt nach Gilze-Rijen reisen solle. Die Gruppe ist inzwischen dorthin verlegt worden.
Dort wurden wir »aufgefrischt«. Das bedeutete neue Besatzungen. Das bedeutete aber in unserem Falle diesmal auch, daß wir neue Flugzeuge erhielten: Die Ju 88 A-4. Sie hat stärkere Triebwerke und verstärkte Tragflächen, ist besser und moderner. Eine neue Automatik z. B. regelt, daß die Drehzahl der Triebwerke konstant bleibt, gleichgültig, ob wir stürzen, steigen, mit voller Leistung fliegen, oder im Leerlauf.
Das bedeutet eine ganz wichtige Entlastung für den Piloten und Schonung der Triebwerke, denn bisher war man ständig damit belastet, die Drehzahl von Hand zu regeln, um einerseits optimale Leistung und andererseits größtmögliche Schonung der Triebwerke zu erreichen. Neben weiteren Verbesserungen haben wir auch eine erheblich wirksamere Bewaffnung erhalten durch das MG 81 und das MG 131, sowie die 2-Zentimeter-Kanone 151. Junkers-Ingenieure und -Piloten weisen uns ein und schulen uns um. Mir fällt natürlich sofort wieder die Rolle eines Lehrers zu.
Soweit es geht, mache ich aus der Situation das Bestmögliche. Die Ausbildungsflüge führen mich in buchstäblich alle Länder und Ekken, wo Flugplätze sind, die uns gehören.
Der Ausbildungsstand der jungen Besatzungen ist bedenklich schlecht. Ich muß wie ein Ochse arbeiten, um sie wenigstens so weit zu bringen, daß sie die Angst vor dem Flugzeug verlieren. Die Angst vor dem Feind müssen sie sich ja sowieso selbst abgewöhnen.
Gespräche mit den jungen Piloten bestätigen mir, daß die Ursachen des schlechten Ausbildungsergebnisses im Kommißbetrieb liegen:
Der Leiter der Schule muß Oberst werden, der Fluglehrer muß Oberfeldwebel werden, der Befehl von »oben« schreibt die »Produktion« vor. Nur Zahlen imponieren noch. Das ganze ist ein einziges großes Unglück!
Ich bin sicher, besonders angesichts der Erfahrungen mit den Ingenieuren und Piloten von Junkers, daß wir weit weniger Verluste und daß wir weit mehr Erfolge hätten, wenn die Führung nicht mit Laufbahnoffizieren sehr unterschiedlicher Qualitäten besetzt wäre, sondern schlicht mit Technikern und Piloten. Davon aber haben wir sowieso zu wenige, wogegen die anderen offenbar im Überfluß zur Verfügung stehen.

WINTERKRIEG AN DER OSTFRONT

Anfang Dezember erhielten wir dann den Befehl zur Verlegung in den neuen Einsatz: im Norden Finnlands, in Kemi, sollten wir den Winter verbringen. Von unserer I. Gruppe, die uns in Banak abgelöst hat, hören wir, daß der Luftkrieg an der Murmanfront härter geworden ist. Neuerdings tauchen dort auch modernere russische und amerikanische Jagdflugzeuge auf. Und die Bodenabwehr ist noch verstärkt worden.

Am 8. Dezember starten wir bei schlechtem Wetter einzeln zum Flug in den hohen Norden. In Ludwigslust, das als Ausweichplatz bestimmt war, finden wir uns dann alle wieder. Ein Weiterflug war unmöglich geworden. Nach vier Tagen des Wartens besserte sich das Wetter so weit, daß wir den nächsten Sprung bis Heiligenbeil in Ostpreußen wagen konnten. Dort herrschte eisige Kälte bei niedriger Wolkenhöhe und schlechter Sicht.

Wieder lagen wir hoffnungslos fest – für eine ganze Woche. Stoffregen versuchte es, nach Kemi durchzukommen, mußte aber auf halbem Wege wieder umkehren. Mit ganz schwerer Vereisung fiel er in Heiligenbeil buchstäblich wieder aus den Wolken.

Dann kam die Überraschung in Form eines neuen Einsatzbefehls: Wir sollen sofort nach Orscha verlegen und dort im Mittelabschnitt der Ostfront eingesetzt werden. Unsere Maschinen wurden für den Winterkrieg mit einem weißen Tarnanstrich versehen. Wir warteten weitere Tage, bis es endlich am 21. Dezember, drei Tage vor Weihnachten, möglich war, die Verlegung durchzuführen. Der Platz ist relativ gut ausgebaut. Wir bewohnen feste russische Kasernen, die für unsere Begriffe allerdings primitiv genug sind. Nach allem aber, was wir in der Umgebung des Platzes in den russischen Dörfern sehen, ist es bei uns geradezu luxuriös. Jede Besatzung hat ein Zimmer, dessen wichtigste Einrichtung ein großer, gemauerter Ofen ist. Es ist so bitter kalt, wie es noch keiner von uns erlebt hat. Längst ist alles Brennbare in der näheren Umgebung – einschließlich der Treppengeländer – verheizt. Unsere Hauptbeschäftigung besteht darin, Brennholz aus den Wäldern der Umgebung

heranzuschaffen. Als Helfer stehen uns russische Kriegsgefangene zur Verfügung. Jeder von uns erhielt unmittelbar nach der Landung auch eine zusätzliche Winterausrüstung aus Pelzmantel, Filzstiefeln, Angoraunterwäsche, Schal, Pelzhandschuhen und weiteren warmen Kleidungsstücken.
Wir lösen hier eine Gruppe des KG 54 ab, die zur Auffrischung in die Heimat verlegt.
An der Front sieht es gar nicht gut aus.
Bei Kaluga-Tula im Südwesten von Moskau, sowie an der Front nordwestlich Moskaus übt der Russe starken Druck aus. Die Unseren müssen sich sogar zurückziehen. An manchen Stellen schon über 50 Kilometer.
Man sagt uns, es seien die letzten verfügbaren Reserven des Feindes. Um so wichtiger und dringlicher ist unser Einsatz zur Entlastung unserer schwer bedrängten Infanterie.
Der weitaus schlimmste Feind aber ist die Kälte. Die Ausfälle durch Erfrierungen an der Front sind katastrophal. Wir können das stündlich mit eigenen Augen sehen. Unmittelbar unter den Fenstern unseres Gefechtsstandes ist eine Verwundetensammelstelle eingerichtet. In kurzen Abständen landen hier Ju 52 mit Verwundeten, welche dort ihre erste ärztliche Betreuung erfahren. Es ist erschütternd, zu sehen, in welchem Zustand Hunderte und aber Hunderte hilfloser Gestalten aus den Flugzeugen in die Sanitätsstelle wanken oder transportiert werden. Wenn einer noch einigermaßen bei Kräften ist, trägt er einen halberfrorenen Kameraden auf dem Rücken. Man sieht Gestalten, fast bis an die Hüften nackt, das erfrorene Fleisch fast schwarz. Viele haben Hände und Beine mit Stroh umwickelt.
Wir sind von diesen Bildern so erschüttert, daß wir uns schämen, ein schlechtes Gewissen haben, angesichts unserer übertrieben guten Ausrüstung und angesichts unserer geheizten Zimmer in einer stinkenden Russenkaserne.
Die Transportmaschinen fliegen Verwundete hierher und nehmen sofort wieder Ersatz mit nach vorne. Die Armen erwartet ein grausames Schicksal. Ihre Ausrüstung ist mehr als notdürftig. Keine warmen Stiefel, keine Handschuhe, ein dünnes Mäntelchen, keine warme Unterwäsche, keine Strümpfe zum Wechseln. Mit Sepp Guggenmos beobachte ich, wie einer seinen Kameraden zeigt, wie man aus Stroh Überschuhe flechten kann.

Wie hieß es doch im Oktober? Der Russe ist erledigt, jetzt folgt nur noch das Aufwischen. Ich werde den Gedanken nicht los, daß da oben einer einen gewaltigen Rechenfehler gemacht hat.
Sepp und ich gehen in unsere Kaserne und holen den ganzen warmen Krempel, den wir neulich empfangen haben und den wir gar nicht brauchen. Alles verschenken wir an die Landser. Andere machen es genauso. Das muß natürlich heimlich geschehen, damit es kein Zahlmeister merkt. Sonst kämen wir wahrscheinlich vor ein Kriegsgericht.
Aber es ist einfach ein Hohn, daß hier am Flugplatz Waggonladungen bester Wintersachen sauber gelagert und registriert sind, während gleichzeitig Soldaten zu Tausenden erfrieren.
Warum geschieht nichts?
Da kann es nur eine Antwort geben: Ignoranz, Unfähigkeit, Dummheit, Gleichgültigkeit, Mangel an Phantasie und fehlende Zivilcourage bei den Stäben.
Immer und überall stößt man auf diese kennzeichnenden Eigenschaften. Was sind das bloß für Menschen?
Darüber haben wir uns oft unterhalten. Unter den Soldaten und Offizieren in unserer Gruppe habe ich zwei Grundtypen unterscheiden gelernt.
Jene, die ihren Ehrgeiz durch Erfolg im Einsatz und natürlich auch durch Auszeichnungen befriedigt sehen wollen und jene, die nur Interesse an ihrer Karriere haben. Diese beiden Typen unterscheiden sich grundsätzlich in ihren menschlichen und Charaktereigenschaften.
Warum zum Beispiel bleibt Oblt. Schneider bei uns, obwohl er, ohne ein schlechtes Gewissen haben zu müssen, mit seiner schweren Verwundung weiß Gott wohin gehen könnte. Er würde alle Voraussetzungen erfüllen, um an die Akademie zu gehen. Aber er bleibt hier.
Ernsthaft fragen wir uns manchmal, ob wir in unserem Urteil nicht doch zu hart und ungerecht sind. Schließlich waren die meisten Heimat- und Stabshengste ja auch einmal im fliegenden Verband. Und schließlich ist Stabsarbeit oder Ausbildungstätigkeit sicher auch nicht immer ein Zuckerlecken. Wenn man aber die Ergebnisse sieht und wenn man, wie gesagt, die Typen kennt, dann kotzt es einen oftmals einfach an.

22. Dezember 1941

Um 09.35 Uhr heute vormittag Start zu unserem ersten Feindflug an der Ostfront. Wir haben den Auftrag, Truppenbereitstellungen südlich von Kaluga anzugreifen. Eine für uns ganz neue Aufgabe. Das Wetter ist schlecht. Einzeln ziehen wir im Tiefflug durch herabhängende schwarze Wolkenfetzen. Es ist nicht leicht, sich zu orientieren. Außer der Karte haben wir keine Hilfsmittel. Unter uns verschneite, öde Landschaft. Wir folgen einer Straße in östlicher Richtung. Nie gesehene Bilder grauenhafter Verwüstung huschen unter uns hindurch. Kein Dorf, das nicht vollkommen niedergebrannt wäre. Ausgebrannte, zerschossene Fahrzeuge, Panzer und Kanonen lassen ahnen, wie vollkommen die Niederlage der Russen war beim ersten Ansturm unserer Heeresverbände.
Dann erwischen wir die Bahnlinie, welcher wir nach unseren Berechnungen nach Süden folgen müssen. Minuten später schon haben wir das Ziel unter uns. Es wimmelt in dem Ort, wie auch in der Umgebung und in den Wäldern von russischen Verbänden. Ich habe achtundzwanzig 50-kg-Bomben im Rumpf und vier zu 250 kg an den Flügeln. Diese verteile ich einzeln, indem ich immer wieder das Zielgebiet überfliege. Unten fliegen die Fetzen! Fahrzeuge fliegen durch die Luft. Mit Bordwaffen halten wir mitten hinein in Russenhaufen, die in panischer Flucht über die Schneefelder laufen.
Wir sehen, wie die Burschen sich auf den Rücken legen und mit ihren Gewehren nach uns schießen! Andere Ju 88 unserer Staffel sind eingetroffen und lösen uns ab.
Am Abend können wir zufrieden sein. Es gab keine Verluste, nur einige unbedeutende Treffer in den Maschinen. Die Infanterie hat sich in einem Fernschreiben bedankt. An dieser Stelle, wo wir angegriffen haben, konnte der Feind nicht nur aufgehalten, sondern wieder zurückgedrängt werden.

23. Dezember 1941

Wir haben seit sechs Wochen keine Post mehr erhalten.
Und morgen ist Weihnachten.
Die Kälte wird immer schlimmer. Das Thermometer erreicht 40 Grad unter Null.

Heute waren wir wieder an der Front.
Mit der »Cäsar« starte ich hinter Oblt. Molkenthin von der gewalzten Schneepiste des Platzes. Außerdem sind noch Willi Hachenberg, Haigl und Rudi Niedergesäß dabei. Wir fliegen engen Verbandsflug bei niedriger Wolkenhöhe. Ziel ist das Städtchen Tarussa, nordöstlich von Kaluga. Der Auftrag lautet wieder wie gestern: Bekämpfung von Truppen.
Bei Smolensk wird das Wetter so schlecht, daß wir bis auf den Boden herabgedrückt werden. Molkenthin ist ein fliegerischer Holzhacker. Er führt so, daß ich den Verband verlasse. Allein folge ich der Eisenbahn in Richtung Wyasma. Auch hier wieder die Bilder der perfekten Zerstörung: Links und rechts der Bahnlinie zerstörte Züge und zurückgelassenes Kriegsmaterial. Die Kette reißt nicht ab. Kein Bahnhof, kein Haus, kein Ort ist unzerstört.
Wir finden unser Ziel, erleben ähnliche Verhältnisse wie gestern. Ohne Verluste verlief auch dieser zweite Einsatztag. Wieder können wir zufrieden sein.
Und morgen ist Heiligabend!

24. Dezember 1941

Meine »Cäsar« ist nicht mehr! Der beste Vogel der ganzen Gruppe!
Der Leutnant Neher, dessen Flugzeug nicht einsatzbereit war, sollte mit der »Cäsar« einen kurzen und leichten Aufklärungsflug an die Front machen. Er ist nicht mehr zurückgekommen.
Ich blieb auf dem Gefechtsstand, bis es sicher war, daß keine Hoffnung mehr bestand.
Natürlich ist es der sympathische Neher und seine Besatzung, um die ich wie alle anderen besorgt bin. Für mich ist aber der Verlust meines Flugzeuges, als ob mir ein Stück Boden unter den Füßen weggezogen worden wäre. Vielleicht ist es Aberglaube. Ich komme mir aber verloren und verlassen vor, ohne »meinen« treuen Vogel, den ich liebe, einfach, weil er »Cäsar« heißt und deswegen, weil alle meine Vögel so geheißen haben und weil ich mich mit dieser Maschine angefreundet hatte. Jedes andere Flugzeug ist aus irgendeinem dummen Grunde einfach fremd, obwohl vielleicht überhaupt kein Unterschied besteht. Kluge Leute sollten sich wirklich einmal mit dem Phänomen des Aberglaubens befassen. Überhaupt war heute ein schwarzer Tag:

Volltreffer auf einen Frachter eines Geleitzuges im Eismeer.

Juni 1942.
Anflug auf das Ziel im lockeren Verbandsflug.

Juni 1942.
Während ein großer Angriff auf Murmansk abrollt, fliegen einige Ju 88 einen Ablenkungseinsatz gegen den Stützpunkt Teriberski an der Nordküste der Kola-Halbinsel. (Das Bild vermittelt einen Eindruck von einem besonders schönen Sommertag im hohen Norden.)

Tiefangriff auf einen russischen Bahnhof im Winter 1941/42. Aus der Überhöhung kommend überfliegt die Ju 88 mit hoher Geschwindigkeit in geringer Höhe die Gleisanlagen. Die Bodenabwehr hat keine Chance — sie ist überrumpelt. In den geöffneten Bombenschächten hängen 28 50-Kilo-Bomben (obere Bildreihe).

Zwei »Reihen« von je 4 Bomben werden maßgerecht auf die beiden Schwerpunkte des ausgedehnten Zieles gelegt (mittlere Bildreihe). Die restlichen 20 und die 4 250-Kilo-Bomben unter den Flügeln blieben weiteren Zielen vorbehalten.

Der Abflug erfolgt wegen der inzwischen aufgeschreckten Flak meterknapp über Häuser und Felder. Ein Blick nach hinten zeigt, daß eine Serie von Detonationen erfolgt. Das läßt darauf schließen, daß möglicherweise Munitionswagen in die Luft fliegen. Bei einem nochmaligen Überflug ist erkennbar, daß sich die Detonationen von Wagen zu Wagen fortsetzen (untere Bildreihe).

Willi Erkens kam mit zerschossener Mühle nach Hause. In anderen Besatzungen gab es zusammengerechnet sieben zum Teil schwer Verwundete.
Die Staffeln haben Vorbereitungen getroffen, den Heiligen Abend zu feiern.
Die Stimmung ist überall ein bißchen festlich, soweit wir das überhaupt noch kennen, besser gesagt – können.
Ausgenommen bin mal wieder ich mit meiner Besatzung. Wir sollen nämlich in dieser Weihnacht fliegen. Ja, wir sollen den Versuch unternehmen, einen Bahnhof, weit hinter der Front, bei Nacht anzugreifen. Mit Stoffregen und Schneider sitzen wir auf dem Gefechtsstand und warten, während in den Unterkünften der Staffeln gefeiert wird. Das Wetter ist hoffnungslos. Aber von der Luftflotte erhalten wir auf unsere Anfragen immer wieder die Antwort, wir sollen doch abwarten, es wäre noch keine Entscheidung gefallen. Erst spät nach Mitternacht sagt dann der diensthabende Telefonist durch, der Einsatz müsse wegen des Wetters ausfallen.
Unsere Techniker draußen auf dem Platz waren halb erfroren, als wir sie abholten, um in die Staffelunterkunft zu fahren. Dort werden wir zwar mit lautem Hallo empfangen, schaffen es aber nicht mehr, in Stimmung zu kommen wie die anderen.
Erster Weihnachtsfeiertag 1941.
So also sah gestern der Heilige Abend aus!
Heute erlebe ich nun meinen dritten Feindflug an der Ostfront. Mit Molkenthin und Rudi Niedergesäß bin ich unterwegs, um Truppenbewegungen auf der Straße Belew-Odojewo anzugreifen.
Aus 2000 Meter Höhe erkennen wir schon aus großer Entfernung unser Ziel: eine dunkle Schlangenlinie, die sich durch die weiße Fläche schlängelt.
Wir stürzten dem Boden entgegen.
Die Straße ist vollgestopft mit Russen. Kolonnen – Kolonnen – Kolonnen.
Sie sind uns ausgeliefert. Vollkommen ausgeliefert. Jedesmal, wenn die Straße gut in unserer Richtung liegt, lasse ich einige Bomben fallen. Sie können gar nicht fehlgehen. Gleichzeitig bellen unsere Bordwaffen. Es muß unten fürchterlich wirken, wie aus den Meldungen von Theo und Hein zu entnehmen ist. Wir lassen erst ab, als wir keine Bombe mehr an Bord haben und als der letzte Schuß verschossen ist.

Drei Stunden waren wir weg. Und kein Gedanke, daß heute Weihnachten ist.
Andere Besatzungen lösen uns ab. Die Techniker am Boden sind halb erfroren.

28. Dezember 1941

Mit der 4D+EP Feindflug gegen den Bahnhof Torschok, nordwestlich von Kalinin.
Die Kälte hat noch zugenommen.
Unseren Soldaten an der Front geht es noch schlechter. Unsere Techniker draußen auf dem zugigen Platz müssen sich bei ihrer Arbeit in immer kürzeren Abständen ablösen. Allein das Betanken einer Ju 88, unter normalen Verhältnissen eine Angelegenheit von Minuten, dauert jetzt manchmal eine ganze Stunde.
Viele Maschinen kommen überhaupt nicht zum Start, weil die Motoren nicht in Gang zu bringen sind.
Glücklicherweise gelingt es mir, die »Emil« zum Laufen zu bringen. Als Erster bin ich startklar.
Ich erhalte den Auftrag, Wetteraufklärung zu fliegen und am Ziel zu entscheiden, ob ein Angriff nachfolgender Flugzeuge sinnvoll ist.
Es ist genau 08.25 Uhr, als ich über die holprige Schneepiste rase. Ich bin froh, als meine schwere Ju 88 – mehr schwimmend als fliegend – meterknapp über die Umzäunung des Platzes hinausstartet. Erstmals an diesem Tage spüren wir angenehme Wärme, als nun die Heizung wirksam wird. Wir drehen auf Ostkurs und steigen dabei in die Wolken. Vereisung brauchen wir nicht zu befürchten, denn bei dieser Kälte bestehen die Wolken aus Eisnadeln, welche sich nicht am Flugzeug festsetzen können. Durch feinste Ritzen dringt Eisstaub in die Kabine. Wir sind schnell weiß überpudert. Gegen das Ziel zu lichten sich die Wolken. Bald wird es fast ganz wolkenlos, so daß wir aus unserer Höhe von 3500 Metern schon weit voraus die Bahnlinie als schwarzen Strich in der weißen Monotonie ausmachen können. Wir befinden uns mehr als 300 Kilometer im feindlichen Hinterland. Unser Ziel ist gut zu erkennen, weil von dort aus mehrere Nachschubstraßen strahlenförmig in westlicher Richtung verlaufen. Es sieht aus, wie die gespreizten Finger einer Hand, die in Richtung auf die Front zeigen.

Schon vor dem Angriff gebe ich Hein die Anweisung, den Wetterbericht nach Orscha zu funken.
Der Bahnhof, der bald in die Glasscheibe zwischen meinen Beinen einläuft, ist voll belegt mit Zügen. An den Rampen ist ameisenhafter Hochbetrieb. Die Vorbereitungen zum Sturz erfordern heute einen Handgriff weniger: Das Schließen der Kühlerklappen. Diese sind bei einer Außentemperatur von minus 53 Grad sowieso geschlossen.
Dann habe ich die Gleisanlagen, die Rampen und die Schuppen in meinem Reflexvisier. Von irgendwoher kommt leichte und schwere Flak. Aber wenig. Ich kann in Ruhe stürzen und zielen.
Es ist wie auf dem Übungsplatz, nur einfacher, weil das Ziel eine vergleichsweise riesengroße Fläche ist.
Im Abfangen kann ich mich durch einen Blick nach hinten davon überzeugen, daß unsere Koffer genau liegen.
Theo dirigiert mich inzwischen so, daß er Schußfeld für seine »Robot« erhält, mit welcher er Wirkungsfotos machen muß.
Nach dem Verlassen der Flakzone gehen wir in den Tiefflug, entlang einer der Nachschubstraßen, in Richtung Westen. Wenn ich mich geschickt verhalte, kann ich Tiefangriffe mit unseren Bordwaffen jeweils überraschend ansetzen.
Ausgeliefert sind uns die Kolonnen auf der Straße zwar auf keinen Fall schutzlos. Aber das Überraschungsmoment ist für uns selbst der beste Schutz gegen die sehr wirksame, gefährliche Abwehr von unten. Unsere neue, elektrische 2 cm-Kanone und die neuen Maschinengewehre mit ihrer hohen Feuergeschwindigkeit und ihrem überschweren Kaliber bewähren sich hervorragend. Bis zur letzten Granate und zur letzten Patrone mähen wir in die Kolonnen hinein. Wir sollten viel mehr Munition an Bord haben, denn was da unter uns auf die Front zurollt, ist unbeschreiblich. Wo kommen diese Massen denn bloß her?
Kurz bevor wir die Front überfliegen, drehen noch zwei Ratas auf uns ein. Ich kann sie gerade noch rechtzeitig in einer Entfernung von ca. 400 Meter erkennen.
Ein Steigflug mit »Kampfleistung«, dem sie nicht folgen können, rettet uns.
Flakbeschuß zeigt uns an, daß wir die Front überfliegen. Es wird von beiden Seiten auf uns geschossen. Das ist zwar immer wieder ärgerlich, aber wer will unseren armen Infanteristen da unten übel-

nehmen, wenn sie angesichts ihrer verzweifelten Lage einfach drauflosballern. Schließlich bleibt ja auch wenig Zeit, anfliegende Flugzeuge einwandfrei zu identifizieren.
Nach drei Stunden sind wir wieder am Boden.
Ein bis zur Unkenntlichkeit vermummter Erster Wart empfängt uns. Die genaue Untersuchung der »Emil« ergibt, daß wir einige Gewehrtreffer erwischt haben, die aber keinen ernsthaften Schaden angerichtet haben.

29. Dezember 1941

100. Feindflug!
Es ist dasselbe Ziel wie gestern.
Wir haben uns aus Bruchmaschinen eine Anzahl Munitionskästen für die Maschinengewehre organisiert.
So können wir, wenn wir leergeschossen sind, die neuen Kästen einsetzen, was unsere Kampfleistung bei Tiefangriffen auf Truppen natürlich erhöht.
Mit gemischten Gefühlen starten wir.
Weil wir halt doch alle etwas abergläubisch sind, verursacht die magische Zahl »Hundert« einen doppelten Druck in der Magengegend. »Hoffentlich geht nicht ausgerechnet heute etwas schief ...«
Das Wetter ist gut. Strahlender Sonnenschein. Unendliche weiß glänzende Landschaft unter uns.
Ich führe eine Kette, bestehend aus dem Oblt. Hollmann und dem Fw. Wrede, zwei Neuen, und mir selbst.
Als Hans dann am Ziel, schon mitten in der seit gestern anscheinend verstärkten Flak, die Bombenabwurfanlage einschaltet, fallen unsere Bomben aus unerklärlicher Ursache. Vielleicht irgendein Kurzschluß in der elektrischen Anlage oder ein festgefrorener Schalter.
So muß ich ergebnislos abbrechen. Unsere vier Bomben hinterlassen schwarze Flecken irgendwo in der weißen russischen Landschaft.
Mit um so größerer Entschlossenheit stürzen wir uns jetzt aber auf die Nachschubstraßen. Wir suchen die dicksten Knoten in dem Heerwurm unter uns aus.
Pferde gehen durch, Reiter purzeln in den Schnee. Ehe sich eine Abwehr ernsthaft bemerkbar machen kann, sind wir wie ein Spuk verschwunden, um einige Minuten später an anderer Stelle hinter den Hecken hervor über den nächsten Haufen herzufallen.

Alle haben wir dabei das Bild unserer eigenen Landser vor Augen, die diesem Aufmarsch standhalten sollen mit Mitteln, die mehr als unzureichend sind.
Und als wir keinen Schuß Munition mehr haben, setzen wir die Angriffe fort, auch wenn wir nicht mehr erreichen, als daß unten Stockungen, Durcheinander und ineinander verkeilte Kraftfahrzeuge der Erfolg sind.
Gäbe es nur mehr Flugzeuge! Ich bin sicher, daß es mit einem geringen Mehraufwand leicht möglich wäre, den feindlichen Nachschub so weit zu stören und zu zerschlagen, daß der Druck gegen unsere eigenen Stellungen leichter abzuwehren wäre.

1. Januar 1942

Jahreswechsel!
Wir haben ein bißchen gefeiert. Es kam aber keine richtige Sylvesterstimmung auf.
Lt. Copak (»Poldi«) von der Fünften war unterwegs zu einem Nachteinsatz gegen die Molotow-Werke (Panzer und Kraftfahrzeuge) in Gorki, südöstlich von Moskau. Spät nach Mitternacht kam er zurück. Es muß gut hingehauen haben.
Die Lage an der Front wird immer bedrohlicher. Deshalb ist man dazu übergegangen, uns auch zu Nachteinsätzen loszuschicken. Das geht in diesen hellen Mondnächten auch ganz gut. Unsere Zielräume liegen, sofern wir nicht die Nachschubbahnhöfe angreifen, unmittelbar hinter der Front. Die Sicht ist so gut, daß es möglich ist, kleinste Dörfer punktgenau anzugreifen. Ebenso erfolgreich sind Tiefangriffe entlang der Nachschubstraßen möglich. Hierbei haben wir sogar den Vorteil, daß die Abwehr vom Boden her nicht zum Schuß kommt, weil wir bis zum letzten Augenblick »unsichtbar« sind, selbst aber unsere Ziele gut sehen können.
Wir hören im Radio die Neujahrsansprachen der führenden Leute. Wir hören nur mit halben Ohren.
Hat uns das vergangene Jahr dem Frieden wirklich näher gebracht? Was wird das nächste Jahr bringen?
Aber mehr noch denkt ein jeder von uns nur daran, was uns der morgige Tag bringen wird. Wie wird das Wetter sein? Wer wird morgen dran sein? Wo wird es hingehen?
Ich will weiter nichts als am Leben bleiben!

Der Stabsgefreite Müller bewies wieder einmal, daß er eben ein besonderer Fall ist. Er betrank sich mit Haarwasser, als der »normale« Alkohol zu Ende war, und lallte mit Tränen in den Augen immer wieder: »Es leben die armen, armen vaterlosen Kinder!«

2. Januar 1942

In Anbetracht der bedrohlichen Lage an der Front ist für uns »rollender Einsatz« befohlen. Das bedeutet, daß wir »rund um die Uhr« fliegen müssen.

Das ist hier und in Anbetracht der hellen Mondnächte keine Schwierigkeit. Allerdings hört sich die Sache großartiger an, als sie wirklich ist. Von den etwa zwanzig Maschinen, die wir inzwischen noch haben, kann nur jeweils jene starten, die gerade startklar geworden ist. Das heißt nicht, daß die Mühlen nicht ausnahmslos technisch in Ordnung wären. Vielmehr hängt es davon ab, welches Flugzeug in Anbetracht der Kälte in Gang gebracht werden kann.

Für die Besatzungen bedeutet das, daß sie zum Warten verurteilt sind. Niemand weiß, ob und wann er abgerufen wird.

Oblt. Hollmann, unser technischer Offizier, ist der wichtigste und gefragteste Mann der ganzen Gruppe.

Er war es dann auch, der eine Idee hatte, die einen Extraorden verdient hätte.

Er »erfand« ein Verfahren, die festgefrorenen Triebwerke unserer Ju 88 in Gang zu bringen. Denn dies war unser kritischer Punkt: Die Motoren sprangen nicht an! Wir hängten uns mit fünf Mann an die Propeller und waren trotzdem nicht imstande, sie auch nur einen Zentimeter zu drehen. Der Schwungkraftanlasser verbrauchte die Kapazität unserer Bordbatterien bereits beim ersten Anlaßversuch.

Hollmann tat nun etwas, was ihn mit allen Vorschriften von »oben« in Gegensatz brachte und sehr viel echten Mut erforderte. Mut auch deswegen, weil strenge Vorschriften umgangen wurden. Der Erfolg ist in solchen Fällen ja bekanntlich nicht maßgebend, sondern vielmehr, daß da »einer aus der Reihe tanzt«. Er schloß nämlich an einem bestimmten Ventil, durch welches das Triebwerk mit Preßluft durchgedreht werden konnte, nicht Preßluft, sondern Acetylengas aus Schweißflaschen an. Dadurch brachte er hochexplosives Gemisch in die Zylinder, und das Triebwerk mußte, ob es wollte oder nicht,

anspringen. Auf diese Art gelang es, wenn auch mit größeren Abständen, immer wieder ein Flugzeug in die Luft zu bringen.
Hollmann hätte einen Orden verdient, mußte jedoch statt dessen froh sein, daß seine »Erfindung« nicht bekannt wurde.
Übrigens hatten auch die Russen offenbar dieselben Schwierigkeiten. Bei unseren Flügen hinter der Front haben wir nur sehr selten feindliche Flugzeuge in der Luft angetroffen. Dagegen beobachteten wir, daß russische Flugplätze jenseits der Front voll belegt waren. Dieser Winter muß also auch für die Techniker jenseits der Front zu hart sein!
Und noch eine entscheidende technische Neuerung hat es ermöglicht, daß wir bei der herrschenden fürchterlichen Kälte unsere Flugzeuge in die Luft bringen können. Dies ist das sogenannte »Kaltstartverfahren«. Es ist streng geheim. Und mit Recht!
Bei extrem großer Kälte verliert jedes Öl seine Schmierfähigkeit deswegen, weil es so zäh, so dickflüssig wird, daß der Schmierfilm an den Lagern »abreißt«. Metall reibt dann auf Metall, was unweigerlich zur Folge hat, daß die Lager »fressen« und daß damit auch das Triebwerk hin ist.
Es geht also darum, den Schmierstoff auch in kaltem Zustand dünnflüssig zu erhalten. Bei dem Kaltstartverfahren erreicht man das dadurch, daß man dem Schmierstoff Benzin beimischt, mehr oder weniger, je nach der Außentemperatur. Beim Anlassen hat das Triebwerk ein »dünnes« Öl, das zwar verringerte Schmierfähigkeit aufweist, aber immer noch besser ist als ein »abgerissener Ölfilm«. Das beigemischte Benzin verdampft schnell genug, so daß das Triebwerk bei Erreichen normaler Betriebstemperaturen bald wieder mit dem normalen Öl versorgt wird.

12. Januar 1942

Feindflug mit 4D + FP gegen den Bahnhof Gorbatschewo an der Strecke Tula – Orel.
Es ist mein 106. Feindflug.
Wir sind nun schon bald erfahrene Ostfrontflieger. An den für uns vollkommen neuen »Kartoffelkrieg«, wie wir es nennen, haben wir uns sehr schnell gewöhnt, zumal er ein Kinderspiel ist im Vergleich zu dem, was wir gegen England und an der Eismeerfront hinter uns haben. Die Staffelkapitäne müssen genau aufpassen,

daß sie die Einsätze gleichmäßig auf ihre Besatzungen verteilen. Noch nie hatten wir derart kurze Flüge von drei Stunden Dauer. Die Abwehr ist hier gewiß nicht auf die leichte Schulter zu nehmen, jedoch viel weniger gefährlich, als wir es bisher erlebt haben. Und sie ist viel leichter zu durchschauen und zu umgehen. Hier können wir wie nie zuvor die Wirkung unserer Angriffe mit eigenen Augen beobachten. Und letztlich haben wir hier das Gefühl, mit jedem Einsatz, mit jeder Bombe und mit jeder Garbe aus unseren Bordwaffen unseren eigenen Landsern unmittelbar zu helfen.
Um 09.30 Uhr also hebt die »Friedrich« ab.
Oblt. Molkenthin startet hinter mir. Er soll sich bei mir dranhängen.
Es ist ein herrlicher Tag. Wolkenlos, Sicht 50 Kilometer. Langsam steige ich in Richtung Front. Die Flak zeigt uns den Überflug an. Hans gibt mir kleine Kurskorrekturen. Nach 90 Minuten haben wir das Ziel vor uns.
Ich fliege in einer Höhe von 3000 Metern von Süden an. Das bringt den Vorteil, daß ich aus der Sonne heraus stürzen kann.
Der Bahnhof ist vollgestopft mit Zügen. Wir zählen mindestens sieben. Ich kippe ab.
Eine schlagartig in der Abfanghöhe einsetzende Flaksperre stört meinen Sturz. Ich muß noch einmal abfangen, wenn ich nicht riskieren will, daneben zu werfen. Wir steigen in einer weiten Kurve zu einem zweiten Angriff.
Molkenthin kam gut zum Angriff, wie wir aus den Dreckfontänen sehen, die aus dem Gelände hochschießen. Während ich zu meinem neuen Angriff anfliege, wartet er auf mich. Das zeigt mir die Flakwolke an, die ihn auf seinem Flugweg begleitet. Wieder läuft das Ziel zwischen meinen Beinen über die Glasscheibe – erreicht den roten Strich, der anzeigt, daß es Zeit ist, auf den Kopf zu gehen. Die »Friedrich« ist im Sturz!
Und diesmal geht es ohne ernstliche Störung ab.
Ich drücke auf den roten Knopf. Theo meldet aus der Wanne: »Fallen!« Dann fange ich vorsichtig ab, um Theo gutes Fotografieren zu ermöglichen. Er dirigiert mich: »Nicht so steil«, »mehr nach links«, »so ist es gut«. Dann kommt seine Meldung, daß die Bomben gut liegen und daß ich nun »rumziehen« könne, er sei fertig mit fotografieren.
In einer steil in den blauen Himmel gezogenen Kehrtkurve kann dann auch ich sehen, daß es da unten fürchterlich eingeschlagen

haben muß. Die Dreck- und Rauchwolken über dem Ziel zeichnen lange Schatten auf das weiße Schneefeld. Waggons und Lokomotiven liegen kreuz und quer dort, wo unsere Bomben einschlugen. Ein Brand ist entstanden.
Nun aber nichts wie weg und ab nach Hause!
»Hans – Kurs?« – »272 Grad!« – »Gut!«
Ich schalte die Kurssteuerung ein und lasse die Mühle langsam steigen.
»Kinder, ist das ein Wetterchen heute!«
Wir freuen uns alle auf den Rückflug und sind in übermütiger Stimmung. Ich biete Hans die übliche Zigarette an. Er holt aus der Knietasche Streichhölzer. Wir rauchen mit Genuß. Nun löse ich meine Gurte, die ich zum Angriff immer besonders fest und sorgfältig schnalle. Ich setze mich so bequem, wie es geht, ziehe mir die Sonnenbrille über die Augen. Schnee und Sonne blenden fast schmerzhaft.
Die Landschaft unter uns scheint tot und ausgestorben. So weit wir sehen können, weiße, glänzende Ebene. Gewohnheitsmäßig und eigentlich ohne besondere Aufmerksamkeit überfliegen meine Augen das Instrumentenbrett. Mit einmal bin ich hellwach: Irgend etwas stimmt nicht!
Ja – der rechte Motor zeigt nur noch ganz geringen Öldruck! Ein Griff zum Meß-Schalter: der Öltank ist leer! Also Ölverlust! Ich muß den Motor abstellen, bevor er sich festfährt oder gar zu brennen anfängt. Ehe die Besatzung richtig begreift, was los ist, geht die Luftschraube des kranken Triebwerks auf Segelstellung. Sie macht einige letzte Umdrehungen und steht.
Aus ist es mit der Ruhe! Wir sind 1500 Meter hoch und noch weit im feindlichen Hinterland.
»Hans, genauen Standort! Hein, Meldung nach Hause!«
Um das Gewicht zu reduzieren, lasse ich den Treibstoff aus dem Rumpftank ab. Zusätzliche Erleichterung verschaffe ich der »Friedrich« durch Absprengung der schweren Bombenträger.
Hein meldet, daß er Verbindung mit Orscha hat. »Hans, wie lange fliegen wir noch bis Orscha?«
»Moment, wir haben 250 am Stau und noch 380 Kilometer zu fliegen, macht – Augenblick – noch 1 Stunde und 32 Minuten!«
Ich habe etwas Höhe verloren. Aber nun, in 1200 Meter, scheint sich der Schinken zu halten.

Die »Friedrich« hängt schief in der Luft, aber ich habe mich schnell daran gewöhnt. Der eine Motor brummt in gutem und gesundem Ton. Wir befinden uns immer noch über feindlichem Gebiet. Bloß hier nicht runter müssen. Wir haben alle eine Heidenangst vor der Gefangenschaft.
Die Minuten vergehen. Es kündigt sich der Überflug der Front in üblicher Weise an. Auch das bringen wir trotz unserer geringen Geschwindigkeit gut hinter uns.
Sorgfältig beobachte ich das Gelände und halte ständig Ausschau nach einem geeigneten Platz für eine Bauchlandung, für den Fall, daß auch das andere Triebwerk noch »sterben« sollte. Ich fahre den Motor so schonend, als es irgend geht.
Die Besatzung verhält sich mustergültig. »Theo, pumpe doch mal von Hand etwas Sprit aus dem rechten Behälter nach links!«
»Hans, wie lange fliegen wir noch?«
»Hein, Anmeldung an Peiler Orscha, daß wir um 12.55 landen werden und Feuerwehr und Bergungskommando brauchen!« – »qdm 286 – danke!« Kursänderung um 10 Grad nach rechts! »Geht ein bißchen schwer, alter Bock, was – mit einem Motor!«
Voraus der Platz!
Zur Landung versuche ich, den Motor nochmal anzulassen. Geht nicht! Also einmotorig landen! »Hein, Meldung an Boden!« Wir überfliegen in 400 Meter Höhe den Platz. Unten stehen sie in Gruppen beisammen und schauen herauf. Eine Einmotorenlandung mit der Ju 88 ist immer aufregend, wahrscheinlich mehr noch für die am Boden, als für die im kranken Vogel.
Längst habe ich mich entschlossen, nicht, wie befohlen, eine Bauchlandung zu machen, sondern das Fahrwerk auszufahren. Die Besatzung habe ich gar nicht erst gefragt, obwohl wir gebrannte Kinder sind, wenn ich an die mißglückte einmotorige Nachtlandung damals in Gilze-Rijen denke. Die Verhältnisse hier sind aber anders als damals. Wir haben hellen Tag. Ich habe inzwischen immer wieder und ganz planmäßig geübt, die Ju 88 einmotorig zu landen. Und nicht zuletzt: Wir haben die Tragödie einer Besatzung vom KG 76 erlebt, die einmotorig auf dem Bauch gelandet ist und dabei deswegen ums Leben gekommen ist, weil sich der Vogel in die Schneewand am Rande der Startbahn gebohrt hat, wobei die Glasfenster der Kanzel eingedrückt wurden. Der Schnee wurde beim weiteren Rutschen mit solchem Druck in die Kanzel gepreßt, daß drei von

den vier Besatzungsmitgliedern nur noch tot geborgen werden konnten.
Laut sage ich jeden Handgriff, den ich tue, in die Eivau: »Ich fahre die Klappen!« – »Jetzt fahre ich das Fahrwerk!« Theo meldet: »Kommt!«
Hans schießt inzwischen eine rote Leuchtpatrone ab, um die unten nochmals zu warnen.
Die Anzeige der Kontrollampen bestätigt, daß das Fahrwerk ausgefahren und verriegelt ist.
Ich befinde mich mitten über dem Platz.
Langsam nehme ich das Gas zurück und trimme gleichzeitig die Ruder wieder in Normalstellung.
Dann bin ich nur noch Segelflieger. Im Gleitflug schlage ich einen sehr engen Haken an der Platzgrenze entlang. Das Landekreuz liegt dabei immer in der Verlängerung der linken Tragfläche.
Es kann eigentlich gar nichts schiefgehen. Schon bin ich im Anschweben auf den Aufsetzpunkt. Da rollt eine Ju 52 an den Start, ohne offenbar darauf zu achten, ob jemand im Anflug ist. Der Kerl muß blind sein! Ich sehe eine Wiederholung der Bruchlandung von Gilze vor Augen. Es bleibt nur der Ausweg, im tiefen Schnee neben der Landebahn zu landen. Ein Überschlag ist dann unvermeidlich. Zum Glück schiebt der Transportheini doch noch im allerletzten Augenblick Gas rein, was an der aufstiebenden Schneewolke zu erkennen ist. Und genau in diese Schneewolke, nur wenige zwanzig Meter hinter der langsam anrollenden Ju, setze ich meine 88, die ja immerhin runde 200 Sachen drauf hat.
Das Fahrwerk kommt ganz weich an den Boden. Eine Bilderbuchlandung! Ich stehe auf den Bremsen – kann nichts sehen – warte darauf, daß wir in die Schneewand rechts oder links der gewalzten Piste schlittern oder auf die vor uns rollende Ju 52 donnern.
Aber die »Rechnung« geht auf. Weder das eine noch das andere passiert. Unsere Rutschpartie wird langsamer. Die Schneewolke löst sich auf. Die Sonne ist wieder da. Wir stehen!
Raus! Nichts wie raus! – ist das einzige, was ich sagen kann.
Die Besatzung will mir gratulieren. Sie wollen reden, sich gegenseitig sagen, wie froh sie sind, daß dieses Ding gut gegangen ist. Raus! Raus! Raus! ist das einzige, was ich haben will.
Jetzt, nachträglich, wenn ich mir den ganzen Verlauf dieses Fluges noch einmal überlege, packt mich das kalte Grausen. Der Einmo-

torenflug über dem feindlichen Hinterland war unangenehm. Das war aber zu verkraften, weil wir trotz unserer fliegerischen Hilflosigkeit damit rechnen konnten, daß wir mit Ausnahme des Flakbeschusses beim Frontüberflug ungestört bleiben würden. Wirklich kritisch wurde die Situation erst zu Hause. Schon der Entschluß, nicht auf dem Bauch zu landen, war nicht leicht. Dann die Ju 52! Eigentlich hätte ich angesichts dieser Situation auf jeden Fall neben der Piste in den tiefen Schnee gehen müssen. Dies aber wäre mit Sicherheit schief gegangen, im glimpflichsten Fall mit einem Überschlag, wahrscheinlich aber mit einem kalifornischen Riesenbruch. Warum habe ich mich trotzdem hinter die Ju gesetzt? Wenn der Kerl nur einen Augenblick gezögert hätte, zu starten, hätte ich meine 88, die ja nichts weiter als ein toter Haufen aus Metall war, auf sie draufsetzen müssen. Irgendwie aber habe ich gespürt, daß der da unten, so dumm er auch war, noch rechtzeitig anrollen würde. Möglicherweise gab es Anzeichen, die nicht offensichtlich waren. Auf jeden Fall haben wir einen unwahrscheinlichen Dusel gehabt!

13. Januar 1942

Heute wurde mir eröffnet, daß ich mit Wirkung vom 1. Januar 1942 zum Oberfeldwebel befördert bin. Am Abend im Kasino gab es dann noch eine zweite feierliche Angelegenheit:

Der Kommandeur, Major von Grafenreuth – der »Schreckensteiner« – überreichte mir einen Finnischen Orden, der mir verliehen worden war für meine Fliegerei an der Eismeerfront. Er, Grafenreuth, hat ihn auch erhalten. Es scheint sich um eine seltene Auszeichnung zu handeln, denn außer ihm und mir wurde niemand damit bedacht. Zu dem schön emaillierten Ding gehört eine pompöse Urkunde mit einem Text in finnischer Sprache. Aber wer versteht schon Finnisch? Wir nehmen halt an, daß etwas Bedeutendes draufsteht. Und der dritte Grund zum Feiern:

Unser Angriff vom 8. Januar auf den Bahnhof Gorbatschewo war ein besonders schöner Erfolg. Die Aufnahmen, die Theo gemacht hat, zeigen die Wirkung unserer Bomben genau. Wir haben mehrere Güterzüge durcheinandergehauen. Das Bahnhofsgebäude ist wohl total vernichtet, denn eine 1000-Kilo-Bombe schlug unmittelbar davor ein. Auf den Bildern ist zu erkennen, daß durch diesen Treffer die vor dem Bahnhof stehenden Züge getroffen wurden und daß gleichzeitig die Druckwelle das Gebäude zum Einsturz gebracht hat. Die anschließenden Brände zwischen den Zügen und in dem Gebäude haben dann wohl noch das ihrige getan. Noch während wir am Feiern sind, besser gesagt, den ruhigen und einsatzfreien Abend genießen, treffen Fernschreiben vom Kommodore, vom kommandierenden General und von der Luftflotte ein, die alle ungefähr den gleichen Text haben: »Ich spreche dem ... weil er ... meine Anerkennung aus!«

Ich jedoch sehe den Erfolg des Tages in dem geglückten Einmotorenflug und der anschließenden, noch einmal gut verlaufenen Landung ...

Immer wieder wandern meine Gedanken ab. Ich sehe mich schief – fürchterlich schief – in der Luft hängen.

Ich sehe die weiten, endlos scheinenden Schneefelder unter mir, die sich im Horizont verlaufen. Ich sehe russische Straßendörfer, welche ich vorsichtig zu umfliegen versuche. Denn es gibt bestimmt kein Haus im frontnahen Hinterland, das nicht vollgestopft ist mit Russen.

Ich habe das ungewohnte Brummen meines einzigen gesunden Triebwerkes im Ohr. Es hört sich an, als wollte der gute Jumo 211 mir sagen, ich soll mir nur keine Gedanken machen, er wüßte schon, daß es jetzt auf ihn alleine ankommt, und er würde seine Sache schon machen.

Dann die Ju 52 bei der Landung ...!

Es ist spät, als ich in die Staffelunterkunft zurückkomme. Dort geht es immer noch hoch her. Alle genießen die einsatzfreie Nacht.

Der Kommandeur hat mir heute eröffnet, daß er mich zu einem Offizierslehrgang an der Kriegsschule gemeldet hat. Ich weiß nicht recht, warum das jetzt erst geschehen ist.

Vielleicht hängt es damit zusammen, daß unser Geschwader, das KG 30, von Anfang an für sich in Anspruch genommen hat, besonders hohe Ansprüche zu stellen. In dieser Beziehung ist immer noch, auch unter den tiefgreifenden inneren und äußeren Veränderungen durch die Kriegsereignisse, ein Rest des »Infanterieregiment-Nummer-Neun-Geistes« nicht ganz ausgeräumt.

Es dauert lange, bis in der heutigen Nacht Ruhe in den Unterkünften herrscht.

16. Januar 1942

Mit 4D+EP Feindflug gegen Truppen im Raume Rshew. Dieser kleine Ort an der Wolga ist zu einem heißumkämpften Schwerpunkt geworden. Er wird in fast jedem Wehrmachtsbericht genannt.
Das Wetter ließ einen gut gezielten Angriff nicht zu. Bei der Würgerei ohne Sicht und in Bodennähe haue ich dann auch gründlich daneben. Lediglich eine Russenkate habe ich weggefegt. Und dazu habe ich 2000 Kilo Eisen und Sprengstoff vertan.
Wir haben einen Mordsbart, als wir in Orscha wieder landen.
An der Front steht es gar nicht gut.
Es sickern Gerüchte durch, die von groben Fehlplanungen sprechen. Die Vorbereitungen auf den Winter sollen bewußt vernachlässigt worden sein.
Andere Gerüchte sprechen sogar von Sabotage.
Adolf Hitler ließ durch den Rundfunk und durch einen Tagesbefehl an die Wehrmacht verkünden, daß er den Oberbefehl nun selbst übernommen hat. Eine Reihe von hohen Generälen hat er abserviert. Der Feind hat jetzt an der ganzen Ostfront zu einem großangelegten Schlag ausgeholt. In unserm Einsatzraum mußte die Front teilweise bis zu 100 Kilometer zurückgenommen werden. Hier sind die Schwerpunkte bei Kaluga, Dubno-Torshok und bei Rshew.
Nach und nach wurde wohl der größte Teil der Luftwaffe in den Osten verlegt. Auch für das Heer soll der Ersatz und der Nachschub anrollen. Leider kommt das alles aber viel zu spät.
In der Heimat wurde eine großangelegte Sammlung von warmer Winterbekleidung veranstaltet. Ebenso werden Ski-Ausrüstungen für die Soldaten gesammelt.
Die Nachrichten im Rundfunk überschlagen sich vor Begeisterung über den Erfolg dieser Aktionen.
Man hört Beispiele. Die elegante Dame, die ihre teuren Pelzmäntel zu der Sammelstelle bringt. Das Großmütterchen, welches Tag und Nacht warme Socken strickt. Und der kleine Bub, der seinen Rodelschlitten anbietet.
Hier wird mit der Opferbereitschaft Schindluder getrieben. Bis heute ist noch keinem einzigen Soldaten an der Front etwas zugute gekommen, weil es einfach an Transportraum fehlt und weil die gesamte Organisation des Nachschubes durcheinander ist.

Eine Besatzung unserer fünften Staffel entdeckte durch Zufall anläßlich einer Zwischenlandung in Warschau, daß dort eine ganze Flugzeughalle vollgestopft ist mit warmer Bekleidung aus diesen Spenden. Sie ließ sich jeden freien Platz ihrer Ju 88 vollstopfen und brachte diesen »warmen Segen« mit nach Orscha.
Daraus entwickelt sich nun eine Disziplinlosigkeit besonderer Art bei uns:
Nach einem abgesprochenen Plan landen jeweils einige Maschinen nicht hier in Orscha, wenn sie vom Feindflug zurück kommen, sondern sie fliegen weiter nach Westen, bis Warschau. Dort landen sie mit dem letzten Tropfen Sprit, lassen sich die Maschine mit Wintersachen vollstopfen, tanken auf und kommen dann eben mit einigen Stunden Verspätung »vom Feindflug zurück«.
Beim Fliegerkorps fällt es offenbar keinem einzigen »Rotbehosten« auf, daß so auffallend viele Navigationsfehler in unserer Gruppe vorkommen.
Die glücklichen Gesichter der Landser, welche mit den Ju 52 zum Flug an die Front verladen werden und sich über ein Paar warme Sachen freuen, sind uns Lohn genug!

17. Januar 1942

Feindflug mit 4D+EP gegen Truppen im Raum Wolokolamsk. Nachdem Rshew von Norden und Westen umfaßt ist, will der Feind nun offenbar auch von Osten vorstoßen, um den grotesken Schlauch, dessen nördlicher Punkt der Ort Rshew ist, im Süden abzuschnüren.
Beim Anflug gegen die Front das übliche traurige Bild: Lange Kolonnen eigener Soldaten, die sich mühsam über die weiße Schneefläche zurückbewegen. Überall: stehengebliebene Fahrzeuge. Viele sind schon halb vom Schnee verweht. Anderen sieht man an, daß sie offenbar vor kurzer Zeit aufgegeben wurden.
Wenn wir die Kolonnen und kleinen Grüppchen im Tiefflug überfliegen, ist zu erkennen, daß sie zum Umfallen erschöpft sind. Kaum, daß sie uns auch nur beachten. Wir überfliegen brennende Dörfer. Der Feind soll sie nicht als Stützpunkte benützen können, wenn er nachrückt.
Am ganzen Horizont stehen schwarze Rauchsäulen. Es ist ein grausiger Krieg! An der Front selbst treffen wir auch heute wieder sehr schlechtes Wetter mit tief herabhängenden Wolken an. Immer

wieder zischen Schneeschauer an unserer Kanzel vorbei. Die Sicht nach vorne geht dann auf Null zurück und wir sind gezwungen, höher zu gehen.
Wenn wir dann wieder Bodensicht aufnehmen wollen, riskieren wir, daß wir gegen ein Hindernis rennen.
Unter normalen Umständen hätte ich dieses Spiel mit dem Leben längst aufgegeben. Wir alle stecken aber so voller Jagdfieber, aber auch voller Mitleid mit den Kameraden da unten, die einem unbarmherzigen Gegner ausgesetzt sind und deren zweiter Gegner, die fürchterliche Kälte, vielleicht noch schlimmer ist.
An einer Eisenbahnlinie können wir dann doch Orientierung aufnehmen. In den unteren Wolkenfetzen fliegend, jage ich über Wälder und Dörfer, immer bereit, jedes lohnende Ziel mit Bomben und Bordwaffen anzugreifen. Immer wieder überfliegen wir Russen, die sich in den Schnee werfen, wenn wir heranbrausen. Unmöglich, sie bei der geringen Sicht und angesichts der niedrigen Wolkenhöhe mit Aussicht auf Erfolg anzugreifen. Ich jage weiter über die Schneewüste in der Hoffnung auf besseres Wetter.
Wir haben Glück! Allmählich hebt sich die schwarze Decke an. In kurzer Zeit sind wir 2000 Meter hoch. Von hier aus haben wir einen guten Überblick.
Überall unter uns dunkle Schlangen vormarschierender Russen. Ich weiß, daß wir erkannt sind und daß entsprechend der bekannten Taktik wild nach uns geballert wird. Das aber stört uns längst nicht mehr. Solange nicht die wirklich gefährliche russische Flak schießt, kann uns höchstens ein verirrter Zufallstreffer erwischen. Nacheinander greife ich mehrere Dörfer im Sturz an. Kleckere dabei jedesmal so sparsam wie möglich einige 50-kg-Bomben zwischen die Hütten. An den vielen Fahrzeugen, die zwischen den Holzhütten abgestellt sind, ist erkennbar, daß alle diese Dörfer überquellen müssen von Truppen, die dazu bestimmt sind, schon in wenigen Stunden vielleicht an die Front geschafft zu werden. Man müßte ein Vielfaches an Bomben und Munition an Bord haben!
Bis zum Schluß hebe ich meine zwei 500-kg-Bomben auf. Das hat sich dann auch gelohnt: Wir entdeckten an einem Waldrand eine Bereitstellung von Panzern!
Ein ganzes Heerlager ist dort aufmarschiert.
Mit größter Sorgfalt mache ich meinen Anflug.
Genau gegen den Wind, in 1600 Meter über Grund.

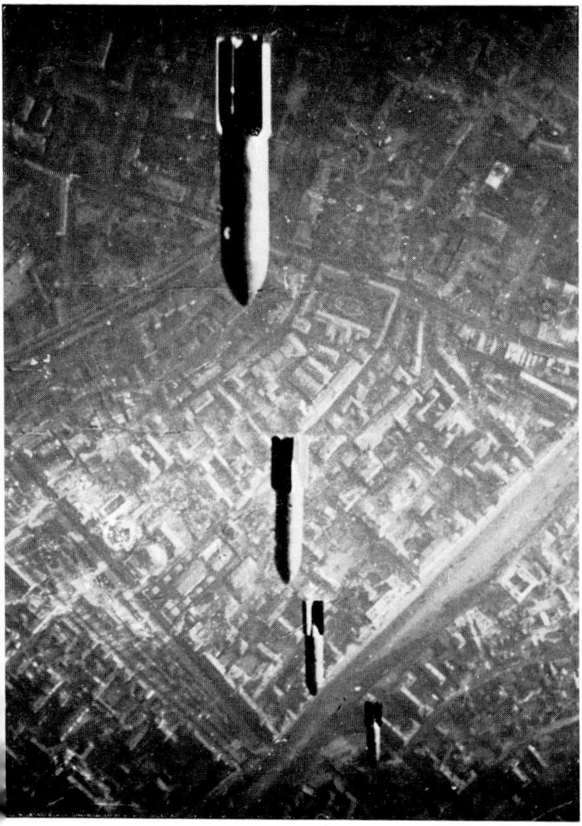

Sommer 1941.
Bomben auf Moskau.

1000-kg-Bombe.

Ju 88 A-4 im Sturzangriff.

Winter 1941/42 Orscha.
Die ehemaligen Platzherren ließen diesen Jagd-Doppeldecker I 153 zurück.

Flak schickt uns Leuchtspur entgegen. Kein Mensch aber könnte mich angesichts dieses Zieles zu Abwehrbewegungen zwingen! Ohne Bremsen stürze ich. Hans gibt Höhe und Fahrt an. Im Reflexvisier kann ich jede Einzelheit am Boden erkennen. Wie die Hasen laufen die Kerle durcheinander. Die Schüsse unserer Kanone und des MG 81 fetzen dazwischen. Sicher habe ich ein Rudel Panzer, das wie ein dunkler Klumpen im Schnee liegt, im Visier, als ich auf den roten Knopf drücke. Ich setze meinen steilen Gleitflug fort. Theo beobachtet währenddessen unsere Bomben bis zum Aufschlag und kann auch fotografieren, als die Fontänen hochgehen.
»Prima, Peter!« ruft er, »mitten drin!«
Noch eine Weile jagen wir tief an den Boden gedrückt über die Gegend, bis wir den letzten Schuß verschossen haben. Dann huschen wir in westlicher Richtung hinüber auf die eigene Seite und weiter nach Hause.
Hein gibt voraus eine Funkmeldung ab mit Angaben über Umfang und genauen Standort der Bereitstellung.
Unsere armen Landser!
Ltn. Schirrmacher von der Fünften ist heute gefallen. Seine Besatzung habe ich nicht gekannt. Es waren Neue.

19. Januar 1942

Wir haben wieder eine »Cäsar«!
Nagelneu ist sie und riecht noch ganz frisch nach Nitrolack. Wer kennt nicht diesen herrlichen Geruch eines neuen Flugzeuges! Es ist so etwa ein Gemisch aus Lack, Kunstleder, elektrischen Leitungen und Benzin.
Wir machten gestern erst mal einen ausgedehnten Werkstattflug mit dem neuen Schiff. Scheint besonders gut zu sein.
Neben den vier »Großen« unter dem Flügel kann sie achtundzwanzig 50-kg-Bomben im Rumpf mitnehmen.
Für die Maschinenwaffen haben wir so viele Munitionskästen zusammengestohlen, daß kein Eckchen mehr frei ist in unserer Kanzel.
Und heute um 09.35 Uhr starten wir zu unserem ersten Feindflug mit der neuen »Cäsar«.
Es geht in den Raum Dubno. Der Auftrag lautet »freie Jagd«.
Wir haben gelernt, die Situation am Boden abzuschätzen. Die Bilder diesseits und jenseits können wir längst abschätzen, um zu erken-

nen, wo es am dringlichsten ist, Erleichterung zu schaffen oder dem Feind zu schaden, was schließlich auf das gleiche herauskommt. Wenn wir, was leider selten genug vorkommt, mit zwei oder mehreren Flugzeugen in dasselbe Zielgebiet fliegen, verständigen wir uns untereinander über die lohnendsten Einzelziele.

Längst haben wir uns für diesen Kriegsschauplatz passende Rufnamen zugelegt. Sepp Guggenmos läßt sich »Molotow« rufen. Willi Hachenberg heißt »Josef«. Es gibt auch einen Timoschenko. Leider verschwindet mancher Name oft so schnell, wie er aufgetaucht ist. Der russische Aufmarsch nimmt täglich sichtbar in seinen Ausmaßen zu. Noch nie empfanden wir wie heute die Ungleichheit des Kräfteverhältnisses hüben und drüben. Und wer das nicht miterlebt hat, der versteht auch nicht, was einen bei solchen Einsätzen bewegt. Hein hat unserer nagelneuen Mühle gleich beim ersten Feindflug beinahe das Leitwerk zerschossen, als er blindwütig nach hinten ballerte. Die Seitenflosse erhielt mehrere Treffer, die glücklicherweise nur »Fleischwunden« erzeugten. Daß die Front näher rückt, merken wir an unseren Flugzeiten. Schon nach zwei Stunden und fünf Minuten landen wir wieder in Orscha.

Der Feldwebel Hafner von der Fünften ist mit seiner Besatzung gefallen.

Überhaupt hören wir, daß die Verluste anderer Verbände, die mit Teilen oder Resten hier liegen, empfindlich sind. Es sind Gruppen vom KG 76, KG 77 und KG 54 da.

Schwer zu sagen, woran das liegt.

Wir haben gar nicht das Gefühl, daß die gegnerische Abwehr so gefährlich ist. Unsere Flugzeuge erhalten zwar immer wieder einzelne Treffer von Gewehren und Maschinengewehren. Flak- oder gar Jägerabwehr ist jedoch, wenn wir die feindlichen Bodentruppen bekämpfen, nur ganz selten zu bemerken.

Ob es nicht meistens die fliegerische Unerfahrenheit der Besatzungen ist?

Ein Flugzeugführer sollte eben erst dann in den Einsatz geschickt werden, wenn er so viel Erfahrung und Können hat, daß das rein Fliegerische, die Beherrschung seines Flugzeuges, die Einflüsse der Wetterlage, die Kenntnis der komplizierten Technik eine selbstverständliche Nebensache für ihn sind, angesichts der Gefahren, die durch die Lage im Feindgebiet und am Ziel auf ihn warten. Leider aber ist der Ausbildungsstand unserer jungen Besatzungen

bei weitem nicht ausreichend, um diesen Bedingungen zu genügen. Hier wird seitens der Führung in unverantwortlicher Weise gesündigt. Man wischt sich die Augen aus mit »Stückzahlen«!
Daß hinter diesen Zahlen Unzulänglichkeiten und ein Haufen menschliches Leid stehen, wird ignoriert. Hätte man an diesen Jungen doch wenigstens 4 Wochen oder zwei Monate noch hart gearbeitet in der Heimat! Die meisten von ihnen wären noch am Leben. Und ihr Einsatz hier an dieser fürchterlichen Front hätte wahrscheinlich Tausenden von Landsern das Leben gerettet.

7. März 1942

Wieder in Gilze – Rijen!
Heute ist mein 29. Geburtstag.
Für den Abend ist natürlich eine größere Feier geplant.
Wir können es uns in diesen Wochen leisten, in bezug auf Schlaf und Alkoholkonsum großzügig zu sein. Es gibt kaum etwas zu tun, weil wir noch keine neuen Flugzeuge haben.
Ende Februar erhielten wir in Orscha über Nacht den Befehl, per Bahn und unter Zurücklassung unserer Flugzeuge und unseres technischen Gerätes nach hier zu verlegen.
Wir sollen hier vollkommen neu ausgestattet werden.
Natürlich erhalten wir auch neue Besatzungen als Ersatz für die Verluste an der Ostfront.
Was dann aus uns werden soll, weiß niemand. Uns allen ist nicht ganz wohl in unserer Haut. Es liegt nahe, daß wir wieder gegen England fliegen müssen.
Die Insel mußte zwangsläufig vorübergehend geschont werden, weil alle Kampfverbände in diesem strengen Winter an der Ostfront gebraucht wurden.
Lieber wären wir in Orscha geblieben, denn die dortigen Einsätze und fliegerischen Bedingungen waren eine Erholung im Vergleich zu dem, was davor war.
Sepp Guggenmos betreibt allen Ernstes den Versuch, sich zu einem Verband versetzen zu lassen, der an der Ostfront fliegt. Er sagt: »Ich möchte schließlich diesen Scheißkrieg lebend hinter mich bringen!«
Obwohl er seine Bemühungen natürlich nicht »auf dem Dienstweg« betreibt, sondern irgendwelche »Beziehungen« einschaltet, bin ich

sicher, daß er keinen Erfolg haben wird. Er zählt zu der Handvoll guter Piloten, über die die ganze Gruppe noch verfügt. Und ausgerechnet seiner Versetzung sollte Stoffregen zustimmen?

Da müßte schon der Reichsmarschall kommen. Orscha hat die Liste meiner Feindflüge um fünfundzwanzig erweitert. Es sind damit 122 geworden.

Diese 25 Feindflüge waren ohne Ausnahme erfolgreich. Sie waren sich auch alle ähnlich:

Kurze Flugzeiten von drei Stunden und weniger; geringe Eindringtiefen in das feindliche Hinterland von 300 Kilometer und weniger.

Keine navigatorischen Probleme infolge der relativ kurzen Strecken und der geografischen Situationen.

Keine Wetterschwierigkeiten, weil unser Einsatzraum sich nicht über verschiedenartige Wetterzonen ausdehnte. Ein Gegner, der uns in der Luft nicht ernsthaft stören konnte.

Trotz allem denken wir aber auch mit Bitterkeit an diese Zeit.

Die nie erlebte Kälte schränkte unsere Einsatzstärke in hohem Maße ein.

Übrigens hatten die Russen sogar noch mehr Schwierigkeiten in diesem Winter. Sie schafften es nur selten, ein Flugzeug in die Luft zu bringen. Es ist mir selbst mehrmals passiert, daß ich im Tiefflug unbeabsichtigt über einen russischen Flugplatz rauschte.

Am Platzrand standen Dutzende abgestellter Flugzeuge, die offenbar »eingefroren« waren. Diese Flugzeuge haben wir sogar ungeschoren gelassen, weil uns angesichts der Lage an der Front unsere Munition zu schade dazu war.

Schon eine einzige Ju 88, die zusätzlich in die Luft gebracht werden konnte, war imstande, an der Front mittelbar oder unmittelbar Erleichterung zu schaffen und hundertfach Menschenleben zu erhalten.

Oft genug erhielten wir von hohen Stellen des Heeres die Bestätigung dafür.

Auch ich selbst wurde dreimal durch Fernschreiben geehrt, in denen mir der Dank dafür ausgesprochen wurde, daß ich an einem bestimmten Platz und zu einer bestimmten Zeit einem Truppenverband die Möglichkeit geschaffen hatte, sich vom Feind zu lösen oder aber den Feind zu schlagen. Der letzte Satz dieser Schreiben lautete dann allerdings, daß dringend darum gebeten würde, die Einsätze zu verstärken.

Und das war es, was uns weh tat. Weil wir trotz aller Anstrengungen und trotz letzter Aufopferung unserer Techniker keine einzige Maschine zusätzlich in die Luft bringen konnten.
Immer wieder gab es Erfrierungen an Händen, Beinen und auch am Kopf bei unserem technischen Personal. Das Heimtückische dabei ist, daß der Betroffene, wenn er schon mal so weit »ausgefroren« ist, es nicht mehr spürt, wenn er sich eine ernsthafte Erfrierung zuzieht.
Wir hatten uns daran gewöhnt, den anderen darauf anzusehen und ihn rechtzeitig zu warnen, wenn seine Nase weiß geworden war oder wenn an anderen Stellen des Gesichtes jene weißen Stellen zu sehen waren, die eine eben beginnende Erfrierung anzeigen.
Um am frühen Morgen starten zu können, mußte um Mitternacht damit begonnen werden, das Flugzeug vorzubereiten.
Stundenlang wurde aus den Heizgeräten Warmluft in die Triebwerke geblasen. Immer wieder wurde zwischendurch versucht, die Dinger endlich in Gang zu bringen. Gelang es dann, einen Motor zum Laufen zu bringen, dann machte der zweite Schwierigkeiten. Bis man diesen zum Laufen brachte, war der erste wieder ausgekühlt. Und das Spiel konnte von vorne beginnen.
Die Hollmannsche Azetylengas-Erfindung hat uns da in einer Weise geholfen, die nicht hoch genug anzurechnen ist. Wir hätten nur einen Bruchteil der tatsächlich geflogenen Einsätze erreicht. Eine »offizielle« Anerkennung allerdings darf Hollmann nicht erwarten, weil er ja etwas Verbotenes tat.
Ein Erlebnis besonderer Art steht mir noch vor Augen:
In Smolensk-Süd, einem Flugplatz, der wegen der näherrückenden Front von uns bereits aufgegeben war, saß eine abgeschossene Besatzung der vierten Staffel. Die Kameraden hatten keine Möglichkeit, auf dem Landwege nach Orscha zu reisen. Außerdem waren sie halb erfroren und wohl auch verwundet.
Sie befanden sich in Not und mußten so schnell wie möglich Hilfe haben.
Der Kommandeur fragte mich, ob ich es mir zutrauen würde, allein hinzufliegen. Nun ist zwar die Ju 88 als sogenanntes »Einmannflugzeug« ausgelegt. Kein Mensch aber hat sie wohl jemals allein wirklich geflogen, zudem unter den hier herrschenden Bedingungen.
Ich solle es offen sagen, wenn ich diesen Flug für undurchführbar hielte, oder, wenn ich ihn mir nicht zutraute, meinte der Kom-

mandeur. Schließlich sei ich aber derjenige Pilot in der Gruppe, der die größte Erfahrung hätte. Den Versuch wollte ich schon machen. Ich erklärte aber gleichzeitig, daß ich umkehren würde, sobald mir die Sache nicht sicher erscheine.

So bestieg ich am 26. Januar 1942 um 14.20 Uhr die »Dora«.

Die Sache war fast feierlich. Stoffregen selbst und viele Kameraden waren gekommen, um zuzuschauen.

Schon beim Einsteigen über die schmale Leiter in die Kanzel merkte ich, wie allein und verlassen ich war. Das Einziehen der Leiter und das Schließen der Luke machte mir Schwierigkeiten, denn diese Handgriffe hatte ich ja noch nie selbst gemacht. Dasselbe wiederholte sich beim Einschalten der elektrischen Anlage an der großen Schalttafel. Bisher brauchte ich ja nur zu sagen: »Theo, Knöpfe rein!«

Danach mußte ich auf den Sitz von Hein klettern und die Funkgeräte einschalten, um wenigstens das Peilgerät gebrauchen zu können, das sich von meinem Sitz hinter der Steuersäule aus, wenn auch unter Schwierigkeiten, bedienen ließ.

Ziemlich verloren kam ich mir vor, als ich mich dann in meinen Fallschirm und auf meinen Sitz schnallte.

Dann kamen die üblichen Handgriffe zum Anlassen der Motoren und die routinemäßige Überprüfung des Flugzeuges. Zum Glück war das Wetter gut. Strahlende Wintersonne, gute Sicht.

Beim Start, nach dem Abheben und im anschließenden Steigflug fehlten mir die gewohnten Hilfen der Besatzung. Ich drehte gar nicht erst, wie ich es mir vorgenommen hatte, eine Platzrunde, sondern ging direkt auf Kurs.

250 Kilometer über eintönige Schneelandschaft lagen vor mir. Ich flog nach Kompaß und Uhr. Am Boden gab es nur wenige Orientierungspunkte auf der Strecke. Links von mir wußte ich jedoch die Eisenbahnlinie, an die ich mich für den Fall des Verfranzens hätte hängen können. Ich redete laut mit mir selber: »Alles darf passieren, nur die Hydraulik darf nicht ausfallen.« An die Notbetätigung komme ich nicht heran. Das würde dann auf jeden Fall eine Bauchlandung bedeuten. Eine Bauchlandung, die mit größter Wahrscheinlichkeit dieselben Folgen wie in Orscha hat: vom Schnee eingedrückte Glaskanzel und eine zu Tode gepreßte Besatzung.

Nach dreißig Minuten Flugzeit kann ich, genau wie errechnet, die Stadt Smolensk erkennen. Die Lage des Platzes habe ich mir auf

der Karte eingezeichnet, muß aber dann doch noch gute zehn Minuten herumsuchen, ehe ich eine Fläche finde, die vielleicht ein Flugplatz sein könnte.
Es ist ein Schneefeld, das sich von der Umgebung nur dem geübten Auge erkennbar, dadurch unterscheidet, daß der Abstand von Hindernis zu Hindernis größer ist, als in der übrigen Umgebung. Mehrmals umkreise ich diese Fläche. Dann kann ich Leben am Boden entdecken: Sechs Gestalten erscheinen vor einer Holzhütte, die vom Schnee halb zugeweht ist. Sie winken mir zu.
Nur nach Gefühl kann ich die Ausdehnung des Platzes abschätzen, ehe ich mich für die möglicherweise richtige Landerichtung entschließe.
Noch einmal überlege ich, ob ich überhaupt die Landung versuchen soll, denke aber dann an die vier Halberfrorenen und Verwundeten und fahre das Fahrwerk aus. Die Kontrollampen leuchten auf und zeigen mir an, daß die Beine draußen sind. Trotzdem fehlt mir die übliche Bestätigung von Theo. Das macht mich erneut unsicher.
Im Gegenanflug stelle ich die Landeklappen an, schalte die Kraftstoffzusatzpumpen ein und nehme all die geläufigen Handgriffe vor, die nötig sind, um meinen Vogel für die Landung vorzubereiten.
Ich schwebe auf ein imaginäres Landekreuz zu, auf einen Punkt in der unberührten blendend weißen Fläche schräg unter mir.
Wie hoch mag der Schnee hier liegen? Wird es ohne Überschlag abgehen?
Beim Ausschweben erkenne ich, daß die Fläche vor mir ansteigt und stark gewölbt ist. Das jagt mir eine blöde Angst ein. Soll ich durchstarten? Nein – ich riskier's! Ganz weich berühren die Räder den Schnee. Der Boden ist zu spüren. Die »Dora« rollt und wird stark abgebremst. Der Schwanz will sich heben. Ich gebe nochmal einen Schuß Gas bei angezogenem Höhensteuer, um den drohenden Überschlag zu verhindern. Die Fahrt wird langsamer. Die Gefahr ist vorbei!
Ich habe keine Ahnung, ob ich unter meinen Rädern wirklich einen Flugplatz habe, als ich auf die Holzhütte mit den Gestalten zurolle.
Die Motoren abzustellen, wage ich nicht. Kein Mensch könnte mir helfen, wenn einer nicht wieder anspringen sollte.
So klettere ich nach hinten, steige in die Wanne hinunter und öffne

die Luke. Die Leiter hinabzureichen macht mir wieder Schwierigkeiten, weil ich das, wie gesagt, noch nie gemacht habe.
Und dann klettern vier Gestalten herauf, die einfach bejammernswert sind. Vermummt, verbunden, halberfroren, kaum fähig, ein Wort zu sprechen.
Nur mühsam können wir uns verständigen und die Plätze für den Flug verteilen.
In meiner Landespur starte ich. Die Strecke ist bei dieser hohen Schneelage beängstigend kurz.
Meine »Dora« pflügt durch den Schnee und will und will keine Fahrt aufnehmen. Soll ich abbrechen und erneut versuchen? Nein! Es muß reichen! Verbissen rolle und rolle ich, mit einem Auge den Fahrtmesser beobachtend. Langsam, ganz langsam nimmt die Fahrt zu. Immer noch drücke ich den Vogel an den Boden, bis ich das Gefühl habe, daß es reichen könnte, aus dem Schnee frei zu kommen. Dann aber ziehe ich mit Nachdruck die Steuersäule an den Bauch. Der Schwanz berührt dabei den Boden. Aber die Räder kommen frei! Geschafft! Zentimeterweise geht die Schneefläche unter uns weg. Das Fahrwerk fährt ein. Die Fahrt nimmt zu. Die »Dora« fliegt jetzt wirklich!
Der Heimflug dauert dann um zehn Minuten weniger. Es sind genau jene zehn Minuten, die ich gebraucht habe, um in Smolensk den Platz zu finden und mich zu der Landung zu entschließen.
Ich glaube wirklich, daß Grafenreuth recht hatte, wenn er mir später sagte, ich hätte durch diesen Flug die vier gerettet, denn ihr Zustand war mehr als bejammernswert: Abgeschossen im feindlichen Hinterland. Fußmarsch durch Eis und Schnee. Die Hauptkampflinie. Die Nacht, der Schnee, die Kälte, der erste deutsche Soldat!
Dann die Enttäuschung, auf der eigenen Seite keine Hilfe, sondern vielmehr das gleiche Elend, wie das eigene, zu erleben. Endlich dann die Möglichkeit einer Verbindung mit der Staffel. Und der »seidene Faden«, durch einen Kameraden abgeholt zu werden.
Ich habe die vier nicht gekannt und sie auch aus den Augen verloren. Aber der Alleinflug bleibt mir bestimmt unvergessen.
Ob Grafenreuth wohl nachträglich eine Sondererlaubnis für diesen an sich verbotenen Einsatz eingeholt hat?! Eine weitere Erinnerung an Orscha habe ich mit Sepp Guggenmos und Willi Hachenberg gemeinsam.

Es war der 30. Januar 1941.
Der Ort hieß Ilina, ein größeres Dorf oder Städtchen an einer Nachschubstraße.
Wir waren an diesem Tage gleich dreimal unterwegs. Und jedesmal hat es geklappt, daß alle drei Maschinen ziemlich gleichzeitig in die Luft gebracht werden konnten. Das Wetter war pflaumenweich. In keiner Höhe waren die Bedingungen gut genug, um einerseits vor der Abwehr sicher zu sein, andererseits aber günstige Sichtverhältnisse für den Angriff zu haben. Es blieb nur der Tiefflug.
Der Auftrag lautete: Bekämpfung des Nachschubs auf der Straße ostwärts und westlich Ilina, mit Schwerpunkt des Ortes selbst.
Buchstäblich stundenlang rasten wir dann im Tiefflug entlang der Straße. Sparsam und sorgfältig verteilt und gezielt warfen wir unsere jeweils vier 250-kg-Bomben und unsere achtundzwanzig 50-kg-Bomben in die Dörfer entlang der Straße. Durch Funk konnten wir uns verständigen. Es gab keine größere Kolonne auf der Straße, die dadurch ungeschoren davonkam. »Joseph an Molotow – Am Westausgang Ilina lohnt es sich! Wenn du kannst, komm' schnell, bevor sich die Kerle verkriechen!« So ging das den ganzen Tag.
Wir sind sicher, daß es unseren drei Ju 88 gelungen ist, den Nachschub auf dieser wichtigen Straße für einen ganzen Tag vollkommen lahmzulegen. Und daß wir darüberhinaus dem Gegner Verluste beigebracht haben, die eine entscheidende Schwächung an dieser Stelle bedeutet haben.
Alle drei, Sepp, Willi und ich, haben wir keinen einzigen Treffer in unseren Maschinen mit nach Hause gebracht, obwohl von unten in der bekannten Manier auf uns geballert wurde. Erneut konnten wir sehen, daß die russischen Soldaten sich, wenn wir sie überflogen, auch wenn wir »aus allen Knopflöchern« schossen, stets auf den Rücken fallen ließen und mit dem Gewehr auf uns schossen. Diese Taktik ist bestimmt nicht schlecht. Auch, wenn die Aussicht für den einzelnen Schützen gering ist, einen Treffer zu erzielen, so ist, wenn Hunderte schießen, die Wahrscheinlichkeit eines Erfolges durchaus gegeben. Oft genug haben das unsere Besatzungen und auch ich erleben müssen. Und sicher geht eine hohe Zahl unserer Verluste auf diese Taktik zurück. Ein einziger Treffer aus dem Gewehr eines Infanteristen – an der richtigen Stelle – kann genügen, um ein kompliziertes technisches Gebilde wie ein Flugzeug tödlich zu verletzen.

Wenn ich mir allerdings überlege, was ich wohl täte angesichts eines feuerspeienden und bombenwerfenden feindlichen Flugzeuges, so bin ich nicht sicher, ob ich so reagieren könnte wie diese russischen Soldaten.
Die Feindflüge in Orscha unterschieden sich eigentlich wenig voneinander. In meinem Flugbuch und in meinem Leistungsbuch sind die Daten, die Start- und Landezeiten und die Ergebnisse verzeichnet und »amtlich« bestätigt, sogar von Zeugen.
Eine Bestätigung besonderer Art erhielt ich freilich für die Wirkung meines Angriffs auf den Bahnhof Bologoje in der Nacht vom 6./7. Februar 1942.
Es war halber Mond. Wir kamen mit mehr als dreistündiger Verspätung zum Start, weil die Motoren nicht in Gang zu bringen waren. Erst um 02.55 Uhr hebt die »Cäsar« ab und geht auf Kurs zu dem rund 400 Kilometer entfernten Ziel. Das Wetter ist klar. Wir haben trotz des nur halben Mondes gute Bodensicht und können uns an den längst bekannten Landmarken orientieren: Der Frontverlauf mit beiderseitiger Schießtätigkeit. Leuchtspurmunition, Signalmunition. Die Spinnenfinger der schwarzen Nachschubstraßen. Brennende Dörfer. Gelegentlicher Flakbeschuß. Dann voraus das schwarze Band der Eisenbahnlinie. Ich bin nicht auf größere Höhe gestiegen, um nicht die Bodenorientierung zu verlieren. Aus 3200 Meter Höhe erkennen wir das Ziel. Die Verhältnisse sind so günstig, daß ich einen Angriff im Sturz ansetzen kann.
Der Bahnhof Bologoje ist eine Riesenanlage, so groß, wie wir sie kaum einmal aus der Luft gesehen haben. Ich muß von Westen her angreifen, weil mir dann das Mondlicht gute Sicht bietet.
Nach bewährter »Englandmanier« droßle ich im letzten Teil des Anfluges meine Motoren, um so wenig Geräusch wie möglich zu machen. Dabei drücke ich langsam auf höhere Fahrt. Noch hat man uns offenbar am Boden nicht bemerkt. Kein Scheinwerfer. Kein Schuß Flak.
Während ich am Boden bereits alle Einzelheiten erkennen kann, führe ich »blind« alle Handgriffe aus, um mein Flugzeug auf den Sturz vorzubereiten. Jetzt! Achtung – Sturz! Im gleichen Augenblick hebt es uns aus den Sitzen. Die »Cäsar« geht fast ruckartig auf den Kopf. In meinem Reflexvisier erscheint die Bahnhofsanlage. Ich regle die Helligkeit des Fadenkreuzes auf ein Minimum. Die Fahrt nimmt zu. Hans gibt laufend Höhen- und Geschwin-

digkeitsangaben. Meine Ju 88 pendelt sich mit etwas Nachhilfe durch die Steuerung schnell in einen stabilen Sturzflug ein. Nun sind auch schon die mit Zügen vollbelegten Gleisanlagen erkennbar. Flakfeuer setzt ein. Die Leuchtspur kommt tausendfach auf uns zu, scheint aber ihren Weg knapp vor unserer Kanzel zu ändern und einen Bogen um uns zu machen. Das ist eine optische Täuschung, die wir tausendfach erlebt haben und für die ich keine Erklärung kenne. In 1000 Meter Höhe liege ich gut und drücke auf den roten Knopf. Zwei 250-kg-Bomben und eine mit 1000 kg fallen. Die »Cäsar« lasse ich nicht abfangen, sondern drücke mit aller Kraft auf den Boden zu, um aus der ungemütlichen Flak herauszukommen. Theo meldet: »Volltreffer«! Das will nichts besagen bei einem Ziel mit solchen Ausmaßen!

Beim steilen Herumziehen jedoch, in geringer Höhe und nur wenig abgesetzt von den Einschlägen unserer Bomben, erleben wir ein Schauspiel, das uns erschreckt:

Explosionen steigen in den Nachthimmel und Feuersäulen schlagen empor, die uns fast blenden!

Innerhalb von Augenblicken ist unten ein Inferno entstanden. Wir müssen durch Zufall Munitions- und Benzin- oder Ölzüge getroffen haben. Sicher haben unsere Bomben die empfindlichsten Punkte getroffen, die der Bahnhof von Bologoje in dieser Nacht zu bieten hatte.

Nicht nur wir selbst, sondern zwei andere Besatzungen, die gleichzeitig an anderen Stellen unterwegs waren, haben noch in 100 Kilometer Entfernung die Brände und Explosionen von Bologoje gesehen.

Unser Gefechtsbericht entlockte sogar unserem sonst ein bißchen muffigen Kommandeur einige anerkennende Bemerkungen.

... UND WIEDER IM HOHEN NORDEN

20. August 1942

Ich sitze mit Sepp und Willi auf unserer Bude in Kemi, in Nordfinnland.
Ein halbes Jahr ist vergangen seit diesem letzten Feindflug in Rußland.
Für mich verliefen diese Monate seit Orscha recht unkriegerisch: Nach fünf Wochen »Auffrischung« in Gilze verlegten wir nach Banak, ans Nordkap. Dort sorgte schlechtes Wetter und die 24-stündige Polarnacht dafür, daß wir nicht zum Fliegen kamen.
In den ersten Apriltagen 1942 erhielt ich dann den Befehl, meinen längst fälligen Offizierslehrgang an der Luftkriegsschule in Werder bei Berlin anzutreten.
Das liegt nun eben hinter mir, und ich bin glücklich, wieder bei den alten Kameraden zu sein. Alle sind noch am Leben. Die Ausfälle betrafen leider wieder die jungen Besatzungen. Ich habe kaum jemand davon gekannt.
Den Offizierslehrgang habe ich als Lehrgangsbester abgeschlossen. Es lohnt sich, einiges festzuhalten:
Nummer eins: angesichts dessen, was in den fliegenden Verbänden der Luftwaffe tagtäglich geschieht und gefordert wird, war es zum Heulen deprimierend.
Nummer zwei: kein Wunder, daß Führung und Geführte zwei verschiedenen Welten angehören.
Der Lehrgang bestand aus 42 Offiziersanwärtern.
Davon kamen ganze drei Mann von fliegenden Verbänden: außer mir ein Oberfeldwebel von einem Jagdverband und ein Oberfeldwebel, der nur noch einen Arm hatte. Der letztere kam von einem Schlachtfliegerverband. Seinen Arm hatte er schon in den ersten Tagen des Polenkrieges verloren, wo er das Pech hatte, mit seiner Me 109 jenseits notlanden zu müssen. Polnische Frauen waren die ersten, denen er – schwerverletzt – in die Hände fiel. Sie haben ihm einen Arm abgehackt und seine Männlichkeit weggesäbelt. Sei-

ne Rettung verdankt er polnischen Soldaten, welche ihn in letzter Sekunde aus den Händen des Mobs befreit haben.
Alle übrigen Teilnehmer des Lehrganges waren mehr oder minder stramme Oberfeldwebel aus allen möglichen und unmöglichen Heimat- und Etappendienststellen. Sie waren auf Grund einer Kriegsverordnung einfach automatisch »dran«, Offizier zu werden.
Das Programm des Lehrganges war arg:
Clausewitz, Schlieffen, die Schlacht von Kolberg, der Krieg 1870/1871, Definition abstrakter Begriffe, Ehre, Treue, Gehorsam. Verhältnis zwischen Partei, Staat, Wehrmacht ...
Sachthemen wie Lufttaktik, Erdtaktik, Ausbildung, Nachschub und ähnliche stammten aus dem Weltkrieg 1914–1918. Dabei zeigte man sich immer wieder stolz, daß Thesen von 1866 auch heute noch gültig sind.
Vom Winterkrieg in Orscha, von der Taktik und der Technik, welche unsere Nachteinsätze gegen England bestimmten, war keine Rede. Diese Erfahrungen waren bis zur Kriegsschule noch nicht durchgedrungen. Der Oberst im Generalstab, der uns in »Erdtaktik« unterrichtete und letzten Endes auch beurteilte, nutzte jede Gelegenheit, um »die Flieger« als eine Art Schlosser abzutun, die sich der vornehme Mann eben »hält«.
Die Atmosphäre war so weltfremd und so weit weg von der Wirklichkeit, denen die Staffeln draußen an der Front ausgesetzt sind, daß man eigentlich hätte heulen müssen. Peinlich war es und wohl auch unfein, wenn ich oder auch meine beiden anderen fliegenden Kameraden das Thema auf die Realitäten des heutigen Krieges zu bringen versuchten. Solche profanen Themen waren im Programm nicht vorgesehen. Außerdem waren sie unbekannt, denn weder bei Schlieffen, noch bei Clausewitz war solches vorgesehen.
In Erdtaktik schnitt ich mit Abstand als Bester ab, obwohl ich weiß Gott keinen Deut davon verstand.
Die Prüfung fand ihren Abschluß vor einem großen Sandkasten. Darin war die »Lage« aufgebaut, mit den markierten Stellungen und »Stoßrichtungen« der beiden Parteien. Diese »Lage« entwickelte sich nun schrittweise nach festgelegtem Plan des Oberst i. G.
Sie wurde jedem Prüfling entsprechend der Entwicklung bekanntgegeben, und er mußte dann – je nachdem, als was er eingeteilt war, Kommandeur der Artillerie oder was auch immer – seine Entschlüsse fassen und seine »Maßnahmen« treffen.

Verstanden habe ich den ganzen Spaß nie richtig. Aber ich habe meine Beobachtungen dabei gemacht. Nämlich, daß der Herr Oberst i. G. Eigenheiten hatte. Er legte großen Wert darauf, daß man eine bestimmte Terminologie gebrauchte: »massierte Kräfte, vernichtend schlagen . . .« Außerdem gewann die Leistung des Prüflings besonders dann, wenn er mit weit gespreizten Fingern über dem Sandkastengelände herumgestikulierte, um seine »Maßnahmen« zu illustrieren. Dazu kam eine weitere Beobachtung: Der Oberst hatte die Gewohnheit, sein schriftliches Konzept für den weiteren Fortgang der »Schlacht« so in der Hand zu halten, daß derjenige, der links neben ihm stand, nur abzulesen brauchte, um den Krieg mit Glanz und Gloria zu gewinnen. Als ich dann mit meiner Prüfungsaufgabe drankam, begann ich damit, daß ich mich bei Herrn Oberst formgerecht meldete, wobei ich mich selbst zum Obersten beförderte. Damit erreichte ich, daß ich auf Tuchfühlung links neben ihn zu stehen kam. Ohne zu wissen, worum es ging, spreizte ich meine zehn Finger über das »Schlachtfeld« und faselte vor mich hin, was mein Vorgänger mir als Ausgangslage hinterlassen hatte. Inzwischen hatte ich Zeit, den Weitergang vom Konzept des Lehrers abzulesen.

Vielleicht bin ich ungerecht. Die einzelnen Lehrer gaben sich sehr viel Mühe. Man hat sich wohl auch viele Gedanken um einen »guten Lehrplan« gemacht.

Wenn man nur nicht so vollkommen wirklichkeitsfremd gewesen wäre. Tradition ist recht und schön. Auch Clausewitz und Schlieffen.

Aber in unseren Tagen geht es um einen modernen Krieg. Es geht darum, qualifizierte Offiziere in die Frontverbände zu bringen, Offiziere, die zunächst ihr »Handwerk« verstehen müssen, die möglichst viel von unserer komplizierten Technik kennen sollten und die gelernt haben müssen, wie man Menschen unter den besonderen Bedingungen des Einsatzes einer modernen Luftwaffe in diesem Krieg führen muß und kann.

Ein weiterer Umstand, der mich besonders deprimierte, war die Auswahl der Teilnehmer. Mit wenigen Ausnahmen waren es »Zwölfender«, die automatisch einberufen wurden auf Grund eines Erlasses, der für alle Wehrmachtsteile galt. In der Luftwaffe war im Frühjahr 1942 von den Berufsunteroffizieren des fliegenden Personals nur noch ein verschwindend kleiner Bruchteil am Leben.

Übrig blieben jene vielen, welche Funktionen am Boden hatten. Das waren bestimmt gute Fachleute. Auch gegen ihre allgemeinen Qualitäten war nicht mehr einzuwenden, als auf jeden Querschnitt vergleichbarer Gruppen zutrifft. Was aber sollen solche Leute, die bisher an ihrem Platz als Spezialisten sicher gut waren, plötzlich als Offiziere nützen? Hier wurde, zumindest was die Luftwaffe angeht, wieder mal typisch falsch gedacht.
Im Heer, vielleicht auch bei der Marine, mag das anders sein. Dort ist der alte, erfahrene Feldwebel in seiner Kompanie unbedingt der wichtigste Mann, wenn die erfahrenen Offiziere ausgefallen sind. Dort soll und muß dieser Mann aufrücken, wenn eine Lücke entsteht. Auf die Luftwaffe aber lassen sich diese Verhältnisse nicht übertragen. Da ist es eher ein Schaden, wenn der bewährte und unersetzliche Waffen- oder Gerätespezialist dadurch verlorengeht, daß er zum Offizier gemacht wird, der dann wegen seines Dienstgrades für »höhere« Aufgaben eingesetzt werden muß.
Einen Tag vor Beendigung des Lehrganges in Werder habe ich dann auf dem Hof der Schule einen kleinen Berg Papier feierlich verbrannt. Es war jenes Papier, das ich vollgeschrieben habe und sammeln mußte in den Monaten meiner Offiziersausbildung.
Der Offizier vom Dienst, ein junger Leutnant, fragte mich, was ich da täte. »Ich verbrenne überflüssiges Papier, Herr Leutnant!«
In meiner Beurteilung stand der Satz, »geeignet für eine Stabsverwendung«. Das hatte ich nun davon. Als Stoffregen mir dies eröffnete, sagte er nur: »Gratuliere!«
Während meiner monatelangen Abwesenheit konnte die Gruppe ihre schönsten Erfolge gegen Geleitzüge im Eismeer erzielen. Die Konvois PQ 16 und PQ 17 wurden fast vollkommen vernichtet. Sie kamen jeweils von Westen und waren für Murmansk oder Archangelsk bestimmt. Ihren Weg nahmen sie so weit nördlich, wie es die Eisgrenze gerade noch zuließ. Trotzdem waren sie über etwa zwei Tage innerhalb der Reichweite der Ju 88. Und diese Zeit reichte, um die jeweils etwa 40 Schiffe zu versenken. Was die Ju 88 nicht schafften, besorgten unsere U-Boote. Auch ein Verband Torpedoflieger war an den Angriffen beteiligt. Diese armen Kameraden haben schlimme Verluste erlitten.
Als ich am 29. Juli in Banak ankam, herrschte dort Ruhe. An der Murmanfront brauchte man uns nicht, weil sich dort die Lage festgefahren hat. Offenbar war jede Seite froh, wenn der Gegner

Ruhe gab. Auf See tat sich ebenfalls nichts. Lediglich, um mich wieder einzugewöhnen, machte ich meine regelmäßigen täglichen Übungsflüge. Abends im Kasino ging es ein paarmal hoch her, besonders an dem Tag, als Stoffregen, Flechner und Kahl das Ritterkreuz erhielten.
Stoffregen wurde darüber hinaus an demselben Tag offiziell zum Kommandeur der Gruppe ernannt.
Drei Wochen lang ging die Gammelei in Banak, bis dann am 19. August die Verlegung hierher nach Kemi kam. Wir sollen hier überwintern.

25. August 1942

Mit einem Angriff auf Archangelsk beginnen wir die »Winterarbeit«.
Neunzehn Maschinen sind eingesetzt. Ich selbst bin mit meiner nagelneuen »Cäsar« als vorletzter eingeteilt. Oblt. Flechner startet mit seiner fünften Staffel so frühzeitig, daß er noch in der Dämmerung am Ziel ist. Sie haben hauptsächlich Brandbomben geladen und sollen Feuer machen für uns, die wir dann bei Dunkelheit und in geringer Höhe mit schweren Bomben Schiffe im Hafen und die Hafenanlagen selbst angreifen sollen.
Um 20.55 Uhr erhebt sich meine »Cäsar« schwerfällig von der neuen Betonbahn in Kemi. Es dämmert bereits. An Stelle von Theo habe ich den Kriegsberichter Fritschle an Bord. 800 Kilometer Anflug liegen vor uns. Das Fliegen mit der überladenen Maschine ist noch ungewohnt. Nur sehr langsam gewinnen wir Höhe. Der Mond kommt hoch. Dadurch wird das Fliegen leichter.
Wir kommen in die Wolken, müssen lange Zeit blind fliegen. Es schneit in den Wolken. Jetzt steigt der Vogel noch schlechter. Wir fliegen mitten über dem Weißmeer, als die Wolken aufreißen. Kein Wort wird an Bord gesprochen. »Noch zehn Minuten«, sagt Hans. Dann sehen wir auch voraus das Aufblitzen von Flak am Boden und die Detonationen in der Luft. Bombeneinschläge sind zu erkennen. Es ist wie damals in England, nur halt in verkleinertem Maßstab. Fritschle, der eifrig gefilmt hat, solange es die Lichtverhältnisse zugelassen haben, muß ich nun in die Wanne schicken. Er übergibt seine Kamera an Hans und bittet ihn, wenn es am Ziel möglich sei, zu filmen. Ich gehe in einen flachen Gleitflug

Tragödie in Rußland . . .

Vorrückende deutsche Truppen fanden die Trümmer einer abgestürzten Ju 88. Die Besatzung hatte den Tod gefunden.

über, auf das Feuer zu, das inzwischen erkennbar ist. Frühzeitig erfaßt uns die Flak, unterschätzt aber offenbar unsere Geschwindigkeit, denn der ganze Segen blitzt immer hinter unserem Leitwerk durch die Luft.
Das Feuer am Ziel hat sich ausgebreitet. Wir haben daher keine Schwierigkeiten, unsere vier schweren Bomben genau in die Hafenanlagen zu setzen. Noch eine große Runde fliege ich, um Fritschle Gelegenheit zu Beobachtungen zu geben. Hans filmt das Großfeuer, das sich mehr und mehr ausdehnt.
Dann zeigt mein Kompaß wieder Heimatkurs, und das Variometer zeigt Steigen an. Es folgt ein schöner Flug über mondbeschienene Wolkentürme. Die Motoren brummen gesund und beruhigend, so daß wir gar nicht daran denken, daß unter uns über Hunderte von Kilometern feindliches Land liegt.
In Kemi sind wir dann um 02.10 Uhr, nach einem Flug von fünfeinviertel Stunden Dauer, über dem Platz. Unten herrscht dicker Bodennebel. Es kommt zu einer saftigen Blindlandung. Aber ich habe offenbar in den Monaten meiner Abwesenheit das Fliegen nicht verlernt. Es klappt auf den Meter genau. Sanft berühren die Laufräder den Beton. Die »Cäsar« kommt zum Stehen, noch ehe die roten Lampen das Ende der Landebahn anzeigen.
Auf dem Weg zu unserem Liegeplatz verirre ich mich dann doch im Nebel, so daß wir die Motoren abstellen müssen. Zu Fuß tasten wir uns am Zaun des Platzes entlang, bis wir endlich nach fast einer halben Stunde den Gefechtsstand gefunden haben.
Wir waren als letzte zurückgekommen. Kurz vor unserer Landung erst legte sich das Nebelfeld über den Platz. Alle anderen Besatzungen hatten schönsten Mondschein bei Anflug und Landung.

28. August 1942

Das Wetter sieht mies aus – es riecht nach Ruhe. Um 09.00 sitze ich allein im Kasino beim Frühstück. Honig, leicht ranzige Butter, Knäckebrot, Ei. Alles scheint noch zu schlafen. Warum auch nicht, bei solchem Wetter?
Anschließend mache ich einen Bummel zu den Liegeplätzen. Ich klettere in die »Cäsar« und fingere ein bißchen an Hebeln und Instrumenten herum.
Auf dem Rückweg begegnet mir Hannes Borgmann. Er überredet

mich zu einem Gang durch die Stadt. Im Vorbeigehen sage ich schnell noch auf dem Geschäftszimmer Bescheid. Den Weg legen wir in einer halben Stunde bequem zu Fuß zurück. Auf der Bank wechsle ich meine Norwegischen Kronen in Finnmark um. Wir schlendern durch den Hafen, den einzigen reizvollen Platz in dieser aufstrebenden Industrie- und Hafenstadt des nördlichen Mittelfinnland. Hier stehen alte Fischer- und Bauernhäuser neben neu aus dem Boden schießenden modernen Hochhäusern. Das Bodenständige wird durch die Neuzeit ohne Rücksicht und Pietät auf die Seite geräumt. Wir sind schon wieder auf dem Rückweg, als uns der Gefr. Leug mit dem Fahrrad begegnet. Außer Atem hält er bei uns: »Herr Oberfeld' sollen sofort auf den Gefechtsstand kommen – Einsatz!«

Er überläßt mir das Fahrrad. Ich trete in die Pedale, so schnell es geht. Es ist 11.30 Uhr. Das Wetter sieht immer noch so trübe aus wie am Morgen. Auch auf dem Platz ist Grabesruhe, als ich um die Ecke des Gefechtsstandes fege.

Hier treffe ich meine Besatzung bereits in voller Kriegsbemalung. Hans hat meine Sachen mitgebracht: Kombination, Atemmaske, Bergschuhe. (Diese müssen wir hier tragen, für den Fall, daß wir im Urwald oder in der Tundra runter müssen.)

Sie helfen mir beim hastigen Umziehen. Stoffregen selbst macht die Einsatzbesprechung. Wir sollen Wetteraufklärung bis in den Raum ostwärts Archangelsk fliegen und sollen gleichzeitig einen Blick in den Hafen von Archangelsk tun. Start um 12.30 Uhr!

Von meinen Funkmeldungen aus dem Zielgebiet wird es abhängen, ob abends ein Nachteinsatz der gesamten Gruppe gegen Archangelsk geflogen wird.

Die Flugvorbereitung überlasse ich Hans. Selbst laufe ich noch einmal in die Unterkunft und stecke mir Schokolade, Zigaretten und Streichhölzer ein, ebenso ein Päckchen Dextro-Energen.

Wir werden die »Gustav« fliegen. Diese ist für solche Aufklärungsaufgaben besonders »frisiert«. Unter anderem hat sie keine Bodenwanne. Sie ist bedeutend schneller als unsere normalen Einsatzmaschinen, steigt besser und geht auch wesentlicher höher.

Pünktlich um 12.30 Uhr kommen wir weg.

Ein Genuß, wie der Vogel steigt! Nach einer knappen Stunde sind wir schon 6000 Meter hoch. Wir steigen weiter, immer auf Ostkurs. Die Wolken unter uns haben sich aufgelöst. Die Landschaft des

Nordens liegt unter uns im Sonnenschein: Endlose Wälder, Tausende von Seen, kein Zeichen menschlichen Lebens. Manchmal ist es, als ob wir in der Luft still stehen. Eigentlich müßten wir bald an der Murmanbahn sein. Dann schießt Flak: Die Front! Besser gesagt, was man hier so »Front« nennt, denn von einer definierten Kampflinie kann man nur in seltenen Fällen sprechen. Am Boden spielt sich vielmehr ein gnadenloser Kampf zwischen spähtruppartigen kleinen Einheiten ab, die ihren Standort ständig wechseln.

Mit dem bekannten beklemmenden Gefühl im Magen, das sich jedesmal einstellt, wenn man tiefer und tiefer in das feindliche Hinterland eindringt, überfliegen wir in gut 7000 Meter Höhe die Murmanbahn. Eine dicke Kondensfahne kennzeichnet unseren Flugweg, der nunmehr auf die Mitte des Weißen Meeres zuführt. Im Norden sehen wir die Küste der Kolahalbinsel und südlich ist das flache versumpfte Ufer der Tundralandschaft zu erkennen.

Es ist eigenartig, aber wenn ich die See unter mir habe, fühle ich mich immer ruhig und geborgen. Das geht auf die Englandfliegerei zurück, wo uns die Gefahr einer möglichen Notlandung auf See gering vorkam gegenüber dem, was uns über Land geboten wurde. Hier sind die Verhältnisse allerdings, wenn man genau nachdenkt, umgekehrt. Eine Landung im eiskalten Wasser – auch wenn es gelingt, in das Schlauchboot zu kommen, bietet fast keine Aussicht, zu überleben, während man auf Land zumindest damit rechnen kann, mit dem Leben davonzukommen. Zwar sagen die meisten von uns, sie würden lieber ersaufen, als den Russen in die Hände fallen. Nach allem, was man hört, habe auch ich Angst vor einer Gefangennahme durch die Russen. Vor die Wahl gestellt, würde ich diese immer noch dem sicheren Tod auf See vorziehen. Man darf nicht vergessen, daß wir in den Gewässern um England einen recht gut funktionierenden Seenotdienst hatten. Der fehlt hier oben ganz.

Wie immer wird an Bord kein Wort gesprochen. Ab und zu bewegt sich Hans, um seine Sauerstoffversorgung zu überprüfen. Das veranlaßt mich, das gleiche zu tun. Wir drücken den Maskenschlauch ab, um Eisbildungen rechtzeitig zu erkennen. Wir überprüfen den Sauerstoffvorrat. Hans verbraucht viel mehr als ich. Er »schnauft« zu viel, wie ich immer sage. Vielleicht hängt es aber auch mit seiner Größe zusammen. Ein himmellanger Kerl braucht wohl auch mehr Sauerstoff als andere.

Er wiederholt zum x-ten Male seinen alten Spaß und bietet mir eine Zigarette an. Beide grinsen wir hinter unseren Masken.
Dann geschieht es!
Die »Gustav« bäumt sich unvermittelt rechts auf und gerät gleichzeitig in einen fürchterlichen Schiebezustand. »Kurssteuerung!« fährt es mir durch den Kopf. Blitzartig reagiere ich – automatisch, ohne dabei zu überlegen. Mit einem Schlag der rechten Hand auf den Schaltknopf schalte ich die automatische Kurssteuerung aus, um erst einmal das Flugzeug in die Hand zu kriegen. In Holland ist es mir einmal nachts passiert, daß die Kurssteuerung infolge eines Kurzschlusses plötzlich einen vollen Seitenruderausschlag gegeben hat. Dadurch entstand der gleiche Flugzustand wie jetzt. Damals reagierte ich vielleicht einen Augenblick zu spät, und meine schwer beladene Maschine legte sich halb auf den Rücken und ging anschließend in einer steilen senkrechten Schraube in die schwarze Nacht hinunter.
Mit dem nächsten Blick erfasse ich die Lage: Öldruck: Null; Ladedruck: Null am linken Motor! Das bedeutet Triebwerksausfall und Einmotorenflug! Ich versuche am Gashebel: eine geringe Restleistung ist noch vorhanden. Über den rechten Motor drehe ich eine flache Kurve nach Süden auf das Festland zu. Dann betätige ich den Hebel für Segelstellung der linken Luftschraube, um das kranke Triebwerk stillzulegen. Aber nichts geschieht. »Theo, sieh' mal nach, ob der elektrische Selbstschalter drin ist!« – »Ist drin!«
Dann gibt es keine Hilfe. Der Motor wird als »Windmühle« weiterlaufen, wenn er nicht stillgelegt werden kann.
Unsere Situation ist klar: Wir haben keine Aussicht, eigenes Gebiet zu erreichen, auch wenn wir über 7000 Meter hoch sind. Die »tot« mitlaufende linke Luftschraube wirkt, als müßten wir ein Scheunentor vor uns herschieben. Und das bei einer Geschwindigkeit von über 250 Kilometern in der Stunde. Das Variometer zeigt zwischen 10 und 15 Meter »Fallen« in der Sekunde.
Ich versuche das günstigste Verhältnis zwischen Vorwärtsgeschwindigkeit und Sinkgeschwindigkeit zu ermitteln. Hans rechnet fieberhaft. »Hein, Meldung an Kemi: Motorschaden. Kehren um, Standort: 60 Kilometer ostwärts Murmanbahn, über dem Weißen Meer!«
Auf kürzestem Wege, das heißt im rechten Winkel, fliege ich in genau südlicher Richtung auf die Küste zu, welche als feiner Streifen erkennbar ist. Hans korrigiert mich und rät zu einem Kurs, der

zwar etwas länger über See führt, uns aber näher an die eigene Front bringt. Nach einem Blick auf die Karte muß ich ihm recht geben und korrigiere entsprechend. »22 Minuten«, sagt er und zeigt mit dem Zirkel auf die Stelle, wo wir das Ufer erreichen müssen. Sollte es aber schon vorher notwendig werden, Land zu erreichen, so brauchen wir nur einen verhältnismäßig kurzen Haken zu schlagen, denn der Küstenverlauf kommt uns entgegen.

Außentemperatur ist 46 Grad Kälte!

Ich habe Sorge, daß der kranke Motor, der ja ohne Ölversorgung läuft, heiß wird und zu brennen anfängt. Vorsorglich stelle ich die Benzinzufuhr ab, indem ich den Schnellstophebel nach vorne reiße.

Mit unheimlicher Schnelligkeit verlieren wir unsere kostbare Höhe. 4000, 3800, 3500 Meter! Es kostet viel Überwindung, weiter die südwestliche Richtung einzuhalten und nicht auf dem schnellsten Wege nach Süden über das Land zu fliegen. Aber Hans hat recht: jeder Kilometer westlich erhöht die Wahrscheinlichkeit unserer Rettung. Wir haben noch 2000 Meter Höhe, als Hein vom Funkersitz her meldet: »Jetzt qualmt er!«

Eine weißlich-gelbe Fahne zieht nach hinten weg. Ich kenne das von Krakau her – es ist verdampfender Kühlstoff. Nun ist keine Überlegung mehr: Ich muß so schnell als möglich Land unter uns bringen!

Es geht steil abwärts, auf die Küstenlinie zu. Die Zeit dehnt sich schier endlos. Schon habe ich Angst, das Ufer gar nicht mehr zu erreichen. Sind es Sekunden, sind es Minuten? Endlich ist Wald unter uns! Wir suchen alle nach einem freien Fleck, der sich für eine Bauchlandung eignet. Theo schlägt vor, an der Küste zu landen. Ausgeschlossen! Dort geht, so weit wir sehen können, das Meer in Sumpflandschaft über. Dort auf dem Bauch zu landen, wäre der sichere Tod. Hans weist mich auf eine winzige Lücke im Waldgebiet hin, links voraus. Ich habe diese Lücke längst auch gesehen und erkannt, daß sie viel zu klein ist. Nein, da ist nichts zu machen, wir müssen aussteigen, und zwar schnell. Noch haben wir 1200 Meter Höhe. Aber es bleiben uns nur noch wenige Minuten, wenn es zum Fallschirmabsprung – zumindest für den letzten von uns – nicht zu spät sein soll.

Ich gebe den Befehl. Sie wollen nicht. Nochmal fängt Theo mit seinem Küstenvorschlag an, und Hans will mir eigensinnig klar

machen, daß eine Bauchlandung in der Waldlichtung immer noch das beste sei.
Inzwischen ist der Qualm, der aus allen Fugen des Triebwerkes quillt, fast schwarz geworden. Jeden Augenblick erwarte ich, daß Flammen herausschlagen.
Mir bleibt nur noch zu betteln, sie sollen doch um Gottes willen endlich aussteigen, sonst seien wir alle miteinander hin.
Endlich kommt von Theo: »Ich haue ab! Ahoi!« Dann sehe ich, wie Hein schnell in die Wanne klettert und verschwindet. »Hans – Los!« Er erhebt sich von seinem Sitz neben mir, sieht mich böse an, wie mir scheint, weil er immer noch nicht mit meinem Entschluß einverstanden ist. Dann sagt er, bevor er sein Kabel der Kopfhaube aus der Verbindung trennt: »Mach's gut, Peter!« Klopft mir auf das rechte Knie, klappt seinen Sitz auf die Seite und macht in seiner betont lässigen Art Anstalten, nach hinten zu steigen. Ich bin ziemlich sicher, daß er sogar in dieser Situation schimpft – auf irgendeinen »Blödmann«.
Der Wald unter uns ist schon so nahe, daß ich alle Einzelheiten erkennen kann.
Hans ist immer noch nicht weg! Er stößt mich an und zeigt auf den linken Motor, aus dem jetzt Flammen wegziehen. »Hau doch endlich ab!« Obwohl er es nicht hören kann, versteht er. Und nochmal dreht er sich um, schraubt die Leuchtpistole aus der Halterung und stopft sich die Taschen voll mit Leuchtmunition aus den Vorratsbehältern, dann endlich ist er weg.
Ich bin allein. Höhenmesseranzeige: 400 Meter!
Der linke Motor brennt lichterloh.
Bis jetzt bin ich überhaupt nicht nervös oder gar in Panikstimmung. Es war mir in jenem Augenblick, als der Motor ausfiel, klar, wie unsere Situation ist und wie wir uns wahrscheinlich retten können. Und nun bin ich selber an der Reihe!
Ich denke einen Augenblick daran, ob wohl jetzt hinter mir drei Fallschirme in der Luft hängen. Sie müßten wesentlich höher sein als ich, denn die Fallgeschwindigkeit meiner Maschine ist größer als die eines Fallschirmes. Ich schnalle meine Gurte los und stemme mich im Sitz hoch, um freizukommen. Dabei muß ich das Steuer loslassen, was zur Folge hat, daß die »Gustav« sofort auf den Kopf geht. Das aber bedeutet, daß das Flugzeug schneller am Boden aufschlägt, als ich aus der Wanne herauskomme. Schon will ich auf-

geben, versuchen, eine Bauchlandung auf den Spitzen der Bäume zu machen. In meiner Verzweiflung fällt mir plötzlich ein, daß der Motor, bevor ich den Benzinhahn schloß, noch eine kleine Restleistung hergegeben hat. Ich reiße den Hebel nach vorn. Und der Propeller heult auf! Der hell brennende Motor läuft und leistet gerade so viel, daß ich die »Gustav« mit fliegenden Fingern so weit austrimmen kann, daß sie wenigstens nicht steil in den Boden stürzt, wenn ich das Steuer loslasse!

Voraus kann ich den Punkt im Wald abschätzen, an dem ich aufschlagen werde, wenn ich nicht vorher aus dem Flugzeug raus bin.

Dann kommt das Schlimmste: Ich komme nicht aus meinem Sitz frei, weil es mir nicht gelingt, den linken Fuß zwischen der Steuersäule und der Vorderkante des Sitzes durch zu bringen. Die verfluchten klobigen Bergschuhe!! Am Boden klappt das immer, wenn die Steuersäule nicht in Flugstellung ist, sondern weit nach vorne geneigt.

Ich bin in meiner brennenden Mühle gefangen, angesichts des Waldes, der immer näher kommt!

In letzter Verzweiflung tue ich etwas, das nur einer Eingebung entstammen und niemals überlegt gewesen sein kann: Ich drücke trotz der geringen Höhe die Steuersäule ganz nach vorne! Die Maschine gehorcht sofort und geht auf den Kopf. Ich werde, weil ich ja nicht mehr angeschnallt bin, aus meinem Sitz gehoben. Gleichzeitig habe ich meinen linken Fuß frei, bekomme die Steuersäule wieder zu fassen, reiße sie nach hinten. Der Wald verschwindet aus meinem Blickfeld, und Himmel ist zu sehen. Schon neben dem Führersitz stehend, bringe ich die »Gustav« wieder in einen halbwegs flachen Gleitflug. Dann falle ich mehr, als ich in die Wanne klettere. Ich setze mich mit dem Rücken zur Flugrichtung in die Luke. Meine Beine sind im Freien. Unten sehe ich den Wald. Mit den Händen stütze ich mich auf den hinteren Rand der Luke und rutsche gleichzeitig mit Beinen und Hinterteil ins Freie. Noch halten meine Hände einen Augenblick fest an der Lukenhinterkante, bis ich durch den Fahrtwind hinausgerissen werde.

Auf dem Rücken schwebend sehe ich den Rumpf meines Flugzeuges über mich weggleiten. Ich sehe den Feuerschweif, den das linke Triebwerk hinter sich herzieht. Ich sehe, daß das Spornrad draußen ist. Merkwürdig, daß sich solche Einzelheiten einprägen. Es ist eine Allerweltskrankheit der Ju 88, daß der Mechanismus, der

gleichzeitig mit dem Hauptfahrwerk auch das Spornrad ein- und ausfahren soll, nicht funktioniert!
Dann zieht meine rechte Hand am Griff des Fallschirms. Es geht so leicht, daß ich einen Schreck bekomme. Habe ich den Griff abgerissen?! Ich halte ihn in der Hand und sehe, daß ein Stück Kabel daranhängt. Und dann flattert zwischen meinen gespreizten Beinen – ich schwebe immer noch auf dem Rücken – die weiße Fallschirmseide! Es gibt einen sanften Ruck – ich mache einen Überschlag nach hinten und hänge in den Gurten!
Irgendwo höre ich – mehr im Unterbewußtsein das Geräusch meines abstürzenden Flugzeuges. Ich sehe nach unten: Die Bäume sind keine 100 Meter unter mir. Über mir wölbt sich der weiße Schirm. Wo ist die Maschine? Gerade noch kann ich sehen, wie sie schräg unter mir in den Wald schlägt. Eine schwarze Rauchfahne kennzeichnet ihren Weg.
Die Bäume kommen schnell näher. Schon kann ich abschätzen, an welcher Stelle ich herunterkommen werde. Es sind hauptsächlich Birken. Hoffentlich bleibt der Schirm nicht in einem hohen Baum hängen! Ich drücke die Beine zusammen und halte den linken Arm vor das Gesicht. Dann gleite ich zwischen den Stämmen herab. Ich werde sanft abgebremst, bis meine Beine den Boden berühren. Das ging glatt! Beim Lösen des Schnellverschlusses der Fallschirmgurte sinke ich dann noch zwei Handbreit in das weiche Moos ein. Die Kappe meines Fallschirmes hatte sich in den Gipfeln der Birken verfangen. Diese bremsten ab und gaben gleichzeitig federnd nach. Mütterlich sanft hat mich die gute Erde aufgenommen.
Daß ich nach allem, was geschah, noch am Leben bin, ist mir irgendwie selbstverständlich. Ich weiß, das ich einige 100 Kilometer Urwald zu überwinden habe, bevor ich wieder zu Hause, besser gesagt, auf eigenem Gebiet sein werde. Ich weiß, daß ich tief in Rußland drin bin.
Ich sehe mich um, krame in meiner Knietasche nach meinen Zigaretten. Es ist eine verflucht kleine Welt um mich herum: Krüppelbirken, einige Fichten, Moos.
Die ganze Geschichte, überlege ich mir, hat von dem Augenblick, als Theo ausstieg, bis zum Aufschlag der Maschine und meiner gleichzeitigen Fallschirmlandung nur ein paar Minuten gedauert. Das Gute war, daß die Besatzung im entscheidenden Augenblick doch wunderbar gespurt hat! Richtig – die Besatzung!

Wenn bloß alle gut heruntergekommen sind!
Sorgen mache ich mir um Theo, der seit unserem Absturz in Gilze ernste Schwierigkeiten mit seinem Knie hat. Gleichzeitig denke ich an Hans und bin froh darüber, daß er die Leuchtpistole und Munition mitgenommen hat. Er wird Signale geben und bei ihm werden wir zusammentreffen. Meine Herren – hoffentlich ist alles klar gegangen! Hätte ich doch versuchen sollen, eine Bauchlandung an der Küste zu machen?
Ich hole meine Pistole heraus und knalle in die Luft. Gespannt horche ich: Keine Antwort!
Klar! Kann ja gar nicht sein, daß mich einer hört!
Was nun? Losgehen, suchen!
Erst aber den Schirm! »Sie« wird sich freuen, wenn ich die viele schöne, weiße Seide mit nach Hause bringe. Was kann man nicht für wunderschöne Sachen daraus schneidern!
Mit meinem Kappmesser schneide ich die Gurte von der Halteleinen und ziehe den Fallschirm von den Baumkronen herunter. Es ist ein hartes Stück Arbeit. Ein Blick auf die Uhr: es ist 14.27 Uhr.
Aus dem Fallschirm mache ich ein einigermaßen handliches Paket. Nach der Sonne orientiere ich mich über die Himmelsrichtung; sie ist noch nicht ganz im Süd-Südwesten. Während des Absprunges war meine Flugrichtung ziemlich genau nach Westen, also muß ich so nach rückwärts gehen, daß die Sonne im spitzen Winkel rechts von mir steht, wenn ich Hans und die anderen treffen will. Also – geh'n wir!
Schon die ersten hundert Meter zeigen, wie schwer es ist, im Wald ohne Weg und Steg zu gehen. Hinzu kommt, daß sich hier kein Lüftchen regt. Eine fast drückende Schwüle herrscht. Auf der nächsten Anhöhe besteige ich einen Baum. Ich hoffe, von dort einen Überblick über das Gelände zu bekommen.
Es zeigt sich aber, daß man nur bis zum nächsten Hügel sehen kann. Rundherum ist nichts als Wald, filziger, wilder Urwald.
Ich klettere noch etwas höher in die Krone meiner Birke hinauf. Hier warte ich lange Zeit in der Hoffnung, eine Leuchtkugel zu sehen, die Hans jetzt mit Sicherheit in Abständen in die Luft schießt.
Aber die Landschaft, in der wir abgesprungen sind, scheint im weiten Umkreis aus hügeligem Gelände zu bestehen, wobei die

Höhenunterschiede so groß sind, daß auch eine in die Luft geschossene Leuchtkugel bereits hinter dem nächsten Berg nicht mehr zu sehen ist.
Mit angehaltenem Atem horche ich, ob nicht wenigstens der Knall eines Pistolenschusses zu hören ist. Nichts!
Das Gehen im Wald ist anstrengend. Bei jedem Schritt versinke ich fast knietief im Moos. Felsbrocken und umgestürzte Bäume versperren den Weg. Ich muß entweder darüberklettern oder sie umgehen. So gehe ich, um hundert Meter vorwärtszukommen, vielleicht den dreifachen Weg. Hier ist noch nie ein Mensch gewesen! Die Bäume, das Unterholz, das Moos wachsen wild, sterben ab und vermodern dann. Die Sonne als »Kompaß« benutzend, halte ich mich an meine Richtung. So erreiche ich, am ganzen Körper schweißgebadet, die nächste Anhöhe. Ohne zu wissen, ob ich nun wirklich den höchsten Punkt erreicht habe – ich kann ja nur 30 Meter weit sehen –, ersteige ich wieder eine Birke.
Ich erlebe die gleiche Enttäuschung, wie vorher: Urwald, nichts wie Urwald. Nicht mal einen einzigen Kilometer weit kann ich sehen! Noch einmal schieße ich in die Luft. Keine Antwort!
Ich sehe ein, daß es hoffnungslos ist, auf diese Art die Kameraden zu finden. Trotzdem quäle ich mich weiter nach rückwärts durch den Wald. Ich muß die Kombination ausziehen, weil sie mich beim Gehen behindert. Dann ziehe ich die Angora-Unterwäsche aus, denn sie ist in dieser dampfenden Schwüle unerträglich.
Den ganzen Krempel werfe ich in den Wald.
Langsam meldet sich der Hunger. Eine Ecke Schokolade und eine Zigarette, auf einem umgestürzten Baum genossen, bilden meine erste Urwaldmahlzeit.
Weiter stolpere ich. Es gibt viele Heidelbeeren und andere Beeren, die in unserem heimatlichen Klima unbekannt aber genießbar sind. Wir erhielten eine entsprechende Unterweisung. Nun bin ich dankbar dafür, denn ich weiß, daß ich dieses Zeug beruhigt essen kann, ohne befürchten zu müssen, mich zu vergiften. Weiter stolpere und krieche ich in Richtung Osten. Irgendwann muß ich ja meine Besatzung finden. Die Mücken quälen. In den Unterweisungen und der Broschüre mit dem Titel »Überleben im Urwald und in der Tundra« ist das Thema »Stechmücken« auf jeden Fall zu kurz gekommen. Bei jedem Tritt in das Moos schrecke ich eine kleine schwarze Wolke dieser Viecher auf. Ich kann nicht stehen bleiben,

um auch nur eine Heidelbeere zu pflücken, ohne daß sich auf Händen und Gesicht Hunderte von diesen winzigen bluthungrigen Biestern festsetzen. Von was leben die hier? Obwohl ich die Ärmel, die Hosen und den Halsausschnitt mit Fallschirmleinen zugebunden habe, bin ich nach kurzer Zeit am ganzen Körper zerstochen. Es gibt kein Mittel gegen diese Plage, als ständig in Bewegung zu bleiben, zu laufen, zu stolpern.

Hinter jedem neuen Berg erhoffe ich freie Sicht. Oft versperren mir Sumpfstücke den Weg. Sie zu umgehen kostet viel Zeit und Kraft. Die Entscheidung, ob der kürzeste Weg rechts oder links herumgeführt, ist jedesmal ein Glücksspiel. Unzählige Male muß ich wieder umkehren, weil ich im Morast versinke. Bald habe ich eine Technik gefunden, um wenigstens zu vermeiden, daß ich tief einsinke in den Dreck: Ich werfe mich, sobald die wabbernde Moosdecke unter meinen Füßen nachgibt oder ein Fuß durchbricht, sofort lang ausgestreckt auf den Boden. Dadurch verteilt sich mein Gewicht auf eine größere Fläche und ich kann nicht einsinken. Ich muß dann jedesmal vorsichtig auf dem Bauch nach rückwärts kriechen, so lange, bis ich wieder festen Grund unter mir habe. In diesem Gelände und unter diesen Bedingungen ist es schwer, die Richtung beizubehalten. Immer wieder stelle ich fest, daß die Sonne ganz wo anders steht, als sie eigentlich stehen sollte. Dann korrigiere ich. Wenn aber ein steiler Berg vor mir steht, muß ich ausweichen, in der Hoffnung, auf einem Umweg besser und kräftesparend voranzukommen. Wenn wenigstens eine einzige winzige Lichtung käme, die mir freie Sicht – und seien es nur einige hundert Meter – gestatten würde! Wenn ich nun tagelang keinen Menschen treffe? Bei diesem Gedanken bekomme ich es mit der Angst.

Obwohl ich aus der Luft keine Spur einer menschlichen Ansiedlung gesehen habe, habe ich ein Gefühl, daß ich bald auf ein Haus, ein Dorf oder einen Menschen stoße.

Nach stundenlanger Schinderei erreiche ich einen Pfad. Er schlängelt sich etwas schräg zu meiner Richtung durch den Wald. Also doch Menschen!

An umgestürzten Bäumen meine ich, Axthiebe zu erkennen. Selbst, wenn ich nun auf Russen stoße, werde ich versuchen, mir von ihnen helfen zu lassen. Denn das habe ich eingesehen, daß ich alleine hier nicht lebend herauskomme. Meine Gedanken gehen verrückte Wege: ich stelle mir vor, daß der Weg zu einem Dorf führen muß. Es werden Zivilisten sein – Russen. Aber sie werden hier in ihrer Wildnis vielleicht gar nicht mal wissen, daß Krieg ist. Sie werden mich bestaunen und als Gast aufnehmen. Sie werden mir morgen weiterhelfen. Was werden sie mir wohl zum Essen vorsetzen? Fisch? Wild?

Aber meine Träumerei wird schnell unterbrochen, weil der Weg nämlich unvermittelt an einem Sumpf endet und weil ich zum hundertstenmal eine blitzschnelle Bauchlandung machen muß, um nicht knietief im Morast zu versinken.

Kilometerweit kämpfe ich mich durch Unterholz, Schlingpflanzen, bis ich die andere Seite erreicht habe. Ich fluche wie ein Bauer auf der Schwäbischen Alb beim Pflügen. Dreckig und naß bin ich von oben bis unten. Mein schöner Fallschirm ist total verschmutzt. Die Sonne ist weit am Horizont herumgewandert. Es ist spät geworden. Ich bin hundemüde, stolpere aber trotzdem immer weiter in der Richtung, wo Hans und die übrigen abgesprungen sein müssen. Eigensinnig glaube ich immer noch nicht daran, daß ich sie nicht finden kann, obwohl ich allmählich einsehen müßte, daß die Aussicht gleich null ist. Ich will sie finden, weil ich weiß, daß ich – auf mich allein gestellt – hoffnungslos verloren bin.

Vermoderte Bäume, Sümpfe, Felsen! Bald muß ja das Dorf kommen! »Was für ein Dorf denn, blöder Hund?!«

Und wieder stehe ich unvermittelt auf einem festgetretenen Pfad! Gott sei Dank! Laut sage ich es vor mich hin, wie ich mich überhaupt immer wieder dabei ertappe, daß ich laut vor mich hinrede. Der Weg geht quer zu meiner Marschrichtung. Was mache ich jetzt? Ich wähle die Richtung nach links. Es ist eine Freude, nach der Schinderei im Urwald festen Boden unter den Füßen zu haben. Ich finde frische Losung von Wild. Handelt es sich also bei diesen »Wegen« um Wildwechsel? Leider bin ich kein Jäger und verstehe von solchen Zeichen nichts. Immerhin weiß ich, daß es hier gefährliche Bären gibt. Für eine Weile folge ich dem Pfad mit gezogener Pistole.

Aber nicht lange! Vor mir schimmert es hell durch den Wald. Dann stehe ich unvermittelt am Ufer eines Waldsees. Hier muß auch ein Haus stehen! Aber nichts! Totenstille, keine Bewegung, kein Lufthauch. Feindselig rundherum der Urwald und noch einmal feindselig sein Spiegelbild im Wasser. Wütend schmeiße ich einen alten Baumast ins Wasser. Verflucht – dreimal verflucht! Ich habe die falsche Richtung gewählt und muß umkehren, den ganzen Weg

zurück. Nach einer halben Stunde bin ich wieder bei meiner alten Stelle und verfolge den Weg – nun in südlicher Richtung weiter. Allmählich biegt er nach Osten um. Das paßt mir gut.
Die Sonne steht schon sehr tief und ist jetzt in meinem Rücken. Und wieder versperrt mir ein Sumpf den Weg! Nur nicht weich werden! Nicht aufgeben! Stolpern, kriechen, klettern.
Ich gebe nicht auf. Es ist schon dämmerig, als ich erneut hellwach werde: Eine Telefonleitung zieht sich schnurgerade quer zu meiner Richtung durch den Wald! Gewonnen! Gewonnen! In südlicher Richtung folge ich den Drähten. Bald sehe ich, daß die Leitung längst tot sein muß, denn die Drähte sind häufig gerissen, hängen zum Boden herab, und auch die Masten sind oft umgestürzt. Gleichwohl muß ja wohl ein Endpunkt sein, wo auch Menschen sein müssen. Der Weg neben der Leitung ist noch beschwerlicher als das Gehen durch den Wald. Aber ich will meinen »seidenen Faden« nicht verlieren.
Von einer Anhöhe aus sehe ich wieder einen See. Schon im Weitergehen – ich bin bereits zu müde und gleichgültig, voll zu erfassen, was sich meinen Augen bietet – fällt mir auf, daß es sich um eine große Wasserfläche handelt und daß am jenseitigen Ufer offenbar Häuser stehen. Das treibt mich noch einmal zu einer letzten Anstrengung. Ich merke mir die Richtung, verlasse meine Leitung und dringe wieder in den Wald ein. Es mag vielleicht ein Kilometer bis zum Ufer sein. Von Baum zu Baum und von Felsbrocken zu Felsbrocken keuche ich vorwärts. Dann bin ich durch! Ich stehe am Ufer und sehe gegenüber Häuser – ein richtiges kleines Dorf!
Rechts, ein gutes Stück entfernt, führt eine Holzbrücke vom diesseitigen Ufer hinüber. Darauf wate ich zu. In der letzten Dämmerung bin ich an der Brücke. Zunächst setzte ich mich auf die rohen Holzknüppel, aus denen der Belag besteht und beobachte, ob drüben Leben zu erkennen ist. Ich überlege mir auch, ob es ratsam ist, hinzugehen. Aber drüben ist keine Bewegung zu erkennen. Spiegelglatt liegt der See. Kein Laut. Der Wald – der See – das Dorf – rundherum Totenstille! Na los, riskier's! Vorsichtig und geduckt taste ich mich über den schwankenden Steg, der vielleicht 150 bis 200 Meter lang ist. Die Häuser sind offenbar verlassen. Und dann erlebe ich die letzte Enttäuschung des Tages: Die Brücke ist in der Nähe des gegenüberliegenden Ufers zusammengebrochen. Ich muß wieder zurück!

Der See ist viel zu groß, als daß ich es heute noch schaffen könnte, ihn zu umgehen. Also muß ich im Wald übernachten.
Ich spanne mir den Fallschirm zwischen zwei Bäumen in der Art einer Hängematte auf. Es wird aber nichts Rechtes. Schlafen kann ich auch nicht. So bereite ich mir mein erstes Urwaldnachtlager auf dem Moos des Waldes.
Meine Kleider sind naß bis zum letzten Faden. Ich ziehe mich nackt aus und krieche so in die weiche Fallschirmseide.
Meine Situation empfinde ich zwar als einen unangenehmen Zwischenfall, nicht jedoch als besonders schlimm oder gar ausweglos. Ich bin unverletzt. Ich bin nicht in unmittelbarer Lebensgefahr. Was kann mir passieren? Daß ein Bär mich anfällt? Daß ich unfreundliche Menschen treffe? Jedenfalls sind wir nicht ins Wasser gefallen. Jedenfalls sind wir nicht mit der »Gustav« im Wald verbrannt. Menschen sind in dieser Gegend ansässig gewesen und mit Sicherheit noch ansässig. Nein, das ist es alles nicht, was mir den Schlaf verwehrt. Es sind die Mücken!
Sie summen um meinen Kopf und setzen mir derart zu, daß ich keinen Augenblick ruhig liegen kann.
Wenn ich mir die Seide meines Fallschirms über das Gesicht ziehe, so stechen sie trotzdem durch. Nehme ich die Seide doppelt oder noch dicker, dann bekomme ich keine Luft. Ich kämpfe einen hoffnungslosen Kampf gegen die Quälgeister. Wovon in aller Welt mögen diese Dinger bloß leben, wenn sie kein Menschenblut haben?
Deutlich kann ich hören, daß die Summtöne zwei verschiedene Frequenzbereiche umfassen. Die niedrigeren schätze ich 1000 Hertz und die höheren auf vielleicht 3000 oder 4000 Hertz. Wahrscheinlich Männlein und Weiblein. Die hohen Töne sind wohl von den Männlein. Wenn bloß die Nacht vorbei wäre!
So ganz dunkel wird es um diese Jahreszeit hier in diesen nördlichen Breiten ja nicht mehr. Ich kann in dem Dämmerlicht ganz gut noch meine Armbanduhr ablesen.
Gegen 01.00 Uhr bemerke ich, daß sich der Himmel mehr und mehr bezieht. Wenn bloß das Wetter nicht umschlägt! Und wieder bewegt mich die Sorge um meine Besatzung. Wenn einer von den dreien nicht gesund nach Hause kommt, gebe ich das Fliegen auf! Das steht fest!
Erschießen? Nein, das würde ich mich auf keinen Fall! Solange ich noch imstande bin, meine Pistole zu heben, solange bin ich auch im-

stande, etwas für meine Rettung zu tun – etwa ein Tier zu schießen. Wahrscheinlich merkt man sowieso nichts mehr, wenn man vor Entkräftung oder Hunger oder diesen dreimal verfluchten Mückenstichen nicht mehr weiter kann. Warum also aufgeben, solange man noch bei Kräften und bei Verstand ist?
Aber schön war der Fallschirmabsprung doch!
Wieder sehe ich nach der Uhr: 03.00!
Also muß ich doch ungefähr eine Stunde geschlafen haben. Es regnet. Davon muß ich wohl aufgewacht sein. Der Himmel ist schon wieder etwas heller. Ich werde aufstehen und weitermarschieren!
Jetzt ist alles naß: mein Fallschirm, das Moos, die Kleider. Eigentlich fühle ich mich trotz der schlaflosen Stunden gut erholt und frisch. Ich bringe es nicht über mich, in meine nassen Uniformstücke zu schlüpfen. So springe ich, nackt wie ich bin, in das kalte Wasser des Sees. Mann, das tut gut! Und jetzt kann ich in meine nassen Lumpen steigen, ohne daß es mir etwas ausmacht. Ich selbst bin ja ebenso naß und kalt. So – und wie nun weiter?
Noch einmal beobachte ich das Dorf gegenüber. Noch einmal gehe ich über die Brücke, bis zu der Stelle, wo sie zusammengebrochen ist. Keine Menschenseele – keine Bewegung!
Ich gebe es endlich auf, weiter nach der Besatzung zu suchen. Ich muß versuchen, allein nach Hause zu finden!
Zurück zu meiner Telefonleitung. Stolpern, kriechen, klettern. Mükken! Ein Wildwechsel. Hunger!
Zwei Tage, vier Tage? Ich habe kein Zeitgefühl mehr. Ein Baum liegt quer über dem Pfad. Ich sehe ihn ganz deutlich. Ich muß das Bein darüberheben. Das schaffe ich nicht. Ich setzte mich davor ins Moos.
Geräusche im Wald. Brechende Äste und Zweige. Ein großes Tier bricht knapp neben mir durch die Bäume. Ich liege am Boden und sehe dicht vor meinen Augen einen Pilz. Ich esse ihn.
Eichhörnchen. Viele Eichhörnchen!
Meine Zigaretten waren bereits nach der ersten Nacht aufgeweicht und verkommen. Ich vermisse sie. Auch meine Streichhölzer sind unbrauchbar geworden. Und es regnet!
Ich ertappe mich dabei, daß ich unablässig die gleiche Melodie vor mich hinpfeife. Wohl den ganzen Tag schon. Genau erinnere ich mich, daß ich die Melodie des blöden Schlagers schon im Kopf hatte, als ich am Morgen aus meinem nassen Fallschirm gekrochen bin.

Ich wechsle die Melodie, beobachte mich dabei ängstlich, ob ich auch wirklich bei klarem Verstand bin.
Und es klappt! Das neue Lied bleibt – bleibt so lange, bis ich feststelle, daß ich wieder bei dem dummen Schlager bin. Ist es etwa so, wenn man langsam aber sicher verrückt wird?
Wie weit ich gegangen bin, weiß ich nicht. Ich weiß aber sicher – und da täusche ich mich bestimmt nicht –, daß ich bei hellichtem Tage die Murmanbahn überquert habe. Vielleicht bin ich schon in einem Gebiet, wo keine Russen mehr sind.
Ich erinnere mich an den Tag nach dem Absprung. Flugzeuggeräusche. Unverkennbar Ju 88! Sie suchen uns! Sie haben unsere letzte Funkmeldung mit der Standortangabe aufgenommen. Es kommt genau auf mich zu. Die Bäume lassen nur einen kleinen Ausschnitt des Himmels frei. In 300 Meter Höhe fliegt die gelbe »Dora« über mich weg. Ich weiß, daß Lt. Dohne drin sitzen muß. Mein weißes Fallschirmpaket, das ich schwenke, können sie natürlich unmöglich sehen. Feuer müßte ich machen können. Aber meine Streichhölzer sind längst unbrauchbar.
Ich haste vorwärts, in der Hoffnung, vielleicht doch eine größere Lichtung zu finden, wo ich mich mit meinem Fallschirm bemerkbar machen kann. Wieder und wieder ist die Ju 88 in meiner Nähe. Ich aber stehe im Moos des Urwaldes zwischen dichten Bäumen, wo mich keiner sehen kann. Mindestens eine Stunde lang suchen die da oben weiter. Und genau solange suche ich mit letzter Anstrengung nach einer kleinen Lücke im Wald.
Dann finde ich irgendwann auf einem Wildwechsel eine deutsche Zigarettenschachtel. »Juno.« Sie ist noch gut erhalten und kann eigentlich nur von einem unserer Flugzeuge stammen. Aus dem Fenster geworfen, als sie leer war. Oder? Im Wald treffe ich häufig auf ganze Scharen von großen Vögeln. So eine Art von Auerwild. Sie sitzen im Moos und auf den Bäumen. Sie sind nicht besonders scheu und lassen mich bis auf zehn Schritte herankommen, ehe sie davonfliegen. Mit meiner Pistole schieße ich auf die Vögel. Ich treffe daneben, obwohl ich im Kameradenkreis als guter Pistolenschütze anerkannt bin. Ich habe einfach nicht mehr die Kraft, die Pistole ruhig in der Hand zu halten.
Ein Eichhörnchen habe ich geschossen. Es geschah aus Wut – aus Unbeherrschtheit. Das Tier – es gab sehr viele im Wald – verfolgte mich von Baum zu Baum und schien sich über mich zu ärgern. Mit

Beim Start auf einem Feldflugplatz in Rußland ist eine Ju 88 »ausgebrochen« und in das nahe Dorf gerast. Die Besatzung kam ums Leben. Fast das ganze Dorf ist abgebrannt . . .

Ausgebrannte Häuser, herausgerissene Triebwerke und zerschmolzenes Blech der Flugzeugzelle waren alles, was übrig blieb.

dem Kopf nach unten hing es zwei Meter über mir an einem Stamm, gab ein ärgerliches »Bäck – Bäck – Bäck« von sich und machte jedesmal eine eigenartige Ruckbewegung auf der Stelle. Mein Schuß traf es in den Kopf und schlitzte das Fell auf dem Rücken auf. Dann habe ich es mit meinem Kappmesser abgezogen und zerlegt. Alles Fleisch, was ich ablösen konnte, habe ich roh gegessen. Ich habe das zähe Fleisch so lange gekaut, bis es keinen Geschmack mehr hatte und ein Brei war, den ich schlucken konnte.
Solche und viele andere »helle Erinnerungen« kommen, während ich total erschöpft in einer kleinen Blockhütte liege, die ich durch Zufall am späten Abend – oder war es Morgen? – gefunden habe. In einer Ecke liegt halbvermodertes Gras, das ich als Unterlage für ein Schlaflager auf dem Boden ausbreiten will.
Ich liege in meinen nassen Fallschirm gewickelt und kann wieder keinen Schlaf finden.
Ein Glück, daß es im Wald immer wieder gutes frisches Wasser gibt! Ohne das Wasser aus den vielen Bächen, die mir oft den Weg versperrt haben, durch die ich waten mußte, bis zum Hals im Wasser, ohne dieses Wasser wäre ich bestimmt nicht bis hierher gekommen. Mit einem Male stand ich vor dieser großen Blockhütte. Verrostete Konservenbüchsen und Unrat rundherum. Drinnen finde ich russische Uniform- und Ausrüstungsstücke und haufenweise Papier, das mit kyrillischer Schrift bedruckt ist. An den Wänden Stalinbilder. Ein Russenlager!
Zu Tode erschöpft und ausgehungert liege ich in der dunklen Hütte. Es ist inzwischen dämmerig geworden. Meine Füße tun mir weh. Hoffentlich geht es morgen besser. Hoffentlich kann ich morgen etwas zu essen kriegen – einen Fisch oder ein Stück Wild. Eine Maus würde ich essen, wenn ich sie fangen könnte! In den letzten Tagen habe ich nur von rohen Pilzen, Beeren, Wurzeln gelebt. Sogar Gras habe ich versucht zu essen. Wenn es nicht immer und überall gutes frisches Wasser gegeben hätte, dann wäre ich bestimmt nicht mehr am Leben. Ich erinnere mich daran, daß der Mensch verhältnismäßig lange ohne Nahrung am Leben bleiben kann, daß er aber ohne Wasser sehr schnell sterben muß.
Ein Geräusch reißt mich für Augenblicke aus meinem Dämmerzustand. Es ist ein Motor. Flugzeug oder Auto! Mit angehaltenem Atem horche ich: Nichts! Stille! Es ist wieder dasselbe, wie ich es in den vergangenen Tagen erlebt habe: Ich hörte Kinderstimmen, ich hörte

Pferde wiehern, ich hörte Kirchenglocken. Ganz deutlich waren diese Geräusche. Jedesmal waren es Täuschungen, die mir meine erschöpften Sinne vorgegaukelt haben. Diesmal also Lastwagen oder Flugzeuge! Das muß wohl schon fortgeschrittenes Stadium des beginnenden Wahnsinns sein!
Wieder Motorengeräusch! Verflucht – ich halte mir die Ohren zu! Ich will nicht verrückt werden. Noch lasse ich mich nicht unterkriegen. Morgen früh werde ich wieder frisch sein und werde weitergehen, solange, bis ich einen Menschen treffe!
Dann höre ich es wieder! Ganz deutlich, trotz zugehaltener Ohren: Es sind schwere Fahrzeugmotoren. Genau kann ich hören, daß das Geräusch aufheult, wie wenn ein Lastwagen auf einen anderen Gang schaltet. Es müssen Lastwagen sein, die ganz in der Nähe vorbeifahren! Hastig suche ich meine Sachen zusammen, ziehe meine Schuhe wieder an und krieche aus der Hütte. Die Richtung geht auf einen steilen Abhang zu, den ich mehr hinunterfalle, als daß ich gehe. Dann sehe ich zwischen den Bäumen ein braunes Stück Straße schimmern. Ein Lastwagen fährt vorbei. Er muß herunterschalten, es ist das Geräusch, was mich oben in der Hütte aufgeschreckt hat. Nun rutsche ich vorsichtig hinunter. Ich will wissen, auf welcher Seite ich bin. Es dauert eine Weile, bis der nächste Laster kommt: Es ist ein Deutscher! Das Nummernschild ist weiß und trägt das Kennzeichen »WH«! Gerettet! Ich stelle mich auf die Straße und winke dem nächsten – er fährt weiter, gibt womöglich noch Gas! Weitere Wagen fahren vorbei, obwohl sie mich mit Sicherheit gesehen haben. Endlich hält einer, nachdem er noch 100 Meter weitergefahren war. Zwei Soldaten steigen aus und kommen mit der Maschinenpistole im Anschlag auf mich zu. »Schießt um Himmels willen nicht – ich bin deutscher Soldat!« Sie kommen vorsichtig näher. Einer befiehlt mir, ich soll meine Sachen wegwerfen und die Hände hochnehmen. »Ich bin Flieger! Abgeschossen! Seit Tagen durch den Urwald gelaufen!« – »Das kann jeder sagen!« – »Wenn du dich von der Stelle rührst, knallen wir dich übern Haufen!« Die meinen es ernst! Jetzt erst fällt auch mir auf, wie fürchterlich ich aussehe: Dreckig von oben bis unten. Die Dienstgradabzeichen habe ich dummerweise gleich in den ersten Tagen von der Uniform abgetrennt, in der Meinung, der Gefangenschaft entgehen zu können, wenn ich auf russische Zivilisten stoßen sollte. Auch meine Ausweispapiere habe ich damals in den Wald geworfen.

Aber sie glauben mir dann doch, nehmen ihre MPs herunter. »Habt ihr was zu essen? Ich habe seit Tagen gehungert!« Das kurze Stück bis zu ihrem Wagen schaffe ich dann wahrhaftig nicht mehr. Sie müssen mir meine Sachen tragen und mich zu ihrem Wagen mehr tragen als führen. Sie geben mir zu essen. Sie heben mich in das Führerhaus. Der Wagen fährt an. »Wohin fahrt ihr denn?« Der Fahrer erklärt mir, daß die Straße an dem vorgeschobenen Flugplatz Pontsalnjoki vorbeiführe. Dort würden sie mich absetzen. Es war schön, in dem trockenen, geheizten Führerhaus zu sitzen. Sie fragten mich aus, und ich gab Antworten. Dann hielt der Fahrer und zeigte auf eine Abzweigung, die nach links in den Wald führte. »Nur ein kurzes Stück, dann bist du am Flugplatz!«

Ich sehe mich am Straßenrand. Der Lastwagen verschwindet in der Dämmerung. Schritt für Schritt schleppe ich mich in der angegebenen Richtung. Ich möchte aufgeben. Es muß doch ein Auto kommen, das zum Flugplatz fährt! »Nur ein kurzes Stück«, hatte der Fahrer gesagt.

Eine kleine Brücke! Ich hänge über dem wackligen Geländer und muß mich übergeben. Der Weg macht einen Bogen nach links und geht bergauf. Dann sehe ich ein Wachhäuschen. »Bis dorthin mußt du es noch schaffen!« Sie bieten mir einen Stuhl an und telefonieren. Dann kommt ein Auto. Man hilft mir hinein und fährt mich zu einer Baracke. Ich kann nur immer wieder sagen, daß ich Hunger habe und schlafen will. Und dann kommt ein Stabsarzt. Er läßt sich die ganze Geschichte erzählen, soweit ich überhaupt imstande bin dazu. Er nimmt mich im Wagen mit. Wir landen in seiner Sanitätsstation.

Dort muß ich mich hinlegen. Man zieht mir meine dreckigen Sachen vom Leib. Die Sanitäter lachen, als sie meine Schuhe sehen. Da habe ich mir nämlich gleich am zweiten Tage große Löcher hineingeschnitten, weil sie an meinen großen Zehen so gedrückt haben.

Kaum stecke ich in neuen, trockenen Sachen, fühle ich mich schon wieder besser. Man bringt mich in die Kasinobaracke. Man gibt mir zu essen. Der Doktor gibt mir Sekt zu trinken. Nach kurzer Zeit verschwimmt alles vor meinen Augen, vor Müdigkeit, vor Glück. Wahrscheinlich bin ich auch betrunken. Ganz genau kann ich aber noch wahrnehmen, wie ich in ein weiß bezogenes Bett krieche.

Als ich wieder aufwache, ist es heller Tag. Mir ist hundeelend. Gerade noch kann ich das Fenster erreichen, hänge meinen Kopf nach drau-

ßen und übergebe mich. Alle Knochen tun mir weh. Aber ich bin nicht mehr müde und fühle mich trotzdem gut.
Ich ziehe meine neuen Sachen an. Sie passen nicht, und die Dienstgradabzeichen stimmen nicht.
Ich muß so schnell wie möglich nach Kemi melden, daß ich hier bin! Ich muß unbedingt wissen, was man von meiner Besatzung gehört hat.
Der Doktor, ein ganz lieber, älterer Stabsarzt, hilft mir. Er entschuldigt sich, weil er mich gestern abend mit einigen Gläsern Sekt betrunken gemacht hat. Er habe aber gesehen, daß ich in erster Linie Schlaf brauche – ein gutes Bett und ausgiebig schlafen. Wir erfahren auf der Flugleitung, daß noch in der Nacht die Meldung meiner Ankunft an die Luftflotte gegeben worden sei. Dort konnte dann festgestellt werden, daß ich zur II. Gruppe KG 30 gehöre und als vermißt gemeldet bin. Kemi wurde verständigt und weiß also, daß ich lebe und wo ich bin. Trotzdem wird ein Ferngespräch nach Kemi angemeldet, das dann nach endlos langer Zeit auch kommt. Stoffregen selbst ist am Apparat. Er sagt mir, daß sich Hans bereits gestern gemeldet hat. Er ist 100 Kilometer weiter nördlich von Finnen aufgefunden worden. Alle würden sich freuen, daß ich wieder da sei und ich soll halt sehen, wie ich möglichst bald wieder zur Gruppe zurückkäme.
Hier auf dem kleinen Urwaldflugplatz bin ich so etwas wie ein Wundertier aus dem Zirkus. Alle möglichen Leute wollen mir etwas Gutes tun. Hundertmal muß ich meine Geschichte erzählen. Was ist mit Hein und Theo? Noch mal telefoniere ich mit Kemi. Dort ist noch nichts bekannt. Ich telefoniere mit der Luftflotte. Dort ist niemand zuständig. Ein Oberst, den ich schließlich bedränge, fertigt mich ab, ich solle ihn gefälligst in Ruhe lassen, er habe weiß Gott andere Sorgen. Ich gebe nicht auf. Der Kommandeur der Sanitätseinheit, die hier liegt, hat einen Fieseler Storch, den ich ihm abschwatze. Zögernd und weil der großartige Stabsarzt mithilft, gibt er mir den Vogel. So sitze ich, kaum daß ich wieder gehen kann, allein in einem Flugzeug, das ich noch nie geflogen habe, und hänge über dem unheimlichen Wald, wo ich gestern noch ohne Hoffnung auf Rettung um jeden Kilometer bis zur Erschöpfung gekämpft habe. Ich fliege und suche nach Hein und Theo. Ich fliege, bis die Tanks fast leer sind. Nach der Landung muß ich mich erneut übergeben.
Der Kammerbulle, ein dicker Feldwebel, kommt abends noch zu

mir und will eine Unterschrift, weil er eine Bestätigung braucht für die Sachen, die er an mich ausgegeben hat. Er macht mich gleichzeitig darauf aufmerksam, daß er pflichtgemäß eine Meldung gemacht habe, daß ich Wehrmachtseigentum beschädigt habe. Er habe sonst mit größten Schwierigkeiten zu rechnen.

Na ja, ich habe immerhin mutwillig Löcher in zwei nagelneue Bergschuhe geschnitten, um meinen etwas zu lang geratenen großen Zehen Luft zu verschaffen. Und schließlich habe ich auch meine Dienstgradabzeichen von der Uniform getrennt und in den russischen Urwald geworfen. (Wenn der erst wüßte, daß ich eine Garnitur Angora-Unterwäsche ohne Quittung den Russen überlassen habe!) Noch eine Nacht bleibe ich in Pentsalnjoki. Dann, am nächsten Tag kann ich mit einer Ju 52, die Verwundete transportiert, nach Kemi mitfliegen.

Zum ersten Male in 13 Jahren Fliegerei wird mir in einem Flugzeug »kotzerig« zumute. Ich muß mich auf den Mittelgang legen, um mich nicht zu übergeben.

Der Empfang in Kemi ist kaum zu beschreiben. Auf den Schultern tragen sie mich ins Kasino. Stoffregen nimmt mich auf die Seite und läßt sich berichten. Dann kommt die Nachricht, daß sich auch Theo und Hein gemeldet haben. Sie wurden, wie Hans, von einem finnischen Spähtrupp im Wald gefunden und gerettet.

Es ist einfach herrlich!

Unsere Erlebnisse sind sich natürlich ähnlich. Alle waren wir ziemlich am Ende, als dann die Rettung kam.

Hans erging es noch am besten. Er hatte eine einigermaßen gute Karte bei sich, was ihm dazu verhalf, daß er einen Tag früher als wir auf der eigenen Seite ankam und von Finnen aufgegriffen wurde. Diese haben ihn dann gepflegt und zurückgebracht.

Die Rettung Theos war einem Zufall zu verdanken: Er selbst erlitt beim Absprung eine schmerzhafte Zerrung an seinem kranken Knie. Als erster abgesprungen, hatte er den weitesten Weg in Richtung Heimat.

In dem Bestreben, am ersten Tag noch so weit wie möglich vorwärtszukommen, um uns andere zu treffen, schleppte er sich bis in die Dunkelheit hinein vorwärts. Dabei hatte er das Glück, auf einen Pfad oder Wildwechsel zu treffen, der in der richtigen Richtung verlief. Das Glück – ein kaum vorstellbarer Zufall – wollte es, daß Hein auf denselben Pfad geriet. Der gab jedoch schon früher am Abend auf und legte sich in den Wald, um zu schlafen. Er hörte, schlaflos wegen der Mücken, Theo herankeuchen. An dem weißen Fallschirmbündel hat er ihn erkannt. Theo wäre umgekommen, hätte er nicht Hein getroffen, der alles tat, um ihm zu helfen, trotz seiner schmerzhaften Verletzung die Strapazen des Marsches zu überstehen. Sollte ich einmal ein wohlhabender Mann werden und gar Freude an der Jägerei finden, und sollte jemals wieder Frieden sein, dann werde ich bestimmt einmal in jene nordischen Urwälder gehen, um zu jagen. Bären, Elche, Rotwild, Birkwild und Kleinzeug jeder Art haben wir gesehen, gehört oder »gespürt«, in einer Häufigkeit, wie sie wohl kaum an einer anderen Stelle zu finden ist. Abgesehen davon, halte ich eine Erkundungsexpedition unter friedlichen Bedingungen in diesen nördlichen Urwäldern für etwas vom Interessantesten, was die Erde zu bieten hat.

Unser Doktor und die finnischen Küchenfrauen gaben sich alle Mühe, uns auf die Beine zu helfen.

Ich trieb mich, wenn ich nicht gerade schlief oder aß, bereits wieder bei den Flugzeugen herum. Meine Besatzung war allerdings noch nicht zu bewegen, »zum Eingewöhnen« einen Lustflug mit der »Cäsar« zu machen.

Der Doktor und Stoffregen wollen uns einen mehrwöchigen Erholungsaufenthalt in einem Erholungsheim für Flieger in Deutschland verschaffen.

Dies hat jetzt zu einer ernsthaften Auseinandersetzung zwischen meiner Besatzung und mir geführt. Beinahe wären wir auseinandergefallen.

Als Stoffregen mitteilte, daß wir für vier Wochen nach Bad Schachen am Bodensee dürfen, bat ich mir für eine Nacht Bedenkzeit aus. Ich habe nämlich eine Scheu vor solchen Erholungspausen, weil ich das Hinterher fürchte. Ich kenne das von den wenigen Urlaubswochen, die ich bisher in der Heimat verbracht habe. Jedesmal, wenn ich wieder zurück und in den harten Einsatz kam, war ich bei den ersten Feindflügen unsicher. Die Angst vor dem Einsatz war dann nicht »normal«, sondern fast panisch. Wie würde es erst sein nach einer vierwöchigen »gezielten Verweichlichung«?

Stundenlang habe ich mit der Besatzung und auch mit andern Kameraden, wie auch mit dem Doktor darüber gesprochen. Je mehr wir stritten und argumentierten, desto mehr entschloß ich mich, hier zu bleiben. Es kam so weit, daß Hans sich in aller Form bei Stoffregen meldete und erklärte, er und Hein und Theo würden nicht mehr mit mir fliegen, wenn ich den Erholungsurlaub ablehnen sollte. Stoffregen war ernsthaft böse, als er ein letztes Mal mit mir sprach. Ich gab nach. Mit der Einschränkung, wenigstens noch zwei oder drei Feindflüge mitfliegen zu »dürfen«, bevor ich in so ein »Heim für Abgeflogene« komme.

Bei diesem Kompromiß blieb es dann. Denn auch sie sahen ein, daß es für unsere Sicherheit und für unser Selbstbewußtsein wichtig ist, wenn wir die Hemmungen, unter welchen wir jetzt alle leiden, wieder abgestreift haben.

Es kam dann, wie es kommen mußte:

Wir erhielten einen Sonderauftrag!

Das finnische Oberkommando bat um die Abordnung einer Maschine, welche für die Versorgung eines Fernspähtrupps im Urwald geeignet war. Die Besatzung sollte möglichst viel Erfahrung in diesem Raum haben. Der Absprungplatz sollte der finnische Flugplatz Nurmoila sein, der in der Gegend zwischen dem Ladogasee und dem Onegasee liegt.

Stoffregen ließ mich holen und fragte, ob ich diese Sache machen wolle. Ich würde ja wohl den finnischen Forderungen entsprechen, zumal es keinen gäbe, der die Verhältnisse im Wald besser kennen würde als ich. Außerdem, so meinte er, wäre dieser Einsatz vielleicht genau das richtige für mich, um vor dem Erholungsurlaub im Sinne meines Wunsches ein paar Flüge nach drüben zu machen. Er wußte, daß ich ja sagen würde.

Gerade vier Tage war es her, daß wir – körperlich so ziemlich am Ende – aus dem Urwald zurück waren, und schon wieder saßen wir über den Karten, um den Flug nach Nurmoila vorzubereiten.

Über den Platz gab es keine Unterlagen. Auch über den Auftrag wußten wir nicht mehr, als daß wir einen Fernspähtrupp der Finnen irgendwo hinter der Front aus der Luft versorgen sollten.

So flogen wir am 10. September 1942 um 12.55 Uhr von Kemi los zu dem 700 Kilometer südlich gelegenen Platz Nurmoila. Der Platz oder ein Ort dieses Namens war auf keiner Karte eingezeichnet, lediglich die geographischen Koordinaten waren uns bekannt.

Nach knapp zweieinhalb Stunden sind wir über der Gegend, wo der Flugplatz liegen müßte. Wald, Seen, Wald, Seen! Es bedarf aller navigatorischen Kunstkniffe, die wir kennen, um zu einem Flecken zu kommen, der möglicherweise ein Flugplatz sein könnte. Erst nach mehrmaligem Kreisen und genauen Beobachtungen können wir sehen, daß wir tatsächlich einen Flugplatz unter uns haben. Es ist eine Rasenfläche, die lächerlich klein ist. Ob das die Ju 88 schaffen wird? Hier darf ich keinen einzigen Meter verschenken, sonst rasselt die »Cäsar« am andern Ende mit aller Sicherheit in den Wald!

Am Boden liegt kein Landezeichen, ist keine Landebahn markiert. So wähle ich die Landerichtung so, daß mir die längste Ausrollstrecke zur Verfügung steht. Trotz einiger Platzrunden regt sich unten kein Leben. Also riskieren wir's!

Wie eine reife Pflaume lasse ich die »Cäsar« knapp hinter den Fichten am diesseitigen Platzrand herunterfallen. Weich kann ich den Vogel ins Gras setzen. Dann stehe ich auf den Bremsen. Ich hoffe nur, daß der Boden fest genug ist, daß nicht gleich aus der ersten Landung ein Bruch – ein Überschlag – wird.

Wir haben Glück! Noch hundert Meter bis zum Wald, und die »Cäsar« steht und ist ganz geblieben! Rundherum rührt sich immer noch nichts. Gut getarnt stehen am Platzrand im Wald einige Flugzeuge. Das ist alles, was auf einen Flugplatz hindeutet.

So bleibt mir nichts anderes übrig, als die Motoren abzustellen und die Besatzung – Römhild, unser erster Wart, ist als fünfter Mann mit dabei – aufzufordern, auszusteigen. Vom Waldrand her kommt eine Gruppe finnischer Soldaten auf uns zu. Ein Hauptmann ist dabei. Er stellt sich vor. Seinen Namen kann ich natürlich nicht verstehen. Ich versuche, ihm zu erklären, warum wir hier gelandet seien. Wir können uns aber nicht verständigen. Schließlich schickt er einen Soldaten weg, und wir begreifen, daß ein Wagen geholt werden soll, der uns irgendwohin bringt.

Das Auto kommt an, und wir werden mit größter Höflichkeit aufgefordert, einzusteigen.

Wir landen in einer Baracke im Wald. Hier ist eine »Lotta«, eine weibliche Hilfskraft der finnischen Streitkräfte, mit unseren Rotkreuzschwestern oder unseren Wehrmachtshelferinnen vergleichbar, nur daß sie beides gleichzeitig ist – welche deutsch spricht und als Dolmetscherin fungiert.

Ihr sage ich, daß wir von hier aus einen Sonderauftrag für unsere finnischen Freunde fliegen sollen und daß wir deswegen hier gelandet sind. Keiner der anwesenden Offiziere weiß etwas davon.

Noch einmal lasse ich mir bestätigen, daß wir hier wirklich in Nurmoila sind.

Das einzige, was ich sagen kann, ist, daß hier ein Major Christian auf uns warten soll. Aber auch diesen kennt hier niemand.
Ein Artillerieleutnant namens Ziegler, der schließlich ankommt, klärt die Situation: Er ist unser Betreuer und Dolmetscher, und er weiß Bescheid über unsere Mission. Von ihm erfahren wir, daß der Major Christian noch in Helsinki ist, aber wohl morgen eintreffen wird.
Ziegler nimmt uns unter seine Fittiche. Er hat, wie sich herausstellt, schon alles für unsere Ankunft vorbereitet.
Unsere Unterkunft ist ein nagelneues, komfortables Holzhaus, das am Ufer eines Waldsees liegt. Wir haben hier zwei Schlafräume, einen Wohnraum, eine kleine Küche und die üblichen Nebenräume zur Verfügung. Alles nagelneu. Ein Schmuckkästchen!
Ziegler verabschiedet sich und bittet uns, um 18.30 Uhr abholbereit zum Abendessen im Kasino zu sein.
Ich überlasse den anderen, unseren Haushalt einzurichten und begebe mich mit Römhild zu der »Cäsar«, die ja für die Nacht versorgt werden muß.
Die Vorstellung am Abend im Kasino ist ein sehr förmliches Zeremoniell. Etwas skeptisch, zumindest sehr distanziert, zeigen sich unsere Gastgeber. Das Essen ist mehr als spartanisch. Es gibt Knäckebrot und rote Rüben.
Aus der großen Zahl hochrangiger Offiziere, die hier anwesend sind, müssen wir schließen, daß hier in Nurmoila nicht nur ein Einsatzverband der finnischen Luftwaffe, sondern irgendein wichtiger hoher Stab stationiert ist. Wir sind richtig erleichtert, als wir diese feierliche Versammlung verlassen können, nachdem der Tischälteste die Tafel für aufgehoben erklärt hat.
Keiner hat sich weiter um uns gekümmert, mit Ausnahme von Ziegler. »Das sind vielleicht komische Heinis«, meint Theo, als wir in unserem Luxusbungalow unter uns sind. Am nächsten Morgen – wir sind schon längst »gesellschaftsfähig« – holt uns Ziegler ab. Er bringt uns in ein Finnenzelt. Dort wartet Major Christian auf uns, der in der Nacht eingetroffen ist. Er sagt uns nun Einzelheiten über unsern Auftrag.
Vom ersten Augenblick an mag ich ihn.
Er ist Este. Er spricht tadellos deutsch.
Wir sollen von hier aus einen finnischen Fernspähtrupp versorgen, der 400 Kilometer entfernt im russischen Gebiet operiert. Es han-

delt sich um 13 Männer unter Führung eines Hauptmanns, die mit Fallschirmen aus einem Flugzeug abgesetzt worden sind.
Die ganze Sache ist streng geheim, deswegen wußte bei unserer Landung gestern auch kein Mensch, was wir hier sollten, und deshalb wurden wir gestern auch so kühl empfangen und behandelt.
Es wird auch gleich ernst. Bereits heute sollen wir den ersten Versorgungsflug durchführen. Die »Cäsar« erhält vier große Abwurfbehälter, welche mit Fallschirmen versehen sind. Diese Behälter, ein jeder so groß wie zwei Benzinfässer, werden mit Verpflegung, Ausrüstung, Waffen, Munition, Batterien für Funkgeräte und anderen Dingen gefüllt, welche die 13 Männer brauchen, um im Wald leben, ihren Auftrag erfüllen und sich gegen den Feind wehren zu können.
Major Christian, Hans und ich sitzen inzwischen über Karten und Luftbildern, um die Durchführung des Fluges vorzubereiten. Der genaue Standort des Spähtrupps ist aus einem Funkspruch bekannt. Er liegt zwischen zwei markanten Seen im Zielgebiet. Die Auffindung des Platzes soll ein Luftbild erleichtern, das vorsorglich gemacht wurde, noch bevor der Spähtrupp dort eintraf. Ohne dieses Luftbild wäre es aber auch nicht möglich, einen Punkt im Urwald zu finden, der 400 Kilometer entfernt liegt und der sich aus der Luft gesehen in nichts unterscheidet von allem, was Hunderte von Kilometer im Umkreis zu sehen ist. Als Navigationshilfe steht uns lediglich der Rundfunksender Petrosawodsk zur Verfügung. Er wird, während wir unterwegs sind, eigens für uns ein Programm ausstrahlen. Das ermöglicht dann wenigstens Rückpeilungen zur Bestimmung der Standlinie, auf welcher wir uns bewegen. Wettermeldungen erhalten wir vor dem Start durch Funkspruch unserer Schützlinge.
Es kommt darauf an, die Flüge so durchzuführen, daß der Feind sie nicht bemerkt. Das wird schwer sein, denn wir müssen ja die Front überfliegen, die hier am Ostufer des Onegasees verläuft. Hoffentlich erwischen uns nicht die russischen Jäger, die keine 70 Kilometer von hier stationiert sind und oft genug die Gegend unsicher machen!
Um 12.55 Uhr rolle ich die »Cäsar« in die äußerste Ecke des weichen Platzes, um zu starten. Noch nie mußte ich mit der Ju 88 aus einem so kleinen und dazu noch weichen Rasenplatz herausstarten. Mit dem Auto haben wir die Startstrecke vorher abgefahren, um sicher zu sein, daß wenigstens keine sumpfigen Stellen dazwischen

liegen. Die Finnen wundern sich über unsere Sorgen. Ihnen scheint der Platz sogar sehr groß, wie sie mir sagen.
Sie haben natürlich keine Schwierigkeiten mit ihren alten Curtiss-Jägern, welche sie von uns als Anteil aus der französischen Kriegsbeute erhalten haben. Die Ju 88 ist demgegenüber um ein Vielfaches schwerer und außerdem mit ihrer hohen Flächenbelastung und der daraus resultierenden hohen Abhebgeschwindigkeit – sprich langer Anrollstrecke – geradezu gemeingefährlich.
Ich schätze die Strecke bis zur jenseitigen Platzgrenze auf knappe 1000 Meter. Dort stehen Bäume, die 15 bis 20 Meter hoch sind!
Römhild habe ich deshalb angewiesen, nur soviel Benzin zu tanken, wie für den dreistündigen Feindflug gerade notwendig ist, zuzüglich einer Reserve von 30 Minuten. Das Gewicht der Versorgungsbehälter kenne ich nicht genau. Hans hat deswegen seine Hand am Hebel für den Notabwurf. Sollte ich während des Anrollens den Eindruck haben, daß die Startstrecke nicht ausreicht, wird er auf ein Signal von mir die Dinger abwerfen, um dadurch die »Cäsar« leicht genug zu machen, daß sie wenigstens vom Boden freikommt und die Bäume an der Platzgrenze überspringen kann. Abfahren!
Ich lasse die Triebwerke auf höchste Touren laufen, bevor ich mit den Fußspitzen von den Bremsen gehe. Ganz vorsichtig drücke ich bei zunehmender Geschwindigkeit den Schwanz in die Höhe. Jeder unnötige oder zu harte Steuerausschlag verschlingt wertvolle Leistung. Der weiche Boden schluckt viel zu viel Kraft!
Angespannt und aufmerksam die Instrumente beobachtend, rasen wir über den Platz. Langsam – viel zu langsam klettert der Fahrtmesser. Soll ich Hans das Zeichen geben? Die jenseitige Platzgrenze kommt schnell näher. Nun ist es für den Abwurf unserer Außenlast zu spät! Noch lasse ich die »Cäsar« laufen und ziehe erst im letzten Augenblick die Steuersäule zügig, aber mit Nachdruck an den Bauch. Gleichzeitig lege ich den Hebel für das Fahrwerk nach vorn. Wir fliegen! Die Bäume vor mir sind höher als ich. Noch einige Grad muß ich die Nase meines Vogels höher nehmen in der Hoffnung, daß er dadurch steigen und nicht »schwimmen« wird. Und er tut es! Millimeterknapp überfliegen wir die Bäume. Sofort gehen wir auf Kurs. Wir müssen im Tiefstflug bleiben. Der Himmel ist wolkenlos. Bis zum diesseitigen Ufer des Onegasees, das wir nach kurzer Flugzeit überfliegen, sind wir über eigenem Gebiet.

Dann liegt der See vor uns. So tief es geht, drücke ich auf das Wasser herunter. Jenseits erkenne ich einen Leuchtturm und ein Dorf. In der Mitte zwischen beiden will ich das Ufer überfliegen, von dem ich weiß, daß es besetzt und gut bewacht ist. Kanone und Maschinengewehre haben wir durchgeladen, für den Fall, daß von unten geschossen wird. Beim Überflug bleibt jedoch unten alles ruhig. Wir können einige Bunker erkennen, die aber offenbar unbesetzt sind.

Das wäre gut gegangen! Die Nerven entspannen sich. In unseren Kopfhörern klingt Schlagermusik auf. Deutsche Lieder. Es ist Petrosawodsk. Sie wollen uns eine Freude damit machen, denn sie wissen ja, daß ihre Sendung unseretwegen läuft. Hans arbeitet am Peilgerät und macht Eintragungen in seine Karte. Immer noch bleibe ich im Tiefflug. Eine Stunde lang rollt der Urwald unter uns ab. Immer gleichförmig. Hügelauf, hügelab. Kleinere Seen, größere Seen, umgeben von Sümpfen. Wir fliegen nur wenige Meter über den Baumspitzen. Wenn ich darandenke, hier herunter zu müssen, graust es mir. Die Erinnerung an unseren Absprung vor zwei Wochen ist noch zu frisch. Jetzt nur keinen Fehler machen!

Immer wieder ertappe ich mich dabei, daß ich verdächtige Geräusche aus den Motoren zu hören glaube. Ein Blick über die Instrumente, die normale Werte zeigen, kann mich nur halb beruhigen.

Wir erreichen den Zielraum. Nach der Absprache mit unseren Schützlingen, die über unsere Ankunftszeit informiert sind, müßte hier irgendwo ein Rauchzeichen erscheinen.

Ich kreise. Sollten wir an der falschen Stelle sein?

Hans beweist mir anhand des Luftbildes, daß wir richtig sind.

Endlich, nach mindestens 10 Minuten steigt rechts von uns ein dünnes Rauchwölkchen auf. Beim Überflug erkennen wir eine Lichtung und einige Leute, die neben dem Rauchfeuer stehen und uns zuwinken.

Zum Abwurf unserer Versorgungsbehälter muß ich auf 250 Meter Höhe gehen, damit die Fallschirme noch aufgehen können, bevor die Behälter im Wald aufschlagen. Wir können dann beobachten, wie vier weiße Schirme zwischen den Bäumen verschwinden. Noch einmal überfliege ich die kleine Lichtung und erkenne, daß alle Behälter offenbar heil und in der Nähe des Lagers heruntergekommen sind.

Befriedigt fliegen wir unseren Weg über die trostlose Waldwüste zurück.

Knapp drei Stunden nach dem Start liegt Nurmoila wieder unter uns. Zur Landung muß ich die »Cäsar« wieder zentimeterknapp hinter den Baumspitzen hinunterfallen lassen, um mit dem kleinen Platz auszukommen.
Major Christian empfängt uns. Er gratuliert mir. Der Spähtrupp hat bereits durch Funkspruch bestätigt, daß alle Sachen gut angekommen sind.

13. September 1942

Heute flogen wir wieder zurück nach Kemi.
Die »Cäsar« war reif für eine technische Kontrolle. Insgesamt fünfmal waren wir bei den Männern im Wald, und jedesmal haben wir sie gefunden. Jedesmal klappte es mit dem Abwurf der Behälter. Der Russe hat offenbar nicht bemerkt, was wir da gemacht haben. Die Männer des Spähtrupps bestätigten regelmäßig den Empfang der Sendungen durch Funk. Sie sind nun für mindestens vier Wochen ausreichend versorgt.
Obwohl wir nur fünf Tage in Nurmoila waren, ist die anfängliche Reserviertheit der Finnen in das Gegenteil umgeschlagen. Natürlich hatte sich herumgesprochen, was unsere täglichen Flüge bezwecken. Man zollte uns Anerkennung, bewunderte die Präzision, mit der wir den Auftrag erfüllten. Jeden Abend waren wir anderswo eingeladen.
Am Platz war neben einem Jagdfliegerverband noch ein hoher Stab des Heeres untergebracht.
Wir lernten die spartanische Lebensweise dieser Finnen kennen. Sie sind, verglichen mit uns, wirklich arm. Das Essen, auf das auch wir angewiesen waren, bestand fast ausschließlich aus Knäckebrot und roten Rüben. Fleisch, Butter, ja sogar Kartoffeln bedeuteten eine Festmahlzeit. Das gab es in der Woche höchstens ein- oder zweimal. Das war im Offizierskasino, wo stets mehrere Generäle und viele hohe Offiziere anwesend waren, nicht anders als in den Unterkünften der Soldaten und der Lotten.
Die ganze Platzanlage ist neu gebaut und so geschickt angelegt, daß sie aus der Luft überhaupt nicht zu erkennen ist. Eine Vielzahl von Finnenzelten hat man im Wald errichtet. Sie sind gegen jede Fliegersicht getarnt. Diese »Finnenzelte« sind kreisrunde feste Bauten aus Preßplatten. Sie haben einen Durchmesser von etwa 6 bis 8 Meter

und sind etwas in die Erde versenkt. In der Mitte steht ein eiserner Ofen, der ausreicht, den ganzen Raum gut zu heizen. Das Dach – ebenfalls aus Preßplatten – wird in der Mitte durch einen Pfosten getragen und bildet einen flachen Kegel.
Im Inneren haben wir überall eine peinliche Ordnung und Sauberkeit vorgefunden. Jeder, ohne Ausnahme, auch jeder Offizier, versorgt sich selbst. Das Brennholz wird aus dem Wald geholt. Nie hört man ein lautes Wort. Nie wird über die schlechte Verpflegung geklagt oder über den Dienstbetrieb. Es herrscht eine selbstverständliche Disziplin, die wir vom ersten Augenblick an bewunderten. Auch das Verhalten der Soldaten den zahlreichen weiblichen Hilfskräften gegenüber ist von einer Art, die uns überrascht, die uns Hochachtung abverlangt: Eine Lotta ist ein Wesen, das einfach tabu ist! Fünf Tage haben genügt, um höchste Bewunderung für unsere finnischen Freunde in uns zu wecken.
Beim Abschied, kurz vor dem Start, fand sich dann auch alles ein, was sich irgendwie freimachen konnte. Alle wollten mit uns zusammen vor der startbereiten »Cäsar« noch einmal fotografiert sein.
Auch mein Freund Kapitän Eero Kautola, mit dem ich bis spät in die Nacht hinein bei hartem Schnaps Abschied gefeiert habe, kam im letzten Augenblick noch an. »Du mußt bald wiederkommen!«
Der Abschied fällt uns allen schwer.
»Theo – Knöpfe rein!«
Hundert Arme winken uns zu, als ich die »Cäsar« zum Startplatz rolle.
Hier nun, in Kemi, ist nur noch das technische Personal am Platz. Die Gruppe mußte mit den Maschinen nach Banak verlegen, weil angeblich ein Geleitzug im Anmarsch ist.
Zwei Tage und eine Nacht dauert die Überholung der »Cäsar«. Dann fliege ich am 16. September befehlsgemäß ebenfalls zum Nordkap.
Banak ist vollgestopft mit Flugzeugen, so daß ich kaum einen Abstellplatz für unseren Vogel finden kann. Stoffregen sagt, daß er sich freut, mich »mal wiederzusehen«. Es wurde noch kein Einsatz auf die Schiffe geflogen, weil das Wetter draußen im Eismeer einfach zu schlecht ist. Lediglich ein Verband Torpedoflieger hat angegriffen und dabei verheerende Verluste erlitten. Es sollen siebenundzwanzig Ju 88 abgeschossen worden sein. Arme Schweine, diese Torpedoflieger. Sie müssen im Tiefflug, bei gedrosselter Ge-

schwindigkeit bis auf etwa 800 Meter an die Schiffe heranfliegen, bevor sie ihre Torpedos auslösen können. Bereits da sind sie in einer roten Wand von gezielten Leuchtspurgranaten. Dann gilt es für sie, aus dem Abwehrbereich herauszukurven. Ich kenne kein Rezept, diese Augenblicke höchster Gefahr ohne Treffer – ohne tödliche Treffer – zu überstehen. Wenn ich für eine Gattung von Fliegern Bewunderung empfinde, so sind es die Kameraden von der Torpedofliegerei!

Banak hat unter den gegenwärtigen Umständen natürlich den Reiz verloren, den es hatte, als wir allein hier waren. Alle Unterkünfte sind überbelegt, im Kasino lauter fremde Gesichter.

Hinzu kommt, daß einiges hier passiert ist: Major Matthias ist tot! Er verlor sein Leben, als ein Munitionschiff, bei dessen Entladung er mitgeholfen hatte, durch Sabotage in die Luft flog.

Zwei Ju 88 gingen beim Start verloren. Die Besatzungen kamen ums Leben. Ebenfalls Sabotage. Man hat an anderen Flugzeugen die Beweise dafür gefunden. In den Fahrwerkschächten waren sprengstoffgefüllte Gummischläuche angebracht, die detonierten, wenn die Federbeine kurz nach dem Abheben eingefahren wurden.

Einer der Saboteure konnte gefaßt werden. Er sagte aus, daß es sich bei den Organisatoren dieser Sabotage um deutsche Emigranten handelt. Ähnliche Fälle häufen sich jetzt überall in Norwegen. Im Kasino unterhalten wir uns über diese Vorfälle. Es wird ziemlich offen gesprochen. Wenn Ltn. Harmel sagt, daß er jeden, den er zwischen die Finger bekäme, aus 5000 Meter Höhe ins Eismeer werfen würde, »wohlgemerkt mit Fallschirm, damit er auch etwas davon hat!«, so gibt es keinen, der ihm nicht zustimmt. Wie kommt es, daß Deutsche auf solche Weise gegen eigene Landsleute vorgehen?

Wir empfinden ehrlichen Respekt, wenn ein Norweger sein Leben wagt, um uns Schaden zuzufügen – auch Menschen zu töten, die er als Eindringlinge, als Feinde seines Landes sehen muß.

Wir verabscheuen eigene Landsleute, die als feige Drahtzieher im Dunkeln bleiben und den offenen Kampf scheuen.

Die meisten von uns mögen den Hitler nicht. In keiner Staffel wird der vorgeschriebene politische Unterricht durchgeführt. Ein jeder von uns haßt die Clique der »Goldfasanen« in der Heimat. Und alle sind wir uns einig darüber, daß wir, sobald der Krieg zu Ende ist, erst einmal in der Heimat »Ordnung« schaffen werden. »Kameraden –

genießt den Krieg! Der Frieden wird fürchterlich!« Das ist ein bitteres geflügeltes Wort in den Staffeln.
Der Geleitzug, dessentwegen in Banak soviel Luftwaffe zusammengezogen ist, hat die Bezeichnung PQ 18. Im Gegensatz zu seinem Vorgänger PQ 17, der nahezu vollkommen aufgerieben und versenkt wurde, hat er »besseres Wetter«. Er kann das Seegebiet, das von Banak aus in unserer Reichweite liegt, unbehelligt passieren, weil wir mit unseren Maschinen nicht in die Luft können.
Am 17. September 1942, gerade einen Tag nachdem ich in Banak als Nachzügler eingetroffen war, ist klar, daß wir 300 Kilometer weiter nach Osten – nach Petsamo – verlegen müssen, wollen wir den Konvoi überhaupt noch erwischen.
Am Nachmittag kommt der Befehl für die II./KG 30 und die III./KG 26 zur Verlegung. Schnell machen wir uns fertig mit kleinem Übernachtungsgepäck. Um 16.10 rollt meine »Cäsar« über den holprigen Knüppeldamm – jedesmal muß ich dabei an Major Matthias und seine »Ur-Banaken« denken –, hebt ab und schießt zwischen den Felswänden des Porsangerfjordes in nördlicher Richtung auf das Nordkap zu.
Wir drehen in Richtung Osten zu einem der genußreichen Flüge bei schönem Wetter und ohne Feindauftrag.
Nach einer Stunde haben wir Petsamo unter uns. Es ist ein reiner Rasenplatz, besser gesagt, ein Moosplatz. Hier wird uns ein Empfang zuteil, wie ich ihn in meiner ganzen Fliegerei noch nie erlebt habe.
Der Horstkommandant ist ein österreichischer Reservehauptmann mit dem Flugzeugführerabzeichen aus dem Weltkrieg an der Brust. Jede gelandete Besatzung begrüßt er persönlich und verspricht, alles zu tun, damit es uns hier an nichts fehlen werde. Er scheucht seine Zahlmeister und Portepeeträger in einer Weise, die uns schon fast peinlich ist. Wir dürfen keinen Schritt gehen. Autos fahren uns zu den gut vorbereiteten Unterkünften. Die Betten sind mit frischer weißer Wäsche bezogen. Persönlich hetzt er durch die sauberen Baracken, um sich zu überzeugen, daß es wirklich »an nichts fehlt«.
»Mensch«, sagt Hans, »ist es euch nicht auch aufgefallen, daß es hier keine dicken Feldwebel und auch keine dicken Zahlmeister gibt? Der Alte scheucht sie auch ganz schön!«
Noch am Abend wird Einsatzbereitschaft befohlen. Verflucht –

Vernichtender Bombenangriff auf den Befehlszug eines hohen russischen Stabs.

Sommer 1941. Volltreffer auf einen voll belegten russischen Bahnhof.

Kopfstand! In der Sprache der Flieger »Fliegerdenkmal« genannt.

Winter 1941/42, 40 Grad Kälte.
Stundenlang müssen die Triebwerke vorgewärmt werden.

wir hätten zu gerne diese überraschende Gastfreundschaft ungetrübt genossen. Jeder legt sich hin, um sich auszuruhen für den Einsatz. Es herrscht die gewohnte, heilige Ruhe. Wie immer, wenn ein Feindflug bevorsteht. Erst um 05.00 Uhr morgens werden wir geweckt. Es ist der 18. September. Einsatzbesprechung in 45 Minuten!
Je nach Temperament wird geflucht, gelacht, gleichgültig getan. Pedanten packen ihr Gepäck, das sie zurücklassen müssen, sorgfältig zusammen und versehen es mit einem Namensschild. Andere lassen alles stehen und liegen. »Nach mir die Sintflut!«
Nach und nach stapft einer nach dem andern in seiner unbequemen Ausrüstung auf den Gefechtsstand zu. Noch ist es fast dunkle Nacht.
Ein bißchen käsig im Gesicht sitzen wir alle herum, als Stoffregen den Besprechungsraum betritt. Er ist in Begleitung unseres österreichischen Weltkriegsfliegers. Dieser hat das erste Wort. »Gleich nach der Besprechung gibt es drüben in der Küchenbaracke ein gutes Frühstück für euch! Wenn einer eine Beschwerde hat, soll er sofort zu mir kommen. Ich wünsche euch viel Erfolg und kommt mir ja alle wieder, dann gibt es auch was besonders Gutes zu essen und zu trinken!«
Dann Stoffregen: »Der PQ 18 steht unter lückenloser Kontrolle unserer ›Fühlunghalter‹. Er hat jetzt Kurs auf die Einfahrt zum Weißen Meer.« Auf der Karte zeigt er den zuletzt gemeldeten Standort. Die Geschwindigkeit des Geleits beträgt etwa 6 bis 8 Knoten. Wir können also genau ausrechnen, wo wir die Schiffe antreffen werden. Die Angriffzeit ist für 09.30 Uhr befohlen. Gleichzeitig mit uns, die wir im Sturz aus größerer Höhe angreifen werden, fliegen Torpedoflieger einen Angriff im Tiefflug. Die Absicht ist, daß wir durch unser gleichzeitiges Erscheinen über den Schiffen die Abwehr zersplittern und so den Torpedofliegern eine bessere Gelegenheit zu gezielten Anflügen verschaffen sollen. Natürlich wird dadurch auch die Gefahr für sie erheblich gemindert. Das setzt navigatorische Millimeterarbeit voraus. Immerhin haben wir einen Punkt im Meer anzufliegen, der runde 700 Kilometer entfernt ist. Wir müssen zu einer festgelegten Minute dort sein, wenn die gemeinsame Sache mit den Torpedofliegern klappen soll.
Unsere Gruppe besteht aus achtzehn Ju 88.
Die Führung des ganzen Haufens soll ich übernehmen! Stoffregen selbst will hinten mitfliegen.

So machen wir – Hans, Hein, Theo und ich – eine besonders genaue Flugvorbereitung. Wir versäumen dadurch das groß angekündigte Frühstück, das die anderen natürlich voll genießen.
Wir starten als erste Maschine pünktlich um 07.25 Uhr in die Morgendämmerung hinein. In einer weiten Rechtskurve gebe ich den nachfolgenden Maschinen Gelegenheit, aufzuholen. Der Bienenschwarm formiert sich langsam hinter uns. Der Kurs führt uns auf See hinaus, um Murmansk und die Einfahrt in die Kolabucht zu vermeiden. Rechts haben wir die Berge der Kolahalbinsel. Noch halte ich mich in geringer Höhe. Hans rechnet pausenlos. Er muß über die jeweilige Position des PQ 18 genausogut Bescheid wissen wie über unseren eigenen Standort.
Einmal erreicht uns überraschend Flakfeuer von der Küste her aus einem Marinestützpunkt, den wir nicht kannten.
Glücklicherweise geht alles gut. Alle achtzehn Maschinen sind noch beieinander.
Dann gehen wir in den Steigflug. Jetzt können wir auch die Peilzeichen hören, die der fühlunghaltende Aufklärungsflieger in regelmäßigen Abständen sendet. Das ist eine große Erleichterung, denn jetzt brauchen wir uns über die Richtung keine Gedanken mehr zu machen.
Neben mir schießt eine Ju 88 von hinten vor. »Blöder Heini«, denke ich. Aber es ist Stoffregen. Er macht eine fragende Geste, indem er den Daumen seiner rechten Hand hochhebt. Ich gebe meinerseits das gleiche Zeichen und nicke dabei. Zufrieden lacht er herüber und läßt seine Maschine wieder nach hinten in den Hafen hineinschwimmen.
Schnell vergehen die Minuten. Die Spannung wächst. Ich möchte heute unter allen Umständen ein Schiff versenken! Ich nehme mir vor, mit aller Sorgfalt zu stürzen. Auf keinen Fall will ich mich durch andere in meiner Konzentration ablenken lassen. Da sind nämlich immer wieder jene nervösen »Frühstürzer«, die alle andern anstecken und dadurch den Erfolg einer ganzen Gruppe entscheidend beeinträchtigen können. Die Peilzeichen des Aufklärers sind inzwischen so laut geworden, daß wir wissen, es kann nur noch wenige Minuten dauern, bis wir ran sind. Dann entdecke ich die bekannte schwarze Rauchfahne am Horizont. Wir sind da! Ein Blick auf die Uhr: 5 oder 6 Minuten zu früh! So hole ich in einer weiten Biege nach Süden aus, behalte die Rauchwolke aber immer in Sicht.

Auf die Minute genau sind wir dann über den Schiffen. Meine Hände werden feucht in den Handschuhen.
Den PQ 16 haben wir versäumt wegen der blödsinnigen Offiziersschule, und der PQ 17 ging uns aus dem gleichen Grunde durch die Lappen!
Wo bleiben unsere Freunde mit den Torpedos? Da –, sie sind pünktlich! Gleichzeitig mit dem Schießkonzert, das sich gegen uns richtet, wird unten auf einen Verband geschossen, der gegen die Schiffe anfliegt. Von oben sieht es aus, als ob die winzig klein erscheinenden Flugzeuge unserer Kameraden auf dem Wasser schwimmen würden. Aus einem Schiff kann ich eine Explosionswolke hochschießen sehen. Da hat ein Torpedo getroffen!
Wir werden heftig und gut liegend beschossen. Die ersten Ju 88 gehen in den Sturz. Ich selbst warte noch ab, fliege noch einmal aus dem Flakbereich heraus. So habe ich Gelegenheit, die Wirkung des kombinierten Angriffes zu beobachten. Und dann erwische ich einen Augenblick, wo sich die Abwehr von mir weg auf andere konzentriert.
Hans hat die Geräte für Zündereinstellung und Bombenwurf längst eingeschaltet. Er rät mir, einen Frachter anzugreifen, der ziemlich weit hinten in der Mitte der langen Dreierkolonne fährt und besonders dick aussieht. Gut – den nehmen wir!
Schon, als das Schiff auf die Zielmarke an der Glasscheibe zwischen meinen Beinen einläuft, ärgere ich mich über meine Nervosität. Meine Knie schlottern heute, daß ich keine Kontrolle mehr darüber habe.
Dann kommt der rote Strich! Die 10 oder 15 Handgriffe für die Vorbereitung des Sturzes!
Die »Cäsar« steht auf dem Kopf.
Hans ruft mir Zahlen in den Kopfhörer. Die Abwehr von unten? Außer den dunklen Sprengwolken, die meinen Vorgängern gegolten haben, kann ich nichts bemerken. Ganz gut liegt die »Cäsar« im Sturz, und das Schiff wird größer und größer in meinem Reflexvisier.
Das Signalhorn ertönt. Gleichzeitig haut mich Hans in die Rippen. Sorgfältig hebe ich die Maschine um einige Grad an und drücke auf den Knopf. Die Bomben fallen!
»Theo – paß gut auf!« Grauer Vorhang – blauer Himmel!
»Nicht getroffen!« kommt es von Theo, »aber unmittelbar neben der Bordwand!«
»Der muß eigentlich absaufen!«

Noch einmal fliege ich in einem weiten Bogen um den Geleitzug herum, der nun ganz aus seiner Ordnung geraten ist. Auf vielen Schiffen – wir zählen über vierzig – können wir Rauch sehen. Einige sind aus dem Verband ausgeschert oder liegengeblieben.
Auch der »unsere« ist angeschlagen. Er liegt am alten Platz und läßt Dampf ab.
Mehr zu beobachten, läßt unser Treibstoffvorrat nicht mehr zu. Als letzter verlasse ich das Feld. Als letzter lande ich dann auch um 11.45 Uhr in Petsamo.
Die Erfolgsmeldungen, welche dort von einzelnen Besatzungen abgegeben werden, erscheinen mir etwas zu optimistisch. Ich selbst melde eine wahrscheinliche schwere Beschädigung eines Frachtschiffes von etwa 8000 Tonnen.
Aber wir hatten keinen einzigen Verlust! Alle sind pünktlich auf die Minute zurückgekommen! Keiner scheint sich mehr darüber zu freuen als der Horstkommandant.
Er ist ganz aus dem Häuschen und redet uns alle mit du an!
Bereits um 16.30 Uhr starten wir wieder zum Rückflug nach Banak, wo wir eine Stunde später eintreffen. Es war sicher ein Erfolg für die Gruppe. Wir haben »punktgenau« geflogen, wir haben Treffer erzielt, und wir sind vollzählig wieder nach Hause gekommen!

19. September 1942

Schon wieder sind wir 540 Kilometer südlich von Banak. Nach der Rückkehr von Petsamo blieben wir noch eine Nacht in Banak und sind dann wieder nach Kemi zurückgeflogen. Es war vorgesehen, daß wir am 18. noch einmal gegen den Geleitzug fliegen sollten. Das mußte aber ausfallen, weil das Wetter nicht mitmachte. So sollen wir jetzt von Kemi aus die Reste, welche bis Archangelsk durchgekommen sind, bekämpfen.
Erst am 21. September läßt das Wetter einen Einsatz nach Archangelsk zu. Allerdings sollen wir nicht etwa die Schiffe im Hafen angreifen, die unsere Aufklärer festgestellt haben, sondern wir sollen das Fahrwasser verminen, welches die Schiffe befahren müssen, wenn sie von Archangelsk auslaufen. Wir wundern uns etwas darüber. Aber »die da oben« müssen es ja wohl besser wissen.
Gutes Flugwetter. Helle Mondnacht. Keine Abwehr.
Den bezeichneten Punkt im Wasser, der die Fahrrinne der Schiffe

darstellt, haben wir leicht finden können. Ob aber unsere 1000-kg-Mine so genau liegt, daß ein Schiff darüberfahren muß?
Lieber wäre mir ein direkter Angriff auf den Hafen gewesen. Es scheint mir ein erneuter klarer Beweis, daß kein einziger Offizier im Stab der Luftflotte jemals selbst einen Angriff auf Schiffe in einem Hafen geflogen oder jemals ein Fahrwasser vermint hat. Irgendwo hat man dort von den Erfolgen unserer Mineneinsätze in England gelesen und diese Taktik dann auf die Verhältnisse vor Archangelsk übertragen. Daß es hier aber vollkommen anders ist, das will anscheinend keiner wahrhaben. Ich habe ernsthafte Zweifel, ob die vielen Minen, welche wir abgeworfen haben, auch nur einem einzigen Schiff zum Verhängnis werden.
Der Rückflug in der hellen Mondnacht führt uns über das Gebiet, wo wir neulich abspringen mußten.
Hans zeigt nur mit dem Daumen nach unten, und wir wissen beide, was wir in diesen Minuten denken.
Nach viereinhalb Stunden Flugzeit landen wir um 00.15 Uhr wieder in Kemi. Die Vierte Staffel verlor zwei Besatzungen. Weiß der Himmel, wie das zugegangen ist.
Ltn. Dohne von der Sechsten entging um Haaresbreite dem sicheren Tod: Genau in der Verlängerung, nur einige Kilometer entfernt von der Landebahn des Flugplatzes, liegt die Hauptstraße von Kemi. Sie verläuft auch in der gleichen Richtung. Die Straßenbeleuchtung ist derjenigen der Startbahn täuschend ähnlich. Dohne verwechselte Hauptstraße und Landebahn. Er schwebte seelenruhig auf die Lichter der Straße an. Erst im letzten Augenblick, kurz vor dem »Aufsetzen«, konnte er seinen Irrtum erkennen und gerade noch durchstarten. Wehe, wenn sein Zwölftonnenvogel auf die Straße gekracht wäre. Wie wir hören, ist dies nicht zum erstenmal passiert.

28. September 1942

Kemi-Nurmoila, Start um 14.30, Landung um 17.00 Uhr.
Eine ganze Woche lang waren wir in Kemi am Boden festgenagelt, weil ununterbrochen schlechtes Wetter war. So wissen wir auch nichts über das Schicksal der Schiffe in Archangelsk. Der PQ 18 hat wirklich Glück gehabt mit dem Wetter.
Jetzt kommt über die Luftflotte der dringende Hilferuf der Finnen nach meiner Besatzung. »Unser« Spähtrupp ist in Not geraten und

benötigt dringend Versorgung aus der Luft. Den Flug nach Nurmoila muß ich bei schlechtestem Wetter durchführen. Bereits der Start in Kemi ist ein hohes Risiko, weil die Sicht weniger als 100 Meter beträgt. Ein Auto, das vor mir herfährt, muß mir den Weg zur Startbahn zeigen. Dort stelle ich die »Cäsar« in der Startrichtung auf und rolle dann buchstäblich nach der Kompaßanzeige in die Nebelwand hinein. Es geht gut! Im Steigflug haben wir dann heftige Vereisung, bis wir über den Wolken in der Sonne sind. Bei der Landung in Nurmoila muß ich so viel riskieren, wie kaum einmal in meiner ganzen Fliegerei. Wir haben keinerlei Navigationshilfen zur Verfügung außer unserem Kompaß, unserer Uhr und unserem Rechenschieber. Eine Funkverbindung mit dem Boden gibt es nicht. Außer der Angabe, daß es »schlecht« sein werde, haben wir auch keine Informationen über das Platzwetter.

Unser Plan ist es deshalb, über der großen Fläche des Ladogasees nach unten durchzustoßen, um dann an dessen Ufer einen markanten Punkt als »Ablaufpunkt« für den Sprung über den Urwald nach Nurmoila zu suchen.

Das Risiko besteht darin, daß wir schwere Vereisung zu erwarten haben, daß wir möglicherweise den See verfehlen, weil wir auch keine genauen Windangaben haben – und daß wir, wenn wir auch nur wenige Minuten zu spät unten herauskommen sollten, über Feindgebiet sind. Uns allen ist mulmig zumute, als wir in die schwarzgraue Suppe hineintauchen. Die Enteisungsanlage habe ich vorsorglich eingeschaltet. Meine Augen hängen an den Instrumenten. Hans hat seine Kopfhaube nach hinten geschoben. Er schwitzt. Laufend sagt er mir die Höhe an und die Sinkgeschwindigkeit, obwohl er weiß, daß ich diese Werte ja auch von meinen Instrumenten ablesen kann. Unten wird es schnell dunkel, fast schwarz. Das ist das Zeichen, daß der Boden nicht mehr weit ist. »Alle aufpassen, wenn Erdsicht kommt!« Ich selbst kann keinen Blick von meinen Instrumenten tun. Dann Hans: »Wasser!«

Von den Luftschrauben donnert abgesplittertes Eis gegen den Rumpf. Ganz vorsichtig gehe ich tiefer, bis letzte Nebelfetzen an den Scheiben vorbeizischen. Sicht!

Wir müssen offenbar ziemlich in der Mitte des Sees herausgekommen sein, denn es ist kein Ufer zu erkennen.

Vorsichtig, höchstens 50 Meter über der Wasseroberfläche, drehe ich nach Osten ein. Das Ufer!

Nach Norden fliegend vergleichen wir den Verlauf des Ufers mit der Karte, bis wir sicher sind, eine markante Ecke identifiziert zu haben. In Augenblicksschnelle hat Hans den Kurs in Richtung Nurmoila aus der Karte genommen und gibt mir die Kompaßzahl. Die »Cäsar« springt über das Ufer und jagt dann über Baumspitzen durch herabhängende Regenwolken. Hans hat inzwischen die Zeit errechnet, die zu fliegen ist, bis wir den Platz unter uns haben müßten. Es kostet Nerven, nicht wieder nach oben in die Wolken hineinzuziehen. Es ist ein Spiel mit höchstem Einsatz, bei einer Sicht von einem halben Kilometer zwischen Wolkenfetzen und Baumspitzen über das hügelige Gelände zu rasen.
Als die Zeit um ist, befinden wir uns über einem Stück Wald. Aber kein Zeichen deutet darauf hin, daß wir in der Nähe eines Flugplatzes sind. Einen vorsichtigen Vollkreis wage ich, dann gebe ich das gefährliche Spiel auf und ziehe in die Wolken. »Wir versuchen's noch einmal!« Mein Kompaß zeigt für 12 Minuten westliche Flugrichtung an, dann gehe ich wieder vorsichtig tiefer. Der See muß wieder unter uns liegen. Wieder Wasser unter uns, wieder die markante Ecke am Ufer. Noch einmal drücken wir die Stoppuhren. Noch einmal fliegen wir den Kurs sorgfältig ab. Und wieder verfehlen wir den Platz.
Das Spiel wird unheimlich. Noch zweimal setzen wir zu einem Versuch an. Wenn es wieder nicht klappt, bleibt nur noch Ausweichen nach Helsinki. Soweit können wir mit unserem Benzinvorrat gerade noch kommen. Dort haben wir wenigstens bodenseitige Hilfe zu erwarten.
Aber dann, beim letzten Versuch, finden wir die »Nadel im Heuhaufen«. Hein ist es, der den Fleck im endlosen Waldgebiet links von uns erkennt: den Flugplatz.
Die anschließende Landung möchte ich keinem Anfänger wünschen: Überflug des winzigen Fleckchens, Druck auf die Stoppuhr, Abflug zu der Landekurve, Vorbereiten des Flugzeuges für die Landung, Eindrehen in die Gegenrichtung nach Kompaß und Stoppuhr, Vermindern der Geschwindigkeit, Ausfahren des Fahrwerkes und der Landeklappen, Drosseln der Motoren, Abzählen der Sekunden und Achten auf die genaue Kompaßzahl. Dann ein heller Schatten: der Platzrand. Motoren drosseln, Baumspitzen, abfangen, aufsetzen, bremsen – bremsen! Wir sind da! Meine Fresse!
Gut, daß wir uns hier auskennen, so können wir ohne fremde

Hilfe zu unserem alten Abstellplatz rollen. Ich stelle die Motoren ab. Wir klettern aus dem Vogel und sind heilfroh, festen Boden unter den Füßen zu haben. Es herrscht Totenstille. Bei solchem Wetter ist ein Flugplatz wie ein Friedhof. Scheinbar hat man unsere Landung gar nicht bemerkt, denn kein Mensch kümmert sich um uns. So müssen wir uns selbst helfen. Während Römhild, Theo und Hans die Maschine entladen, mache ich mich mit Hein auf den Weg, einen Menschen zu suchen, der uns ein Fahrzeug verschaffen kann, damit wir unser Gepäck abtransportieren können.
Kapitän Kautola von der fliegenden Staffel, der mir als erster über den Weg läuft, braucht eine ganze Weile, bis er begreift, daß wir bei diesem Wetter mit unserem großen Vogel hierhergefunden haben.
Am Abend steigt eine Wiedersehensfeier. Wir erfahren dabei so viele Beweise echter Freundschaft und Fliegerkameradschaft, daß wir stolz und gerührt sind. Gastgeber sind wir gegenseitig: Die Finnen mit unerschöpflichen Mengen eines Schnapses, der schlimmer schmeckt als Haarwasser und Brennspiritus, und wir mit reichlich mitgebrachten Lebensmitteln, welche für unsere Freunde längst nur noch in der Erinnerung vorhanden waren.
Wir lernen viel von den finnischen Gebräuchen, die uns fremd sind.
So zum Beispiel die Bedeutung des Finnenmessers – des Puuko. Dieses feststehende große Messer trägt jeder Mann. Es ist zugleich Waffe und Symbol. In vielen Fällen sieht man kostbare, handgeschmiedete und ziselierte Klingen, auf denen zumeist Jagdszenen oder Rentiergespanne abgebildet sind. Wenn ein Finne einen Puuko verschenkt, so ist dies ein Beweis höchster Freundschaft und kommt einem Treueschwur gleich.
Auch die Verbundenheit mit Wald und Wasser ist unter den Finnen eher ein Kult als nur Naturliebe. Jeder erwachsene Finne geht einmal im Jahr in den Wald und schlägt einen Festmeter Holz. Das ist uralte Tradition und ein ungeschriebenes Gesetz.
Es wird natürlich auch über Politik und über den Krieg gesprochen. Auch wenn wir Verbündete sind gegen einen gemeinsamen und grausamen Feind, so ist es doch schwer, die gegenseitigen Standpunkte zu verstehen.
Unseren Freunden geht es um Rache wegen des russischen Überfalles im Winterkrieg 1940/1941. Ihr Ziel, für das sie mit einem Fa-

natismus ohnegleichen kämpfen, ist die Rückeroberung der Gebiete in Karelien und insbesondere der Stadt Viborg (Viipuri) im Süden. Wir hören Einzelheiten über die grausame Kriegführung im Wald. Sie gehen in kleinen Trupps in den Wald und führen einen lautlosen aber gnadenlosen Kampf gegen den zahlenmäßig weit überlegenen Feind. Ihre Ausrüstung ist spartanisch. Ein Gewehr, eine Pistole und der Puuko.

Ihre Verpflegung müssen sie sich selbst verschaffen: Fische, Wild, Beeren, Pilze. Oder aber Beute beim Feind . . . !

Sie erzählen, daß es nichts Ungewöhnliches ist, wenn ein Trupp von zehn Männern vier Wochen oder mehr auf sich allein gestellt im Wald lebt und dabei Hunderte von Russen lautlos tötet. Die Legende, wonach sie als Beweis ihrer Erfolge je ein abgeschnittenes Ohr der getöteten Feinde mit nach Hause bringen, ist – Legende.

Lachend sagen sie dazu, daß sie neben ihrem normalen Waldgepäck ja nicht auch noch einen Sack mit abgeschnittenen Ohren mitschleppen möchten.

Für unsere Kriegspolitik und besonders für die Parteiwirtschaft in Deutschland haben sie wenig Verständnis. Sie bewundern offen den deutschen Soldaten und seine Leistungen. Die Luftwaffe – auch Hermann Göring – schätzen sie hoch ein. Unsere Ju 88 erregt ihr ganzes Interesse. Wir müssen von England erzählen, von den Geleitzügen und von Murmansk. Daß es uns verboten ist, feindliche Rundfunksender abzuhören, können sie überhaupt nicht verstehen. »Wir fordern unsere Soldaten sogar dazu auf.« »Erstens sollen sie einen Spaß haben, und zweitens gibt es keinen Finnen, der anfällig gegen dick aufgetragene Feindpropaganda wäre – im Gegenteil, wir wissen, daß diese Feindsendungen die Verbissenheit zu kämpfen nur noch steigern.«

Sie erzählen uns Schauergeschichten über die Behandlung der Juden in Deutschland und in den besetzten Gebieten. Sie könnten nicht verstehen, wie Deutsche zu solchen Dingen fähig sind. Jene Deutschen, deren Kultur, deren geschichtliche Leistungen sie höher achten als die aller anderen Völker zusammen. »Glaubt doch um Gottes willen nicht jeden Blödsinn, den euch die Feindpropaganda einreden will!«

Als Beweis erzähle ich von der »Kristallnacht« im Februar 1938, so wie ich das damals erlebt habe.

Am frühen Morgen bin ich damals mit einer W 34 in Deep bei

Kolberg zu einem Probeflug gestartet. Wir erkannten gleich nach dem Start eine Rauchwolke, die aus dem Städtchen Treptow aufstieg. »In Treptow brennt's!« sagte mein Bordmechaniker, während ich neugierig hinflog. Mitten in der Stadt stand tatsächlich ein Haus in hellen Flammen.
Nach der Landung hörten wir dann, was los war: In ganz Deutschland wurde in jener Nacht eine Jagd auf jüdische Geschäfte veranstaltet, und es wurden landauf, landab die Synagogen in Brand gesteckt. Die Aktion war von der SA geplant und durchgeführt worden. Es kam zu Plünderungen und anderen Ausschreitungen gegen die Juden.
Die Reaktion in der Bevölkerung aber zeigte sich in einer Welle von Empörung. Nicht Zustimmung zu diesem Terror, sondern Ablehnung zeigte sich. SA-Leute wurden offen auf den Straßen beschimpft.
»Meine Freunde in Finnland: die SA ist nicht Deutschland. Das müßt ihr mir glauben!«

1. Oktober 1942

Zwei Tage haben wir warten müssen, bis unsere beiden »Betreuer«, Major Christian und Ltn. Ziegler, eintrafen.
Sie kamen aus Helsinki und hatten nicht geglaubt, daß wir bei dem schlechten Wetter überhaupt nach Nurmoila finden würden.
Von einer Stunde auf die andere wurde die »Cäsar« beladen.
Der Spähtrupp hält sich immer noch in derselben Gegend auf. Aus irgendeinem Grunde ging die gesamte Ausrüstung und Bevorratung verloren. Hilfe ist schnellstens erforderlich.
Die Russen haben irgendwie Wind gekriegt von der Anwesenheit der Finnen und machen nun Jagd auf sie.
Das bedeutet für uns natürlich erhöhte Vorsicht im Zielraum. Nicht in erster Linie unserer eigenen Sicherheit wegen, sondern um zu vermeiden, daß wir beim Abwurf unserer Versorgungsbehälter beobachtet werden.

6. November 1942

Bis heute, also sechs Wochen, blieben wir diesmal in Nurmoila. Lediglich einmal waren wir für einen Tag und eine Nacht in Kemi.

Da brauchte die »Cäsar« eine kleine Reparatur. Außerdem wollten wir Verpflegung und frische Wäsche holen und nachsehen, ob vielleicht Post aus der Heimat gekommen ist.
Diese sechs Wochen waren so dramatisch, wie es sich kein Mensch – und hätte er noch so viel Phantasie – ausdenken könnte.
Wir waren noch zwölfmal bei unseren Freunden. Diese wurden im Laufe der Wochen mehr und mehr eingekreist und gejagt. Sie meldeten ihren ersten Toten. Sie erhielten Befehl, sich nach rückwärts durchzuschlagen.
Unsere Aufgabe wurde entsprechend dieser Entwicklung ebenfalls immer schwieriger.
Die Sache begann damit, daß wir schon bei unserem zweiten Versorgungsflug, der noch in das bekannte Gebiet führte, nicht ein, sondern zwei Signalfeuer erkannten.
Das erschien uns irgendwie verdächtig, so daß wir uns entschlossen, die Behälter wieder mit nach Hause zu nehmen. Es gab nur eine Erklärung: Entweder hatte sich der Trupp geteilt – aus welchen Gründen auch immer –, oder die Russen hatten unsere Taktik erkannt und versuchten nun, uns zu täuschen. Ein Glück, daß der Funkverkehr immer gut funktionierte. Der Führer des Spähtrupps teilte mit, daß sie erstmals Feindberührung gehabt hätten. Sie hätten wie immer nur ein einziges Rauchfeuer gemacht, als sie unser Flugzeug gehört hatten.
Wir mußten die Taktik ändern. Der Trupp erhielt die Anweisung, künftig nicht ein, sondern zwei Feuer zu machen, die im Wechsel in Nord-Süd-Achse oder in Ost-West-Achse angelegt werden müssen. Ich selbst würde, um die Verfolger zu täuschen, meine Kreise zunächst an ganz anderen Stellen fliegen, um den Überflug des jeweiligen Lagers dann in einem unauffälligen Geradeausflug anzusetzen. Dies brachte natürlich das Risiko mit sich, daß ich ungenau abwerfen mußte und daß dadurch der eine oder andere Behälter mit lebensnotwendigem Nachschub verlorenging. Gerne wollte ich derartige Verluste durch vermehrtes Fliegen ausgleichen.
Nach und nach meldete der Trupp häufigere Feindberührung und forderte dringend Verbandsmaterialien an. Es kamen Fragen an den Arzt wegen der Behandlung schwererer Wunden und Krankheiten.
Natürlich merkten die Russen bald, daß ich ihre Täuschung erkannt hatte. Um sie weiter zu täuschen, warf ich in ungleichen Abständen

leere Behälter in ihrer Nähe ab. Dies tat ich aus etwas größerer Höhe, damit es bestimmt vom Boden aus beobachtet werden konnte. Als Zielplatz suchte ich mir möglichst unzugängliche Gelände aus, um zu erreichen, daß eine größere Suchaktion angesetzt werden mußte, die unseren Freunden möglicherweise Entlastung brachte.
Oft überflog ich im Tiefflug das russische Lager und hatte Mühe, Hans davon abzuhalten, die winkenden Kerle da unten zu beschießen.
Der Rückmarsch unserer Finnen ging im Schneckentempo vor sich. Sie meldeten den dritten Verlust. Dann den vierten. Ich war verzweifelt, nicht besser helfen zu können. Wir fotografierten laufend aus der Luft das Gelände, in welchem sich unsere Freunde gerade befanden, um ihnen auf den Fotos, welche wir jeweils mit der nächsten Sendung abwarfen, zu zeigen, wo ihr eigener Standort war und wie der beste Weg weiterging. Denn wir kannten ja weiß Gott aus eigener Erfahrung, was es bedeutet, sich in diesem fürchterlichen Urwald bewegen zu müssen. Wenn man dabei noch zusätzlich von einem überlegenen Feind gejagt wird, ist die Aussicht, lebend davonzukommen, sehr klein.
Längst hatte es sich natürlich in Nurmoila herumgesprochen, welches Drama sich 400 Kilometer im Osten abspielt und welche Rolle wir dabei spielen müssen.
Eines Abends, als ich im Kasino mit Major Christian die Lage erörterte – er hatte eben neueste Funksprüche erhalten –, bat ein Pionieroffizier, uns sprechen zu dürfen.
Er hatte einen Plan parat, der echt finnisch war:
Er schlug vor, einen Versorgungsbehälter mit Sprengstoff zu füllen und diesen den Russen vor die Nase zu werfen. Ich lehnte das ab mit der Begründung, daß es dann ja einfacher wäre, von Kemi aus mit Bomben hinzufliegen.
Mein Finne hatte aber längst weiter gedacht. Er kennt ja die Verhältnisse im Wald ganz genau.
Sein Vorschlag war, den Sprengstoffbehälter mit einem oder mehreren Handgranatenzündern zu versehen, die erst dann zünden sollten, wenn der Behälter geöffnet würde. Dann sei zumindest anzunehmen, daß mehrere Russen mit in die Luft fliegen würden.
Christian stimmte begeistert zu. Ich selbst mußte ernste Bedenken wegen unserer eigenen Sicherheit anmelden: Was, wenn diese selbstgebastelte Bombe durch Erschütterungen oder durch einen Treffer

von einem Gewehr detonierte? Dann würde es die »Cäsar« in der Luft in Stücke reißen! Außerdem, mußte ich zu bedenken geben, setzte eine solche Aktion eine Genehmigung meiner Führungsstellen voraus. Und da konnte ich gleich sagen, daß diese Genehmigung nicht erteilt würde.
Die Finnen, die ausnahmslos von dem Plan begeistert waren, starrten mich verständnislos und enttäuscht an. Was gab es da überhaupt zu überlegen?
Man muß die finnische Denkweise kennen, um zu verstehen, daß sie uns für feige, degeneriert, schwächlich gehalten hätten, wenn wir auf ihren Plan nicht eingegangen wären. Dies gab dann auch den Ausschlag, daß ich zustimmte. Wie ich die Sache meiner Besatzung und Römhild schmackhaft machen sollte, das wußte ich allerdings noch nicht. Im Zweifel würde ich allein fliegen. Aber hier ging es nicht mehr nur um Erfolg oder Mißerfolg, sondern nur darum, die Achtung unserer finnischen Freunde nicht zu verspielen.
Aber wenn ich beim Start nun einen Bruch hinlege? Tausend Bedenken gehen mir wegen dieses fliegenden Pulverfasses durch den Kopf.
Noch in der Nacht füllen wir unsere Behelfsbombe. Ich bleibe dabei, bis das Ding unter der »Cäsar« hängt. Erstaunlicherweise hatte dann meine Besatzung viel weniger Bedenken als ich: ohne Einwände nahmen sie die Sache zur Kenntnis. Im Gegenteil! Hans freute sich regelrecht über diesen finnischen Einfall.
Es klappte dann so gut wie in einem Abenteuerfilm. Ein Schirm schwebte über dem Russenfeuer in den Wald hinein – diesmal gut gezielt –, drei Schirme gingen bei unseren Freunden nieder.
Als wir nach dreieinhalb Stunden Flug wieder in Nurmoila landeten, war dort der Teufel los: Ein Wagen, aus dem eine knallrote Fahne geschwenkt wurde, kam uns entgegen und begleitete uns zum Abstellplatz am Waldrand. Dort erwarteten uns Hunderte von Offizieren und Soldaten.
Wir wurden buchstäblich aus der »Cäsar« herausgerissen. Auf den Schultern trugen sie uns zu ihrem Gefechtsstand: Unsere Freunde hatten, wie üblich, bereits durch Funkspruch bestätigt, daß unsere »Sendung« angekommen sei und sich bedankt. Gleichzeitig meldeten sie, daß ganz in ihrer Nähe eine fürchterliche Explosion hochgegangen sei! Wir waren nun wirklich die Helden von Nurmoila!
Aber die Sorge um das Schicksal unserer Freunde im Wald wurde von Tag zu Tag größer. Immer wieder kamen Hilferufe. »Schickt

uns ... Schickt uns ... Wir haben erneut alles liegenlassen müssen. Wir haben nichts mehr zu essen, wir brauchen Munition, wir brauchen Batterien für unsere Funkgeräte. Unsere Uniformen sind total durchnäßt und zerrissen. Welchen Weg sollen wir nehmen!?«
Da hat Hans eine Idee, die so nahe liegt, daß wir uns alle wundern, nicht schon längst daraufgekommen zu sein. Bisher haben wir uns immer bemüht, den Trupp so zu führen, daß er nicht durch einen der zahlreichen Seen zum Ausweichen und dadurch in die Arme der Verfolger gezwungen wurde.
Wenn wir sie nun direkt an das Ufer eines möglichst großen Sees führen würden? Dort müßten wir dann zwei Schlauchboote abwerfen, mit welchen sie vielleicht unbemerkt über das Wasser ihre Flucht fortsetzen könnten! Dies war der Ausweg!
Aber wenn nun ausgerechnet in den entscheidenden Minuten – denn darauf kommt es wirklich an – gerade schlechtes Wetter ist? Dann sind unsere Freunde rettungslos verloren. Eingekreist, im Rücken und links und rechts die unerbittlichen Verfolger, vor sich das unüberwindliche Wasser!
Lange überlegen wir zusammen mit Christian, bis wir uns entschließen, diesen letzten Versuch zu ihrer Rettung zu wagen.
Noch zweimal müssen wir fliegen. Zweimal haben wir unsere Luftbilder mit abgeworfen. Dann kommt die Meldung, daß sie hoffen, am Abend an einer genau bezeichneten Uferstelle einzutreffen.
Glücklicherweise melden sie gutes Flugwetter aus dem Zielraum!
Ausdrücklich vereinbaren wir für diesen Flug, daß am Boden kein Rauchfeuer angesteckt wird, denn die Jäger sind inzwischen offenbar so zahlreich geworden, daß dieses Zeichen bestimmt entdeckt worden wäre. Anhand des Luftbildes konnten wir aber eine sehr markante und unverwechselbare Uferstelle vereinbaren.
Klopfenden Herzens fliege ich die nahezu 400 Kilometer in Bodennähe über den Wald. Hans ist ebenso nervös. Wir müssen auf die Minute und auf den Meter genau sein! Und die unten, die müssen ebenso genau sein! Sie haben es aber unvergleichlich schwerer als wir. Sie stehen unter der Verfolgung eines zahlenmäßig weit überlegenen Feindes. Sie haben ein Gelände zu überwinden, das zwar durch die Luftbilder einigermaßen bekannt ist, dessen Tücken aber doch nicht ganz aus einer Fotografie zu erkennen sind.
Wenn auch nur ein einziger Faktor in der Rechnung nicht stimmt, ist alles verloren!

Werden sie pünktlich – nicht zu früh und nicht zu spät – an Ort und Stelle sein? Werden meine Versorgungsbehälter genau liegen – nicht im Wasser, nicht im undurchdringlichen oder sumpfigen Urwald? Und nicht zuletzt: Wird es den Finnen gelingen, sich die Feinde vom Leibe zu halten, damit sie zeitgerecht und ohne Verluste den Punkt am Ufer erreichen?

Auf die Minute genau überfliege ich von Westen kommend die bezeichnete Stelle am Ostufer des großen Sees. Am Boden ist kein Zeichen von Leben zu erkennen!

Dann fliege ich einige Kilometer weiter nach Südosten über den Wald. Dort fliege ich in geringer Höhe mehrere Ablenkungskreise. Und dann geht es mit geringer Fahrt auf die Abwurfstelle zu. Den Kurs wähle ich dabei so, daß ich gleich weiterfliegen kann in Richtung Westen.

Ich denke an den Fehlwurf auf mein erstes Schiff. Damals war ich genauso erregt wie in diesem Augenblick.

Bloß nicht zu früh auslösen! Aber auch keinen Augenblick zu spät, denn sonst fallen die Behälter ins Wasser, wo sie unwiederbringlich verloren sind!

Theo meldet, daß wir haargenau getroffen haben. Unser Teil der Aufgabe wäre also erfüllt. Bleibt nur zu hoffen, daß die unten auch pünktlich zur Stelle sein konnten und daß ihnen die Gegner Zeit und Ruhe lassen, die Schlauchboote unbemerkt ins Wasser zu bringen und unbemerkt in der Nacht zu entkommen.

Bei unserer Landung in Nurmoila sahen wir nur besorgte Gesichter. Der Trupp hatte sich bisher noch nicht gemeldet. So verbringen wir einige Stunden in gedrückter Stimmung. Christian ruft immer wieder die Funkstelle in Helsinki an. Und dann – endlich – die erlösende Nachricht: »Wir haben die Schlauchboote gefunden! Wir schwimmen auf dem See! Der Gegner hat uns zu spät erkannt und wirkungslos hinter uns hergeschossen! Wir sind gerettet! Dank an die Flieger!«

In unglaublich wenigen Tagen legten die verbliebenen sechs Finnen dann die restlichen 300 Urwaldkilometer zurück. Wir blieben solange in Nurmoila, wurden aber nicht mehr gebraucht.

Am 7. November erhielten wir eine Einladung nach Helsinki. Irgendwelche hohen Leute wollten uns sehen.

Vom Flugplatz weg werden wir in das Hotel Savoy gefahren. In dem pikfeinen Laden sind wir als Gäste des Finnischen Oberkommandos untergebracht und bestens bewirtet worden. Abends bin ich allein, ohne die Besatzung, Gast eines finnischen Generals und des deutschen Kapitäns zur See Cellarius. Dabei ist noch ein finnischer Oberleutnant. Dieser wird mir als der Führer des Fernspähtrupps vorgestellt, den wir die ganze Zeit über betreut haben und dessen Rückkehr wir ermöglicht haben.

Wir trinken Moselwein. Ich bin beeindruckt, mit welcher Selbstverständlichkeit der Oberleutnant über den ganzen Ablauf des Unternehmens berichtet. Es ist, als ob er gerade eben von einem Schulausflug zurückgekehrt sei. Aus den Berichten kann ich entnehmen, daß der Fernspähtrupp seinen Auftrag mit großem Erfolg ausführen konnte, wenn auch von den fünfzehn Männern nur noch sechs zurückgekommen sind. Sie hatten den Verkehr auf der Eisenbahnstrecke, welche von Archangelsk nach Süden führt, zu überwachen und darüber zu melden.

Besonders befriedigend war es natürlich für mich, wenn er immer wieder betonte, daß er und seine Männer ohne uns schon nach kurzer Zeit verloren gewesen wären. Von unseren etwa achtzig abgeworfenen Behältern haben sie nur wenige nicht bergen können. Manchmal, wenn die Not besonders groß war, mußten sie einen regelrechten Krieg mit ihren russischen Verfolgern führen, um an die lebensnotwendigen Dinge heranzukommen, die sich im undurchdringlichen, verfilzten Urwald verfangen hatten. Ich meinerseits kann aus meiner eigenen Urwalderfahrung nur zu gut verstehen, wie schwer es sein kann, einen Gegenstand zu finden, von dem man weiß, daß er auch nur in einem Umkreis von wenigen hundert Metern liegen muß.

Die ganze Unternehmung in Nurmoila wird mir eine der eindrucksvollsten Erinnerungen auch in fliegerischer Hinsicht bleiben.

Meistens hatten wir schlechteste Wetterbedingungen. Ich erinnere mich nicht, jemals in solcher Weise mit Vereisung des Flugzeuges zu tun gehabt zu haben. Wir flogen trotz aufliegender Wolken unsere Einsätze, weil die Notrufe aus dem Zielraum so dringlich waren. Der Latscha-See, eben jene Wasserfläche, welche unsern Freunden schließlich auch die Rettung brachte, war oft die letzte Rettung. Hier stießen wir, als einzige Hilfsmittel die Stoppuhr und den Kompaß, auf gut Glück aus den Wolken. Und von hier aus flogen wir dann, wiederum nur nach Kompaß und Stoppuhr den jeweiligen Zielpunkt im unendlichen Wald an.

Start von vereistem Platz in Rußland.

Winter 1941/42 — Ostfront.
Ju 88 A-4 mit weißem Tarnanstrich im Verbandsflug.
Blick durch das Panzerglasfenster eines MG-Standes vom Platz des Funkers aus.

Das STUVI (Sturzvisier) war ein Teil der BZA (Bombenzielautomatik). Beim Sturzangriff auf ein Ziel zeigte das Reflexvisier dem Piloten den Schußkreis, d. h., die Flugzeuglängsachse und eine nach unten verlängerte Mittellinie. Auf dieser Linie leuchtete eine bewegliche Abkommarke auf, welche von einem Rechner gesteuert wurde.

Je nach Sturzwinkel, Geschwindigkeit, Windeinfluß und Höhe über dem Ziel wurde durch den Rechner der »Vorhaltewinkel« (Visierwinkel) für den Bombenwurf bestimmt und die Abkommmarke entsprechend nach oben oder unten verschoben. Bei Erreichen der Auslösehöhe brauchte nur die Marke mit dem Ziel in Deckung gebracht zu werden, um eine höchstmögliche Treffgenauigkeit zu erreichen. Dieses Gerät, das Ende 1943 / Anfang 1944 eingeführt wurde, stellt wohl das erste rechnergesteuerte Zielgerät überhaupt dar, das in den praktischen Einsatz kam.

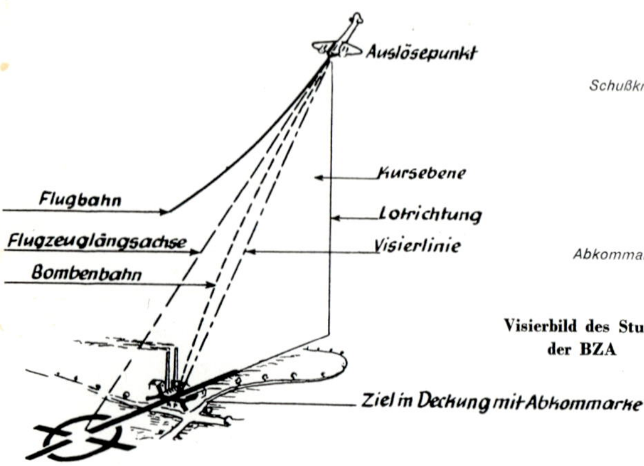

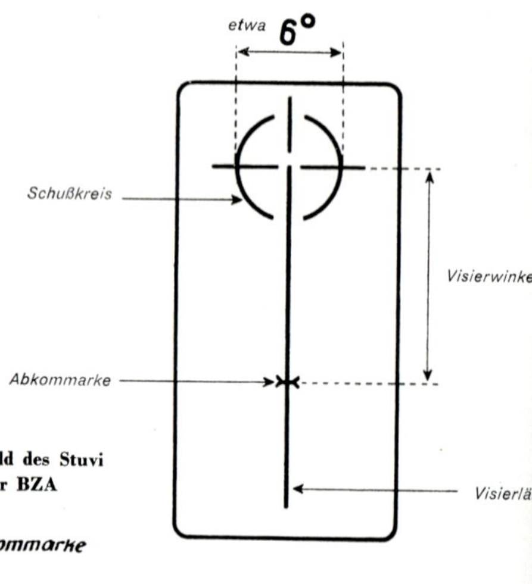

Visierbild des Stuvi der BZA

Zielvorgang mit BZA bei reinem Mit- oder Gegenwind

Wenige Sekunden Fehlrechnung hätten jeweils genügt, um erfolglos geflogen zu sein oder um aus dem Nebel heraus in den Wald zu stürzen.
Dafür verdient auf jeden Fall Hans Fecht, der ewig schimpfende und maulende Schwabe, einen eigenen Orden. Denn ohne seine exakte Rechenarbeit wäre diese Fliegerei gar nicht durchzuführen gewesen.
Eine besondere Ehre ließ uns auch der Russe zuteil werden: Eigens unseretwegen wurde der Flugplatz Kargopol, der in der Gegend des Zielraumes lag, mit einer Jagdstaffel belegt. Diese hatte den ausschließlichen Auftrag, uns an unserer Aufgabe zu hindern und uns abzuschießen.
Rein durch Zufall überflogen wir den »totgesagten« Platz einmal und erlebten dann das aus Murmansk bereits bekannte Schauspiel: startende »Ratas« unter uns!
Gestört haben sie uns nur ein einziges Mal, denn in der ganzen Zeit war das Wetter so schlecht, daß es für einen Jagdflieger unmöglich war, zu starten. An jenem Tage betrug die Wolkenhöhe 2500 Meter über Grund. Wir hatten gerade unsere Behälter bei den Finnen abgeworfen und wollten uns im Tiefflug davonschleichen, als von schräg vorne sechs schwarze Hummeln in Sicht kamen. Sie hatten uns zuerst erkannt und wollten uns den Weg abschneiden. Es wäre nun unklug gewesen, abzudrehen und die Flucht zu ergreifen, denn in der Kurve hätten sie aufgeholt und uns von hinten und von der Seite in die Zange genommen.
So schob ich die Gashebel über den Anschlag hinaus auf »Kampfleistung« und flog den Russen entgegen. Sie schossen aus allen Rohren, hatten aber kaum Aussicht, zu treffen. Das alles geschah in Sekundenschnelle. Dann aber war der Vorteil auf meiner Seite: die Jäger mußten hinter mir eindrehen und die Verfolgung aufnehmen. Es ging nun nur darum, wer besser steigen konnte. Und das war nach meiner Erfahrung aus Murmansk die »Cäsar«! Mit Höchstleistung ging ich in den Steigflug. Hein sagte mir laufend Abstand und Höhe der Verfolger an.
Es zeigte sich schnell, daß wir einen hauchfeinen Vorteil hatten.
Auch wenn ich mir darüber klar war, daß hinten eine ganze Menge scharfe Munition darauf wartete, auf uns abgeschossen zu werden, verursachte eigentlich nicht dies, sondern vielmehr der fliegerische »Vergleichskampf«, der stattfand, den Nervenkitzel.

Unsere Verfolger benahmen sich, wie ich aus den Meldungen von Hein entnehmen konnte, reichlich »russisch«. Es war leicht, sie davon abzuhalten, daß sie in Schußposition kamen. Schließlich erreichten wir die Wolken und konnten uns in ihrem Schutz verkriechen.

Das ganze war mehr ein fliegerischer Spaß als etwa ein Wettlauf auf Leben und Tod.

Am 7. November 1942 flogen wir von Helsinki zurück nach Kemi.

Die »Cäsar« muß in die Werft. Sie hat eine Überholung dringend notwendig. Die Gruppe ist noch in Bardufoss, wo sie in Bereitschaft gegen englische Kriegsschiffe im Nordatlantik liegt. Wie wir erfahren, war in der Zeit unserer Abwesenheit hier nichts los, weil das schlechte Wetter keine Einsatzflüge zuließ.

MITTELMEER UND NORDAFRIKA

12. November 1942

Wenn wir uns gefreut hatten, hier in Kemi einen ruhigen Winter mit leichten Einsätzen gegen die Russen in Archangelsk und gegen Ziele an der Murmanbahn verbringen zu können, so haben wir uns mal wieder gründlich getäuscht.
Alle Vorbereitungen dafür hatten wir getroffen: Unsere Unterkünfte waren mit allen Mitteln, die uns »zugänglich« waren, so komfortabel wie möglich ausgestattet. Wir haben Möglichkeiten für alle Arten von Wintersport ausgekundschaftet. Wir haben uns Sportausrüstungen besorgt. Die Versorgung mit Lebensmitteln und Alkoholien »außer der Reihe« hatten wir so organisiert, daß es uns an nichts gefehlt hätte. Schließlich war es ja kein Problem für uns, einige Tonnen von den begehrten Kostbarkeiten, die es hier im hohen Norden nicht gab, aus einer Entfernung von 4000 Kilometer heranzuschaffen. Der Kommandeur brauchte deswegen auch gar kein schlechtes Gewissen zu haben, denn ein Übungsflug nach Südfrankreich oder Griechenland war für die jeweils eingeteilte Besatzung von großem Wert. Schließlich ging ja der größte Teil unserer hohen Verluste auf das Konto mangelhafter Ausbildung.
Aber wir hatten uns zu früh gefreut!
Heute verlegen wir in einen neuen Einsatzraum:
Wir müssen nach Sizilien!
Der Befehl kam gestern. Er traf uns überraschend und unvorbereitet. Unsere ganze sorgfältig aufgebaute Herrlichkeit müssen wir von einer Stunde auf die andere liegenlassen. Müssen unser Gepäck in die Maschinen verladen und heute noch starten – in Richtung Süden! Um 08.30 Uhr hebt die »Cäsar« von der Startbahn in Kemi ab. Das Ziel ist München. In Liegnitz soll Zwischenlandung gemacht werden, um zu tanken und neue Wetterberatung einzuholen. Wir fliegen in einem losen Staffelverband.
Über Ostpreußen wird das Wetter schlecht. Wir müssen nach oben durchziehen. Dabei fällt der Verband auseinander.

Als wir in der Sonne über die weiße Watte der Wolken huschen, sind es ganze vier Ju 88, die sich zusammenfinden: außer mir Sepp Guggenmos, Willi Hachenberg und Ltn. Dohne. Die anderen acht sind nicht zu entdecken.
In Liegnitz sind wir dann auch tatsächlich die einzigen vier der Staffel, welche dort die Nacht verbringen. Die anderen sind über ganz Deutschland verstreut.

13. November 1942

Wir fliegen bei schlechtem Wetter weiter nach München.
Dort schwierige Landung bei fast aufliegenden Wolken.
Auf der Flugleitung treffe ich Stoffregen, der einen Tag vor uns in Kemi abgeflogen ist. Er sagt mir, daß aus der Stadt ein Anruf für mich gekommen ist. Meine Frau erwartet mich im Eden-Hotel!
»Mensch – Hans, erledige du bitte hier den ganzen Kram! Ich muß sofort in die Stadt! Wichtig!«
Ich laufe nach draußen. Da steht ein ganz dickes Auto. Eben wird Gepäck eingeladen. »Fahren Sie in die Stadt? Können Sie mich mitnehmen?«
»Nein! Ich fahre den Herrn Außenminister!«
Unvermittelt stehe ich Ribbentrop gegenüber!
»Herr Minister, können Sie mich mitnehmen in die Stadt – bitte, es ist wichtig!« Er sieht mich überrascht an, mustert mich von oben bis unten und sagt dann: »Na, dann steigen Sie halt ein!«
So komme ich zu der »vornehmsten« Autofahrt, die ich bisher erlebt habe. Im Wagen sitzen noch zwei Parteifritzen in Uniformen, mit denen ich nichts anzufangen weiß. Der Minister spricht über das Wetter. Es werden kleine Scherze gemacht. Von mir nimmt keiner irgendwie Notiz.
»Sie« ist natürlich überrascht, als ich im Hotel plötzlich vor ihr stehe.
Gestern abend hatte ich aus Liegnitz in Halle angerufen, nur um die Gelegenheit einer Zwischenlandung in der Heimat zu nutzen. Dabei habe ich erwähnt, daß ich wahrscheinlich heute in München sein werde für eine Nacht. Sofort setzte »sie« sich in die Bahn, in der Hoffnung, diese »Hundert-zu-Eins«-Wahrscheinlichkeit eines Wiedersehens zu nutzen.

15. November 1942

Noch einen Tag mußten wir in München bleiben, bis sich wenigstens der größte Teil der Besatzungen eingefunden hat. Heute fliegen wir weiter.

17. November 1942

Wir sind am Ziel, auf dem Flugplatz Comiso auf Sizilien.
Wir sind in der Stadt Vittoria untergebracht.
Der Wechsel von Kemi nach hier macht uns in dreierlei Hinsicht zu schaffen: Erstens der Gegner – wir haben es wieder mit den Engländern zu tun.
Zweitens das Klima – auch der gesündeste Mensch hat ernste Schwierigkeiten, sich umzustellen, wenn er einem derartigen Wechsel ausgesetzt wird.
Drittens die Einsatzbedingungen – im hohen Norden waren wir diejenigen, welche die Initiative in der Hand hatten. Hier ist es der Feind, der haushoch überlegen ist und uns in die Rolle des verzweifelten Verteidigers gedrängt hat.
Rommels Afrika-Armee zieht sich unter großen Verlusten in westlicher Richtung zurück. Tripolis ist längst in der Hand des Gegners. Der Nachschub über das Mittelmeer ist unzureichend. Er wird vom Feind blockiert, so daß das Afrikakorps buchstäblich zum Aushungern in jeder Beziehung verurteilt ist, wenn sich nicht bald etwas ändert. Die Insel Malta – vor einiger Zeit durch deutsche Luftangriffe sturmreif geschlagen – ist stärker denn je als Flotten- und Luftstützpunkt.
Die Kampf- und Jagdgeschwader der Luftwaffe, welche in der Mehrzahl von Sizilien aus eingesetzt sind, haben Verluste erlitten, die in ihrer Höhe nichts Vergleichbares haben.
Wir lösen unsere III. Gruppe ab. Es sind nur einige wenige Besatzungen übrig geblieben – und das nach einem Einsatz, der nur wenige Wochen gedauert hat.
Was sie uns erzählen, klingt unglaublich.
Nicht etwa, daß sie dort eingesetzt worden wären, wo es die Lage am dringendsten erfordert hätte, nämlich in Afrika zur Unterstützung von Rommels Soldaten oder gegen Geleitzüge, die ungehindert feindlichen Nachschub durch das Mittelmeer schafften.

Nein – die Führung tat, als ob es keine verzweifelte Lage in Nordafrika gäbe, welche ebenso verzweifelte Entschlüsse notwendig macht. Die fliegenden Verbände waren einem sinnlosen Verschleiß ohnegleichen ausgesetzt, indem man sie absolut nutzlose Angriffe gegen Malta, Brindisi, Philippeville, Algier, Oran und andere Ziele fliegen ließ.
Die Einsatzbefehle kamen angeblich direkt aus dem Führerhauptquartier.
Die Verbitterung in den Verbänden ist allgemein.
Der Kommandierende General hat seinen Stab im Luxusbadeort Taormina. Man weiß, daß er, nachdem er seinen Nachmittagsschlaf hinter sich gebracht hat, täglich eine Stunde Holz hackt – der Gesundheit wegen.

30. Dezember 1942

Stoffregen ist tot!
Er war über Weihnachten in der Heimat.
Er hat mich aufgefordert, ihn »zum Eingewöhnen« mit der »Cäsar« auf einem Flug zum Ätna zu begleiten.
Er führte mit seiner »Anton«. Das Wetter war herrlich. Einzelne hochaufgetürmte Cumuluswolken. Wir jagten uns gegenseitig, während wir auf Höhe gingen. Der Vulkan bot ein phantastisches Bild. Überall rund um den wilden Gipfel quoll weißlich-gelber Rauch aus Erdspalten. Aus dem kilometergroßen Krater brodelte eine dicke Wolke, die von starkem Wind zerblasen wurde.
Unsere beiden Ju 88 schossen hintereinander meterknapp über den zerrissenen Boden.
Im Flugzeug roch es plötzlich nach fauligen Zwiebeln. Es geht mir kalt den Rücken hinunter, wenn ich daran denke, daß wir da hineinstürzen müßten.
Auf einem großen Umweg flogen wir über das Gebirge wieder zurück zu unserem Flugplatz. In engem Verbandsflug zischten wir knapp über den Gefechtsstand. Die Fahrtmesser zeigten nahe bei 600 km/h.
Im steilen Hochziehen trennten wir uns, um verabredungsgemäß zur Übung einmotorig zu landen.
Als ich nach der Landung zu meiner Boxe rollte, sah ich, wie Stoffregen mit stillgelegtem rechtem Triebwerk in der Landekurve war.

Dann tat er etwas, was ich zunächst nicht verstehen konnte. Er ging wieder in den Horizontalflug und schob eine vorsichtige Kurve nach rechts über das stehende Triebwerk. Den Grund erkannte ich schnell: am Boden war eine Me 109 an den Start gerollt. Sie blockierte die Landebahn für Stoffregen, so daß er zum Durchstarten gezwungen war.
In 150 Meter Höhe schob seine »Anton« in sichtlich überzogenem Zustand über unsere Köpfe weg. Dann mußten wir sehen, wie das Flugzeug schnell Höhe verlor.
»Laß doch um Gottes willen deinen rechten Motor wieder an!«
Alles ging fürchterlich schnell.
Die »Anton« kam hinter einem Hügel außer Sicht. Gleich darauf stand eine schwarze Rauchwolke dort, wo das Flugzeug unseren Blicken entschwunden war.
Mit meinem geländegängigen Wagen war ich als erster an der Unfallstelle.
Der Brand war inzwischen fast erloschen.
Höchstens 10 Minuten waren seit dem Absturz vergangen. Die »Anton« muß ziemlich flach – also gesteuert – auf den Boden gekommen sein. Sie durchschlug einen Steinwall, wie sie hier überall die kleinen Felder und Obstgärten umgeben. Dabei wurde der Rumpf aufgerissen. Rechts neben der aufgeschlagenen Kabine lag der Prüfmeister Held, der Stoffregen als einziges Besatzungsmitglied begleitet hatte. Er gab kein Lebenszeichen mehr von sich, schien aber äußerlich unverletzt.
Wo bleibt bloß der Doktor so lange!
Stoffregen mußten wir erst suchen. Wir fanden ihn etwa dreißig Schritte entfernt an einen Baum gelehnt. Er saß noch angeschnallt in seinem Panzersitz. Dieser fast 200 Kilogramm schwere Sitz wurde beim Aufprall gegen die Steinmauer nach vorne herausgerissen. Stoffregen lag mit geschlossenen Augen. Tot.
Arzt und Feuerwehr trafen ein. Ich fuhr weg und heulte zum ersten Male in meinem Leben wie ein Schloßhund. Wie darf so etwas passieren?
Ein erfahrener Pilot, mit allen Wassern gewaschen. Jung, intelligent, sicher ...
Eine lächerliche Me 109 verpatzt ihm den Landeanflug. Warum nur hat er nicht sofort den stillgelegten Motor angelassen? Warum ist er beim Durchstarten nicht geradeaus geflogen?

Oder warum hat er die Kurve nicht über den laufenden Motor geflogen, sondern ausgerechnet über das stillgelegte Triebwerk?
Während ich allein und auf Umwegen den Weg nach Hause fuhr, fragte ich mich hundertmal, wie es wohl möglich war, daß ausgerechnet Stoffregen diesen Unfall erlitt.
Und ich glaube, daß meine Ansicht wieder bestätigt ist, daß längere Erholungspausen, so notwendig sie für den einzelnen sein mögen, andererseits eben deswegen eine Gefahr darstellen, weil man irgendwie »weich« oder unsicher wird. Das gerade ist der Grund, warum ich mich bisher immer gesträubt habe, einen Sonderurlaub oder einen Aufenthalt in einem Erholungsheim anzunehmen.
Meiner Meinung nach wäre Stoffregen noch am Leben, wenn er nicht dreieinhalb Wochen lang »abgeschaltet« hätte. Es war ja nichts nötig als ein schneller Entschluß – nichts weiter als einige Handgriffe, um den stillgesetzten Motor wieder in Gang zu setzen.
Statt dessen – und ich kann mir das gut vorstellen – sah er für einen einzigen Augenblick »rot« und tat dabei das genau Verkehrte: Seine linke Hand flog über den Bedientisch – suchte nach dem rettenden Hebel.
Die »Automatik« seiner Handbewegungen war schneller als die Überlegungen seines Verstandes.
Er tat genau das Verkehrte: Er griff zum Leistungshebel des laufenden Motors, anstatt in aller Ruhe unter Aufgabe von Höhe seinen rechten Motor wieder anzulassen.
Sein Flugzeug hatte bereits reduzierte Fahrt.
Der Motor heulte auf. Die »Anton« wurde dadurch bei ungünstiger Trimmlage nach rechts herumgezogen. Stoffregen hatte dann vollauf zu tun, einen direkten Absturz zu verhindern.
Er war so voll in Anspruch genommen, daß ihm erst recht keine Zeit blieb, um aus der gefährlichen Lage herauszukommen.
Hinzu kam sicher, daß er in eine Art Panik geraten war, die ihn bis zu einem gewissen Grade im Denken und Handeln lähmte.
Er gab unglücklicherweise dem einseitigen Zug des linken Motors nach. Das machte seine Situation nicht besser, sondern mußte sie verschlimmern. Vielleicht reichte aber auch die Wirkung der Querruder und des Seitenruders infolge der geringen Fahrt gar nicht aus, um den einseitigen Zug auszugleichen. So kam es wohl zu der unglücklichen, schauderhaft geschobenen Rechtskurve über den stehenden Motor.

Die Beerdigung von Stoffregen und Held fand auf dem Friedhof in Comiso statt.
Niemals hat mich der Verlust eines Freundes und Kameraden so tief erschüttert.
Stoffregen war einer von jenen seltenen Menschen, die dazu geschaffen sind, Vorbild zu sein.
Seine Leistung, sein Wesen, sein Charakter, seine Lebensführung – alles an ihm machte ihn zu einer Symbolfigur. Es ist seltsam: nicht nur ich, sondern viele von uns hatten bei ihm immer das Gefühl, daß er eines jeden bester Freund ist.
Bei der militärischen Trauerfeier mußte ich den Ehrenzug kommandieren. Inzwischen bin ich ja Offizier geworden. Als ich die Kommandos für den Ehrensalut gab, hatten alle Männer Tränen in den Augen.
Stoffregen hatte mir vor seinem Urlaub am 25. November noch eröffnet, daß ich mit Wirkung vom 1. Oktober 1942 zum Leutnant befördert worden sei. Gleichzeitig hatte er mich zum Technischen Offizier der Gruppe und zum Führer des Stabsschwarms ernannt.

30. Januar 1943

Die Gruppe steht hier im bisher härtesten Einsatz.
Die Ziele sind in erster Linie Häfen in Nordafrika und Algerien. Und immer wieder Malta!
Ich selbst flog bis heute noch einundzwanzig weitere Angriffe.
Nun wird mir eine »Auszeichnung« ganz besonderer Art zuteil: Ich werde in die »Heldenreserve« überführt!
»Heldenreserve« bedeutet, daß man nur noch einen Einsatz fliegen darf, wenn es ausdrücklich von »oben« erlaubt, bzw. befohlen ist.
Soviel ich weiß, ist es ganz selten, daß Flugzeugführer auf diese Art aus dem Kampf genommen werden.
Es soll wohl eine besondere Anerkennung sein, mit dem Sinn, wenigstens einige besonders erfahrene Piloten in den Verbänden zu erhalten, damit sie ihre Einsatzerfahrungen und ihre fliegerischen Kenntnisse den jungen Besatzungen weitergeben können.
Natürlich ließ ich mich dadurch nicht an den Boden fesseln! Im Gegenteil – ich flog mehr als eh und je. Als TO hatte ich sowieso in erster Linie auf den Liegeplätzen und bei den technischen Einhei-

ten zu tun. So wurde es zur Selbstverständlichkeit, daß ich alle notwendig werdenden Werkstattflüge selbst ausführte. Die Oberwerkmeister und die Prüfmeister hatten sich schnell daran gewöhnt, nach mir zu rufen, wenn an einem Flugzeug etwas in der Luft auszuprobieren war.

Auch für mich war es wichtig, im Sinne der Ausbildung der Besatzungen alle gemeldeten Beanstandungen selbst nachzuprüfen.

Es war ein altes Leiden, daß Flugzeugführer nach einem Fluge oder kurz vor dem Start einen Schaden an ihrer Maschine meldeten. Und dann mußte dieses Flugzeug selbstverständlich sofort aus dem Betrieb genommen werden.

In sehr vielen Fällen konnte dann bei der Nachprüfung kein Schaden festgestellt werden.

Dies führte zu einer ständigen Spannung zwischen den Flugzeugführern und dem technischen Personal.

Es gab zweifellos Fälle, wo Besatzungen einen Feindflug abgebrochen haben, weil sie Angst hatten oder weil sie sich der Aufgabe nicht gewachsen fühlten. Es mußte also eine Ausrede gefunden werden. Was war leichter, als zu melden, daß irgendein Teil der umfangreichen und komplizierten Technik an der Maschine nicht in Ordnung gewesen sei.

In anderen Fällen war es der ungenügende Ausbildungsstand, der zu ungerechtfertigten Schadensmeldungen führte.

Als TO stand ich zwischen beiden Seiten – den Flugzeugführern auf der einen und den Technikern auf der anderen. Dies machte meine Aufgabe nicht leichter.

Sehr schnell erkannte ich meine Chance. Ich mußte alles tun, um möglichst viel Besatzungen am Leben zu erhalten. Und ich hatte mehr Möglichkeiten dazu als irgendein anderer.

Bald kannte ich jeden einzelnen Flugzeugführer gut genug, um seine fliegerischen Fähigkeiten beurteilen zu können. Ich sprach mit den Staffelkapitänen und mit den Oberwerkmeistern, um deren Urteil über die einzelnen Besatzungen zu hören.

Ich flog, soviel ich nur konnte, mit den jungen Piloten, um sie in der Maschine zu erleben oder um ihnen die Angst vor dem Flugzeug zu nehmen.

Ich sorgte dafür, daß die Bombenzuladung entsprechend dem Können der Besatzungen unterschiedlich vorgenommen wurde.

Davon durfte niemand etwas erfahren, denn die Einsatzbefehle,

welche vom Fliegerkorps kamen, schrieben für alle Flugzeuge eine Beladung vor, die in jedem Falle die höchstmögliche Zuladung der Ju 88 ausmachte. Geholfen hat mir dabei der prächtige Waffeninspektor Heinrich Sievers. Wenn er nicht gewesen wäre, hätten die Verlustmeldungen in jenen Wochen und Monaten fürchterlich ausgesehen.
Die Ju 88 ist mit Sicherheit das beste Kampfflugzeug, das bis jetzt gebaut wurde. Aber die Flugeigenschaften der Ju 88 werden kritisch, wenn sie bis zur Höchstgrenze ihrer Zuladung ausgelastet wird. Junge Besatzungen haben schon Schwierigkeiten, mit diesem komplizierten Flugzeug fertig zu werden, wenn es »leer« ist. Um so gefährlicher ist es für sie, das voll beladene oder gar überladene Schiff sicher zu fliegen. Zwischendurch gelang es mir immer wieder, einen Feindflug zu »erschleichen«, trotz Heldenreserve.
Das habe ich unserem neuen Kommandeur, Hptm. von Harnier, zu verdanken. Er nahm es auf seine Kappe, mich fliegen zu lassen, nachdem ich ihm erklärt hatte, daß ich meine Sicherheit verlieren werde, wenn ich nicht regelmäßig an Feindflügen teilnehmen kann.
Wenn eine Besatzung die Grenze erreicht hat, wo erkennbar wird, daß sie mit ihrer Kraft am Ende ist, so spricht man von »abgeflogen«. Abgeflogene Besatzungen erhalten einen Sonderurlaub oder werden zu einer Kur in ein Erholungsheim geschickt.
Wenn sie dann wiederkommen, ist es immer wieder das gleiche: sie sind erst recht unbrauchbar geworden. Sie erleben nur noch einige wenige Flüge und kommen nicht wieder.
Aus meiner eigenen Erfahrung ist mir klar, wie es dazu kommt. Ich habe es jedesmal erlebt, wenn ich aus dem Urlaub zurückkam, daß ich vor dem ersten Einsatz eine fürchterliche Angst hatte. Ich habe erlebt, daß ich Fehler machte. Und nur deshalb!

29. März 1943

Von Comiso aus bin ich auch nach meiner Sperre zu folgenden Feindflügen gestartet:

20. November 1942: Angriff auf den Hafen von Philippeville
13. Dezember 1942: Bewaffnete Aufklärung rund um Malta
14. Dezember 1942: Bewaffnete Aufklärung und Seenotflug um Malta

15. Dezember 1942: Angriff auf Flugplatz Youks les Bains (Algerien)
18. Dezember 1942: Angriff auf Truppen westlich von Tunis
18./19. Dezember: Angriff auf Flugplatz Lucca auf Malta
21. Dezember 1942: Bewaffnete Aufklärung Benghasi
22. Dezember 1942: Angriff auf Wüstenflugplatz Biskra, südlich Algier
26. Dezember 1942: Angriff Hafen Bone (Algerien)
27. Dezember 1942: Geleitsicherung im Raume Pantelleria
28. Dezember 1942: Geleitsicherung im Raume Tunis
1. Januar 1943: Angriff auf Flugplatz Youks les Bains (Algerien)
2. Januar 1943: Angriff Flugplatz Biskra südlich Algier
5. Januar 1943: Angriff auf Flugplatz Youks les Bains
7. Januar 1943: Angriff Bagnhoh Tebessa (Algerien)
10. Januar 1943: Angriff Flugplätze Biskra und Tebessa
29. Januar 1943: Angriff Hafen Algier
5. Februar 1943: Angriff Hafen Tripolis
11. Februar 1943: Geleitzug Höhe Benghasi
16. Februar 1943: Truppenbekämpfung im Raume Medinine (Marethstellung)
17. März 1943: Angriff auf Kfz.-Ansammlungen hinter Marethstellung
21. März 1943: Bekämpfung von Artilleriestellung Marethlinie

Seit meiner Beförderung und meiner Tätigkeit als Technischer Offizier hatte ich keine Zeit mehr, regelmäßig Aufzeichnungen über persönliche Erlebnisse zu führen. Gleichzeitig bin ich ja auch noch zum Führer des Stabsschwarmes ernannt worden und damit Disziplinarvorgesetzer mit den Befugnissen eines Staffelkapitäns. So bin ich der meistbeschäftigte Mann der ganzen Gruppe. Vom frühen Morgen bis zum Abend bin ich draußen am Flugplatz und plage mich mit Papierkram herum. Es ist nur ein Glück, daß meine Helfer ausnahmslos alte Routiniers sind. Alle, die vier Oberwerkmeister, die ersten Warte, das Waffenpersonal und die Schreiber auf dem Gefechtsstand üben ihre Tätigkeit ja schon seit Anfang des Krieges aus. Denen kann keiner mehr etwas weismachen!
Die alten Füchse vom technischen Personal, die ich ja seit Jahren kenne, haben sehr schnell einsehen müssen, daß die erprobten faulen Tricks bei mir nicht verfangen. Schließlich kannte ich meine Pap-

penheimer. Sie wußten auch, daß ich auf ihren einzelnen Fachgebieten ganz gut bewandert war.
Die Einstellung: »Der meint wohl, er sei plötzlich was Besseres«, bekam ich nur in einigen Einzelfällen zu spüren, nämlich dort, wo es sich um notorische Querulanten handelte. Mit diesen war jedoch aufgrund der automatischen Autorität, die der Dienstgrad verlieh, leicht fertig zu werden.
Einer jener Fälle war mein »erster TO-Schreiber«, ein Oberfeldwebel. Er konnte es nicht überwinden, daß er mich als seinen Vorgesetzten zu respektieren hatte, nachdem er doch gestern noch »per du« mit mir stand. Er ließ andere gerne seine Macht spüren.
Wehe dem armen Flugzeugführer, der das Pech hatte, einen Teil seiner Ausrüstung zu verlieren. Ohne Ansehen des Dienstgrades oder der Person bestand er auf der Erfüllung der Vorschrift, welche forderte, daß auch beim kleinsten Gegenstand ein Haufen Papier vollzuschreiben war. Konnte eigenes Verschulden des Betroffenen nachgewiesen oder nicht ausgeschlossen werden, war Ersatz zu leisten. Mit Wollust betrieb der Mensch solche Fälle, die ja täglich vorkamen.
Es kam dann auch sehr bald zu einer ernsthaften Auseinandersetzung zwischen ihm und mir. Er legte mir wieder ein Bündel Papier zur Unterschrift vor. Der Uffz. Wagemann hatte »durch eigenes Verschulden« seine Schwimmweste verloren. Er war also verpflichtet, den Schaden zu ersetzen. Wagemann war ein ganz junger Flugzeugführer, der eben erst von der Schule zu uns versetzt worden war. Er hatte gerade zwei Feindflüge mit heiler Haut überstanden. Weil er ein besonders netter und adretter Junge war, hatte ich ihn etwas unter meine Fittiche genommen, damit er wenigstens die blanke Angst vor dem Flugzeug verlor. Ausgerechnet dem kleinen Wagemann mußte nun das lächerliche Pech mit seiner Schwimmweste passieren.
Ich befahl meinem »ersten Schreiber«, Wagemann herzuholen, um selbst zu hören, wie es zu dem Verlust gekommen sei. Triumphierend erschien er bald mit seinem verschüchterten Opfer.
Die Geschichte war dann auch ganz einfach: Wagemann hatte seine Sachen auf den Liegeplatz neben seine Maschine gelegt und sie eine kurze Zeit ohne Aufsicht gelassen. Diese Zeit genügte einem Dieb, die Schwimmweste an sich zu nehmen.
Wahrscheinlich war der Dieb unter den italienischen Wachmann-

schaften zu suchen, die ja alles stahlen, was nicht niet- und nagelfest war. (Oft genug schon hatte ich mich bei deren Kommandeur, einem kleinen Major, erfolglos beschwert, weil über Nacht alle möglichen Dinge abhanden gekommen waren. Lederriemen waren von den Abdeckplanen abgeschnitten, Ölwagen waren leergepumpt, Reifen und ganze Laufräder wurden gestohlen. In einem Fall waren sogar die Kunstlederbezüge aus den Sitzen einer Ju 88 herausgeschnitten worden.)
Ich schickte Wagemann weg, nachdem ich ihn ernsthaft zu größerer Sorgfalt ermahnt hatte.
Dann aber nahm ich mir meinen Oberfeldwebel vor: er solle mich und die Angehörigen des fliegenden und des technischen Personals künftig mit solchen Dingen in Ruhe lassen. Er solle besser seine Arbeit dort tun, wo er helfen könne, jedem einzelnen die Härte des Einsatzes zu erleichtern. Außerdem hätte sich durch die vielen Ausfälle ein regelrechtes Lager an sogenannten »Überbeständen« angesammelt, aus denen jeder Verlust leicht zu ersetzen sei.
»Diese Überbestände müssen aber laufend gemeldet werden, Herr Leutnant«, wandte er ein und hatte dabei einen leicht ironischen Unterton in seiner Stimme. Genau dieser Ton war es, der mir den Kragen zum Platzen brachte. »Das ist mir scheißegal! Dann werden sie eben künftig auf meine Verantwortung nicht mehr gemeldet. Sie besorgen sofort eine neue Schwimmweste für Wagemann! Diese geben Sie ihm und zwar ohne Papierkrieg und Unterschrift! Und damit ein für allemal sichergestellt ist, daß mir der Appetit nicht laufend verdorben wird, verhalten Sie sich künftig so, daß ich sie nicht mehr zu Gesicht bekomme, wenn ich den Gefechtsstand betrete!« Beleidigt zog er ab und beschwerte sich dann auch prompt beim Kommandeur. Dort aber muß er fürchterlich abgeblitzt sein.
Stoffregens Nachfolger ließ ihn nicht nur abblitzen, sondern hat auch dafür gesorgt, daß er binnen weniger Tage versetzt wurde.
Die Leitung des technischen Betriebes machte mir von der ersten Stunde an Freude. Zwar gab es laufend Sorgen wegen der Beschaffung von Ersatzteilen. Mit Hilfe der bewährten alten Oberwerkmeister Heiner Mank, Ofw. Preuss und Ofw. Gruner hatte ich bald eine ganze Menge von Schlichen heraus, um Raritäten wie besondere Funkgeräte, komplette Auspuffanlagen, Werkzeuge und tausend andere Kleinigkeiten, welche dringend benötigt wurden, »zu organisieren«.

Der Klarstand unserer Flugzeuge hing bald schon nicht mehr in erster Linie vom technischen Nachschub ab, sondern davon, wie es mir im Interesse der Besatzungen und im Interesse der Dringlichkeit vertretbar erschien. Über beides konnte ich mir ja ein kompetentes Urteil erlauben. Meinen Kommandeur, Adolf von Harnier, hielt ich aus der Verschwörung mit meinen Technikern ganz bewußt heraus, um nicht ihn mit der Verantwortung zu belasten.
Nie habe ich wohl so viel geflogen, wie in diesen Monaten hier in Comiso.
Mein tägliches Pensum besteht aus einer Anzahl von Werkstattflügen, aus mehreren Stunden, die ich mit jungen Besatzungen in der Luft verbringe, und aus Überlandflügen, die mich meist zu benachbarten Plätzen auf der Insel Sizilien führen. Zwischendurch gönne ich mir, soweit dies meine knappe Zeit zuläßt, dann immer wieder einen »Lustflug«. Auf diese Weise lernte ich jeden Winkel und jede Erdfalte Siziliens kennen. Ich fotografierte die Ruinen von Agrigento, besuchte Palermo und umrundete im Tiefflug die Vulkankegel, welche rund um den Stromboli im Norden von Sizilien herausragen aus dem Meer.
Bald hatte ich mir überall nützliche Freunde erworben, welche mir bei der Beschaffung von technischen Mangelgeräten halfen, so gut sie konnten. Auch war es von Nutzen, alle Flugplätze im näheren und weiteren Bereich zu erkunden, um Besatzungen, welche sich in Luftnot befanden, Ratschläge für sichere und anfliegbare Ausweichflugplätze geben zu können.
Im Laufe der Zeit allerdings steigerte sich das Risiko, durch einen Jäger aus Malta belästigt zu werden, mehr und mehr.
Diese Inselfestung wurde durch die Engländer in erstaunlichem Tempo wieder aufgebaut, nachdem sie noch vor wenigen Monaten durch unsere verlustreichen eigenen Angriffe praktisch ausgeschaltet war, zumindest, was die Luftbasen anlangte. Ich werde nie verstehen, warum dieser Erfolg, der so teuer erkauft werden mußte wie wohl kein zweiter in der bisherigen Geschichte der Kampffliegerei, nicht genutzt wurde. Warum wurde die geschlagene Insel nicht besetzt? Alle Fachleute, mit denen wir uns darüber unterhalten, sind sich einig, daß Malta buchstäblich reif war zu einer beinahe kampflosen Übergabe.
Man schiebt den Italienern die Schuld in die Schuhe; aber das allein dürfte wohl als Erklärung nicht ganz ausreichen.

Hier wurden ganze Geschwader der Luftwaffe geopfert. Wofür?
Ein wahrer Segen für uns war es, daß an der südlichsten Spitze von Sizilien eine Funkmeßstellung stand, welche den Flugbetrieb auf Malta pausenlos und lückenlos überwachen konnte.
Oblt. Beckmann, unser »I a«, hat sich eine direkte Telefonleitung zu dieser Stellung »organisiert«. So war er in der Lage, ein regelrechtes »Flugbuch Malta« zu führen. Vor jedem Start, ob am Tage oder in der Nacht, orientierte man sich peinlich genau, was drüben in der Luft los war. Es passierte zwar auch, daß Besatzungen am hellen Tage bei harmlosen Übungsflügen gewarnt werden mußten, weil englische Jäger, zumeist einzeln, in der Nähe waren.
So unangenehm diese feindliche Aktivität auch war, sie konnte unseren Flugbetrieb am Tage nie ernsthaft gefährden. Offenbar hatte der Gegner zu viel Respekt vor unserer Abwehr, die aus Flak und einer Gruppe Jäger auf dem Flugplatz San Pietro bestand. Um so mehr jedoch hatten wir Schwierigkeiten mit den englischen Nachtjägern. Diese waren immer zur Stelle, wenn wir nachts starteten oder von Feindflügen zurückkamen.
Daß wir trotzdem nur einzelne Totalverluste hatten, geht zum größten Teil auf den ausgezeichneten Beckmann zurück. Er organisierte zusammen mit unserer eigenen Flak einen Erkennungsdienst, der so gut funktionierte, daß es möglich war, den Start- und Landebetrieb von immerhin zwischen dreißig und vierzig Ju 88 unter den »Augen« der Nachtjäger, welche den Platz in geringer Höhe umschwirrten, so durchzuführen, daß die Flugzeuge in Minutenabständen ohne lange Wartezeiten starten und landen konnten. Mit beigetragen zu diesem Erfolg hat ein junger Leutnant von der Flak. Dieser war verantwortlich für den Schutz unseres Platzes durch leichte Flak und Scheinwerfer. Er schlug seine Befehlstelle neben Beckmann in unserem Gefechtsstand auf. So konnte er sich stets genau über die Luftlage orientieren. Mit unserer Hilfe stattete er jede seiner Batterien mit einem Funksprechgerät FuG 16 aus. Diese Geräte waren größte Mangelware. Ich hatte sie »organisiert«, d. h., ich habe sie geklaut bzw. unterschlagen. Oder ich ließ sie fallweise aus solchen Flugzeugen ausbauen, die aus irgendeinem Grunde unklar waren und sowieso nicht starten konnten.
Wir arbeiteten einen einfachen Sprechcode aus, den alle fliegenden Besatzungen, alle Flak- und Scheinwerferbesatzungen und unsere technischen Bodendienste beherrschen mußten.

Bomben auf Nachschubeinrichtungen der Roten Armee ...

... und auf Kasernen und Unterkünfte.

Ju 88 A-4 mit »Eismeer«-Tarnanstrich und »Flammentöter« über der Auspuffanlage.

Herbst 1943.
Ju 88 im Angriff
auf Malta.

Kam nun der Pulk unserer Maschinen vom Feindflug zurück, so hatte sich jeder einzelne Flugzeugführer noch weit auf See mit genauer Angabe seines Standortes anzumelden. Er erhielt dann Anweisungen, wie er seinen weiteren Platzanflug durchzuführen hatte. Gleichzeitig wurde er über die Luftlage in der näheren Umgebung des Platzes informiert. Diese lautete stereotyp, daß zwei oder mehr Nachtjäger in geringer Höhe in unmittelbarer Platznähe und in der Einflugschneise lauern und daß weitere Nachtjäger den Anflugweg über See beobachten.
Vom Boden aus wurde versucht, die anfliegenden Maschinen schon in 100 Kilometer Entfernung in eine zeitliche Staffelung einzureihen, die sicherstellte, daß jedes Flugzeug aus einem langen Anflug heraus direkt landen konnte, ohne eine Warteschleife am Platz fliegen zu müssen. Diese Warteschleife hätte nämlich den nahezu sicheren Abschuß durch die lauernden Nachtjäger bedeutet. Durch dieses System konnten wir es uns leisten, daß wir trotz des Feindes »in unserem eigenen Hause« die Maschinen bei voll erleuchtetem Platz einzeln hereinholen konnten. Das Verfahren hatte allerdings zwei wunde Punkte:
Erstens den Endanflug zur Landung und zweitens das Ausrollen des Flugzeuges auf der hell erleuchteten Startbahn. Natürlich haben wir damit gerechnet, daß der Gegner diese schwachen Punkte sehr schnell erkennt. Wir haben aber auch dagegen entsprechende Vorsorge getroffen:
Unsere gute Funkverbindung mit allen Bodenstellen, insbesondere mit der Flak ermöglichte eine beinahe metergenaue Bestimmung des Standortes der anfliegenden, also gefährdeten eigenen Maschine, sowie der Flugwege und Standorte gegnerischer Nachtjäger.
Der Anflug und die Landung spielte sich nun folgendermaßen ab (alle Funksprüche natürlich in wechselndem Code und von allen Beteiligten mitgehört):
Flugzeug: Überflug Küste bei Punkt ...
Boden: Verstanden! Eigene Maschine zwei Minuten vor Ihnen, nächste eigene Maschine drei Minuten hinter Ihnen.
Achtung! Gegnerische Nachtjäger über Küste und am Platz! Fliegen Sie so, daß Sie in 9 Minuten über dem äußeren künstlichen Horizont sind!
Dieser künstliche Horizont bestand aus einer Lichterkette, welche quer zur Anflugrichtung etwa sieben Kilometer außerhalb des Plat-

zes aufgestellt war. Bei ihrem Überflug mußte die Geschwindigkeit reduziert werden, das Fahrwerk und die Landeklappen ausgefahren und das ganze Flugzeug für die Landung vorbereitet werden. Hier war die gefährlichste Stelle beim ganzen Landeanflug. Das Flugzeug war fast hilflos einem angreifenden Gegner ausgeliefert. Außerdem war die Aufmerksamkeit der Besatzung weitgehend durch die Vorbereitung der sowieso nicht einfachen Nachtlandung in Anspruch genommen. Hier also mußte die wirksamste Unterstützung vom Boden aus erfolgen. Hier und natürlich auf dem anschließenden Endanflug, bei dem die Ju 88 wie eine reife Pflaume am Himmel hing.

Deswegen hatten wir in Zusammenarbeit mit unserem guten Flakleutnant in der Nähe des äußeren Horizontes und auf dem weiteren Anflugweg zum Platz eine Kette von leichten Flakgeschützen und Scheinwerfern eingebaut. Dort saßen auch die besten Kanoniere und Geschützführer. Diese waren durch uns tage- und wochenlang geschult worden, so daß sie in der Lage waren, den Funksprechverkehr nicht nur zu verstehen, sondern mitzudenken und mitzurechnen. Meldete sich nun das anfliegende Flugzeug pflichtgemäß während des weiteren Anfluges wieder, so lief der Film weiter ab:

Flugzeug: Befinde mich eine Minute außerhalb des äußeren Horizontes!

Boden: Verstanden! Achtung! Feindlicher Nachtjäger links hinter Ihnen! Setzen Sie Anflug fort!

Flugzeug: Überfliege äußeren Horizont. Meine Höhe ist dreihundert Meter über Platz. Setze Anflug fort!

Nun folgte der Teil der Landung, der allen an die Nerven ging, der Besatzung in der Luft, wie auch allen Beteiligten am Boden:

Die Flak trat mit ihren Scheinwerfern in Aktion, indem sie den Himmel unmittelbar hinter der anschwebenden Maschine hell ausleuchtete. Aufmerksam folgten die Richtschützen mit ihren Kanonen diesem beleuchteten Luftraum. Sie hätten jeden anfliegenden Gegner tödlich getroffen, noch bevor er zum Schuß auf sein hilfloses Opfer gekommen wäre.

Natürlich mußte das der Gegner auch bald erkannt haben. Es bestand deshalb stets die große Gefahr, daß die Angriffe nicht von hinten, sondern von oben oder gar von vorne auf die zwar nicht zu sehende, aber doch gefährlich markierte Maschine erfolgen würden. Dies haben die Gegner auch mehrmals versucht, jedoch in keinem Falle Erfolg gehabt.

Der letzte und nicht weniger gefährliche Teil der Landung war das Ausrollen auf der Bahn. Hier konnte die Flak nur abwehren, wenn der angreifende Gegner rechtzeitig erkannt war und beschossen werden konnte, bevor er zum gezielten Anflug ansetzen konnte. Leider erhielten in mehreren Fällen unsere bereits gelandeten Flugzeuge noch Treffer durch Nachtjäger, welche plötzlich von oben herunterstießen und ihren Feuerhagel blindlings entlang der Startbahn streuten. Die von Beckmann ausgearbeitete Methode hat sich in den harten Monaten von Comiso so gut bewährt, daß wir im Gegensatz zu Nachbarverbänden nur zwei Totalverluste und unbedeutende sonstige Schäden während den gefährlichen Start- und Landeoperationen hinnehmen mußten.
Die Ausbildung der Besatzungen und der Abwehrorganisation am Boden haben wir uns geteilt. Während Beckmann sich vorwiegend um die Funksprechausbildung und um die Organisation des Zusammenspiels kümmerte, übernahm ich den fliegerischen Teil.
Das fing an mit zahlreichen vorbereitenden Übungsflügen, die ich selbst unternahm, um überhaupt Erfahrungen zu sammeln, und endete mit der Einweisung der Besatzungen.
Meine Sorge, daß die jungen und unerfahrenen Besatzungen überfordert seien, erwies sich bald als unbegründet. Es war im Gegenteil so, daß wir weniger gefährliche Situationen zu verzeichnen hatten, als dies ohne unser kompliziertes Führungssystem der Fall war. Man konnte jedesmal die Erleichterung der Flugzeugführer spüren, wenn sie Antwort auf ihren ersten Anruf erhielten und gleichzeitig Angaben über die Lage am Platz und weitere Anweisungen für den Anflug.
Auch die Flak kam zu ihren Erfolgen, obwohl – oder vielleicht gerade weil sie sich unseren Weisungen unterwerfen mußte. Es wurden immerhin fünf gegnerische Nachtjäger in Platznähe abgeschossen und zwar einwandfrei aufgrund unseres Führungsverfahrens. Ein Engländer wurde mit seiner Spitfire durch einen Scheinwerfer zum Absturz gebracht.
Er wagte es, in den beleuchteten Raum hinter einer anfliegenden Ju 88 hineinzufliegen. Dabei erfaßte und blendete ihn ein Scheinwerfer derart, daß er offenbar nicht mehr wußte, was oben und unten war. Er donnerte stockvoll mitten auf unser Rollfeld. Die Maschine ging sofort in Flammen auf. Der Pilot hatte bereits beim Aufschlag den Tod gefunden. Zusätzlich wies der Körper schwere

Verbrennungen auf. Wir alle waren doch erschüttert, als wir vor der Leiche dieses schneidigen Piloten standen. Einer nahm ihm seine lederne Kopfhaube ab. Er mag etwa 25 Jahre alt gewesen sein. Sein Gesicht mit den gepflegten dunkelblonden Haaren und dem scharf gezeichneten Haaransatz werde ich wohl nie vergessen.

Mit harten Einsatzbedingungen im Mittelmeerraum kamen wir also, nachdem wir uns darauf eingestellt hatten, recht gut zuwege.

Was uns mehr Sorgen machte, das war die planlose Führung durch übergeordnete Stellen.

Hätten wir nicht alle Anstrengungen unternommen, uns mit unseren Mitteln und Möglichkeiten dagegen zu wehren, so wären wir gleich anderen Verbänden innerhalb von wenigen Wochen verheizt gewesen.

Weil das Wetter es erlaubte, verging fast kein einziger Tag, an dem nicht ein Einsatz befohlen war.

Mußten wir zu Anfang noch am Tage fliegen, wobei der Erfolg – auch für den Dümmsten sichtbar – in keinem Verhältnis zu den unsinnigen Verlusten stand, so hat man uns im weiteren Verlauf schließlich auf Nachteinsätze umgestellt. Hierbei waren wir dem Gegner wenigstens insoweit gewachsen, als wir die stundenlangen An- und Rückflüge über See im tiefsten Tiefflug durchführen konnten. Das gab uns Sicherheit gegen frühzeitige Entdeckung durch den gegnerischen Funkmeßdienst. Es schützte uns aber auch gegen Nachtjäger, die im Sichtflug – besonders in hellen Nächten – auf uns lauerten.

Wir hatten nämlich in unserem elektrischen Höhenmesser, dem FuG 101, eine Waffe von ganz besonderer Wirksamkeit. Dieser Höhenmesser beruhte auf dem Prinzip, daß elektrische Impulse senkrecht nach unten geschickt wurden, von wo sie als »Echo« wieder zurückkamen. Dabei wurde die Laufzeit gemessen und in Meter umgerechnet. Das Gerät erlaubte über See einen Tiefflug bis auf zehn und weniger Meter Höhe.

Kein Flieger, welcher nur den herkömmlichen barometrischen Höhenmesser zur Verfügung hatte, hätte sich das erlauben können. Es ist nämlich bei Nacht unmöglich, die Flughöhe über See auch nur annähernd genau zu schätzen. So erlebten wir oft die Situation, daß feindliche Nachtjäger über unseren Köpfen vorbeistrichen, ohne uns zu sehen oder ohne es zu wagen, bis auf unsere Höhe herunterzugehen.

Für unseren Geschwader-Kommodore ging es also darum, in erster Linie möglichst viele Besatzungen möglichst lange am Leben zu erhalten. Angesichts der konfusen Führung, d. h. der unsinnigen Einsatzbefehle gegen Ziele, deren Bekämpfung höchstens für die Propaganda von Nutzen war, war das die einzig mögliche Haltung. Dieser Mann – gleichgültig, wie wir ihm gegenüber sonst eingestellt gewesen sein mögen – hat in diesen Monaten mehr Mut und Umsicht bewiesen, als wohl alle Generale der gesamten Luftwaffe zusammengenommen.

Nachdem erkannt war, daß Einsprüche und Versuche, an die Vernunft zu appellieren, ohne Erfolg blieben, konnten wir uns nur noch retten, indem wir die tägliche Einsatzbereitschafts-Meldung frisierten.

Es hat mich in der ganzen bisherigen Zeit des Krieges nichts so deprimiert wie dieser Zwang, uns gegen die Unvernunft der eigenen Führung auf eine solche Art und Weise schützen zu müssen.

Gerade weil wir unsere »eigene« Einsatzplanung machten, konnten wir unter den gegebenen Umständen das Bestmögliche erreichen. Das läßt sich anhand von Zahlen und Erfolgsberichten leicht beweisen. Wir waren im Vergleich zu unseren Vorgängern wesentlich länger im Mittelmeer- und Afrikaeinsatz in jenen kritischen Monaten des Rückzuges der Rommelarmee. Wir haben eine höhere Einsatzzahl pro Besatzung und Flugzeug erreicht. Die Wirkung am Ziel war unter Berücksichtigung der Schwierigkeit die stärkste überhaupt denkbare.

Und wir sind sogar, wenn auch stark dezimiert, mit einem blauen Auge davongekommen.

Ich habe jetzt auch den südlichsten Kriegsschauplatz erlebt. Die Feindflüge sind mir, was die gegnerische Abwehr, aber auch die fliegerischen Anforderungen betraf, keineswegs schwerer erschienen, als an anderen Stellen, wo es gegen die Engländer ging. Trotz des mir auferlegten Feindflugverbotes gehöre ich zu den Besatzungen, die die höchste Zahl von Einsätzen erreicht haben.

Ich werde oft zurückdenken an die Flüge gegen den Oasen-Flugplatz Biskra, der 400 Kilometer südlich von Algier in der Wüste liegt.

Er diente dem Gegner als wichtiger Nachschubstützpunkt. Um das Ziel finden und wirkungsvoll angreifen zu können, mußten wir in der Abenddämmerung eintreffen, weil wir nach dem Angriff den Schutz der Dunkelheit für den Rückflug brauchten.

Voraussetzung für das Gelingen war also, daß wir den Gegner überraschen konnten und daß wir auf wenige Minuten pünktlich waren. Wenn man weiß, daß in diesen südlichen Breiten der Übergang vom hellen Tag zur Nacht nur wenige Minuten dauert, und wenn man bedenkt, daß die Entfernung von unserem Platz zum Ziel runde 1000 Kilometer betrug, dann wird klar, daß auch fliegerisch einiges verlangt wurde, zumal der ganze Flug vom Start bis zur Landung über Feindgebiet führte. Und dieses Gebiet bestand wiederum vorwiegend aus offener See und Wüste.

Wegen der großen Entfernung mußten wir neben der vollen Betankung von 3600 Litern noch einen Außenbehälter mit 900 Liter Treibstoff mitnehmen. Als Nutzlast konnte die Ju 88 dann gerade noch 1000 Kilo Bomben an Außenträgern mitnehmen.

Ein Einsatz steht mir noch klar vor Augen.

Wir fliegen im Verband von zwölf Maschinen. Ich habe die Führung. Die Sonne steht noch recht hoch über Sizilien, als wir zum Start die Gashebel nach vorne schieben.

Sofort nach dem Abheben müssen wir uns meterknapp an den Boden drücken und hinter den Bergen in Richtung Westen verschwinden. Nur so können wir vermeiden, daß uns die Funkmeßgeräte von Malta erfassen. Ich drossele, soweit es überhaupt nur möglich ist, um den nachfolgenden Maschinen Zeit zum Aufholen zu geben.

An der Westspitze Siziliens huschen die Ju 88 hinter den Bergen hervor, hinaus auf die offene See. Weit auseinandergezogen fliegen wir in wenigen Metern Höhe über dem Wasser. In anstrengendem Tiefflug, durch die tiefstehende Sonne noch erschwert, geht es über See bis zur Insel Pantelleria. Bis hierhin können wir einigermaßen ruhig fliegen, denn die englischen Jäger haben diesen Raum bisher gemieden. Hier liegen Jäger von uns und den Italienern auf der Lauer.

Nun kommt der größere Sprung quer über das Mittelmeer etwa auf Sfax am Golf von Gabes zu. Von dort geht es erst der Küste entlang in Richtung Süden, bis wir knapp nördlich von Gabes nach Westen eindrehen müssen.

Wir überqueren den schmalen kultivierten Küstenstreifen, ehemaliges französisches Kolonialgebiet.

Den Franzosen ist es gelungen, mit viel Aufwand aus der gelbbraunen Wüstenlandschaft einen breiten grünen Gürtel entlang der Kü-

ste zu schaffen. Hier gedeiht edles Obst, Wein, Gemüse und Getreide, entgegen allen Regeln scheinbar mitten in der Wüste.
Hier beginnt der Bereich, der auch in der Luft vom Gegner beherrscht wird. Wir drücken uns deswegen ganz tief an den Boden – nutzen jedes Tal und jede Mulde aus, um uns darin zu verstecken. Es ist ein regelrechter Zickzackkurs.
Trotz aller Anspannung sind diese Flüge durch die Wüste und durch die südlichen Ausläufer des Atlasgebirges von ganz eigenartigem Reiz. Es ist wie bei Karl May: Kamelkarawanen, Oasen, Arabersiedlungen und kleine Palmenhaine. Dünenartiges Gelände wechselt ab mit riesigen Flächen, die aussehen, als ob man sie gewalzt und geschliffen hätte. Es scheint nur eine Farbe zu geben: das Braungrau der Wüste. Das vielbeschriebene saftige Grün der Oasen stellt sich als Enttäuschung heraus, denn auch diese winzigen Flecken lebendiger Natur sind schmutzigbraun, selbst die wenigen Bäume. Sooft wir auch solche Tiefflüge durch die Wüste gemacht haben, immer sind wir alle gefangen von dem einmaligen Bild. Außer Hans natürlich. Mitten in die schönste Stimmung hinein sagt er dann: »Dreißig Kilometer links von uns und fünfzig Kilometer rechts von uns liegen englische Flugplätze mit Jägern!«
Noch tiefer drücke ich die Maschine in die Täler und Schluchten hinein. Ich habe nur Sorge um die nachfolgenden Flugzeuge. Werden sie dranbleiben? Sind die jungen Piloten in ihren überladenen Maschinen dieser Bodenakrobatik gewachsen?
Manchmal jage ich in wilde schluchtartige Felstäler hinein, ohne zu wissen, ob sie nicht plötzlich mit einer steilen Felswand enden. Es wäre ja nicht das erste Mal, daß ein ganzer fliegender Verband gegen einen Berg klatscht, weil es im letzten Augenblick nicht mehr reichte, umzudrehen oder drüberzuziehen.
Immerhin müßte es einem feindlichen Jagdverband schwerfallen, bei dieser Art von Versteckspiel unsere braun getarnten Maschinen zu erkennen.
Hans rechnet neben mir unentwegt mit seinem Rechenschieber. Er vergleicht das Gelände mit seinen Karten. Dreißig Minuten vor dem Ziel beginnen wir dann den Steigflug auf Angriffshöhe.
Die Sonne steht knapp über dem Horizont, als sich die Nasen der Ju 88 aus dem Wüstensand erheben.
Wenn Hans richtig gerechnet hat, müssen wir einige Minuten, nachdem die Sonne unter den Horizont gerutscht ist, am Ziel sein.

Sind wir zu früh, geben wir der feindlichen Jagd- und Flak-Abwehr ihre Chance. Kommen wir auch nur wenige Minuten zu spät, dann herrscht Dunkelheit, und es ist vorbei mit der Möglichkeit, das Ziel zu finden.

Die Spannung wächst in allen Maschinen, wie jedesmal kurz vor dem Zielanflug.

Biskra ist ein Wüstenflugplatz. Das heißt, daß es aus großer Höhe, zumal in der Dämmerung, besonders schwierig ist, den Platz überhaupt zu finden, und noch schwieriger, für den Sturzangriff ein lohnendes Ziel in das Visier zu bekommen.

Mein Verband, immer noch vollzählig, hat sich inzwischen eng zusammengeschlossen.

Hans hat seine Navigationsgeräte auf die Seite gelegt. Er rutscht unruhig auf seinem Sitz hin und her. Abwechselnd späht er durch die Glasscheiben nach unten oder durch die Seitenfenster. Jeder von uns sucht den Boden ab.

Endlich kommt es von Theo aus der Wanne: »Schaut mal nach links – ich glaube, dort sind Fahrzeugspuren im Sand zu sehen!«

Ich drehe ein, ohne selbst etwas erkennen zu können, was auf einen Flugplatz hinweist.

Der Pulk folgt. »Auf Jäger achten!« gebe ich an die anderen Maschinen durch. Uns selbst nimmt die Suche nach dem Ziel voll in Anspruch.

Dann ein Stoß von Hans in meine Rippen: Er zeigt nach vorne unten. Und jetzt erkenne auch ich das Ziel. Der Höhenmesser zeigt nicht ganz fünftausend Meter über Grund. Unten kriecht bereits die Dämmerung über den Boden. Wir sind genau im richtigen Augenblick angekommen, um auf dem »Flugplatz« mehrere abgestellte große Flugzeuge erkennen zu können.

Ich drücke etwas an, um Fahrt aufzuholen. Noch scheint man unten nichts zu ahnen. Wir sind längst im Wirkungsbereich der schweren Flak.

Der Himmel um uns ist aber frei von den widerwärtigen schwarzen Wölkchen, die die Sprengpunkte bezeichnen.

Ich gebe durch Wackeln mit den Tragflächen das Zeichen zum Angriff. Jede Maschine soll sich ihr Ziel selbst aussuchen. Schon gehen links und rechts von mir die Ju 88 in den Sturzflug. Ich selbst setze als einer der letzten aus einer Linkskurve meinen Sturz so an, daß eine Viermotorige ins Visier kommt und, für den Fall, daß ich

zu kurz oder zu weit werfen sollte, wenigstens einige Gebäude oder Zelte, welche auf der Linie liegen, getroffen werden können.
Der Angriff erinnert mich an Murmansk.
Unten gehen die ersten Bomben hoch, während meine »Cäsar« noch im Sturz liegt. Dann sehe ich das Aufblitzen der Abschüsse schwerer und leichter Flak.
Alles wie gehabt.
Bei 800 Meter Höhe ertönt das Signal des Kontakthöhenmessers. Meine »Cäsar« liegt gut. Mitten im roten Kreis des Visiers steht die Viermotorige. Im Augenblick, als ich die Nase etwas anhebe, um den richtigen »Aufsatzwinkel« für die Fallkurve der Bomben zu erreichen, sehe ich, daß unmittelbar neben meinem Ziel ein Bombeneinschlag hochgeht. Trotzdem drücke ich auf den roten Knopf am Steuerhorn. Die »Cäsar« macht brav ihren Erleichterungssprung, um dann mit hartem Ruck automatisch abzufangen. Die Nase hebt sich gegen den Horizont. Die Kraft der Beschleunigung bringt uns den »grauen Vorhang« vor die Augen. Unsere Gesichtsmuskulatur gerät aus den Fugen. Dann ist der Himmel da. Schnelle Handgriffe bringen das Flugzeug und die Triebwerke wieder auf »Reiseflug«. Wo schießt die Flak? Wo sind die anderen Maschinen?
Ich drücke auf den Boden zu, in Richtung auf das Gebirge im Nordosten. Links von uns schießt leichte Flak. Wir selbst werden nicht belästigt.
Mit einem Schlag ist die Spannung weg.
Hans gibt eine erste rohe Kursangabe: »Sechzig Grad.« Da und dort gegen den inzwischen dunkel gewordenen Horizont kann ich eine Ju 88 fliegen sehen. Nur für kurze Augenblicke kann ich sie erkennen, dann hat sie die Dämmerung bereits wieder verschluckt.
Nun bin ich die Verantwortung für meinen Verband los. Jetzt muß jeder selbst sehen, wie er die tausend Kilometer Rückflug hinter sich bringt und wie er durch die Sperre der feindlichen Nachtjäger an der nordafrikanischen Küste, vor Sizilien und am Flugplatz Comiso hindurchkommt.
Aus der inzwischen schwarz gewordenen Nacht unter uns können wir im Norden die helleren Schatten des Atlasgebirges als scharfe Konturen erkennen. Die Berge sind viel höher, als wir fliegen. Ich gehe deshalb in einen sparsamen Steigflug.
Theo ist aus seiner Wanne nach oben geklettert und reicht mir das obligate Wurstbrot nach vorne. Wir lockern die Anschnallgurte.

Für die Navigation brauchen wir vorerst nichts zu tun. Es genügt, für etwa zwei Stunden eine ungefähre Kompaßzahl zu fliegen. An der Küste von Tunesien, die ja auch in der schwarzen Nacht zu erkennen sein wird, können wir dann unseren Standort auf den Punkt genau nach Sicht bestimmen. Von dort aus sind wir im Bereich der Reichweite unserer eigenen Navigationsfunkfeuer auf Sizilien und können diese anpeilen. Es bleibt nur zu hoffen, daß das Wetter zu Hause gut geblieben ist. Aber daran denkt jetzt noch keiner. Wir sind immer froh, wenn wir heil wieder vom Gegner weggekommen sind. Die Sorgen wegen der Landung schieben wir hinaus, bis es Zeit ist, daran zu denken.
Nur wollen wir nicht gerne einen Ausweichflugplatz anfliegen. Das bringt immer eine Menge Scherereien und Unbequemlichkeiten mit sich, ganz abgesehen davon, daß immer ein gewisses Risiko dabei ist, wenn man in der Nacht und mit geringer Treibstoffreserve einen fremden Platz anfliegen muß.
Mit ausreichender Sicherheitshöhe überqueren wir im Sparflug den Ostteil Algeriens. Einige Male beschießt uns schwere Flak. Für Hans ist das jedesmal Anlaß, mit dem Kopf zu nicken und eine Eintragung in seine Karte zu machen. Er hebt die Hand mit ausgestrecktem Daumen nach oben, was heißen soll »alles in Ordnung – die Flak schoß planmäßig dort, wo sie schießen mußte, wenn unser Flugweg richtig war«.
Die See überqueren wir im bewährten, anstrengenden Zehnmeter-Tiefflug.
Dann die Anmeldung bei Beckmann, die Landeanweisungen, die Warnung vor Nachtjägern, der Lichterzauber des Platzes. Ein letztes Zusammenkneifen der Hinterbacken. Die Räder rumpeln über die Betonbahn. Gott sei Dank! Wir sind da!
Nach fast sieben Stunden Flugzeit wird es schwer, die Knochen geradezubiegen und den kurzen Weg zum Gefechtsstand zu gehen. Ich bin als einer der letzten gelandet.
Eine Maschine wird vermißt. Aus den Meldungen der Besatzungen ist zu entnehmen, daß wir das Bestmögliche erreicht haben. Allerdings stellen wir uns erneut die Frage, ob der Aufwand gerechtfertigt war, eine ganze Kampfgruppe tausend Kilometer weit gegen einen Wüstenflugplatz zu schicken, um letzten Endes im besten Fall einige Flugzeuge und einige Fahrzeuge oder Zelte am Boden zu zerstören. Dies angesichts der Tatsache, daß sich bei Rommel in

Afrika eine Katastrophe anbahnt, die im Landserjargon heute schon mit »Tunisgrad« bezeichnet wird, als Parallele zu Stalingrad gemeint.

Nach einem Feindflug gegen Artilleriestellungen bei Medinine im Süden Tunesiens am 16. März 1943 erhielten wir auf dem Rückflug den Befehl, in Sfax zu landen.

Sfax war ein Behelfsflugplatz knapp nördlich von Gabes in Tunesien.

Wir landeten dort in der letzten Dämmerung um 22.40 Uhr. Es war gar nicht leicht, den Platz zu finden, der sich in nichts von der schmutzigbraunen Fläche unterschied.

Eine Staubwolke, von einer rollenden Maschine verursacht, verriet uns endlich, wo sich der Platz befand. Nach einer Platzrunde setzte ich auf gut Glück zur Landung an, denn auf dem Boden waren keinerlei Zeichen zu erkennen, welche auf eine Landebahn oder Landerichtung schließen ließen.

Keine Menschenseele ließ sich blicken.

Wo mögen die Abstellplätze sein? Wo die Flugleitung? Wo der Gefechtsstand?

Tastend rollte ich auf eine Ecke zu, in welcher so etwas wie eine Hütte und einige Lastwagen zu erkennen waren. Wir trafen einen Soldaten. Der winkte in irgendeine Richtung.

Dort rollten wir hin und stellten dann vor einem dunklen Gebüsch die »Cäsar« ab.

Verfluchte Scheiße! Was sollen wir bloß hier in dieser gottverlassenen Gegend!

Hans ist in Höchstfahrt. Er flucht und schießt rote Leuchtkugeln in die inzwischen hereingebrochene Nacht.

Wir können gar nichts anderes tun als bei unserer Maschine stehenzubleiben. Autoscheinwerfer kommen auf uns zu. Irgendein wildgewordener Mensch steht vor uns, fuchtelt mit den Händen herum, sagt, er sei der »Fliegerführer Afrika« und wir sollen es gefälligst unterlassen, mit Leuchtkugeln zu schießen! Es muß wohl ein Mensch mit einem wichtigen Posten sein, denn er redet furchtbar viel, tut sehr gescheit und belehrt uns, daß hier Krieg ist und daß wir schon noch lernen werden, was das heißt. Wir sollen uns sofort vorbereiten für einen weiteren Einsatz noch in dieser Nacht. Ob das klar sei! An meiner Stelle antwortet Hans, dem angesichts dieser Darbietung langsam der Kragen platzte.

»Fliegerführer Afrika? Heil, mein Fliegerführer! Aber wenn Sie uns erklären wollen, was Krieg ist, dann sind Sie an der falschen Adresse. Sagen Sie uns lieber, wo es hier was zu essen gibt und wo wir unsere anderen Besatzungen finden, falls überhaupt welche gelandet sind!« Nun schrie der, daß er der General soundso sei und daß er dafür sorgen werde, daß wir bestraft würden.

Ich besann mich auf meinen Dienstgrad und auf meine militärische Erziehung und meldete »gehorsamst«, daß ich der Leutnant Stahl sei und mit meiner Besatzung soeben von einem Feindflug in Sfax gelandet sei. »Das interessiert mich jetzt alles nicht mehr!« schrie der »Fliegerführer Afrika«, »ich werde euch schon beibringen, was das heißt, Krieg! Ihr werdet noch von mir hören!« Da war es schließlich auch mit meiner Beherrschung vorbei. »Herr General, wir haben über zweihundert Feindflüge an allen Fronten hinter uns. Wir wissen also, was Krieg ist. Ich selbst gehöre zur Heldenreserve, eben weil ich wohl weiß, was Krieg in der Luft ist. Und wenn Sie uns schon bestrafen wollen, dann bitte ich gehorsamst, mich und meine Besatzung wenigstens mit Sie anzureden!«

Wie um meine »Meldung« zu unterstreichen, schoß Hans erneut eine weitere rote Leuchtkugel in den Himmel: »Verflucht und zugenäht, werden wir hier auf diesem Scheißplatz nun endlich erfahren, was los ist, und wie das hier weitergehen soll!«

Unser General war in der Nacht verschwunden, so schnell, wie er aufgetaucht war. »Ist doch wahr!« schnaubte Hans hinter ihm her.

»Bei dem haben wir's verschissen bis zur Steinzeit«, meinte Theo.

Endlich kam ein Lastwagen angefahren, der uns abholte, um uns zum Gefechtsstand zu bringen.

Dort war bereits die Mehrzahl unserer Besatzungen versammelt. Einige fehlten noch. Niemand wußte, ob sie gleich uns irgendwo in der Dunkelheit standen und warteten, oder ob sie gar nicht vom Feindflug zurückgekommen waren oder ob sie den Funkspruch nicht mitgekriegt hatten und nach Comiso zurückgeflogen sind.

Der »Fliegerführer« erklärte uns, daß er Befehl habe, noch heute nacht einen Einsatz nach Medinine durchzuführen. Theo neben mir: »Prima, dann brauchen wir nicht, wenn der fliegt!«

Es zeigte sich jedoch, daß ein Nachteinsatz mit Ju 88 von dem Flugplatz Sfax gar nicht durchzuführen war. So erklärte sich sogar der kriegerische Fliegerführer letzten Endes dazu bereit, den Einsatz auf den frühen Morgen des nächsten Tages zu verschieben.

Die Nacht verbrachten wir im Kasinozelt des Flugplatzes. Nachdem überhaupt nichts vorbereitet war, um die Besatzungen auch nur notdürftig unterzubringen, suchte sich jeder in dem kleinen Zelt ein Stückchen freien Sandboden, wo er sich hinlegte. So, wie er aus dem Flugzeug ausgestiegen war. Ich selbst lag mit Adolf von Harnier und Hptm. Richter vom LG 1 unter einem Klavier, das sich, weiß Gott wie, hierher verirrt hatte.

Noch vor der Morgendämmerung standen wir auf und kümmerten uns um unsere Maschinen. Geschlafen hatte keiner von uns. Die Besatzungen mußten die Maschinen selbst mit Bomben beladen, weil nicht genügend ausgebildetes Personal vorhanden war. Währenddessen bereiteten die Staffelkapitäne den Einsatzplan vor.

Es wurde dann glücklich 12.00 Uhr, bis ich mich mit meiner »Cäsar« neben dem Kommandeur zum Start aufstellen konnte. Gleichzeitig gaben wir Vollgas. Ich rollte, etwas hinter Harnier gestaffelt, und sofort war für mich jede Sicht weg. Ich rollte blind in einer gelbbraunen Staubwolke und versuchte, auf gut Glück Richtung zu halten. Irgendwie kam ich von der Staubwolke frei und sah den Platzrand, d. h. einen Obstgarten, wenige 100 Meter vor mir. Mit knapper Not kriegte ich die »Cäsar« frei. In einer weiten Linkskurve schlossen wir auf. Offenbar waren alle Maschinen gut gestartet. Bald hing ein recht beachtlicher Pulk von sechsundzwanzig Ju 88 am Himmel. Im Steigflug gingen wir auf Südkurs.

Wir kamen in die Nähe der Front. Von hinten schloß nun eine Staffel Me 210-Zerstörer auf. Fast gleichzeitig erschienen eine Anzahl italienischer Jäger. Es waren Macchi 200. So fühlten wir uns etwas wohler, denn ein Tagesangriff gegen die Engländer war bei unserer hoffnungslosen Unterlegenheit in der Luft weiß Gott ein Himmelfahrtsunternehmen.

Hans sagte, daß wir in zehn Minuten am Ziel sein müßten. Es ging gegen Truppenbereitstellungen der Engländer, einige Kilometer hinter der Frontlinie.

Schon gingen die Me 210 in den Gleitflug über und überholten uns dabei. Sie hatten die Aufgabe, vor uns im Tiefangriff anzugreifen und mit ihren Bordwaffen möglichst viel Verwirrung zu stiften, damit wir etwas Luft für unseren Sturz erhalten sollten.

Fast gleichzeitig mit den Me 210 verließen uns auch die italienischen Jäger. Sie waren wohl etwas nervös geworden. Trotz größter Aufmerksamkeit konnten wir am Boden nichts Verdächtiges erkennen, bis dann links von uns die Hölle losbrach. Staub und Rauch am Boden. Leuchtspur kreuz und quer durch die Luft. Das war's also. Unsere ganze Mahalla drehte ein. Die Maschinen gingen in einen flachen Gleitflug. Sie holten Fahrt auf. Wir krochen ganz eng zusammen, um etwas Schutz zu haben, für den Fall, daß Spitfires kämen.

Dann kippte einer nach dem anderen nach unten weg. Auch ich hatte meinen Vogel längst für den Sturz vorbereitet. Noch beobachteten wir mehr den Luftraum als das Ziel am Boden.

Dann schaltete ich den Sturzflughebel. Wir stürzten ohne Bremsen. (Die hatten wir längst ausgebaut, weil sie nur unnötiges Gewicht und unnötigen Luftwiderstand bedeuteten.) Aus 3200 Metern Höhe ging es steil nach unten. Durch mein Reflexvisier erkannte ich auf der braunen Fläche Fahrzeugspuren. Dann sah ich sie selbst: Große Ansammlungen von Fahrzeugen, welche in Gruppen oder einzeln aufgestellt waren. An manchen Stellen brannte es. Sorgfältiges Zielen war nicht erforderlich, da wir ein ideales »Flächenziel« unter uns hatten. Überall gingen nun Bomben hoch. In 1000 Meter Höhe löste auch ich aus.

Die »Cäsar« wollte wie üblich mit der Nase in die Luft schießen. Ich drückte sie mit aller Kraft in einen steilen Gleitflug in nordwestliche Richtung, auf die nahe Küste zu.

Überall schossen Ju 88 auf den Boden zu. Jeder hatte nur den einen Gedanken: Bloß weg hier! Weg, so schnell es geht, denn die Spitfires sind jetzt mit Sicherheit alarmiert und hinter uns her.

Nun sah ich auch wieder einige Macchis, die offenbar alle Mühe hatten, unsere hohe Fahrt mitzuhalten. Als wir an der Küste waren, waren wir nur noch wenige Meter über dem Boden. Noch einige Minuten und wir wußten, daß eigenes Gebiet unter uns lag. Langsam nur löste sich die Spannung.

Ein unvergleichlich reizvoller Tiefflug führte uns zurück nach Gabes und von dort immer an der tunesischen Küste entlang bis nach Bizerta, wo wir auf das offene Mittelmeer hinausflogen. Wir waren wieder gefangen von der fremden Welt, die buchstäblich an uns vorbeizog. Von den Siedlungen und Behausungen der Araber. Von den Zeugnissen uralter Vergangenheit – Ruinenfelder, die älter als zweitausend Jahre sein mögen.

Der Verband war auseinandergefallen. Jeder flog nach eigenem Ermessen nach Hause.

Mitten über See machte uns dann Hein auf einen Verband von zehn Spitfires aufmerksam, der 500 Meter über uns unseren Kurs kreuzte, offenbar mit Richtung Malta.
»Jetzt ist endgültig Sense«, dachte ich. Noch tiefer drückte ich den Vogel auf das Wasser hinunter. Aber entweder hatten die uns gar nicht gesehen oder sie hatten einen anderen Grund, uns nicht anzugreifen. Erst als wir die Insel Pantelleria im Vordergrund aus dem Wasser auftauchen sahen, atmeten wir etwas auf. Wir übersprangen die Küste Siziliens, drückten uns in Täler, schlichen im »Schatten« von Bergen in Richtung Comiso. Anmeldung bei Beckmann – Landefreigabe. Mit dem letzten Tropfen Sprit landeten wir um 15.30 Uhr nach dreieinhalbstündigem Flug.
Diese zwei Einsätze waren eigentlich fast die einzigen in den ganzen Monaten, welche uns befriedigt haben. Wir hatten das Gefühl, daß wir unseren bedrängten Landsern unmittelbar helfen konnten. Wäre diese Taktik konsequenter durchgeführt worden, hätte wohl mehr erreicht werden können als durch die unsinnigen Einsätze auf »strategische« Ziele, wie z. B. den Flugplatz Biskra.
Die Fliegerei im extremen Tiefflug brachte uns leider auch Verluste ein.
So verloren wir auch Willi Hachenberg.
Er war einer unserer besten Flugzeugführer. Schon während der Nachteinsätze gegen England war er zu uns gekommen. Er war von Beruf Bäckermeister und hatte in Neuwied eine Bäckerei. Willi hatte jene »besondere Ader«, die einen guten Flugzeugführer kennzeichnet. Eine Eigenschaft, welche nicht mit wenigen Worten zu beschreiben ist und welche auch nicht in Auswahlrichtlinien festzulegen ist. Willi war intelligent, humorvoll, gelassen. Er hatte ein natürliches Gespür für technische Zusammenhänge. Er flog leidenschaftlich gerne. Feigheit kannte er nicht, wohl aber wog er eine Kampfsituation kritisch genug ab, um einmal auf einen Angriff zu verzichten, wenn er dessen Aussichtslosigkeit erkannt hatte.
Ich habe während der ganzen Zeit, die ich im Einsatz war, nur sehr wenige Piloten kennengelernt, welche alle diese Eigenschaften so glücklich auf sich vereinigten wie Willi.
Er war in Comiso zu einem Nachteinsatz gestartet. Es war bekannt, daß die englischen Nachtjäger über der Südküste von Sizilien patroullierten, um unsere gestarteten Maschinen abzufangen. Die Nacht war mondhell.

Willi überflog also wie alle anderen Besatzungen im Tiefflug mit Erdsicht die Hügel, welche zwischen unserem Platz und der Küste lagen. Dann kam die See in Sicht und damit jenes Gebiet, wo die Nachtjäger warteten. Der einzige bewährte Schutz war der Tiefstflug über dem Wasser. Nach dem elektrischen Höhenmesser.
Als die Maschinen nach etwa vier Stunden vom Feindflug wieder zurückkamen, fehlte neben zwei weiteren Besatzungen auch Willi. Das übliche deprimierende Warten hielt uns auf dem Gefechtsstand und an den Telefonen fest. Als der Tag heraufdämmerte, wußten wir, daß die Vermißten nicht mehr zurückkommen würden. Alle erreichbaren Flugplätze meldeten, daß keine der vermißten Maschinen dort gelandet sei.
Als wir weggehen wollten, meldete der Soldat vom Telefondienst, die Küstenwache in der Bucht von Gela habe ein Schlauchboot gesichtet. Das könnte eine Besatzung von uns sein!
Sofort setzte ich mich mit einem Begleiter in die nächste Ju 88 und war wenig später über der angegebenen Stelle. Ich brauchte nicht lange zu suchen, denn am Strand hatten sich Menschen versammelt. Aus der Luft konnte ich vier Einmannschlauchboote erkennen, welche nur wenige hundert Meter vor der Küste in der rauhen Dünung tanzten.
Meine Beobachtung gab ich durch Funk nach Comiso durch. Gleichzeitig gab ich Anweisung, ein abwerfbares Schlauchboot bereitzuhalten, das ich abholen und in der Nähe der Schiffbrüchigen abwerfen wollte.
Es mochte eine halbe Stunde vergangen sein, als ich wieder über der Unglücksstelle war.
Unser Boot klatschte in der Nähe eines der kleinen Schlauchboote auf das Wasser. Aus der Luft konnte man sehen, daß es sich ordnungsgemäß von selbst aufblies. In den Einmannschlauchbooten bewegte sich nichts. Das große Schlauchboot wurde abgetrieben.
Endlich tauchten zwei Rettungsschiffe auf.
Ich wartete noch, bis ich den Beginn der Rettungsarbeiten beobachten konnte. Dann mußte ich schnellstens sehen, nach Hause zu kommen, denn die Jäger aus Malta waren aller Erfahrung nach jede Minute zu erwarten.
Ein Sanitätswagen holte die verunglückte Besatzung von Gela ab, wo die Rettungsschiffe sie hingebracht hatten. Noch wußten wir nicht, wer es war.

Im Tiefflug über dem Gefechtsfeld.

Im Tiefflug bei Nacht berührte eine Ju 88 A-4 bei Tunis das Wasser. Die Holzluftschrauben wurden dabei auf weniger als die Hälfte ihres Durchmessers abgeschlagen. Trotzdem flog der Pilot die fast 400 km lange Strecke nach Sizilien zurück und krönte diese einmalige Leistung mit einer glatten Nachtlandung.

Was dann bekannt wurde, versetzte mir einen Schlag, von dem ich mich lange nicht erholen konnte.
Es war die Besatzung von Willi Hachenberg.
Willi selbst war tot. Ertrunken.
Seine drei Besatzungsmitglieder waren, völlig erschöpft, aus ihren Einmannschlauchbooten geborgen worden. Willi selbst muß beim Einsteigen in das kleine Gummiboot wohl so unglücklich abgeglitten sein, daß sich ein Bein in einer Schlaufe verfing. Dadurch hing er mit dem Oberkörper im Wasser. Es gelang ihm nicht, das Bein frei zu bekommen. Es war ihm aber mit der schweren Fliegerausrüstung auch nicht möglich, aus seiner unglücklichen Lage heraus sich in das Boot hineinzuziehen. So ist er jämmerlich ertrunken. Eine Hilfe von Seiten der anderen Kameraden war angesichts der Dunkelheit und des hohen Seeganges nicht möglich. Wir haben ihn feierlich in Comiso auf dem dortigen Friedhof begraben.

Ein ganz tolles Stück leistete sich Sepp Guggenmos. Bei der nächtlichen Rückkehr von einem Feindflug aus dem östlichen Algerien drückte er unmittelbar hinter Bizerta wie üblich seine Ju 88 zum Tiefflug auf die See hinab. Die Nacht war stockdunkel. Er konnte sich nur auf die Anzeige seiner Instrumente verlassen. Plötzlich verspürte er einen Schlag, gefolgt von einem grauenhaften Aufheulen seiner Triebwerke und verbunden mit gefährlichem Schütteln der ganzen Maschine.
Die Motoren drehten schlagartig übermäßig hohe Touren. Ihre Leistung war auf einen Bruchteil abgefallen, so daß es nur mit Mühe möglich war, das Flugzeug in der Luft zu halten. Es blieb Sepp gar nichts anderes übrig, als trotz der angeschlagenen Maschine das Mittelmeer im Langsamflug zu überqueren. Ein Fallschirmabsprung über Tunesien wäre zwar das Nächstliegende gewesen. Dies war aber nicht möglich, weil Sepp seine Maschine nicht auf eine Höhe bringen konnte, aus welcher ein gefahrloser Absprung möglich gewesen wäre.
Während des stundenlangen Heimfluges durch die Nacht gelang es ihm dann, wenigstens jene geringe Höhe zu erreichen, die zum Überflug der Hügel an der Südküste Siziliens erforderlich war. Dabei riskierte er ständig, daß die Maschine wegen zu geringer Fahrt abschmierte. Irgendwelche Rücksicht auf feindliche Nachtjäger war natürlich nicht möglich.

Nach der Landung in Comiso, die erstaunlich glatt verlief, stellten wir fest, daß die Blätter beider Holzluftschrauben nur noch aus Stummeln bestanden, gerade so lang, daß sie über die Außenverkleidung der Triebwerke reichten. Kein Mensch hätte jemals zuvor geglaubt, daß es möglich ist, mit solchen Luftschraubenstummeln eine Ju 88 noch in der Luft zu halten, zumal wenn man bedenkt, daß es wegen der starken Unwucht unmöglich war, mit hoher Triebwerkleistung zu fliegen.
Sepp Guggenmos war grün im Gesicht, als er aus der Maschine kletterte. Diesmal war selbst ihm das Lachen vergangen. Für den Vorfall gab es nur eine Erklärung: Sepp mußte in der Nacht eine jener kleinen Inseln gestreift haben, welche vor der Küste von Tunesien oft nur meterhoch aus dem Wasser ragen.
Verbissen kämpfend zog sich das hoffnungslos geschlagene Afrikakorps durch Tunesien zurück.
Unsere Transportgeschwader mit ihren lahmen Ju 52 und Me 232 taten ihr möglichstes, um wenigstens das Allernotwendigste an Nachschub über das Mittelmeer zu schaffen. Sie hatten fürchterliche Verluste dabei. Ein lückenloser Begleitschutz durch Jäger war längst nicht mehr gewährleistet.
Auf den Landeplätzen in Afrika spielten sich dramatische Szenen ab. Die Maschinen wurden von Soldaten gestürmt, welche der Gefangenschaft entgehen wollten. Es soll passiert sein, daß einzelne Soldaten sich in die Fahrwerksverstrebungen der Ju 52 gehängt haben und auf diese Weise den Flug über die See nach Sizilien überstanden.
Auch wir selbst waren in diesen letzten Wochen des Afrikakrieges mehr und mehr für Transportaufgaben eingesetzt.
Mit zwei Zusatzbehältern mit je 900 Litern Inhalt unter dem Rumpf schafften wir Benzin hinüber. Auf dem Rückflug zwängten wir in unsere engen Kabinen bis zu sieben Landser, die überglücklich waren, wenigstens ihr nacktes Leben gerettet zu haben. Letztlich aber atmeten wir regelrecht auf, als die Tragödie des Afrikakorps in Tunis und Bizerta ihr Ende gefunden hatte.
Wir selbst waren, trotz hoher und harter Verluste im Vergleich zu den Geschwadern, die vor uns in Sizilien waren, gerade noch mit einem blauen Auge davongekommen. Hätte der Krieg in Afrika auch nur wenige Wochen länger gedauert, so wären wohl auch wir aufgerieben worden bis auf einige wenige Besatzungen.

Wir maßen uns nicht an, über die Ursachen der totalen Niederlage der Rommel-Armee zu urteilen, dazu haben wir weder den Sachverstand, noch und vor allem den ausreichenden Überblick.
Ein Urteil über den Einsatz und die Führung der Luftwaffenverbände kann man uns aber nicht absprechen. Schließlich sind wir es ja gewesen, welche ausführen mußten, was »oben« geplant und befohlen wurde. Und wir waren es, welche tagtäglich hautnah am Gegner waren – welche mit den fliegerischen Gegebenheiten bei Start und Landung und am Einsatzziel zurechtkommen mußten. Wir wissen also, wovon wir reden. In jenen Monaten wurden mehrere Kampfgeschwader buchstäblich verheizt. Und das zu einem Zeitpunkt und angesichts einer Lage, in der einem der nüchterne Verstand sagte, daß diese Opfer umsonst gebracht wurden.
Warum also? Diese Frage haben wir uns tagtäglich gestellt und keine Antwort darauf gefunden.
Daß unsere Besatzungen trotz aller Hoffnungslosigkeit und trotz der feindlichen Überlegenheit das Letzte gaben, was man von Soldaten schlechthin fordern konnte, ist eines jener Rätsel, für die es im Kriege keine Erklärung gibt.
Gestern verlegte unsere Gruppe zurück nach Aalborg/West. Dieser schöne Flugplatz im Norden Dänemarks war inzwischen unser fester »Heimathorst« geworden. Dort lag unsere IV. Gruppe, welche die neuen Besatzungen »frontreif« machen mußte. Dorthin wurden auch die abgeflogenen und ausgebluteten Gruppen des Geschwaders jeweils zur »Auffrischung« verlegt.

11. Mai 1943

Für mich gab es zunächst einen Heimaturlaub. Drei herrliche Frühlingswochen verbrachte ich in unserem kleinen Häuschen in Deep bei Kolberg.
Ein Telegramm der Gruppe enthielt den Befehl, daß ich mich am Ende des Urlaubs in München zu melden hätte, bei irgendeinem Erprobungskommando.
Ich hatte die Sorge, daß dies gleichzeitig eine Versetzung in die Heimat bedeuten könnte.
In München stellte sich aber heraus, daß ich lediglich eine neue Maschine abholen sollte. Diese war mit einem neuen Gerät, dem FuG 214, ausgerüstet. Es handelt sich dabei um ein Funkmeßgerät,

das gleichzeitig den Bodendiensten ein Kennsignal abgeben konnte.
Mit einigen Ingenieuren der Herstellerfirma flog ich eine Anzahl friedensmäßiger Erprobungsflüge, ehe es dann in Richtung Norden ging, quer durch Deutschland und Dänemark bis hinauf nach Aalborg in Jütland.
Hier hatte sich in der Zwischenzeit nicht viel ereignet. Von »Auffrischung« war keine Rede. Weder Flugzeuge noch neue Besatzungen waren eingetroffen. Das Geschwader hatte noch keine Befehle, die einen Hinweis auf unseren künftigen Einsatz hätten geben können.

VOM KRIEG AUSGELAUGT

17. Juni 1943

Die Bestandsaufnahme, die ich in meiner Eigenschaft als TO mache, sieht mehr als trübe aus:
Wir verfügen praktisch über keine einzige einsatzklare Maschine mehr. Was wir an Flugzeugen aus Sizilien mitgebracht haben, wurde an die IV. Gruppe abgegeben, wo dringend Schulmaschinen benötigt werden. Unser umfangreiches technisches Gerät, das wir in Comiso zu einem Bahntransport verladen hatten, ist nur zum Teil angekommen. Der Rest blieb bis jetzt unauffindbar verschollen. Neues Ersatzgerät wurde mir von den zuständigen Stellen mit dem Hinweis verweigert, daß erstens nichts verfügbar sei und daß wir gefälligst abwarten sollten, bis über uns verfügt werde. Drei Wochen Gammelei haben wir jetzt hinter uns, als endlich der Befehl zur Verlegung der Gruppe nach Leck in Schleswig-Holstein eintrifft.
Mehr geht aus dem Verlegungsbefehl nicht hervor.
Es heißt, daß wir in Leck neue Besatzungen und neue Maschinen bekommen sollen.
Außer gut gepflegten Unterkünften und einem gut ausgebauten, modernen Flugplatz finden wir nichts vor. Dies veranlaßt von Harnier, mich abermals für zwei Wochen auf Urlaub zu schicken.
»Fahr' los, Pietro, du hast's verdient, außerdem wirst du deine Kräfte bald genug wieder voll brauchen! Ich nehme es auf meine Kappe!«
Es ist uns allen klar, welchem Umstand wir diese »Sondervergünstigungen außer der Reihe« zu verdanken haben: Die Kampfgeschwader der Luftwaffe sind aufgerieben. Sie sind »fertig«.
Die Schulen in der Heimat sind nicht mehr in der Lage, so viele neue Besatzungen auszubilden, daß die Verluste in den Einsatzverbänden hätten ausgeglichen werden können. Zwar werden die erforderlichen Zahlen annähernd erreicht. Der Ausbildungsstand der jungen Flieger ist jedoch derart ungenügend, daß den Einsatzge-

schwadern, die aus drei Gruppen bestanden, je noch eine vierte Gruppe angegliedert werden mußte. Diese vierte Gruppe bekam die Aufgabe, das zu vollenden, was die Schulen in der Heimat nicht schaffen können: aus den notdürftig ausgebildeten Besatzungen frontreife Flieger zu machen. Der Gedanke ist an sich nicht schlecht. In die vierten Gruppen werden als Lehrer jene Besatzungen des Geschwaders versetzt, die »abgeflogen« sind, also dringend einer Ruhepause bedürfen. Dadurch ist gewährleistet, daß die Ausbildung des Nachwuchses »frontnah« erfolgt. Es bleibt jedoch fraglich, ob die vielen Nachteile jener IV. Gruppen nicht überwiegen: Außer den bewährten Schulen in der Heimat entsteht eine Vielzahl von zusätzlichen »Schulen«, die genau genommen keine sind. Die Lehrbesatzungen in den IV. Gruppen bringen zwar einige Fronterfahrung mit. Ob sie aber deshalb auch die Eignung zum Lehrer besitzen, muß in Frage gestellt werden. Sie betrachten ihre Versetzung in die IV. Gruppe allgemein als eine Erholungspause und nicht als eine Aufgabe, welche harte Arbeit voraussetzt.

Die Ansichten über Wert oder Unwert der IV. Gruppen als zusätzliche Ausbildungsstätten sind und bleiben geteilt.

Auch auf dem Gebiet der Ausbildung versagt die Luftwaffenführung!

Die Schulen in der Heimat stehen unter dem Druck, ein »Soll« zu erfüllen, welches ihnen durch Befehl auferlegt ist. Auf Biegen und Brechen ist man also bestrebt, die geforderten Zahlen zu erreichen. Die terminlich geforderten Meldungen nach »oben« stimmen dann zwar mit den Forderungen überein. Daß damit aber über die Qualität noch gar nichts ausgesagt ist, interessiert niemanden. Beschwerden und Kritik der Frontkommandeure werden entweder ignoriert oder als unbegründet abgetan.

Es ist die allgemeine Augenauswischerei, wie sie die gesamte Luftwaffenführung in allen Sparten durchzieht. Die Dummen dabei sind lediglich die Frontverbände. Die Leidtragenden sind die Besatzungen in den Staffeln. Bei den Jägern geht das schon so weit, daß die oberste Führung ihnen Feigheit vorwirft. Und das angesichts der zunehmenden Überlegenheit des Gegners und angesichts der mangelnden Ausbildung der Flugzeugführer. Nach meiner Meinung sind die IV. Gruppen eine in jeder Beziehung zu kostspielige Ausweichlösung für mangelhafte Organisation der Ausbildungsstätten in der Heimat, hervorgerufen durch mangelhafte Planung der Führung

und durch fehlende Zivilcourage der verantwortlichen Ausbildungskommandeure.
Was in erster Linie fehlt, ist die Einsicht, daß die Führung im Ausbildungswesen in der Heimat in den Händen von erfahrenen Frontkommandeuren liegen müßte. Diese Kommandeure sollten im laufenden Wechsel ausgetauscht werden, damit eine kontinuierliche »wirklichkeitsnahe« Ausbildung erfolgen kann. Aber allein dieser Gedanke ist schon ein Witz:
Das würde nämlich bedeuten, daß ein Heer von Schulkommandeuren, Ausbildungsleitern, Fluglehrern und last but not least Offizieren in den Stäben ihre gesicherte Karriere wie auch ihre »ruhige Kugel« aufs Spiel setzen müßten.
Gerechterweise muß allerdings in bezug auf die IV. Gruppen gesagt werden, daß sie sich alle Mühe geben und ihre Funktion als »Heimateinheit« der Geschwader hervorragend erfüllen.
Die »abgeflogenen« Besatzungen, welche zur »Vierten« versetzt wurden, werden allgemein beneidet.

28. Juni 1943

Tröpfchenweise aber zügig treffen neue Flugzeuge ein. Und ebenso tröpfchenweise kann der Kommandeur der IV. Gruppe, Major »Gottlieb« Kuschke, neue Besatzungen schicken.
Mir, als dem TO, bleibt die Aufgabe, die Flugzeuge einsatzreif zu machen, die neuen Besatzungen zu überprüfen und dafür zu sorgen, daß Ausbildungslücken geschlossen werden.
Es ist die übliche Knochenarbeit, die ja bereits weitgehend zur Routine geworden ist.
Im Gegensatz zu den meisten Offizieren, die ausreichend Zeit finden, die »Ruhe vor dem Sturm« zu genießen, bin ich täglich vom frühen Morgen bis in den späten Abend hinein auf dem Flugplatz. Wenn es die Feindlage und das Wetter erlauben, lasse ich dann auch noch zusätzlich Nachtflugübungen durchführen mit jenen Besatzungen, die sich noch nicht ausreichend sicher fühlen.
Meine Oberwerkmeister und ihre Techniker müssen buchstäblich »rund um die Uhr« arbeiten. Sie tun dies maulenderweise, wie das bei Soldaten immer üblich ist. Sie tun ihre Arbeit aber wie immer mit bewundernswertem Pflichtbewußtsein.
Die neuen Flugzeuge, die uns durch sogenannte Überführungsbesat-

zungen angeliefert wurden, sind alles andere, nur nicht einsatzbereit. Sie sind in einem Zustand, der gerade ausreicht, um damit sicher fliegen zu können. Und das auch nur bei schönem Wetter und unter der Voraussetzung, daß der Luftraum frei von Feindflugzeugen ist. Es bleibt an mir hängen, die für einen Einsatz dringend notwendigen zusätzlichen Geräte und Waffen zu beschaffen, einbauen zu lassen, zu überprüfen und nachzufliegen. Nicht selten kommen neue Maschinen an, die vom Herstellerwerk mit einer kompletten Ausrüstung für den Einsatz in Afrika versehen wurden. Sogar die braune Tarnbemalung für den Wüstenkrieg und die vollständige Notausrüstung für die Wüste ist nicht vergessen. Dies angesichts des verlorenen Krieges in Nordafrika! Es häufte sich im Laufe der Wochen ein Lager nutzloser Ausrüstungsgegenstände an, wie Jagdwaffen, Wasserflaschen, Notzelte, Notfunkgeräte, zusätzliche Panzerplatten für den Platz des Bordfunkers und des Heckschützen. Alles Dinge, die in Afrika nützlich und notwendig waren, an jedem anderen Kriegsschauplatz aber nutzlosen Ballast bedeuten.
Dafür aber fehlen Schlauchboote, Seenotsender, Kurzwellenfunkgeräte, Erkennungsgeräte für die Freund-Feind-Kennung, Waffen, Bombenträger und tausend andere Ausrüstungen, welche diese »nackten« Ju 88 erst zu wirklichen Einsatzflugzeugen werden lassen.
Ein Glück, daß ich an meiner Seite den wirklich prächtigen Waffeninspektor Heinrich Sievers habe. Er kennt sich aufgrund seiner nunmehr über dreijährigen Erfahrung im technischen Dienst einer Frontgruppe mit allen Schlichen und Hintertürchen im Bereich der Beschaffung von Mangelware aus, wie kein Zweiter weit und breit. Für das, was Heinrich Sievers in diesen Jahren geleistet hat, müßte eigentlich ein Extra-Orden geschaffen werden.
Er kennt alle Besatzungen – auch die Neuen – besser als ich oder als die Staffelkapitäne.
Oft war es Heinrich, der zu mir kam und mich darauf hinwies, daß dieser oder jener Flugzeugführer ein sicherer Todeskandidat sei, wenn man sich nicht seiner annähme. Mit Heinrich zusammen habe ich vor jedem Einsatz der Gruppe die Beladung und die Betankung der einzelnen Maschinen festgelegt, je nach dem fliegerischen Können und nach der Verfassung der Flugzeugführer. Oft habe ich nach den Vorschlägen von Heinrich die Staffelkapitäne beeinflußt, den schwächeren Besatzungen den leichteren Teil einer Ein-

satzaufgabe zu geben oder sie mit einer geringeren Zuladung an Bomben fliegen zu lassen, gleichgültig, wie die Befehle von »oben« lauten mochten.

Heinrich hat auch so etwas wie einen sechsten Sinn, wenn es darum geht, die Überlebenschance einzelner Besatzungen vorauszusagen. Er litt Qualen, wenn die Flugzeuge in der Nacht unterwegs waren. Als letzter verließ er den Gefechtsstand, wenn feststand, daß die Besatzungen, welche sich noch nicht gemeldet hatten, endgültig aufgegeben werden mußten. Für ihn war dies oft genug der Beginn eines neuen Arbeitstages, mit denselben Sorgen wie am Vortag.

Wann der Heinrich Sievers eigentlich schläft, ist mir oft ein Rätsel. Die harten Monate in Comiso werde ich in diesem Zusammenhang nie vergessen.

Da war der Einsatzbefehl von der Luftflotte, der täglich mit dem gleichen Satz begann: »Mit stärksten Kräften ...« Heinrich hatte es übernommen, die tägliche Meldung mit dem Klarstand an Flugzeugen und einsatzfähigen Besatzungen zusammenzustellen, welche ich termingerecht nach »oben« durchzugeben hatte.

Es fiel sehr bald auf, daß die Zahlen niedriger waren, als es dem tatsächlichen Stande entsprach.

Der Kommodore befahl mich zu sich auf seinen Gefechtsstand. Er verpaßte mir eine dicke Zigarre, weil ausgerechnet meine II. Gruppe einen auffallend niedrigen Klarstand an Flugzeugen und Besatzungen habe. Ich solle mich gefälligst darum kümmern, daß dieser lahme Haufen in meinem technischen Betrieb auf Vordermann käme.

Heinrich empfing mich, als ich meinen Anschiß abgeholt hatte. Er tröstete mich und sagte, daß es immer noch leichter sei, mal einen Anschiß einzustecken, als tagtäglich neue Ausreden zu erfinden und den Oberwerkmeistern einzureden, warum immer wieder eine bestimmte Zahl von Flugzeugen nicht klar sein sollten.

Er stellte sich auch besonders gut mit dem Arzt der Gruppe. Diesen wies er, nach jeweils vorheriger Absprache mit mir, auf jene Flugzeugführer hin, welche schwach waren oder im Begriff waren, abzubauen.

Genausogut allerdings klärte er den Doktor auf, wenn er merkte, daß sich ein Simulant durch den Doktor einen Erholungsurlaub oder eine zeitweilige Freistellung aus dem Einsatz erschleichen wollte.

In Comiso passierte es einmal, daß der kommandierende General persönlich ankam, um zu überprüfen, warum von unseren Flugzeugen jeweils nur eine verhältnismäßig geringe Zahl einsatzbereit war. Dies war eine Angewohnheit von ihm, die an sich bekannt war. Seine Besuche machte er aber unangemeldet. Er schlich sich buchstäblich mit seinem Fieseler Storch an den Platz heran, landete in irgendeiner Ecke und inspizierte die Liegeplätze der Staffeln. Er fragte jeden einzelnen Wart, ob sein Flugzeug einsatzklar sei und wenn nicht, warum. Weiß Gott, wie Heinrich dahinterkam, daß dieser peinliche Besuch bevorstand. Jedenfalls kam er zu mir in den Gefechtsstand gestürzt. Sein Doppelkinn wackelte vor Aufregung. Sein Gesicht war hochrot:

»Peter – los, komm mit, gleich wird der General landen, wir müssen auf die Liegeplätze 'raus!«

Er schwenkte einen Zettel vor meinen Augen herum und sagte mit zitternder Stimme: »Menschenskind – unser Klarstand!«

Es ging für uns beide wirklich um Kopf und Kragen. Ich holte schleunigst meinen VW-Kübelwagen vom Dach der Baracke, wo ich ihn immer parkte, damit die Techniker draußen auf den Plätzen wußten, daß ich da bin.

Es begann ein Wettlauf mit der Zeit und gegen den nicht sonderlich beliebten General. Wir fuhren von Maschine zu Maschine und instruierten anhand Heinrichs Zettel jeden einzelnen Wart, ob sein Flugzeug einsatzklar sei oder nicht. Laut Zettel gaben wir Anweisungen, welchen technischen Fehler der Wart jeweils dem General zu melden habe.

Als der Storch dann landete, waren wir noch nicht ganz fertig mit unserer Rundfahrt. Es wurde ein regelrechtes Katz- und Mausspiel, aber wir schafften es. Der General mußte sich, ob er wollte oder nicht, davon überzeugen lassen, daß unsere Flugzeuge tatsächlich, trotz besten Willens, einen verhältnismäßig geringen Klarstand aufwiesen. Bei der anschließenden Besprechung auf dem Gefechtsstand gab er seiner Unzufriedenheit Ausdruck, sah jedoch ein, daß die Schwierigkeiten bei der Beschaffung von Ersatzteilen einen Teil der Schuld trügen. Er versprach, Abhilfe zu schaffen.

Am Ende jener schweren Zeit in Comiso machten wir eine vergleichende Gegenüberstellung der Einsatzzahlen und der Verluste unserer Gruppe und derjenigen einer Nachbargruppe für denselben Zeitraum. Es zeigte sich, daß wir weitaus besser abschnitten. Wir haben wesentlich mehr Einsätze geflogen und dabei verblüffend wenig Verluste erlitten im Vergleich zu unseren Nachbarn, die uns vom Fliegerkorps immer als vorbildlich vorgehalten wurden. Ich meine, die bessere »Stabsarbeit« haben Heinrich und ich geleistet.

31. Juli 1943

In Leck kam noch eine neue Aufgabe auf mich zu: Es geht um die Erprobung und Einführung einer neuen Angriffstaktik mit der Ju 88. Längst schon ist erkannt, daß der »klassische« steile Sturzangriff mit Sturzflugbremsen und steilem Hochziehen nach dem Abwurf nicht mehr durchführbar ist. Die Verluste stehen in keinem Verhältnis zu den möglichen Vorteilen im Hinblick auf die Treffgenauigkeit.
So sind wir schon lange dazu übergegangen, die Sturzflugbremsen als unnötigen Ballast auszubauen und dort, wo es sinnvoll erschien, den steilen Sturz durch einen flachen Gleitangriff mit hoher Geschwindigkeit zu ersetzen. Der Nachteil dabei war, daß es zu schlechten Treffergebnissen kam, weil die Flugzeugführer ihre Bomben mehr oder weniger »über den Daumen« auslösen mußten.
Das neue Verfahren bestand nun darin, daß das Ziel aus einem genau durchgeführten Gleitflug mit sehr hoher Geschwindigkeit und exakt eingehaltenen Flugbahndaten heraus angeflogen wurde. Die Bomben wurden in geringer Höhe ausgelöst. Den Auslösepunkt errechnete unsere neue Bombenzielautomatik (BZA).
Voraussetzung für gute Trefferlage war also, daß der Flugzeugführer den Gleitflug, der ja aus ziemlich großer Entfernung vom Ziel begann, auf wenige Grad genau ansetzte und dabei die Gleitgeschwindigkeit exakt einhielt. Wir arbeiteten ein umfangreiches Übungsprogramm aus, das jede Besatzung zu absolvieren hatte. Ich selbst mußte jede neue Maschine erst einmal »einstürzen«. Dazu legte ich mir eine Meßstrecke fest, welche ich im Gleitwinkel von 30 Grad durchflog. Das Flugzeug erreichte dabei eine Endgeschwindigkeit von 630 km/h.
Voraussetzung für eine gute Trefferlage der Bomben war, daß man in der Nähe des Zieles, wenn die Flughöhe nur noch wenige hundert Meter betrug, exakt diese Geschwindigkeit flog, daß der Gleitwinkel möglichst genau 30 Grad betrug, daß das Flugzeug beschleunigungsfrei in der Luft lag und daß der Windeinfluß entsprechend berücksichtigt war. Um möglichst wirklichkeitsnahe Werte zu erfliegen, ließ ich die Flugzeuge jeweils halb voll betanken und mit Übungs-

bomben im Gewicht von 1500 Kilogramm beladen. Während des ganzen Gleitfluges mußte das Flugzeug um alle drei Achsen so ausgetrimmt werden, daß auf den Steuerorganen an Händen und Füßen kein Steuerdruck zu spüren war. An den Trimmrädern wurde die jeweilige Endstellung mit einer roten Marke versehen. Der Flugzeugführer brauchte dann im Einsatz vor dem Angriff lediglich seine Trimmräder auf die roten Marken einzustellen, und das Flugzeug näherte sich dem Ziel bei Erreichen der Sollgeschwindigkeit von 630 km/h einwandfrei und ohne Beschleunigung. Wurde dann im letzten Teil des Anfluges die bewegliche Marke des Anflugrechners im Reflexvisier mit dem Ziel in Deckung gebracht, so war eine gute Trefferlage auf einem Punktziel sicher.

Die beste Technik und die beste Taktik ist allerdings einen Pfifferling wert, wenn eine Besatzung ein Flugzeug nicht einwandfrei beherrscht.

Deshalb nahm ich zu meinen Flügen immer den Flugzeugführer der jeweiligen Maschine mit. Dadurch ersparte ich mir zusätzliche Einweisungsflüge. Die Besatzungen konnten danach allein ihre vorgeschriebenen Übungsflüge durchführen. Die Ergebnisse auf dem Übungsplatz zeigten, daß unser neues Verfahren zwar ausgezeichnet funktionierte, daß aber viele der jungen Flugzeugführer doch nicht ausreichend gut damit zurechtkamen.

Auch hier erhebt sich wieder die Frage nach dem Sinn des Einsatzes ungenügend ausgebildeter Soldaten. Was nützen die schönsten Zahlen, wenn dahinter nicht gleichzeitig eine höchstmögliche Kampfkraft steht. Und wie sieht es mit der Verantwortlichkeit diesen jungen Menschen gegenüber aus, die ungleich höher gefährdet sind, wenn sie ihre Waffe nicht sicher beherrschen?

Leider ging auch diese Ausbildungsfliegerei nicht ohne ernste Unfälle ab. Den Schlimmsten davon mußte ich mit eigenen Augen ansehen: ein Unteroffizier von der 4. Staffel übte unseren neuen Dreißig-Grad-Gleitangriff auf ein angenommenes Ziel am jenseitigen Platzrand. Aus einem Fenster des Gefechtsstandes beobachtete ich die Übungen. Er kam offensichtlich einwandfrei und gleichmäßig auf der vorgeschriebenen Gleitbahn herunter. Er mußte genau 630 km/h Fahrt haben. Kurz nach dem Überflug des Zieles zog er hoch. Plötzlich brach das Flugzeug in der Luft auseinander. Eine Staub- und Dreckwolke kennzeichnete die Stelle am Boden, wo die Trümmer aufschlugen. Ich konnte mir keine Erklärung für die-

sen Unfall vorstellen. Noch nie habe ich gehört, daß eine Ju 88 in der Luft auseinandergebrochen ist. Ich selbst habe in unzähligen Fällen das Flugzeug bis weit über die zulässigen Grenzen beansprucht, ohne je das Gefühl zu haben, daß etwas passieren könnte. Natürlich waren die vier Besatzungsmitglieder beim Aufschlag sofort getötet worden.
Die Untersuchung der Überreste des Flugzeuges schien dann aber doch eine Erklärung zu geben: durch eine Überbeanspruchung beim Abfangen ist der rechte Flügel abgebrochen. Die gebrochenen Anschlußstellen zeigten deutlich, daß der Bruch die Folge einer übergroßen Torsionsbeanspruchung gewesen sein muß. Dazu war es gekommen, weil der junge Flugzeugführer in seiner Freude an der hohen Geschwindigkeit nicht, wie vorgeschrieben, flach und weich nach oben zog, sondern eine steile Schraube mit hartem Querruderausschlag in den Himmel ziehen wollte. Das brachte dem Flügel nicht nur eine hohe Biegebeanspruchung, sondern eine zusätzliche Drehbeanspruchung. Das Flugzeug mußte infolgedessen in der Luft auseinanderplatzen.
Und die Erklärung für dieses Fehlverhalten des Flugzeugführers? Wie sich erst später herausstellte, wußte er, daß seine Braut am Platzrand stand. Offenbar wollte er ihr zeigen, was für ein schneidiger Hund er war ...
Jetzt sind wir mit der Neuaufstellung der Gruppe fertig. Wir haben Vorbereitungen getroffen für eine bevorstehende Verlegung in den Einsatz. Was aus uns werden soll, wußte niemand. Nun kam der Befehl: Verlegung am 1. August 1943 nach Foggia san Nicola in Süditalien!
Es geht also wieder gegen die Engländer und gegen die Amerikaner! Warum nur gönnt man ausgerechnet uns nicht auch einmal die Russen? Immer setzt man uns dort ein, wo es am heißesten hergeht. Dabei sind wir längst nicht mehr das, was wir zu Anfang waren. Von diesem alten Glanz ist so gut wie nichts mehr übrig geblieben. Eine Statistik, welche ich gerade in Leck für den Kommodore erstellen mußte, zeigt, daß wir bis heute Gesamtverluste an Besatzungen in Höhe von fast achthundert Prozent hatten.

25. August 1943

Die Verlegung nach Foggia machten wir in zwei Etappen.
Zunächst flogen wir bis Memmingen, wo wir wegen Schlechtwetter

über den Alpen drei Wochen festlagen. Erst gestern konnte ich am frühen Morgen als Vorauskommando losfliegen. Die Gruppe folgte zwei Stunden später. Meine Aufgabe war es, inzwischen den Platz zu erkunden, die Liegeplätze für die Staffeln festzulegen und für die Landung der Staffel alles Notwendige vorzubereiten.

Als ich um 13.40 mit meiner Besatzung aus der neuen »Cäsar« ausstieg, überfiel uns brütende Hitze. Der Platz war wie ausgestorben, obwohl, wie ich wußte, eine komplette Bodenorganisation für uns vorhanden war. Ein Soldat kam mit einem schweren Motorrad quer über den Platz auf uns zu. Er meldete, daß er zur Werft gehöre und mir mit seiner Maschine zur Verfügung stehe. Zu dieser heißen Tageszeit sei hier am Platz nichts los. Es sei zu heiß, um sich im Freien aufzuhalten oder gar zu arbeiten.

Als dann zwei Stunden später die Staffeln eintrafen, hatte ich immerhin die Liegeplätze festgelegt und organisiert, daß die Besatzungen sofort nach der Landung auf ihre einzelnen Abstellplätze eingewiesen werden konnten.

Es kam darauf an, die Flugzeuge auf dem riesigen Gelände so weit als möglich auseinanderzuziehen, weil, wie man hörte, häufig amerikanische Lightnings zu Besuch kämen, welche im Tiefflug alles beschossen, was ihnen auf dem Boden verdächtig erschien.

Während die Besatzungen längst in ihre Unterkünfte, einem Zeltlager auf einem Hügel zwanzig Kilometer im Osten, gebracht waren, hielten mich meine Aufgaben als TO noch auf dem Platz fest. Ich mußte so schnell wie möglich meine Liste mit der Aufstellung der einsatzbereiten Flugzeuge erstellen. Diese wurde sofort an den »Fliegerführer Foggia«, Oberst Riedesel, durchgegeben. Riedesel befehligt eine kleine Streitmacht aus verschiedenen Kampfgruppen, welche im Raume Foggia stationiert sind. Der Auftrag bestand in der Bekämpfung der amerikanisch-englischen Landetruppen auf Sizilien und bei Salerno.

Es soll glücklicherweise nur nachts geflogen werden. Dies hat offenbar Riedesel durchgesetzt, der ein ganz bekannter alter Kämpfer ist. Es gab an diesem Nachmittag natürlich viel zu tun für mich. Mit meinem Motorrad raste ich ohne Pause über das weit ausgedehnte Steppengelände. Auf der Rückfahrt vom Bombenlager bemerkte ich plötzlich, wie rundherum kleine Staub- und Dreckfontänen aus dem Boden wuchsen. Heiner Mank, der Oberwerkmeister des Stabsschwarmes, der im Beiwagen saß, muß es gleichzeitig bemerkt haben. Er ließ sich in voller Fahrt seitlich herausfallen. Mir blieb ebenfalls keine Zeit mehr, zu bremsen. So sprang auch ich ab und lag flach im Gras. Gerade in diesem Augenblick brausten sie über mich weg. Neben mir hagelten leere Geschoßhülsen herunter: ein Schwarm von mindestens zwanzig Doppelrümpfigen hatte sich über den Platz hergemacht. In aller Ruhe stießen sie wieder und wieder auf den Platz herunter und deckten alles mit einem Feuerhagel ohnegleichen ein. Schon standen hier und da schwarze Rauchwolken gegen den glühenden Himmel. Ich selbst lag unweit einer Gruppe von Zelten, in welchen die Werft untergebracht war. Unglückseligerweise standen ausgerechnet dort fünf Ju 88 dicht nebeneinander. Es waren die Maschinen, die nach der Landung zur Behebung kleinerer Schäden zur Werft gebracht wurden. Ich war eben unterwegs gewesen, um dafür zu sorgen, daß nur jeweils eine einzige Maschine an der Werft abgestellt wurde. Die anderen sollten an ihre Liegeplätze weit draußen am Platzrand, um dann der Reihe nach abgerufen zu werden. Nun war es zu spät. Natürlich bildete die Werft mit ihren Zelten und den abgestellten Maschinen einen Anziehungspunkt besonderer Art für die angreifenden Lightnings. Ich konnte mich nicht von der Stelle rühren. Ohne Pause prasselten Geschosse rund herum in den Boden. Ich machte mich so flach, als es nur ging, drehte mich jeweils in die Richtung der angreifenden Flugzeuge und konnte dabei sehen, wie die Bordwaffen aufblitzten.

Endlich wachte auch die leichte Flak auf. Das half etwas. Die Lightnings flogen nun wesentlich vorsichtiger an und schossen schlechter und aus größerer Entfernung.

Einer zog mit schwarzer Rauchfahne steil in den Himmel. Er drehte sich einige Male um seine eigene Achse, brannte dann hell und stürzte wenige Kilometer westlich senkrecht ab. Ein Fallschirm war nicht zu sehen.

Dies war wohl das Signal für die anderen, abzudrehen. Oder aber sie hatten ihre Munition verschossen.

Wie lange hatte der ganze Spuk gedauert? Zehn Minuten, zwanzig Minuten? Niemand vermochte es zu sagen.

Als wieder Ruhe war, standen rundherum Rauchsäulen am Horizont.

Auf dem Werftplatz brannte eine Ju 88. Außerdem war dort ein Steppenbrand entstanden. Das bedeutete unmittelbare Gefahr für die übrigen Flugzeuge und für die Zelte und Kraftfahrzeuge. Der Uffz. Schmieder, Mechaniker der Kommandeursmaschine, war es, der noch während der wütenden Schießerei den sicheren Verlust von Flugzeugen und Gerät verhinderte. Er sprang in »seine« Maschine, ließ die Triebwerke an und rollte so gegen das nahende Feuer, daß er mit dem Propellerwind die Flammen ausblasen konnte. Während des ganzen Angriffes – jedermann suchte Schutz und Deckung – kämpfte er einen verzweifelten Kampf gegen das überall auflodernde Feuer. Ihm ist es zu verdanken, daß fünf nagelneue Flugzeuge erhalten blieben. Und dies alles angesichts pausenloser Angriffe gegen das auffälligste Ziel am ganzen Platz! Wie durch ein Wunder erhielt seine Maschine nur einige unbedeutende Treffer. Der unscheinbare, bescheidene Schmieder war für mich der Held des Tages. Noch in der gleichen Stunde habe ich ihn für das EK I vorgeschlagen. Stunden später erst war es möglich, das Ausmaß des Schadens zu übersehen.

Glücklicherweise gab es nur wenige leicht Verwundete und keine Gefallene.

Von den sechsunddreißig nagelneuen Ju 88 jedoch, die vor wenigen Stunden gelandet waren, blieben ganze zwölf übrig. Alle anderen waren total zerstört oder so schwer beschädigt, daß es lange dauern wird, sie wenigstens wieder flugfähig zu machen.

Nach meinem Motorrad haben wir stundenlang gesucht. Schließlich wurde es in einem Dornengebüsch weit jenseits des Platzes gefunden. Dort hatte es sich verfangen, nachdem es führerlos vier Kilometer weit durch das hohe Steppengras geholpert war. Es war ohne Beschädigung und konnte sofort wieder benutzt werden.

25. September 1943

Wir blieben genau vier Wochen in Foggia, dann verlegte die Gruppe am 22. September 1943 nach Norden. Nach Viterbo, einem Flugplatz nördlich von Rom.

Foggia mußte geräumt werden.

Es war für uns der erste Rückzug angesichts unmittelbarer gegnerischer Bedrohung durch heranrückende Bodentruppen. Unsere letzten Feindflüge flogen wir gegen Kasernen in Bari, in denen angeblich italienische Truppen untergebracht waren, welche sich auf die Seite des Gegners geschlagen hatten.

Nachtstart mit der Ju 88.

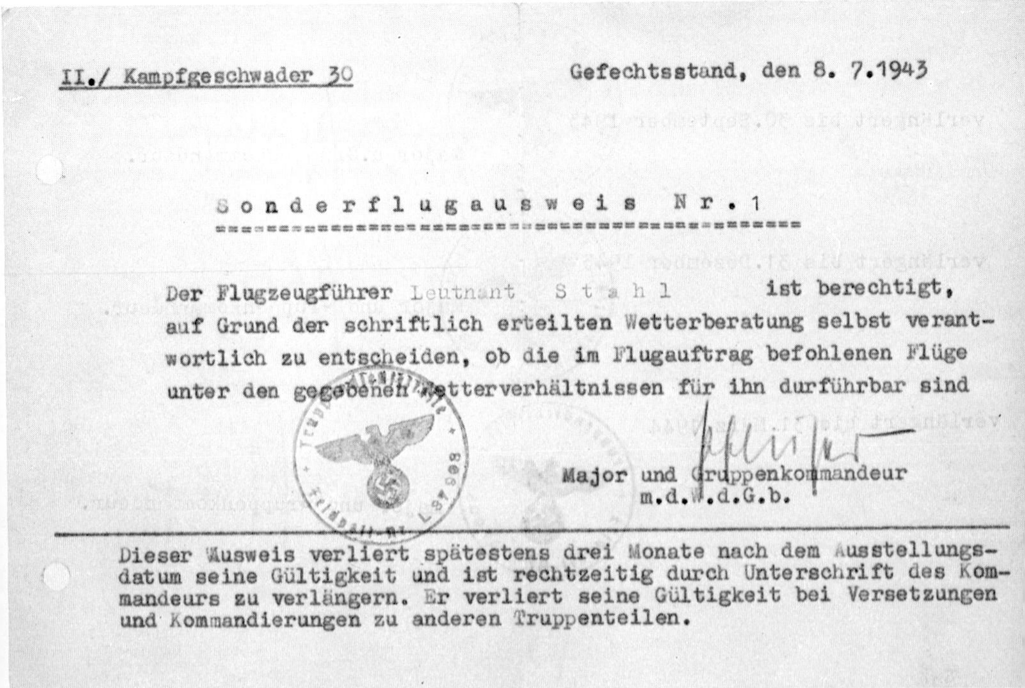

II./ Kampfgeschwader 30 Gefechtsstand, den 8. 7.1943

Sonderflugausweis Nr. 1

Der Flugzeugführer Leutnant Stahl ist berechtigt, auf Grund der schriftlich erteilten Wetterberatung selbst verantwortlich zu entscheiden, ob die im Flugauftrag befohlenen Flüge unter den gegebenen Wetterverhältnissen für ihn durführbar sind

Major und Gruppenkommandeur
m.d.W.d.G.b.

Dieser Ausweis verliert spätestens drei Monate nach dem Ausstellungsdatum seine Gültigkeit und ist rechtzeitig durch Unterschrift des Kommandeurs zu verlängern. Er verliert seine Gültigkeit bei Versetzungen und Kommandierungen zu anderen Truppenteilen.

Mein Freibrief.

Ju 88 A-4 im Museum.
Der Verfasser im Jahre 1968 bei einem unverhofften Wiedersehen in Dayton-Ohio (USA).

Der Befehl zur Verlegung kam ziemlich überraschend. Es blieb für die Gruppe keine Zeit, wertvolles Gerät mitzunehmen. Die vorhandenen einsatzklaren Flugzeuge und die Kraftfahrzeuge wurden bis zur Höchstgrenze vollgestopft, um wenigstens alle Soldaten und das allernotwendigste Gerät wegzuschaffen.
Ich selbst mußte auf ausdrücklichen Befehl Oberst Riedesels zurückbleiben und dafür sorgen, daß dem Gegner nichts in die Hände fiel, was noch irgendwie brauchbar war. Zu meiner Unterstützung bekam ich den Uffz. Adameck. Er hat einmal einen Lehrgang im Umgang mit Sprengmitteln mitgemacht und war der einzige »Fachmann« für so etwas in der ganzen Gruppe.
Für unsere eigene Flucht hatten wir einen schweren amerikanischen Lasalle. Diesen Wagen tarnten wir besonders sorgfältig gegen Fliegersicht. Ohne ihn war es aussichtslos, zu der Gruppe nach Norden durchzukommen. Dies nicht nur wegen der heranstürmenden Engländer und Amerikaner, sondern auch wegen der Italiener. Bis jetzt zeigten sie lediglich eine zunehmend ablehnende Trotzhaltung uns gegenüber. Mehr und mehr jedoch spürten wir Feindseligkeit und Haß.
Es war also recht ungemütlich, als wir beiden uns daran machten, überall auf dem ausgedehnten Gelände Brände anzulegen. Mit einem verbliebenen klapperigen Lastwagen karrten wir Benzinkanister und Handgranaten über den Platz.
Wir legten Feuer in Baracken, verbrannten Berge von Bekleidung und Ausrüstungsstücken aller Art.
Bald mußte ich einsehen, daß wir der Aufgabe, »alles zu zerstören« unmöglich gewachsen waren. Es zeigte sich auch, daß Adameck vom Handwerk eines Sprengmeisters ebensowenig verstand wie ich. Zum ersten Male hatten wir scharfe Handgranaten zur Verfügung. Wir mußten erst lernen, diese Dinger zu handhaben. Wer noch nicht versucht hat, einen schweren Lastwagen mit einer Kiste Handgranaten in die Luft zu sprengen, kann nicht mitreden. Ganz zu schweigen vom Sprengen eines kilometergroßen Bomben- und Munitionslagers!
Als alle Versuche, die Bombenstapel zu sprengen, ergebnislos verliefen, gingen wir schließlich in unserer Unerfahrenheit so leichtsinnig zu Werke, daß wir nur durch viel Glück mit dem Leben davongekommen sind.
Bekanntlich sind unsere deutschen Bomben aller Kaliber »beschuß-

fest«. Das heißt, sie können nur detonieren, wenn sie durch ihre Zünder über ein verzweigtes System von inneren Zündleitungen gezündet werden. Ohne eingebaute und elektrisch geschärfte Zünder haben also ein paar armselige Handgranaten überhaupt keine Wirkung auf die Kolosse mit fünfhundert, tausend und tausendvierhundert Kilogramm. Schon wollten wir aufgeben und uns über »leichtere Objekte« hermachen. Da erinnerte ich mich, daß die italienischen Rundlauftorpedos, von denen ebenfalls große Stapel vorhanden waren, auch bei bloßem Beschuß detonierten. Bei einem Einsatz gegen den Hafen von Tripolis, wo wir diese Dinger aus geringer Höhe und mit geringer Geschwindigkeit in das Wasser werfen mußten, kehrten von den gestarteten 22 Ju 88 ganze vier zurück. Wir führten diese Verluste nicht zuletzt darauf zurück, daß die Flugzeuge in der Luft in Stücke gerissen wurden, wenn ein Schuß der leichten Flak einen der Torpedos traf, von denen wir drei Stück unter dem Rumpf hängen hatten.
Mit Adameck brachte ich nun in einiger Entfernung eine Zweizentimeter-Bordkanone »in Stellung«. Das heißt, wir legten sie auf den Boden. Unter den Lauf schoben wir einen Holzklotz. Dann setzten wir die erste Trommel mit sechzig Schuß auf. Adameck stellte sich mit dem Fuß auf den Lauf der Kanone, um zu verhindern, daß sie beim Schießen wegsprang. Dann legte ich mich ins Gras, zielte »über den Daumen« und drückte ab. Es ging! Die Leuchtspurgeschosse trafen auf Bomben, Gebäude und Eisenbahnwaggons. Sie prallten ab und schwirrten als Querschläger durch die Luft. Aber keine einzige Bombe ging hoch. Beim Nachsehen stellten wir fest, daß wir keinen einzigen italienischen Lufttorpedo, sondern nur deutsche Bomben getroffen hatten. Also versuchten wir es mit einer zweiten Trommel!
Diesmal trafen wir! Gleich nach dem ersten Feuerstoß ging drüben eine Dreckfontäne hoch. Es gab einen fürchterlichen Knall. Der Luftdruck riß uns zu Boden. Dann regnete es Steine und Metallsplitter. Aber das war noch gar nichts. Eine Kette von schwersten Explosionen folgte. Wir konnten uns nicht von der Stelle rühren, weil die Splitter der hochgehenden schweren Munition durch die Luft schwirrten. Immer, wenn wir glaubten, das Inferno hundert Meter vor unserer flachen Bodenmulde würde sich beruhigen, setzte es mit erneuter noch größerer Wucht wieder ein. Wir sahen schwere Tausendkilobomben durch die Luft wirbeln. Die Luft schien nur

noch aus Dreck, Staub und Feuer zu bestehen. Ganz langsam krochen wir Meter um Meter rückwärts. Der Boden war eben, wie ein Brett. Endlich erreichten wir eine Furche, die tief genug war, um wenigstens den Körper hineindrücken zu können. In ihr konnten wir weiterkriechen, so daß wir allmählich aus der unmittelbaren Nähe des Schauplatzes herauskamen. Immer noch schlugen zwar Eisentrümmer, halbe Bomben und Steine rund um uns herum ein. Aber wir konnten aufatmen und uns springenderweise in den kurzen Pausen zwischen jedem erneuten Anschwellen der Explosionen davonmachen. Zitternd und bleich fanden wir schließlich notdürftigen Schutz unter einem stehengebliebenen alten Lastwagen. Fast zwei Stunden dauerte es, bis da vorne Ruhe eintrat. Es war ein Brand entstanden, der langsam verlöschte. So, Adameck, nun aber Schluß! Ich habe die Schnauze voll! Wie hatte Riedesel gesagt? »Sie haften mir dafür, daß nichts mehr ganz ist, wenn Sie als letzter den Platz verlassen!« – »Jawoll, Herr Oberst, Befehl ausgeführt!« Nie wieder!

Nun kümmerten wir uns um unseren Lassalle und darum, so schnell wie möglich wegzukommen.

Vorher jedoch wagten wir uns mit aller Vorsicht noch mal an das vernichtete Bombenlager. Es bot sich uns ein Bild der Verwüstung. Ein mehrere hundert Meter langer Graben war entstanden, so tief, daß ein Einfamilienhaus darin hätte verschwinden können. Im weiten Umkreis lagen Trümmer und nicht detonierte Bomben jeder Größe verstreut. Wir suchten den Platz, an dem wir uns zunächst in Todesangst auf den Boden gedrückt hatten. Er war nicht wieder zu finden. Nur die Kanone konnten wir als verbogenes Etwas finden.

In der Abenddämmerung fuhren wir ab. Der große Wagen vollgestopft mit unseren persönlichen Dingen, mit Verpflegung, mit Waffen und mit Munition. Sogar eine kleine Kiste mit Handgranaten haben wir eingeladen. Italien, besonders gewisse Landstriche, sind für deutsche Soldaten unsicher geworden.

Wir fuhren in die Richtung auf die Ostküste.

Unterwegs besuchten wir noch das Grab von Oblt. Gotthold Dohne und seiner Besatzung. Gotthold ist beim Start zu einem Nachteinsatz gegen Salerno unmittelbar hinter der Platzgrenze abgestürzt. Die Gräber liegen auf dem Friedhof des kleinen Städtchens San Severo nördlich von Foggia. Als wir vor dem Friedhof anhielten,

sammelte sich schnell eine Menschenmenge, die offen Feindschaft und Haß erkennen ließ. Es war eine heikle Situation.
Wir hantierten demonstrativ mit unseren Maschinenpistolen. Ich wies Adameck an, beim Wagen zu bleiben, während ich selbst schwerbewaffnet auf den Friedhof ging.
An den Gräbern war jedoch alles in Ordnung. Im Gegenteil, ich hatte den Eindruck, daß liebevolle Hände am Werk waren, die Blumen gepflanzt und die Gräber gepflegt hatten, als wären es Söhne der eigenen Stadt, die hier liegen.
Wir fahren weiter. Es ist bereits dunkel, als wir bergab durch Weinberge auf die Adriaküste zurollen. Bei Termoli erreichen wir den Strand. Der Mond hebt sich im Osten aus dem Wasser. Wir fahren noch einige Kilometer in nördlicher Richtung an der Küste entlang. Dann steuere ich den Lasalle von der Straße herunter auf den hellen Sand, und wir kriechen in unsere Schlafsäcke.
Am Morgen fahren wir zunächst der Küste entlang bis Pescara. Dort verlassen wir die Küstenstraße und überqueren in westlicher Richtung die Abruzzen. Unser Ziel ist Viterbo, nördlich von Rom.
Die Straße durch das wilde Gebirge ist sehr gut ausgebaut. Wir genießen den herrlichen Spätsommertag, auch wenn Begegnungen mit der einheimischen Bevölkerung von Mal zu Mal unheimlicher werden. Wir wechseln uns am Lenkrad ab. Die Maschinenpistolen und scharfen Handgranaten liegen für alle Fälle griffbereit. Auf der ganzen Strecke begegnet uns kein einziges deutsches Fahrzeug. Das Land ist wie ausgestorben. Wir haben den Eindruck, als ob wir von Dorf zu Dorf weitergemeldet würden. In den wilden Gebirgsnestern wimmelt es von finsteren Gestalten. Sie machen uns auf den Straßen nur unwillig Platz.
Wir fahren am Monte Gran Sasso vorbei, wo vor kurzem noch Mussolini eingesperrt war.
Wovon mögen die Menschen bloß leben in dieser ausgedörrten Landschaft? Man sieht nur Felsen und kümmerliches braunes Gras.
Am westlichen Gebirgsabhang wechselt das Bild schlagartig. Die Straße schlängelt sich in engen Serpentinen durch herrliche Wälder in ein schluchtartiges Tal hinab. Wir atmen auf.
In Viterbo, wo der Flugplatz durch Bomben verwüstet ist, haben wir einige Mühe, die Unterkünfte der Gruppe zu finden.
Der Kommandeur, Major »Ernesto« Pflüger, ist froh, als ich mich bei ihm melde. Er eröffnet mir die neueste Lage.

Die Gruppe soll entgegen dem zunächst gegebenen Befehl nicht von hier aus eingesetzt werden, weil der Platz infolge der ständigen amerikanischen Luftangriffe unbrauchbar geworden ist. Jeder Versuch, ihn auch nur notdürftig instand zu setzen, wurde mit neuen Bomben beantwortet.
Die Gruppe soll deshalb sofort weiter nach Norden verlegen. Nach Villafranca bei Verona.

28. September 1943

Wieder fällt mir die Aufgabe zu, die technische Vorbereitung und Abwicklung einer Flucht vor dem überlegenen Gegner durchzuführen.
Im Verlaufe von zwei Wochen gelingt es, die verbliebenen wenigen Flugzeuge einzeln auf die Reise zu schicken.
Wieder verbleibe ich als letzter auf dem Platz, mit der Aufgabe, zu retten, was noch zu retten ist. Ein gutes Dutzend mehr oder weniger beschädigter Ju 88 stehen sorgfältig getarnt im weiten Umkreis um den Platzrand. Mit einigen wenigen Technikern arbeite ich Tag und Nacht, diese Maschinen wenigstens so weit zurechtzubasteln, daß sie fliegen können. Ersatzteile suchen und finden wir bei den zahlreichen Wracks, welche so schwer beschädigt sind, daß es unter den gegebenen Umständen unmöglich ist, sie wieder flugfähig zu machen. Ich komme mir vor wie ein Leichenfledderer. Überhaupt liegt über dem ganzen, ehemals schönen Flugplatz eine Stimmung wie auf einem Friedhof.
Der Platz ist tot, das Rollfeld nur noch eine Kraterlandschaft. Um die wenigen Starts der abfliegenden Maschinen durchführen zu können, stecken wir eine Bahn aus, die sich gleich einem Schlängelpfad an Bombentrichtern vorbei quer über das Rollfeld zieht. So wird jeder Start zu einem Risiko.
Bei meinen Streifzügen, die ich auf der Suche nach brauchbaren Dingen durch die kilometerweite Kraterwüste unternehme, entdecke ich ein kleines zweisitziges Sportflugzeug. Das winzige Ding hängt schräg am Abhang einer Mulde, der Sicht entzogen.
Ich nehme an, daß es absichtlich versteckt wurde von jemand, der hoffte, es nach unserem Abzug sich aneignen zu können.
Zusammen mit Adameck ziehe ich den kleinen Holzvogel aus seinem Versteck heraus. Der Lasalle leistet Vorspanndienste.

Es stellt sich heraus, daß das Flugzeug, mit Ausnahme einiger unbedeutender Löcher in der Bespannung, offenbar flugklar ist.
Das Motorchen springt brav an. Ich setze mich in den offenen Sitz und unternehme einige vorsichtige Rollversuche. Dann gebe ich Vollgas und fliege los.
Alles ist in Ordnung. Sofort fühle ich mich wohl in dem kleinen ungewohnten Gehäuse.
Keine Frage, dieses Flugzeug gehörte ab sofort mir.
Nach Abwicklung der letzten Arbeiten schicke ich also Adameck allein mit dem Lasalle auf die weitere Reise nach Norden. Zu seiner Sicherheit gebe ich ihm zwei Soldaten mit, deren Reiseziel ebenfalls nördlich des Appennin liegt.
Ich selbst mache mich mit meinem winzigen Vögelchen, von dem ich nicht einmal die Typenbezeichnung kenne, auf den Weg. Erst bei der Zwischenlandung in Florenz erfahre ich dann von Italienern Näheres über meine Neuerwerbung: Treibstoffart, Schmierstoffart, Reichweite und eben alle jene Dinge, welche zu wissen auch beim kleinsten Flugzeug Voraussetzung sind. Über das Gebirge komme ich nur unter Ausnutzung thermischer Aufwinde hinweg. Via Bologna, wo ich noch einmal tanken muß, erreiche ich dann am Abend des 25. September 1943 unseren neuen Flugplatz Villafranca. Das war vor drei Tagen. Und noch einmal beginnt das alte Spiel, die Gruppe einsatzfähig zu machen. Neue Besatzungen und Flugzeuge werden tröpfchenweise zugeführt. Der Geschwaderstab hat sich in Sirmione am Gardasee einquartiert, während die erste Gruppe auf dem Flugplatz Ghedi liegt.

22. Oktober 1943

Im Laufe der Wochen gelingt es noch einmal, die beiden Gruppen halbwegs einsatzfähig zu machen. An Einsatzzielen fehlt es wirklich nicht. Der Gegner ist inzwischen im Süden weiter im Vormarsch. Um das Kloster auf dem Monte Cassino ist eine wütende Schlacht entbrannt. Unsere Fallschirmjäger führen dort einen Verteidigungskampf ohnegleichen.
Dem Gegner ist eine neue Landung bei Anzio-Nettuno, südwestlich von Rom, gelungen. Dort ist ein Brückenkopf entstanden, den wir bekämpfen sollen. Einsätze werden am Tage und in der Nacht geflogen. Es gibt empfindliche Verluste.

Ltn. Wolff und Obltn. Vögele mit ihren Besatzungen hat es erwischt, und viele andere.

20. Dezember 1943

Knappe drei Monate, bis zum 14. Dezember 1943, dauert unser Einsatz von Villafranca und verschiedenen anderen Flugplätzen in der Po-Ebene aus, dann verlegen wir zurück nach Deutschland. Wieder sind wir am Ende. In Italien mußten wir eine ständige Alarmbereitschaft halten, um wenigstens unsere Flugzeuge vor den ständig drohenden Luftangriffen der Amerikaner in Sicherheit bringen zu können.
Die Besatzungen hielten sich den ganzen Tag über bei ihren startbereiten Flugzeugen auf.
Wenn dann ein gegnerischer Luftangriff drohte, mußte Alarmstart befohlen werden. Einzeln suchte jedes Flugzeug Schutz und Dekkung in den Alpentälern.
Zu einem planmäßigen und damit erfolgversprechenden Einsatz gegen den von Süden vorrückenden Gegner konnte es unter diesen Umständen natürlich nicht mehr kommen.
Die Verlegung nach Varel bei Oldenburg trägt alle Merkmale einer Flucht. Einzeln werden die Flugzeuge über die Alpen geschickt, so, wie sie gerade notdürftig flugklar gemacht werden können.
Der Bahntransport des technischen Geräts und der Einheiten des technischen Dienstes ist nur mit größten Anstrengungen und unter Anwendung aller erdenklichen Tricks, bis zur massiven Bestechung einflußreicher Eisenbahnbeamter zu realisieren. Die Kraftfahrzeugkolonnen, die im Landmarsch verlegen, müssen mit Flugbenzin betankt und bevorratet werden, wenn sie nicht einfach aus Mangel an Treibstoff aufgegeben werden sollen.
Und wieder verlasse ich als letzter den Platz, um mit meiner »Cäsar« die Alpen in Richtung Norden zu überqueren. Es ist ein trüber Tag, dieser 14. Dezember 1943.
Ich muß mehrere Wolkenschichten durchklettern, ehe endlich in großer Höhe der blaue Himmel und die Sonne über uns ist. Stunde um Stunde vergeht. Die Kompaßnadeln zeigen in nördliche Richtung. Theo unterbricht das Schweigen in der Kanzel: »Das waren noch Zeiten, als der TO als erster des Verbandes zu einer Verlegung startete . . .!«

»Jetzt sind wir jedesmal die letzten.«
»Und eine Hälfte lassen wir jedesmal zurück, ganz ohne Brimborium, Horst-Wessel-Lied und Beerdigungsfeierlichkeiten«, meint Hans nachdenklich. Mir kommt ein Bild in den Sinn, welches napoleonische Soldaten zeigt, die sich verwundet und halberfroren durch die winterliche russische Steppe schleppen: Übriggebliebene der großen Armee. Die Unterschrift: »Mit Mann und Roß und Wagen hat sie der Herr geschlagen!«
Als Major »Ernesto« Pflüger in Varel meine Landemeldung entgegennimmt, schiebt er mir anstelle einer Antwort ein Glas Schnaps über seinen Schreibtisch und sagt nur: »Na, dann Prost!«
Über unseren weiteren Einsatz ist noch nichts bekannt. Wir sollen hier so schnell wie möglich wieder »aufgefrischt« werden. Urlaub gibt es nicht, auch nicht Weihnachtsurlaub. Zuständig für Ersatzbeschaffung an Flugzeugen und technischem Gerät ist das Luftgaukommando Hamburg. »Ich kann Ihnen aber gleich sagen«, erklärt Ernesto, »daß die nichts haben, nichts können und auch nichts wissen!«
»Na, dann noch mal Prost!«
Wir gammeln herum. Ich fliege soweit es die »Luftlage« zuläßt, unsere nach und nach instandgesetzten Flugzeuge ein. Im Funkverkehr ist inzwischen ein neues Signal eingeführt worden: »MYO«. Es bedeutete, »Achtung, Feind-Flugzeuge in Ihrer Nähe in der Luft«!
Bei »MYO« gibt es nur eine einzige Reaktion: So schnell wie möglich auf dem nächstbesten Flugplatz landen!
Die feindlichen Jäger treiben sich neuerdings nämlich einzeln und in Rotten auch im Tiefflug über den nordwestlichen Teilen des Reichsgebietes herum und können sich eine »freie Jagd« leisten gegen alles, was ihnen lohnend erscheint.

12. März 1944

Einmal Rundreise von Varel nach Varel: Mitte Januar 1944 wurde es zur Gewißheit, daß wir wieder nach Italien in den Einsatz sollten.
Am 23. Januar starteten wir mit dürftigen zwölf Ju 88 zum Fluge nach Istres in Südfrankreich. Dort sollten wir durch Besatzungen und Flugzeuge einiger anderer Geschwader zu einer einsatzfähigen Kampfgruppe zusammengestellt werden. Die Führung sollte Major

Pflüger übernehmen. Die Aufgaben des TO und Ausbildungsleiters wurden mir übertragen. Wegen schlechtem Wetter über den Alpen und dem Rhonetal mußten wir weit nach Westen ausbiegen und erreichten Istres erst am 24. Januar, nachdem wir eine Nacht in Tours verbracht hatten.

In Istres landeten wir bei einem Mistral mit Spitzenböen bis zu 140 km/h. Ich war heilfroh, als alle meine Schäfchen glücklich am Boden waren und sicher verankert am Platzrand standen.

Die zusätzliche Streitmacht von ganzen fünf Ju 88 traf einige Tage später ein.

Am 1. Februar verlegten wir nach Bergamo in Oberitalien, unserem zugewiesenen Einsatzflugplatz.

Hier verbrachten wir fünf Wochen bis zu unserer Rückverlegung am 6. März 1944 nach Varel.

Während dieser fünf Wochen flogen wir Einsätze gegen den amerikanischen Brückenkopf bei Anzio/Nettuno, der sich inzwischen kaum erweitert hat. Auch Schiffe im Tyrrhenischen Meer waren Ziele gelegentlicher Dämmerungsangriffe. Obwohl unsere wenigen Besatzungen ihr Bestes gaben und obwohl unsere Angriffe gegen Bodenziele im Brückenkopf offensichtlich mit dazu beitrugen, daß der Gegner nur sehr langsam Boden gewann, blieb das alles recht unbefriedigend. Durch Ausfälle an Flugzeugen und Besatzungen schrumpfte unsere kleine Gruppe schnell. Ersatz gab es keinen. Wir waren, gemessen an den Erfordernissen, gerade noch in der Lage, kaum spürbare Nadelstiche auszuteilen. Tagsüber wiederholte sich das deprimierende Spiel der Flucht in die Gebirgstäler vor angreifenden Gegnern. Dabei verloren wir zwei Besatzungen, die in ihrer Unerfahrenheit gegen die Felsen donnerten.

Am Tag nach unserer Rückkehr nach Varel haben wir meinen Geburtstag gefeiert.

Ich bin also jetzt 31 Jahre alt geworden.

GÖTTERDÄMMERUNG

28. September 1944

Ich habe lange nichts mehr aufgeschrieben. Die Lust ist mir vergangen. Aber jetzt ist etwas passiert, und das habe ich noch nicht ganz verdaut.
Es stimmt, die Kampffliegerei ist am Kreuzweg angekommen. An allen Fronten sind die Verbände nach und nach an den Boden gefesselt worden, soweit man sie nicht einfach Zug um Zug aufgelöst hat.
Es gibt als Folge der englisch-amerikanischen Luftangriffe auf das Reichsgebiet keinen Treibstoff mehr für Flugzeuge, welche nicht zur Reichsverteidigung eingesetzt sind.
Auch der Nachschub an Flugzeugen und Ersatzteilen ist völlig zum Stillstand gekommen.
Allenthalben in der Luftwaffe wird Personal herausgezogen und in die kämpfenden Verbände des Heeres eingegliedert.
Erfahrene, hochdekorierte Flugzeugbesatzungen sehen sich über Nacht in einer fremden Welt: als Infanteristen an der Ostfront.
Unser Geschwader war von der Auflösungsaktion nicht betroffen. Wir sollten alle drei Gruppen im Gegenteil wieder auffüllen und einsatzbereit halten. Angeblich waren wir dazu ausersehen, im Falle einer Invasion an der Kanalfront eingesetzt zu werden. Ich wurde am 1. April 1944 zur IV. Gruppe KG 30 nach Aalborg in Jütland versetzt und übernahm dort die Führung der 11. Staffel und wurde bald danach zu deren Kapitän ernannt.
Wir machten normale Ausbildung: Verbandsflug, Übungsbomben werfen, Nachtflug, Überlandflug, Schlechtwetterflug.
Eine weitere Versetzung nach Gardelegen machte mich dort zum Ausbildungsleiter für Nachtflug auf langen Strecken. So vergingen die letzten sieben Monate, ohne daß sich für unser Geschwader etwas Kriegerisches abgezeichnet hätte.
Dann, Anfang Oktober, kam über Nacht und völlig überraschend ein rätselhafter Befehl: der Kommodore, Oberstleutnant von Gra-

fenreuth, alle vier Gruppen-Kommandeure und alle Staffelkapitäne des Geschwaders wurden nach Rosenborn in Schlesien kommandiert. Zur Ausbildung als Jagdflieger!

Der Befehl schlug wie eine Bombe ein.

Hatten schon die vorhandenen Jagdfliegerverbände nicht genügend Sprit, um ihre Maschinen gegen die ständig wachsenden amerikanischen Bomberströme in die Luft zu bringen, was um Himmels willen sollten dann wir, die wir von der Jägerei keinen Schimmer hatten, mit einer Jägerausbildung anfangen?

In Rosenborn trafen wir Offiziere von zwei andern Kampfgeschwadern, denen dieselbe Aufgabe wie uns zugedacht war.

Die Begrüßung durch den Kommandeur der Jagdfliegerschule war mehr als zurückhaltend. Auch er schien nicht so richtig zu wissen, warum wir ihm auf den Hals geschickt wurden. Die Typenschulung dauerte nicht lange. Es bereitete uns als Piloten von »Dickbombern« keinerlei Schwierigkeiten, mit der Me 109 und der Fw 190 fertig zu werden. Im Gegenteil, die Fliegerei mit diesen beiden herrlichen Flugzeugen wäre ein reines Vergnügen gewesen, wenn wir uns nicht sehr schnell darüber klar geworden wären, daß zu einem erfolgreichen Jagdflieger weniger fliegerische Kunst als vielmehr taktische Erfahrung und hervorragende Beherrschung des Schießens mit Vorhaltemaß gehören. Dazu aber bedarf es langer Übung und vor allem großer Kampferfahrung. Beides hatten wir nicht.

Um Kampferfahrung in Angriffen auf die zahlenmäßig und technisch weit überlegenen amerikanischen Bomber und Begleitjäger zu erwerben, würden wir nicht lange genug leben.

Dies sagte auch Oberst Trautloft, der uns eines Tages besuchte. Und Trautloft mußte es bei Gott wissen!

Gegen Ende unserer »Ausbildung« wurden wir plötzlich nach Berlin befohlen, wo uns der Reichsmarschall persönlich sehen wollte und wo wir außerdem zu einem Besuch bei Goebbels eingeladen waren.

Was wir dann dort erlebten, beleuchtete die Hintergründe in diesem mehr als merkwürdigen Spiel:

Die Jagdflieger sind bei Hermann Göring in Verschiß geraten. Und nun sollen wir das vollbringen, wozu jene nicht in der Lage sind, nämlich zu verhindern, daß Engländer und Amerikaner nach Belieben verheerende Angriffe gegen Ziele im Reichsgebiet fliegen können.

Wir waren dreißig an der Zahl, kampferprobte Kampfflieger-Staffelkapitäne, -Kommandeure und -Kommodore.
Am Morgen nach unserer Ankunft in Berlin versammelten wir uns mit einer Vielzahl von hohen Offizieren in der Reichsluftschutzschule in Wannsee.
Hermann Görung sollte zu uns sprechen.
Wenn ich von uns dreißig armen Würstchen absehe, so muß ich sagen, es war die glanzvollste Versammlung, welche ich in meinem bisherigen militärischen Leben gesehen habe.
Noch nie habe ich so viele Generale auf einem Haufen gesehen. Die wenigsten kannten wir. Von kaum einem wußten wir, was für eine Funktion er hatte. Außerdem gab es jede Menge himbeerbehoster Generalstäbler, vorwiegend Oberste, auch einige Oberstleutnante und Majore.
Der militärischen Gepflogenheit entsprechend und entsprechend unseren Dienstgraden und unserem Status als Nichtgeneralstäbler saßen wir in den hintersten Reihen des großen Saales.
Wir kamen uns vor wie Zaungäste einer glanzvollen Schau, denen man, aus welchen Gründen auch immer, eine Freikarte geschenkt hatte. Genauso wurden wir auch von den anwesenden Herren behandelt und angesehen.
Eine weitere Gruppe von Außenseitern fiel uns auf: Galland und einige bekannte Jägerasse, welche sich in einer Ecke von dem ganzen Haufen lässiger Eleganz und wichtigtuerischen Gehabes abgesondert hatten. Auf den Ruf: »Der Reichsmarschall kommt!« wurden eiligst die Plätze eingenommen. Wie gesagt, streng nach der Rangordnung.
Der »Dicke« stampfte gewichtig durch den Mittelgang des kinoartigen Saales auf die Bühne zu.
Ihm folgte der unvermeidliche Schwarm seiner engeren Umgebung.
Er war in eine taubenblaue Uniform gekleidet und trug dazu hellbraune Stiefel aus weichem Leder.
Der ganze Auftritt war denn auch »wie im Kino«. Auf der Bühne angekommen, knallte der Oberbefehlshaber der Luftwaffe und Reichsmarschall Hermann Göring seinen Marschallstab und seine goldverzierte Mütze auf den dort stehenden Tisch.
Eine Weile fixierte er scharf die anwesenden Offiziere, wie um sich zu orientieren, ob auch alle vollzählig da seien.
Dann brüllte er die Worte heraus:
»Ihr habt versagt! Ihr seid Feiglinge! Euere Schuld ist es, daß

der Feind im Luftraum unserer Heimat schalten und walten kann, wie es ihm paßt!«

So ging es über eine Stunde lang. Immer mit »Ihr« und »Euch«.

Er unterstrich seine Beschimpfungen mit theatralischen Gesten, indem er mit ausgestrecktem Arm über die Versammlung zeigte. Einige Male nahm er seinen vergoldeten Marschallstab zu Hilfe und knallte ihn im Rhythmus seiner Worte auf die Tischplatte.

Immer noch schien kein Mensch zu wissen, worauf der Oberbefehlshaber eigentlich hinauswollte.

Nur um uns zu beschimpfen, konnte er uns ja wohl doch nicht zusammenbefohlen haben.

Immer wieder mußte ich auf die Gesichter von Galland und Nowotny sehen, die schräg vor uns saßen.

Was mußten diese hervorragenden Soldaten und einmalig erfolgreichen Jagdflieger angesichts solcher Tiraden und persönlicher Beschimpfungen und Beleidigungen empfinden?

Die übrige Versammlung schien mit den Ausführungen des Reichsmarschalls offenbar eher einverstanden.

»Und nun werde ich euch sagen, warum ihr heute hier seid! Ich werde darauf verzichten, Zahlen und Einzelheiten zu nennen, denn überall sitzen ja Verräter und Lumpen dazwischen.«

Wieder die theatralische Geste mit dem ausgestreckten Arm. »Ihr dreißig da hinten!« Er machte eine Pause, damit sich die Versammlung nach uns umsehen konnte.

»Ihr werdet es sein, auf welche das Deutsche Volk demnächst schauen wird! Ihr seid dazu ausersehen, den Himmel über Deutschland wieder rein zu fegen!

Wenn ihr nach Hause kommen werdet zu euren Staffeln, werdet ihr dort Waffen vorfinden, wie sie die Welt noch nie gesehen hat! Waffen, die euch in die Lage versetzen werden, jeden Gegner zu vernichten!

Ich habe ganz bewußt euch für diese ehrenvolle Aufgabe ausgewählt und nicht irgendwelche Jagdflieger. Diese haben mir seit langer Zeit nur noch Beweise von Feigheit geliefert. Die sind weich geworden, die Schlappschwänze!

Kommt mir dann aber ja nicht an mit Abschußzahlen von täglich hundertfünfzig oder so! Das will ich gar nicht erst hören! Es muß sein wie ein Gewitter!

Und noch etwas: das Wort vom ›Verreisen nach unten‹, das besser als alles die Laurigkeit eurer Kameraden von der Jagdfliegerei kennzeichnet, kommt mir niemals mehr vor die Ohren!«

Wir als die unmittelbar Angesprochenen, und plötzlich nicht mehr Galeriebesucher mit Freiplätzen, fühlten wohl alle einen kalten Schauer über unseren Rücken gehen.

Wir waren beschämt, Leuten wie Galland und seinen Kameraden gegenüber.

Wir wußten, daß hier ein ungeheuerlicher Fehler begangen wurde. Wenn schon eine »Waffe«, das heißt also ein Flugzeug, mit nie dagewesenen Eigenschaften für den Jägereinsatz zur Verfügung stand, so konnte dieses nur durch kampferfahrene Jagdflieger geflogen werden und nicht durch Anfänger in dieser Sparte. Auch wenn wir als Kämpfer alte Hasen waren, auch wenn wir bei unseren Einsätzen an allen Fronten, bei Tag und Nacht und bei jedem Wetter, den Gegner kennen und überlisten gelernt hatten, so waren wir als Jäger doch nichts als blutige Anfänger.

Es war kein Gefühl der Genugtuung, eher eine große Beklemmung, die uns beschlich.

»Wenn ihr noch Fragen habt, so wartet damit. Ihr bekommt sie noch rechtzeitig genug beantwortet! Im Namen des Führers und im Namen des ganzen Deutschen Volkes beglückwünsche ich Euch zu eurer Aufgabe und wünsche euch Hals- und Beinbruch!«

Alles erhob sich von den Plätzen, während Göring sich die Mütze auf den massigen Schädel knallte, seinen Marschallstab ergriff und schwer wie ein Elefant durch den Gang nach hinten stampfte.

Sein Schwarm folgte ihm mit wichtigen Gesichtern.

Unseren Dienstgraden und unserer Stellung entsprechend mußten wir auch jetzt wieder warten, bis alle Generale, Obersten und Himbeerbehosten den Saal verlassen hatten. Wir wurden kaum eines Blickes gewürdigt. Jedermann hatte offenbar genug mit sich selbst zu tun. Ganz gleich, was es im einzelnen auch sein mochte.

Lediglich Galland und Nowotny, die bleich und übernächtig aussahen, grüßten im Vorbeigehen ernst zu uns herüber.

Am andern Tag waren wir bei Goebbels im Propogandaministerium in der Wilhelmstraße eingeladen. Auch hier dasselbe Bild, wie wir es in Stabsunterkünften immer erlebt haben: Glänzende Uniformen, wichtigtuerisches Gehabe.

Mit herablassender Geste führte uns ein Uniformierter in einen großen Saal. Wir kamen uns deplaziert und linkisch vor angesichts

von so viel Glanz, großartiger Repräsentation und flüsternder Geschäftigkeit.
Lange mußten wir warten.
Geflüsterte Schnoddrigkeiten kamen auf und lösten immer wieder verhaltenes Gelächter aus.
Die großen Flügeltüren wurden aufgerissen. Der Minister erschien. Klein und eher unscheinbar.
Sein ausgesucht eleganter Zivilanzug veranlaßte meinen Hintermann zu der geflüsterten Bemerkung, daß dessen Schneider wohl ganz schön teuer sein müsse.
Im langsamen Vorbeigehen, wobei er seinen verkrüppelten Fuß etwas nachzog, musterte Goebbels jeden einzelnen von uns mit durchdringendem Blick.
Dann stellte er sich wie ein Schauspieler neben den großen Flügel, der mitten im Raum stand. Er stützte eine Hand auf und begann: »Meine Herren, ich freue mich und es ist mir eine Ehre, Sie als Gäste bei mir zu sehen! Sie waren gestern beim Reichsmarschall, und er hat Ihnen eröffnet, daß Sie dazu ausersehen sind, den Luftterror über Deutschland zu brechen ... daß Sie die Helden von morgen sein werden und der Schrecken unserer verbrecherischen Feinde!
Der Reichsmarschall hat Ihnen weiter eröffnet, daß Ihnen für diese Aufgabe ein neues, noch nie dagewesenes Flugzeug, der Düsenjäger, zur Verfügung stehen wird. Daß Sie, die besten und bewährtesten Flieger und Kämpfer, diese neue Waffe in die Hand bekommen werden, ist die Gewähr dafür, daß der Sieg über den Gegner in der Luft unser sein wird!
Ich weiß, meine Herren, daß mancher von Ihnen skeptisch geworden ist angesichts der drückenden zeitweiligen Überlegenheit unserer verbrecherischen Gegner. Das ist der Grund, warum ich Sie hergebeten habe ... Sehen Sie, Sie kommen von draußen, von der Front ... dort haben Sie gerade genug mit Ihren eigenen Sorgen zu tun! Dort sind Sie weit weg von den zentralen politischen und militärischen Stellen und Stäben.
Sie sehen und wissen nicht viel mehr als das, was innerhalb der Grenzen Ihrer eigenen kleinen Welt vorgeht. Ich aber kann Ihnen sagen, daß gerade im jetzigen Augenblick, gerade jetzt, wo die Feinde glauben triumphieren zu können, Anlaß zur Hoffnung auf den baldigen und vollkommenen Endsieg besteht.

Mehr noch: Er ist bereits heute schon Gewißheit! Im militärischen Bereich haben wir außer Ihren Düsenjägern eine Reihe furchtbarer Waffen mit verheerender Wirkung bereit, die nur auf ihren Einsatz warten. Diese Waffen werden das Bild schlagartig ändern. Für unsere Feinde werden sie die totale Vernichtung bedeuten. Über die Lage im politischen Bereich darf ich Ihnen verständlicherweise keine Einzelheiten sagen. Aber auch da sind wir an einem Punkt angelangt, der unseren baldigen Endsieg gewiß sein läßt.
Wie ich schon sagte: über diese Dinge kann und darf ich nicht reden. Sie können jedoch sicher sein, daß wir viele politische Trümpfe in der Hand haben, die wir jederzeit ausspielen können. Vielleicht habe ich gerade, bevor ich zu dieser Tür hereinkam, ein Telefongespräch mit Stalin gehabt!«
Er lächelte rätselhaft.
Der Minister, uns allen von Film und Rundfunk als Agitator und blendender Redner bekannt, hat sich von einer Seite gezeigt, die ich nicht erwartet hatte: er sprach fast leise. Was er sagte, kam ruhig, nüchtern, überlegt und geradezu bescheiden aus seinem Munde. Nichts von seinem bekannten Fanatismus war zu spüren. Er bemühte sich, uns davon zu überzeugen, daß sich das Geschick des Krieges, auch wenn wir selbst davon noch nichts gemerkt haben sollten, längst wieder zu unseren Gunsten gewendet habe.
Wir hatten den Eindruck, daß er von allem, was er sagt, auch selbst überzeugt ist. Er strahlte so viel Ruhe und überlegene Sicherheit aus, daß auch wir bereit waren, für den Augenblick wieder so etwas wie Hoffnung zu schöpfen.
Die Ansprache war nur kurz. Dann lud er uns zum Tee ein. In einem kleinen Nebenraum waren die Tische gedeckt. Der Minister setzte sich nur für einige Augenblicke zu uns. Dann verschwand er, nicht ohne uns für die nächsten Wochen viel Erfolg zu wünschen.
Noch in der gleichen Nacht fuhren wir zurück nach Rosenborn.
Jetzt ist also noch der letzte Teil unserer Jagdflieger-Ausbildung zu absolvieren.
Was dann?

EPILOG

Fragen lösen sich oft schneller, als man denkt.
Der Inspekteur der Kampfflieger, General Peltz, war gekommen, um uns zu eröffnen, daß wir in Kürze aus seinem Zuständigkeitsbereich – der Kampffliegerei – entlassen würden. Ich kannte ihn aus der Anfangszeit des Krieges, als er Staffelkapitän in unserem Geschwader war. Ich fragte ihn also ganz offen, was er von der Sache halte. Ohne Zögern kam seine Antwort: »Nichts, absolut nichts!«
Dann sprach mit ihm zum erstenmal jemand von der höheren Führung mir gegenüber klar aus, daß die Luftwaffe hoffnungslos am Boden lag. Daß es eine Vermessenheit sei, an eine neue Luftüberlegenheit überhaupt noch zu denken. In Süddeutschland stünden Hunderte von nagelneuen Me 262 in der Wäldern herum – jene Wundervögel also, die für uns bestimmt seien. In Wahrheit fast alle flugunklar, weil wichtige Teile – in anderen Gegenden Deutschlands hergestellt – fehlten und infolge des zusammengebrochenen Verkehrsnetzes auch nicht mehr herangeschafft werden konnten. Nach Ansicht von Peltz bestand keine Möglichkeit mehr, diese Flugzeuge frontreif zu machen.
Er fragte mich, ob ich einen anderen Verwendungswunsch hätte. Ich hatte einen!
Ich sagte, daß mich unabhängig von dem eben Gehörten sowieso ein ungutes Gefühl beschleiche bei dem Gedanken, nach den vielen Jahren als Kampf- und Stukaflieger nun plötzlich Jäger spielen zu müssen. Die Me 262 uns, d. h. Jagdfliegern ohne Erfahrung, in die Hand zu geben, war gegen jede Vernunft – soweit es um mich ging: wenn es etwas anderes gab, ich war bereit, hier aufzuhören.
Dann rückte er heraus: Werner Baumbach, inzwischen Kommodore des KG 200, hatte ihn gebeten, hier in Rosenborn nach einem Offizier zu suchen, der geeignet sei, ein Sonderkommando im Rahmen seines Geschwaders zu übernehmen. Ob ich dazu bereit wäre?
Genaueres könne er mir allerdings nicht sagen. Er wisse nur, daß große Flugzeuge Sonderaufgaben über große Strecken und unter

schwierigen navigatorischen Bedingungen auszuführen hätten. Genau das war mir auf den Leib geschrieben! Ohne zu überlegen sagte ich ja.

Ein Telefongespräch mit Werner Baumbach, der in Gatow bei Berlin saß, regelte die Angelegenheit auf der Stelle. Ich gehörte also plötzlich zum KG 200.

Aber das ist eine andere Geschichte.

ZUR JU 88

Noch heute steht die Ju 88 bei der Allgemeinheit etwas im Schatten der Ju 87, an die man zuerst denkt, wenn irgendwo der Name »Stuka« fällt. Möglicherweise war die Ju 88 auch zu vielseitig: in über 60 Versionen ist sie im Laufe des Krieges mit Erfolg eingesetzt gewesen, an allen Fronten – in der eisigen Kälte des Polarkreises und unter der sengenden Sonne Afrikas. Als Sturzkampfflugzeug, Schnellbomber, Schlachtflugzeug, Zerstörer oder Nachtjäger.

Ju 88 A-5

Vielleicht ist schon daraus zu erkennen, was für eine hervorragende technische Konzeption diesem Flugzeug zugrunde lag. Der Entwurf ging zurück auf eine Ausschreibung des Technischen Amtes aus dem Jahr 1935, die folgende Bedingungen stellte:

500 kg Bombenlast (max. Tragfähigkeit 750–800 kg) bei hoher Reisegeschwindigkeit (V/max 500 km/h für 30 Minuten Dauer) auf eine Eindringtiefe von 1000 km tragen. Besatzung: 3 Mann. Bewaffnung: 1 MG. Steigzeit auf 7000 m in 25 Minuten.

Als Ausrüstung war vorzusehen: Kurssteuerung, Höhenatmer, Koppelung des Seitenruders mit dem Zielgerät (optisch, mit mechanischem Hilfsvisier), dazu entsprechende Funkausrüstung für Tast- und Sprechfunk. Die Firmen Messerschmitt, Henschel und Focke-Wulf nahmen ebenfalls an der Ausschreibung teil; ihre Entwürfe kamen nicht zur Ausführung. Die Bf 162 von Messerschmitt war

etwa gleichwertig – aber Messerschmitt war »auf Jägerproduktion festgelegt«.
Der Autor P. W. Stahl hat die beiden Typen Ju 88 A-5 und A-4 im Einsatz geflogen. Die A-5 wurde vor der A-4 gebaut. Sie entsprach im Grunde genommen der Serienausführung A-1, verfügte jedoch über eine vergrößerte Tragfläche bei gleicher Beladung und gleichen Rüstsätzen.
Nachfolgend die technischen Daten:
Verwendung: Horizontal- und Sturzkampfbomber
Spannweite: 20,08 m (A-1: 18,38 m)
Länge: 14,36 m
Triebwerke: 2x1200 PS Jumo 211 B/G
Luftschrauben: VDM Dreiblatt-(Metall-)Verstelluftschrauben
Leergewicht: 7600 kg
Fluggewicht: bis 12 600 kg
Abwerfbare Kabinenüberdachung, »eckige« Kanzelverglasung, Schlauchbootwanne im Rumpfrücken, leckgeschützte Raspe-Behälter, Warmluftheizung, Instrumente mit UV-Beleuchtung, FT-Anlage, Patin-Fernkompaß, Kurssteuerung Siemens K4ü.
Bewaffnung: 4 MG 15, Bombenzielgerät BZG 2 für Horizontalangriff und Bombenzielautomatik BZA 1 für Sturzflug mit Vorhalterechner, Kontakt-Höhenmesser und Abfangautomatik.

Die Ju 88 A-4 unterschied sich äußerlich nur durch die gewichtig aussehenden Holzpropeller und die Verkleidung des Ladeluftkühlers unter den Motorgondeln vom Vorgängermodell A-5.
Die technischen Daten waren:
Verwendung: Horizontal- und Sturzkampfbomber
Triebwerke: 2x1340–1420 PS Jumo 211 F/J (mit konst. Drehzahl)
Luftschrauben: VS 11 Dreiblatt-(Holz-)Verstelluftschrauben
Spannweite: 20,08 m
Länge: 14,36 m
Fluggewicht: bis 13 590 kg
Höchstgeschwindigkeit: 460 km/h
Verstärkte Tragfläche, verstärktes Fahrwerk, Höhenflosse mit Gummi-Enteiser, sonst wie A-5.
Verstärkte Bewaffnung durch 3 MG 81 J und 1 MG 81 Z im C-Stand (auch mit MG FF in Kanzel bzw. Bodenwanne; auch mit 2 MG 131 im B-Stand). BZG 2 oder BZA 1, je nach Verwen-

dung. Im späteren Verlauf des Krieges kam die BZA mit Sturzflugbremsen und Abfangautomatik nicht mehr zum Einbau.
Die Ju 88 war um alle Achsen stabil und ohne Einschränkung blindflugtauglich. Bei zu wenig Fahrt kündigte sich das Abkippen nach vorne durch Schütteln im Höhenruder an, beim Überziehen ging die Maschine einfach mit der Nase nach unten. Wenn allerdings ein Triebwerk kurz nach dem Abheben ausfiel, so war ein Einmotorenflug nicht möglich. Bei Nachtstarts war es gut, wenn die Trimmung vorher am Tage erflogen war. Eine Einmotorenlandung war ziemlich schwierig; deshalb empfahl es sich, den Motor bei Störungen sofort auszuschalten, um ihn kurzzeitig bei der Landung noch einmal nutzen zu können. Notlandungen auf See waren nur bei geringem Wind zu empfehlen; dabei mußte der Pilot versuchen, parallel zur Dünung auf dem Dünungskamm aufzusetzen. Bei starkem Seegang hatte eine Notwasserung wenig Aussichten: die Ma-

Ju 88 A-4

schine schnitt sofort unter, ein Herauskommen war dabei aussichtslos. Deshalb empfahl sich der Fallschirmabsprung als das kleinere von zwei Übeln in einer solchen Lage.
Etwas über 15 000 Ju 88 aller Typen wurden gebaut – in manchen Punkten waren Auslegung und Ausstattung dieser Flugzeuge »moderner« als bei einigen Großserienflugzeugen, die nach dem Kriege gebaut wurden und z. T. heute noch fliegen.

Manfred Jäger

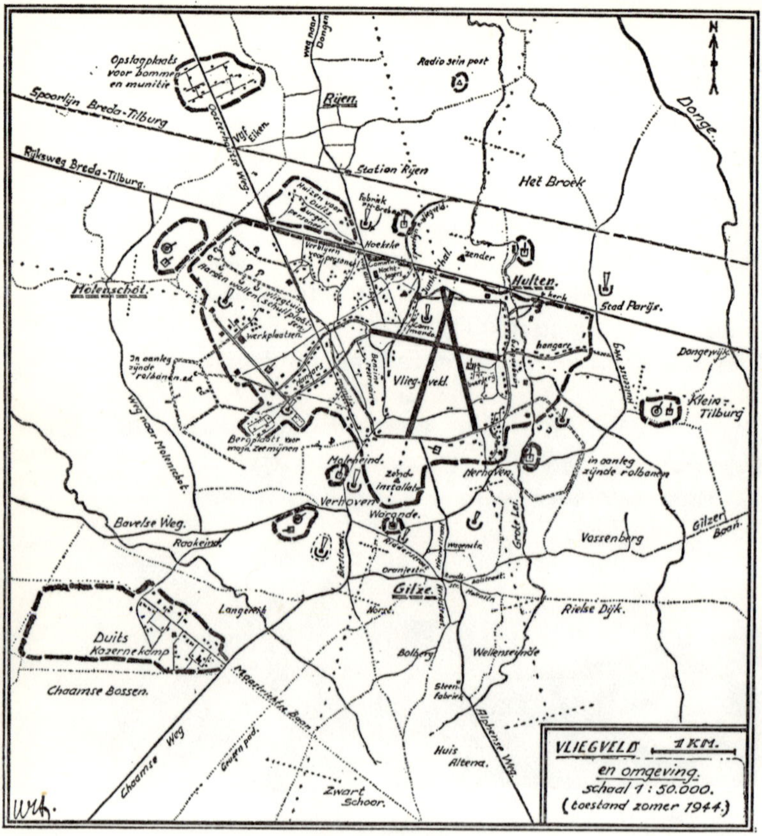

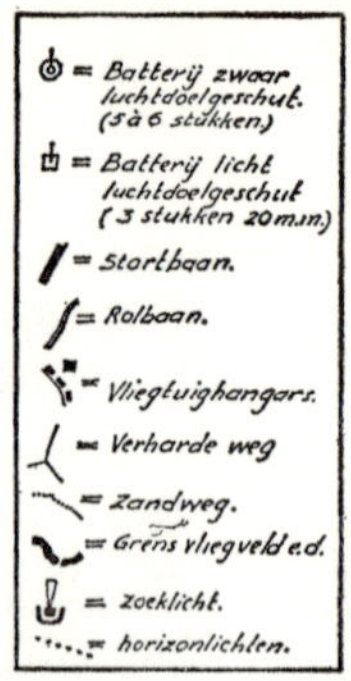

Kaart van het vliegveld en omgeving, zoals het was in de zomer van 1944. De grenzen van het terrein alsmede afweergeschut en zoeklichten zijn symbolisch weergegeven, de rest op schaal.

Der Flugplatz GILZE-RIJEN in Holland war einer der modernsten und am besten ausgebauten Flugplätze im Westen. Seine Anlage war typisch für die großen Einsatzbasen der Luftwaffe gegen Ziele in England und die Seegebiete rund um die Insel.

Die original holländische Kartenskizze aus dem Jahre 1944 zeigt, wie gut holländische „Aufklärer“ über jede Einzelheit informiert waren.

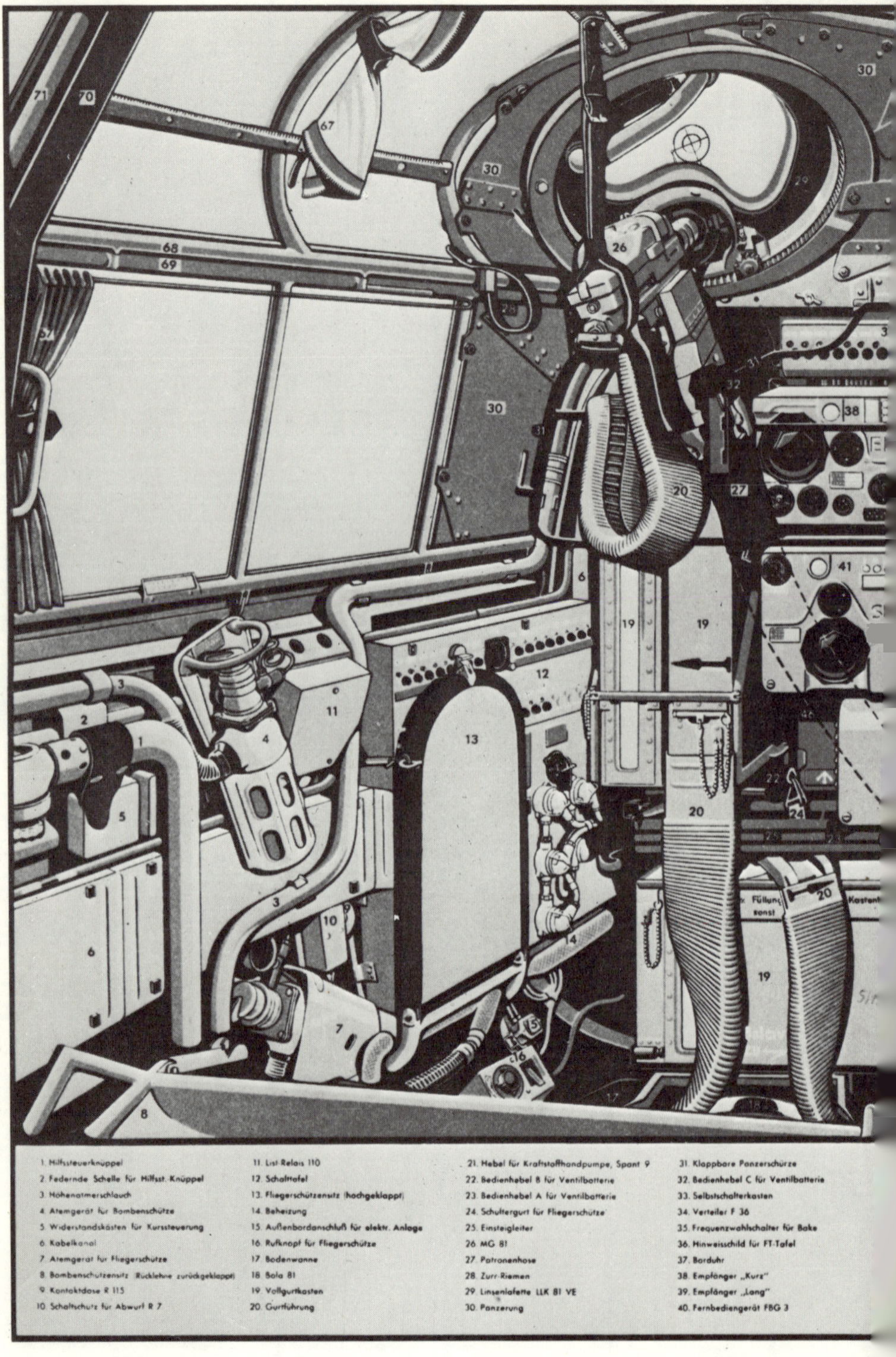

1. Hilfssteuerknüppel
2. Federnde Schelle für Hilfsst. Knüppel
3. Höhenatmerschlauch
4. Atemgerät für Bombenschütze
5. Widerstandskästen für Kurssteuerung
6. Kabelkanal
7. Atemgerät für Fliegerschütze
8. Bombenschützensitz (Rücklehne zurückgeklappt)
9. Kontaktdose R 115
10. Schaltschütz für Abwurf R 7
11. List-Relais 110
12. Schalttafel
13. Fliegerschützensitz (hochgeklappt)
14. Beheizung
15. Außenbordanschluß für elektr. Anlage
16. Rufknopf für Fliegerschütze
17. Bodenwanne
18. Bola 81
19. Vollgurtkasten
20. Gurtführung
21. Hebel für Kraftstoffhandpumpe, Spant 9
22. Bedienhebel B für Ventilbatterie
23. Bedienhebel A für Ventilbatterie
24. Schultergurt für Fliegerschütze
25. Einsteigleiter
26. MG 81
27. Patronenhose
28. Zurr-Riemen
29. Linsenlafette LLK 81 VE
30. Panzerung
31. Klappbare Panzerschürze
32. Bedienhebel C für Ventilbatterie
33. Selbstschalterkasten
34. Verteiler F 36
35. Frequenzwahlschalter für Bake
36. Hinweisschild für FT-Tafel
37. Borduhr
38. Empfänger „Kurz"
39. Empfänger „Lang"
40. Fernbediengerät FBG 3